中国档案学会
2024年度学术论文集

—— 企业档案工作篇、科技档案与科学数据管理篇

中国档案学会企业档案学术委员会
中国档案学会科技档案与科学数据管理学术委员会 ◎编

中国文史出版社

图书在版编目（CIP）数据

中国档案学会 2024 年度学术论文集 . 企业档案工作篇、科技档案与科学数据管理篇 / 中国档案学会企业档案学术委员会，中国档案学会科技档案与科学数据管理学术委员会编 .

— 北京：中国文史出版社，2024.8.

— ISBN 978-7-5205-4760-4

Ⅰ . G270-53

中国国家版本馆 CIP 数据核字第 2024GY7045 号

出 品 人：彭远国

责任编辑：戴小璇　詹红旗

出版发行：中国文史出版社

社　　址：北京市海淀区西八里庄路 69 号院　邮编：100142

电　　话：010-81136606　81136602　81136603（发行部）

传　　真：010-81136655

印　　装：北京中科印刷有限公司

经　　销：全国新华书店

开　　本：787×1092　1/16

印　　张：132　字数：2400 千字

版　　次：2024 年 11 月北京第 1 版

印　　次：2024 年 11 月第 1 次印刷

定　　价：398.00 元（全 6 册）

出版说明

 为鼓励档案工作者广泛参与学术交流，共享学术研究成果，中国档案学会企业档案学术委员会和中国档案学会科技档案与科学数据管理学术委员会分别组织开展了主题征文活动。中国档案学会企业档案学术委员会征文主题为"提升科研档案工作质量及安全水平，服务企业创新发展和现代化建设"，中国档案学会科技档案与科学数据管理学术委员会征文主题为"构建数据驱动的未来：科技档案与科学数据管理的关键路径"。各地档案工作者积极响应，结合工作实践进行经验总结和理论探讨，踊跃提交论文。经评议遴选，结集汇编为《中国档案学会2024年度学术论文集——企业档案工作篇、科技档案与科学数据管理篇》。本书分为两部分，第一部分"企业档案工作篇"主要分析科研档案工作存在的问题，研究提升科研档案管理水平的发展方向，提出促进企业创新发展的具体举措；第二部分"科技档案与科学数据管理篇"研究分析科学数据归档路径与质量要求、企业档案数据管理、科技档案与科学数据管理协同策略与方法、科技档案知识服务技术路线等。

目　录

企业档案工作篇

科技档案与科学数据管理篇

企业档案工作篇

企业档案信息资源增值服务研究

董兆林　陈增辉　黄坤

西安电子工程研究所

摘要：档案作为重要的信息资源受到越来越多的重视和应用。本文从分析档案信息资源的重要性着手，结合开展数字档案馆建设、档案专题数据库开发、信息资源整合、综合档案管理系统（DMS）与产品数据管理（PDM）、办公自动化（OA）等信息系统的集成工作，总结了档案信息资源管理现状，建立了企业档案信息资源集成管理模型，提出了提高档案信息资源增值服务水平的思路。

关键词：档案；信息资源；模型；增值服务

0 引言

档案信息资源是企业在科研生产经营等活动中产生的非物质资源，其作为人、财、物三大资源外的第四种资源，在科技创新，特别是科研型技术企业的预先技术研究和产品开发中发挥着越来越大的作用。有人说，企业间的竞争已不仅是生产技术能力的竞争，而且还是信息资源建设水平、信息资源利用水平的竞争。

随着计算机、网络、存储等信息技术的迅猛发展，档案信息资源的载体形式、来源渠道、提供方式以及利用模式均发生了显著的变化。复杂产品的研制周期之所以能够大大缩短，其中档案信息资源在产品研制生产过程中发挥着越来越重要的作用。某种意义上讲，档案信息资源的利用水平也影响着产品研制的水平、周期和成本。计算机等信息网络技术的应用为档案信息资源利用水平的提高提供了一个新的技术平台和发展机遇，极大地增加了人们使用档案的可能性，也为档案信息资源的管理和利用提供了一个很好的工具和平台。如何更好地利用计算机网络技术，挖掘档案信息资源的深度和广度，增加档案信息资源的利用率，充分体现档案信息资源的价值是目前档案信息资源建设重点关注的问题之一。建立顺畅的档案信息资源获取渠道，丰富的档案信息资源数据库，提供快捷精准的档案利用服务，建立企业档案信息资源集成管理模型，在此基础上开展增值服务也越来越迫切。[1] [2]

1 档案信息资源管理存在的主要问题

1.1 档案收集的广度不够

企业一般都按照法律法规和标准规范，结合自身的经营管理需要编制了《文件材料归档范围及保管期限表》。[3]但由于种种原因，此归档范围主要来源于过去的纸质档案的管理需要，也结合了目前电子档案管理的需要。但总的来说，距离"应归尽归、应收尽收"的要求还有很大的差距。比如各类仿真数据、测试试验数据、检验记录等还不能做到尽数收集，许多中间试验阶段数据遗漏。同时对许多预先研究、基础研究等项目设计文件归档重视不够，这些问题造成归档的机制还不完善，档案收集的范围还不完整。

1.2 档案信息挖掘的深度不够

档案除了作为重要的历史凭证需要保存外，对于科技档案等在当下的产品研制过程中发挥着重要的作用。利用得好就是"站在巨人"的肩上，可以达到减少重复、节约时间和成本的效果。但同时，面对用户对碎片式知识、结构化信息需要的日益增加，如果还以整卷、整件的提供方式进行档案利用服务，显然已经落伍。需要对档案进行数据挖掘、知识提取，从档案中挖掘出更多有用有价值、方便利用的信息。

1.3 档案资源的共享程度不高

产品设计文件归档后，仅限于本人或项目组的人知道。科技成果一旦获奖就尘埃落定，封存起来。论文交流、论文评奖更多地是为了职称和学位。专利申请后也没有得到广泛利用。缺乏基于信息及其搜集渠道的沟通和共享，形成信息孤岛，造成资源的浪费。

1.4 数据的集成度不高

除了综合档案管理系统外，还存在不少业务系统，由于缺乏统一规划和集成，其中保存的数据信息没有集中统一管理，在使用过程中要不根本不知道还有这些数据，要不就得逐个去访问不同的平台和数据库，效率低下。[4]

1.5 需求和服务结合不紧密

档案提供利用是档案人员的本分。但设计人员对档案馆存放的资源却"敬而远之"。归根到底是用户的使用需求已经发生了很大的变化，从单件档案的利用已经逐步过渡到全库全文检索和特定知识的需要。传统的条目式检索远远满足不了使用需求，档案还是"死档案"，并没有真正地"立起来"。

2 档案信息资源集成管理模型

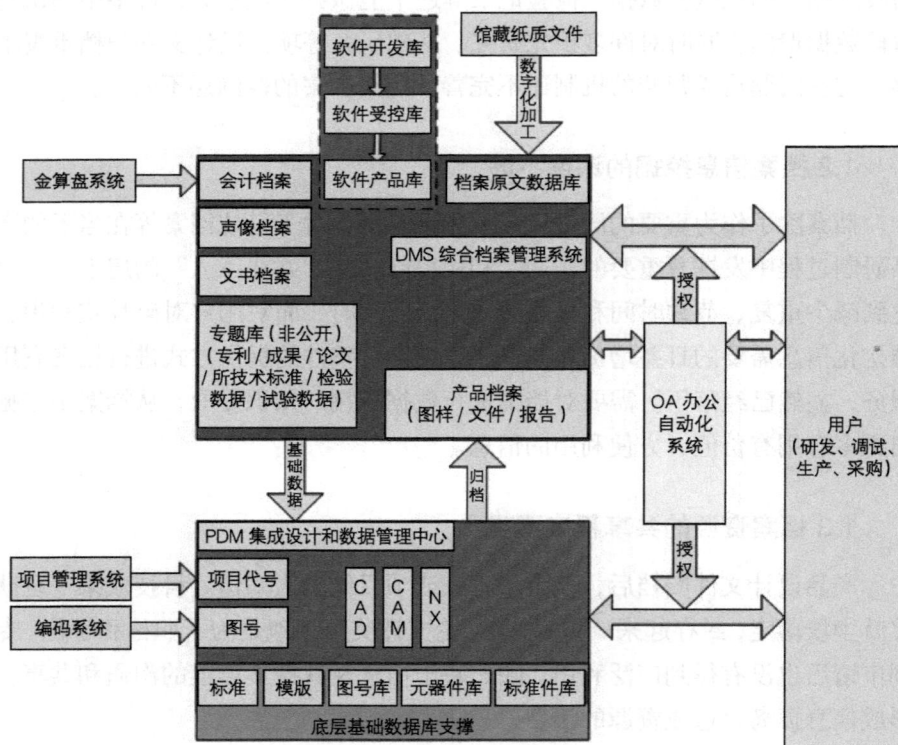

图 1　档案信息资源集成模型

根据上述发现的问题，不难看出传统的档案管理方式已经无法满足现实的需要，人工智能和大数据技术为档案信息资源的增值提供了可能。通过建立信息资源集成管理模型，统一数据标准和接口，要求数据源唯一、无重复，数据传输渠道畅通，各信息管理系统之间实现无缝连接，进行数据治理，数据利用率会得到显著提高。[5] 档案信息资源集成模型如图 1 所示。综合档案管理系统集成各类档案信息，各类档案通过接口从业务信息系统收集相关档案文件和数据。综合档案管理系统通过 OA 单点登录和档案服务平台提供档案信息的查询、借阅等利用服务。

3 档案信息资源增值服务

收、管、存、用是档案管理重要的四个环节，如何做好档案信息资源的增值服务，就需要在此四个环节中减少浪费，提高信息资源的利用水平和附加值。

3.1 提高档案信息资源的利用意识

信息资源的利用成效与员工的信息意识之间存在着紧密的联系。这种联系体现在以下两个方面：一是企业信息资源的利用程度受到企业整体意识水平和员工个人信息意识水平影响。企业员工的信息意识强弱是衡量企业信息资源利用程度的一个重要指标。二是企业拥有的信息资源越丰富，员工的信息意识就越可能得到增强；反之，信息资源的匮乏则可能限制员工信息意识的提升。

3.2 加强基础数据库的建立和管理

各类数据库是实施资源信息化的基础，没有基础数据库，资源的利用会大打折扣。[6] 建立基础数据库也是提高信息资源利用水平的基础。一是以建立数字档案馆为契机，提高归档设计文件的利用水平。利用 PDM 和 OA 系统加大电子文件的归档比例，实现归档设计文件借查阅的网络化。将历史上形成的部分常用的没有电子版的档案进行扫描。二是加强预研课题、演示验证项目资料的归档，制定归档要求，明确责任，提高研究成果的利用率。三是建立专利库、论文库、成果数据库，包括学术交流论文、硕士答辩论文、职称评审论文、科研成果、GF 报告、专利等。

3.3 拓展信息资源收集渠道

可以从多个方面拓展信息资源收集渠道。一是加强需求分析，提高针对性。利用网络建立长效的需求征集，并对实现效果进行分析评价。某种程度讲，用户需求决定信息服务方式，个性化、增值服务等以人为本的服务方式成为档案利用服务中不可缺少的一部分。二是建立覆盖制度、论文、专利、标准、成果等的专题资源数据库，并定期更新不断丰富完善。三是利用 AI、大数据分析等计算机手段开展电子档案信息的抓取、分类、标记、存储和推送研究。利用抓取工具实时或定期对归档文件进行数据采集和知识发现。采集的信息经过内容过滤、自动分类、自动排重等加工处理整合到档案专题数据库中。

3.4 建立局域网下的数据协同采集工作模式

充分利用 OA 和综合档案管理平台中的专题数据库将各类信息（知识）数据集中起来并通过局域网分权限和人员类别进行发布和推送，实现多种档案资源信息共享、网上协同工作、资源信息整合。可以解决各部门、各系统之间内部沟通和互相协作不畅问题，提高工作效率，将分散的个人智慧及时变成集体智慧，强化内部协作功能。

3.5 加强馆藏档案的数字化水平

将一些利用率比较高的馆藏档案按一定的标准要求进行数字化加工，并进行识别和信息抓取，除了完成综合档案管理系统总的原文挂接外，还生成知识库或档案数据资源库。

3.6 建立信息集成环境，加强信息资源的管理手段

基于纸质资源的传统的手工管理方式已无法管理数字化的信息资源。必须采用计算机信息管理系统，才能有效地管理电子信息资源，并更好地发挥其作用。引进专业软件，利用信息系统集成技术，解决"信息孤岛"问题，提供一站式跨库检索服务，在一定意义上讲实现信息集成。设计师在一个检索平台环境下，输入所需信息的关键词，检索系统就可对局域网服务器中存储的各类信息资源数据库的信息进行检索，并提供相应的原文链接。从各数

据库中提取文摘、题录等二次文献信息，在统一检索平台中建立虚拟数据库，并与原数据库的原文地址进行链接。[7]

加强与其他数据库系统的连接。加强信息资源数据库与其他数据库的接口设计，比如产品设计文件归档查询系统与 PDM 和项目管理系统，综合档案管理系统与 OA 系统和 MRPII，各类基础数据库与集成设计环境，专利、成果数据库与人力资源评价数据库连接等等，只有这样才能更大程度地发挥信息资源的利用水平。

3.7 丰富档案信息资源的提供利用方式

开展基于个性定制的信息推送活动。在信息集成平台根据项目需求或用户需要，开辟专题库，建立搜索关键词，实时对各数据库新增信息进行捕捉，将相关信息添加到该数据库中。同时也可开展信息推送活动，提供用户个性化定制服务。利用 OA 将信息资源按用户定义推送给用户。当用户登录到 OA 时就可按时间先后阅读到这些信息。

4 结束语

档案信息资源的管理和利用是企业的一项重要的技术基础工作，发挥好作用可以有效提高企业的基础研发能力，减少重复工作，提高设计水平的同时也能提高管理水平。如何充分利用计算机技术、网络技术、数据库技术，不断丰富档案信息资源提供利用的方式仍需要不断地探索和实践。本文结合开展档案信息资源数据库开发、资源整合、数字档案馆建设等工作，总结了信息资源管理现状，建立了档案信息资源集成管理模型，系统提出了做好档案信息资源增值服务的思路，对企业开展档案信息资源管理工作具有一定的借鉴作用。

注释及参考文献

[1] 迁娜 . 基于知识管理的档案信息资源开发利用研究 [J]. 机电兵船档案 ,2023(4):30-32.

[2] 孙美珠 . 略论如何做好档案信息资源开发利用 [J]. 黑龙江档案 ,2021(4):244-245.

[3] 董兆林,张睿哲,薛文华.基于现行文件的科技档案全生命周期的管理[J].机电兵船档案,2019(2):62-64.

[4] 孔斌.数字化档案信息资源开发利用路径探析[J].兰台内外,2023(19):7-9.

[5] 连志英.数字档案资源社会化开发内涵及模型建构[J].档案学通讯,2019(6):27-34.

[6] 赵莹,李冬梅.试析档案信息数字化与档案信息资源开发利用[J].黑龙江科技信息,2017(13):263.

[7] 于淼.数字化档案信息资源开发利用研究[J].兰台世界,2019(S1):123-124.

大型军工企业基于双流一体化的科研档案管理体系探索与研究

栗春　韩阳　酒吴珍

内蒙古北方重工业集团有限公司

摘要： 科研能力是军工企业的核心竞争力，科研档案是科研项目的真实记录，在企业数字化快速发展背景下，迫切需要企业重视科研档案信息资源全过程管理，才能更好地为企业科研发展提供重要支撑。本文通过提出构建"档案流"贯穿"科研流"的一体化科研档案管理体系，阐述了一些在科研档案全过程管理中的一系列有效措施，为推动军工企业发展奠定坚实的档案基础。

关键词： 军工企业；双利一体化；科研档案；体系

0 引言

军工企业从事军工装备的研发和制造，科研创新能力是最为核心的竞争力。科研档案作为科研创新过程和结果的集中记录，是重要的科技信息和知识资源，是企业经营管理、科研生产和改革发展的重要参考[1]。随着军工企业信息化水平的不断提升，对科学数据、科研档案的管理和开发利用提出了更高的要求，科研档案与科研项目如何协同管理，以发挥档案服务科研最大效能，迫切需要企业重视科研档案信息资源全过程管理，为加快建设科技强国作出贡献。笔者通过所在的内蒙古北方重工业集团有限公司（以下称北重集团）进行科研档案管理创新探索实践，将档案管理要求融入科研管理全流程，构建"档案流"贯穿"科研流"的一体化科研档案管理体系，实现科研档案从传统末端管理到全程管控的管理理念的转变，从传统的手工管理到信息技术管理的转变，从传统的宏观管理到在服务中管理的转变，为推动企业发展奠定坚实的档案基础。

1 军工企业科研档案管理必要性

1.1 是军工企业数字化发展的必然选择

在军工企业推进兵器装备"数字研制"和"数字运营"的大背景下，为适应科研文件材料流转出现的电子化、数字化、网络化趋势，要求科研档案信息的存储、管理和服务手段同步跟进，如果没有高效、安全的数字档案管理系统作为保障，宝贵的科研成果将在原有业务系统中成为信息孤岛，一方面将严重影响重要科研信息资源的增值利用，另一方面也将随着原有业务系统承载能力趋于饱和，大大降低系统的运行效率，探索数字条件下的科研档案全过程管理已成为企业进行科技创新引领发展的必然选择。

1.2 是军工企业解决实际问题的必然选择

企业传统的科研档案管理模式在提升档案价值、保障信息安全、提升管理效率等方面呈现出诸多问题：一是企业科研档案管理存在滞后性，未能与科研管理实现同步推进；二是企业科研项目在研发过程中资料丢失严重，不能实现全生命周期、全流程归档；三是科研档案的本质安全度低。

2 构建双流一体化的科研档案全过程管理体系

笔者所在北重集团以全过程管控科研档案为目标，运用 PMBOK、PDCA 等管理工具，围绕档案信息传输网络化、档案信息管理自动化和以业务需求为中心的在线服务实时化的总体思路，将档案管理要求融入科研管理全流程，以重塑科研档案管理架构为支撑，以建立标准化管理思维、创建数字化管控平台、加强科研档案深度开发为管理手段，以制度规范、监督指导、考核评价、人才匹配为组织保障，构建了"档案流"贯穿"科研流"的一体化科研档案管理体系（见图 1）。

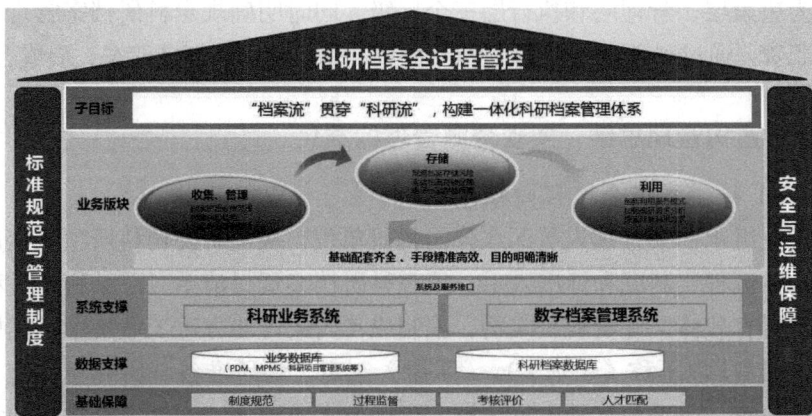

图 1 "档案流"贯穿"科研流"一体化科研档案管理体系架构图

2.1 重塑顶层架构，实现档案管理规范化

2.1.1 明确科研档案管理目标

按照集中管理、分级负责、全员参与的档案工作管理要求，坚持管理创新和科技创新"双轮驱动"，持续推进档案治理、资源、利用、安全领域建设，加快档案信息化战略转型，持续提升档案工作的服务质量和管理水平，充分发挥档案的价值创造，打造军工行业档案工作新名片，达到"管理系统化、制度标准化、工作流程化、资源数据化、服务信息化、运营安全化"的档案管理水平。

2.1.2 明确科研档案发展路径

变革档案工作信息化管理思维，把档案打造成科研项目研制信息的基本载体，以"档案流"贯通"科研流"，在制定标准规范进行规范化管理的前提下，从文件全生命周期构建一体化、平台化、数字化的科研信息运转体系，按照"存量数字化、增量电子化"原则持续推动科研档案数字化工作和科研电子文件在线归档工作，在馆藏科研纸质档案数字化程度不断提高的基础上，档案利用由线下为主转为线上为主，打通科研生产数据链并实现数字化运转，科研生产效率显著提升，加快了科研生产图纸的准备节奏，对生产图纸准备模式进行流程再造，将生产准备、图纸制作、工艺准备等流程进行整合优化，实行"一站式"管理。

2.1.3 优化科研档案组织机构

企业在"统一领导、分级管理"的原则下进行档案管理机构调整，调整后分为决策层、管理层和执行层三个层级。同时明确规定科研档案管理相关单位职责。通过科研项目各部门相互协调、相互监督，打破壁垒，形成合力。

2.2 重构管理思维，实现资源管理标准化

2.2.1 科学界定全过程归档范围

企业组织档案管理人员深入公司科研单位，从调研公司科研项目全产业链的业务流程、制度和标准入手，梳理科研档案资料清单，总结科研过程中产生的所有载体文件资料及实物，编制成《内蒙古北方重工业集团档案资料管理手册》（以下称《手册》）。《手册》制定了科研准备、研究与实施、总结鉴定验收、成果和奖励申报、推广应用五大阶段 20 条 52 项全过程的科研档案归档内容及保管期限，确保科研过程材料的完整、准确、系统、有效，做到应收尽收、应归尽归，进一步丰富了科研档案资源。《手册》的编制完成，实现科研项目档案收集前端控制，为科研档案全程管控打下基础。

2.2.2 稳步提升科研流质量管控

以抓源头、抓质量、抓时效的"三抓"举措 [2]，有效提升科研档案流质量。首先，明确进馆要求和规范进馆流程，从源头上形成完备的科研档案来源管控，保证档案的真实、准确、完整、可靠。其次，制订《北重集团档案管理制度》《北重集团档案数字化规范》《北重集团电子文件归档和电子档案管理规范》制度，明确纸质、数字化档案、电子档案数据质量管理要求。最后，按照企业年度科研计划，配合各承研单位按照科研项目的进展和成果，做好科研资料预归档工作，确保科研成果能够及时得到评估和认可。

2.3 夯实基础建设，实现档案存储安全化

2.3.1 规避科研档案存储风险

制定了《档案安全工作突发事件应急预案》《档案馆消防安全管理制度》等相应的安全预案和风险应对制度，确保档案安全工作的顺利进行；制定《北重集团电子档案异质异地备份方案》，对重要科研档案进行了异质、异地备份，可应对天灾人祸对科研档案数据的损害，保障重要科研档案数据安全；通过学习、培训不断提高档案管理人员的安全意识，提升业务能力和责任心，可有效防止档案信息人为的外泄和损失。

2.3.2 加强科研实体馆库建设

北重集团新建现代化企业档案馆，科研档案存储于档案馆资源一库，属

于保密要害部位，"八防"达标，库区消防采用了高压细水雾和二氧化碳灭火器双重保护，红外报警、防盗报警和视频监控系统均接入了企业主网，实现了实时监控，保证实体科研档案安全。

2.3.3 提升科研档案存储安全

实施数字档案管理系统升级改造项目，升级后的数字档案管理系统，建设于公司局域网中，确保了科研档案网络传输安全；支持四性检测功能，可以对科研项目档案的真实性、完整性、可用性及安全性进行智能审查，严格控制了科研档案数据合规；通过完善的角色权限控制，满足公司不同用户的系统功能控制管理，实现一人一空间的管理；通过文件级权限控制，满足公司不同用户访问不同科研档案数据资源的需求，结合档案借阅等流程进行临时授权管理，确保科研档案传阅范围安全；通过数字水印技术对于禁止下载的文件，在水印中会添加访问用户信息，防止非法传播。一系列系统安全保障措施，全方位保障了系统内科研档案存储安全。

2.4 加强深度开发，实现利用精准化

2.4.1 创新科研档案服务模式

探索建立定向服务公司科研人员的档案信息利用服务模式，采取一位档案人员对接一个科研部门的方式，及时了解科研人员档案信息利用需求，定向主动地向科研人员提供档案信息；实行重大科研项目档案人员派驻制，增强向科研项目提供档案信息的针对性、精准性和及时性；建立部门合作模式，通过项目合作、建立协调联动模式提高档案馆服务质量。

2.4.2 加强编研选题需求分析

提高科研档案编研选题的针对性，坚持企业科研攻关重点、难点是什么就编什么的选题原则，深化科研档案编研选题，从提供汇编性成果专项提供更多深加工成果，从参考性选题转向决策支持和智库服务型选题转变。北重集团编撰的《"360"项目档案投产传略》从项目的历史背景、调研论证、设计评审、工程招标、施工建设、调试生产等方面详细总结记录了360项目的整个建设投产过程，为技术人员熟悉项目发展背景提供学习材料，同时也为360项目产品发展提供经验和启迪，提升了档案利用效果。

2.4.3 开发科研档案利用方式

充分发挥科研档案价值，不断挖掘科研项目知识价值，企业利用数字信息技术整合资源优势，拓展利用渠道，从查阅方式、管理流程、使用权限"三个维度"不断迭代更新，简化利用手续，优化服务流程，提高档案利用的便

捷性和效率性，依靠数字档案管理系统的智能检索功能，可以全文检索，对文号等含有标点符号的检索项提供选择功能，减少人工输入符号的误差，通过引入串联、词汇联想、关键词查询等方法进行档案查阅，为无法提供明确查询线索的科研人员提供智能服务。最大限度地将科研档案的潜在价值转化为现实价值。

2.5 深化数字转型，实现档案管理信息化

2.5.1 搭建数字赋能档案信息平台

企业要利用数字档案馆建设契机，依托数字档案管理系统，建立科研档案专题库，逐步搭建起以科研档案资源的管理和开发为目标，采用信息服务、咨询服务、培训服务三种手段，实现科研档案资源管理的信息化。通过智能检索等功能全面采集开发、深度利用科研档案信息资源，形成档案信息"大数据"模式，建立高质量数字档案信息库，实现科研档案由手工操作向信息化智能化操作转变，让数字档案作为档案交接、档案利用的重要工具[3]。

2.5.2 实现数字转型档案管理模式

建立科研项目电子档案专题库，专题库由条目和全图文两类数据库构成。条目信息库和全图文数据库分别细分为文本类和图纸类数据库。图文数据以 pdf 格式存储，与条目信息关联的关键字档号。查询检索，可以档号、文号、产品代号等进行精确查找，也可输入与条目信息、图文信息有关的任意关键字进行模糊筛选，并将查找筛选到的信息分类显示在不同的区域。

2.5.3 建立数据共享档案系统网络

科研项目管理、研制和生产涉及 PDM、MPMS 等多个核心业务系统，通过数字档案管理平台与核心业务系统的对接，科研文件信息审批完成后由系统自动推送元数据和全文信息归档到数字档案管理平台，实现科研文件的实时在线归档、电子档案集中统一管理和网络化共享利用[4]。北重集团通过研究开发数字档案管理系统与 PDM 系统和 MPMS 的数据归档接口，满足系统集成的基本要求，为实现相关档案资源的在线归档创造了条件。通过数字档案管理系统与 PDM、MPMS 等主要业务系统的集成，实现了科研档案的有效管控，极大提升了军品科研档案的安全性。

2.6 优化组织保障，实现资源管理系统化

2.6.1 健全"三个一"制度规范

坚持依法治档管档的一个目标、坚持制度编制的集中统一、坚持科研档

案管理一体化，深入贯彻落实国家档案局关于档案工作的规章、规范及相关制度，及时修制定《科研项目管理办法》《科研档案管理办法》《科学技术档案建档要求》《科研资料填写规定》等管理制度，规范科研文件材料的形成、整理、归档与档案的收集、统计、利用等各工作环节。

2.6.2 建立"三步走"过程监督

坚持以问题为导向，采取事前指导、事终验收、事后监督"三步走"的监督方式，促使科研档案管理更加规范和科学。

2.6.3 培养"复合型"档案人才

一是聚焦职责使命，运用兵器集团岗位培训、业务培训和继续教育网络平台，分层次、分专题开展档案培训，确保档案人员上岗持证率100%。二是聚焦目标任务，准确定位各类型档案专家评价标准，以培养各级专家为目标。三是聚焦成长路径，鼓励档案系列专业技术资格评审。多措并举培养一支由"项目档案专家、成员单位科技带头人、业务骨干"构成的档案人才队伍，具备高度专业素养、扎实技能和持续学习能力，为档案智能发展提供创新动力。

3 结论

军工企业通过构建双流一体化的科研档案管理体系，为企业科研档案管理提供了新的思路，实现科研档案精细化管理、信息化提效、数字化赋能，使科研档案管理能力显著提升，科研项目管理流程更加顺畅，有效促进了企业档案工作与科研管理工作协同发展。

注释及参考文献

[1] 蔡盈芳. 实现科研档案工作数字化转型的要求与路径 [J]. 中国档案杂志 ,2021(7): 66-67.

[2][4] 数字档案管理 . 企业集团电子档案的开发和利用 [EB/OL].[2023-09-13].https:// mp.weixin.qq.com/s/QFoDZYRMnAaq7HZ9kRWauw.

[3] 蔡盈芳. 加强科研档案的开放共享和深度开发工作 [J]. 中国档案杂志 ,2021(8): 44-45.

基于大模型人工智能技术
提升核电科研档案合规性的研究

钱燦

上海核工程研究设计院股份有限公司

摘要： 基于大模型的人工智能技术日新月异，在文档领域的应用也处于高速发展阶段，本文从核电科研档案合规性审查的难点、痛点出发，提出基于大模型的人工智能审查解决方案，包括模型设计、数据准备、模型搭建、训练与评估以及实际应用等方面，初步建立一套切实可行的解决核电科研档案合规性检查难题的业务框架和系统框架，为类似的文档合规性检查工作提供借鉴。

关键词： 大模型；人工智能；档案合规性

0 引言

大模型是指具有大规模参数和复杂计算结构的机器学习模型，这类模型通常由具有深度学习功能的神经网络组建，其本身具备数百亿甚至数千亿的数据。研究大模型的目的是通过海量数据来学习事物复杂的模式和特征，提高模型的表达能力和预测性能，使得大模型具有强大的泛化能力，能够处理复杂的任务和数据，可以对未见过的数据做出准确的预测。基于核电科研档案复杂的合规性检查要求，在人工难以满足检查需求的情况下，引入大模型人工智能检查技术，实现核电科研档案的高效、准确的合规性检查，整体提升核电科研档案管理质量和效率。

1 大模型技术的阶跃

1956 年，计算机专家约翰·麦卡锡提出"人工智能（AI）"概念，AI 发展由小规模专家知识向基于机器学习的方向发展。1998 年，现代卷积神经网络的基本结构 LeNet-5 诞生，机器学习的方法由浅层机器学习模型向深度学习模型发展，为自然语言处理、计算机视觉等领域的研究奠定了基础。2017年，Google 提出了基于自注意力机制的神经网络结构——Transformer 架构，奠定了大模型预训练算法架构的基础。2020 年，OpenAI 公司推出 GPT-3，模型参数规模达到了 1750 亿，成为当时最大的语言模型 [1]。2023 年，OpenAI 公司发布超大规模多模态预训练大模型 GPT-4，具备了多模态理解与多类型内容生成能力 [2]。2024 年，OpenAI 公司推出首个文本生成视频模型 Sora，该模型能够理解场景中不同元素之间的物理属性及其关系，从而深度模拟真实物理世界，生成具有多个角色、包含特定运动的场景。

随着大数据、大算力和大算法的结合，大幅提升了大模型的预训练和生成能力以及多模态多场景应用能力。发展至今，大模型主要可以分为以下三大类：语言大模型（NLP），用于处理文本数据和理解自然语言，该模型基于大规模语料库进行训练，以学习自然语言的各种语法、语义和语境规则，代表模型为 GPT 系列（Open AI）。视觉大模型（CV），用于图像处理和分析，此类模型通过在大规模图像数据上进行训练，可以实现各种视觉任务，如图像处理、目标检测、姿态估计、人脸识别等，代表模型为 VIT 系列（Google）。多模态大模型，用于处理多种不同类型数据的大模型，例如文本、图像、音频等多模态数据。这类模型结合了 NLP 和 CV 的能力，以实现对多模态综合理解和分析，从而能够更全面地理解和处理复杂的数据，代表模型为 Sora（Open AI）。

2 核电科研档案合规性的困顿与出路

传统科研档案的管理主要遵循档案法以及配套的档案管理法规标准。核电科研档案在遵守传统档案法规规范的同时还需要遵守核安全相关的法规规范，这对核电科研档案的合规性管理提出了更高的要求。

2.1 核电科研档案合规性要求

核电作为一种高效、可持续的能源，具有长期稳定供电、运行成本低、碳排放量低等优势特点。但是，核电站的运行过程中也可能发生核事故或核泄漏，对人类和自然造成危害。核电具有的这一特殊的双面性，使得全球都怀着非常谨慎的态度发展核电，在我国专门颁布了《中华人民共和国核安全法》、核安全法规 HAF、核安全导则 HAD 等组成完善的核安全管理体系来确保核电的安全、高效发展。在这一法规制度体系下，主要的法规文件均提及了对于文档合规性的管控要求。如《HAF003 核电厂质量保证安全规定》单独设置了两个章节"文件控制"和"记录"，对文档和记录的编制、审核、批准、发布、分发、变更、收集、贮存和保管提出了顶层的合规性要求。如《HAD003-06 核电厂设计中的质量保证》单独设置了"文件管理"和"质量保证记录"两个章节，对设计文件和记录的编写、审查、批准、发布、分发、变更、积累、存档和贮存提出了具体的合规性管理要求。

2.2 合规性检查的痛点

核电科研档案在充分理解和吸收传统文档管理要求和核电文档管理要求的情况下，通过人工检查的方式全面落实合规性要求。核电科研档案的全生命周期主要划分为编制、校核、审核、审定、批准、一次入库审查、电子签名、二次入库审查、入库保管等节点。科研档案合规性检查主要依托"一次入库审查"和"二次入库审查"节点开展，该节点由文档人员通过人工来检查文档的合规性。核电科研档案数量庞大，在保证质量的前提下，文档人员日均审查量正常值在 200 份左右，理想状态下每日入库文档量均衡，文档人员可以完成审查工作。实际操作中，各个核电科研项目均存在日入库量不能均衡的情况，更有在月末节点前集中入库的情况，每日入库量达到 1000 份左右，进而导致入库审查节点时间紧迫，文档人员必须在极短的时间内完成一系列检查任务，在每月末处于超负荷工作状态。该问题引起的直接结果为文档入库延期影响核电项目研究进度，或者造成入库文档质量低下，无法满足合规性要求，为核电项目管理带来质量风险[3]。

2.3 合规性检查的出路

鉴于人工检查效率和质量无法满足实际需求的情况，需通过基于大模型人工智能的方式实现核电科研档案合规性的检查。通过研究科研档案合规性检查的业务需求和大模型人工智能的实现要求，确定了"业务逻辑层＋系统实现层"相结合的解决方案。业务逻辑层首先对科研档案类型开展梳理，确定了"纯图册——图样目录、纯图册——图纸、虚拟图册——图样目录、虚拟图册——图纸、设计变更和文件"共 6 类需进行合规性检查的科研档案；其次针对 6 类科研档案分别划分需开展合规性检查的位置，主要包含目录区域、图签区域、内容区域、会签栏、首页、续页、封面、扉页、修改记录页、设计输出开口项记录页、目录页、正文页等；最后确定具体检查项，针对6类文件的每一个检查位置确定具体的检查项，针对每一个检查项确定检查内容、基础数据来源、检查方法、错误案例、检查方式、检查时间等内容。业务逻辑层最终输出形成如图1所示的文档合规性检查矩阵，总计6大类162个检查项，作为系统实现层的业务输入。

文件类型	检查位	检查项	检查分类	数据来源	检查方法	错误案例	检查方式	检查时间
纯图册——图样目录	目录区域	序号	手填准确性	人工填写	序号连续	错误、颠倒、重复	自动	批签前
		图纸编号	手填准确性	人工填写	与图签信息比对	错误	自动	批签前
		图纸名称	手填准确性	人工填写	与图签信息比对	错误	自动	批签前
		幅面	手填准确性	人工填写	与图签信息比对	错误	自动	批签前
		张数	手填准确性	人工填写	与图签信息比对	错误	自动	批签前
		版次	手填准确性	人工填写	与图签信息比对	错误	自动	批签前
		空行	手填准确性	人工填写	判断目录空行	目录有空行	自动	批签前
	图签区域	版次	属性准确性	从系统属性带入	与系统属性比对	未带入、错误	自动	批签前
		日期	属性准确性	从系统属性带入	与系统属性比对	未带入、偏移	自动	批签前
		状态	属性准确性	从系统属性带入	与系统属性比对	未带入、错误	自动	批签前
		工程号	属性准确性	人工填写	是否填写并符合逻辑	未填、出现其	自动(需判断是	批签前
		子项号	属性准确性	人工填写	是否已填、图册内是否一致	未填写、错误	自动	批签前
		专业	属性准确性	人工填写	是否已填、图册内是否一致	未填写、错误	自动	批签前
		阶段	属性准确性	从系统属性带入	与系统属性比对	未带入、错误	自动	批签前

图1　科研档案合规性检查矩阵图

3 大模型人工智能合规性检查的实现

人工智能合规性检查的实现必须依赖大模型，基于科研档案合规性检查业务需求，并考虑后续的扩展性应用，需建设多模态的科研档案大模型。科研档案大模型的建设主要分为模型设计、数据准备、模型构建、训练和评估、应用等步骤。

3.1 科研档案大模型的设计

科研档案大模型的设计主要考虑模型处理的任务类型、模型架构以及模型层次结构三方面的内容。任务类型方面，通常依靠大模型处理的任务有文本生成、图像处理、目标检测、人脸识别、视频生成等，科研档案大模型主要涉及文本生成、图像识别、图像分类、图像分割等任务。模型架构方面：基于任务类型选择适合的模型架构，常用的有 DNN（深度神经网络）适用于各种任务，如图像分类、语音识别和自然语言处理。RNN（循环神经网络）适用于语言模型、文本生成等任务。CNN（卷积神经网络）适用于处理图像数据，通过卷积操作和池化操作来提取图像中的特征。科研档案大模型主要采用 DNN（深度神经网络）。在模型的层次结构方面，主要是确定模型的层数以及每层的神经元数量。通常模型的层次结构由输入层、隐藏层以及输出层构成，合理地选择神经网络的层数以及隐藏层神经元的个数，会在很大程度上影响模型的性能。对于简单的数据集，一层甚至两层隐藏层已经足够，过多的隐藏层可能会导致数据过于拟合。科研档案大模型由于需要处理图像和生成文本，层数上设置大于两层。每一层的神经元数量也需要合理设置，隐藏神经元数量应在输入层的大小和输出层的大小之间，最佳数量需要不断试验进行微调。

3.2 科研档案合规性数据准备

在模型搭建之前需要依据业务需求准备适合的数据集。基于前期大量人工对于科研档案合规性检查数据的积累，以此开展大模型数据的准备工作。首先开展数据收集和清洗，收集符合任务需求的数据集，并进行数据清洗和预处理，包括数据去噪、标准化、缺失值处理等，主要聚焦于人工对科研档案检查后形成的历史错误案例数据并提供对应的正确数据案例[4]。其次进行划分训练集、验证集和测试集，将数据集划分为训练集、验证集和测试集，通常采用的比例是 70% 用于训练、15% 用于验证、15% 用于测试。然后开展数据增强，为了增加模型的泛化能力，可以采用数据增强技术，如旋转、翻转、裁剪等方法来扩充训练数据集。最后进行数据加载和预处理：使用适当的数据加载器将数据加载到模型中，并进行必要的预处理，如图像的大小调整、文本的编码等。

3.3 科研档案大模型构建和训练

在大模型搭建之前，需要选择合适的深度学习框架，如 TensorFlow、PyTorch 等，依据深度学习框架定义模型的结构，包括层次结构、参数初始化等。定义损失函数：根据任务类型选择合适的损失函数，如交叉熵损失函数用于分类任务等。选择优化算法：选择合适的优化算法来更新模型参数，如随机梯度下降（SGD）、Adam 等，整体需按照模型设计的要求完成模型构建。在模型构建完成后，需要进行训练和评估来优化模型的性能，主要包括设置训练参数：确定训练过程中的超参数，如学习率、批大小等。前向传播与反向传播：在训练过程中，通过前向传播计算模型的输出并计算损失，然后通过反向传播计算梯度并更新模型参数[5]。批处理和迭代训练：将训练数据划分为小批量进行训练，并迭代多轮直到达到指定的训练轮数。验证集监控：在训练过程中，定期使用验证集评估模型的性能并进行监控，以便在过拟合发生时及时调整模型。测试集评估：在训练完成后，使用独立的测试集评估模型的性能，包括准确率、精确率、召回率等指标。

3.4 大模型人工智能合规性检查的应用

大模型人工智能合规性检查的应用主要通过既有业务系统和大模型相结合实现。应用过程主要分为科研档案结构化、大模型处理、合规性结果输出、人工校验、结果反馈等过程。首先在业务系统中部署与科研档案大模型的系统接口，在业务系统进行文档流转，流转至"入库审查"节点前开展文档结构化处理、依据科研档案合规性检查矩阵对入库审查节点的文档进行分析识别，针对需要检查的内容提取对比基准值，识别结果与对比基准值进行比对，分别从系统逻辑、单页逻辑、全文逻辑进行分析比对检查。检查结果经过人工校验后形成文档审查意见，文档审查意见反馈至大模型，完成整个合规性检查过程。文档审查意见返回大模型后进行自主学习，通过大模型神经网络不断提升人工智能检查的准确性，逐步替代人工核验过程，最终实现全过程的人工智能合规性检查。应用逻辑如图2所示：

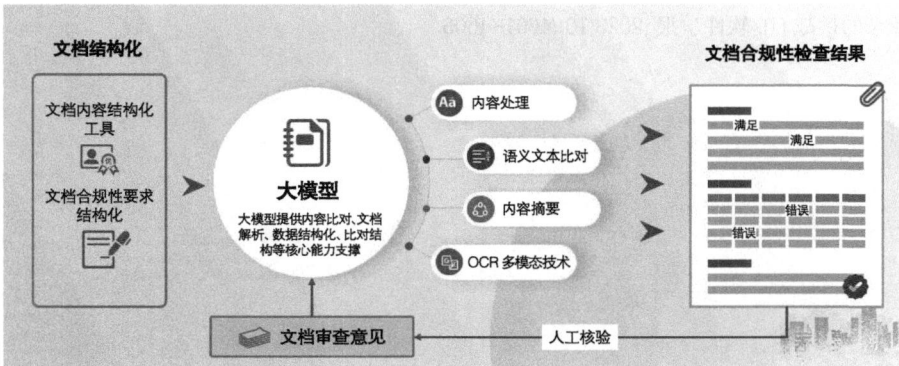

图 2　大模型人工智能合规性检查应用逻辑图

4 结语

从 20 世纪 50 年代首次提出 AI 概念至今，大模型经历了数次技术的阶跃，其本质上是一个使用海量数据训练而成的深度神经网络模型，基于巨大的数据和参数规模，实现了智能的涌现，展现出类似人类的智能。大模型人工智能技术在文档领域的应用正处于萌芽时期，其技术本身以不可阻挡之势在不断地迭代和阶跃，如何利用好最先进的技术，在文档领域发掘出高价值的应用场景在很长一段时间内将成为文档工作者的核心研究任务之一。在数字化背景下，文档人员不再局限于传统文档管理，必须了解掌握最前沿的科学技术，发掘管理难点与痛点，借助科技自我救赎、自我升华。

注释及参考文献

[1] 郭全中, 张金熠 .ChatGPT 的技术特征与应用前景 [J]. 中国传媒科技 ,2023(1):159–160.

[2] 刘茜, 刘清渭, 等 .AI 赋能与人机耦合 :AIGC 时代的社交机器人 [J]. 传媒 ,2023(10):23–25.

[3] 杨强, 胡心宇 . 基于图像识别技术的核电文档智能化应用实践 [J]. 电力大数据 ,2019(11):58–63.

[4] 韩娜, 漆晨航 . 生成式人工智能的安全风险及监管现状 [J]. 中国信息安全 ,2023(8):69–72.

[5] 李戈, 彭鑫, 王千祥, 等 . 大模型 : 基于自然交互的人机协同软件开发与演化工具带来的挑战 [J]. 软件学报 ,2023(10):4601–4606.

双元价值观视阈下的科技档案微观管理机制构建

孙胜利　田心怡

敦煌研究院

摘要：科技档案是我国档案的重要组成部分，其在保护知识产权、促进科技进步与科技成果转化、提升科技创新能力等方面起着至关重要的作用。但在现阶段我国科技档案微观管理机制在理论和实践两个层面上均与需求存在一定差距。通过深入分析档案双元价值观的理论基础，结合国内外科技档案管理的相关经验，从工具价值和信息价值两个方面探讨现阶段科技档案价值实现的有效途径，为科技档案微观管理机制构建提供理论支撑。

关键词：双元价值观；科技档案管理；工具价值；信息价值

0 引言

科技档案是我国档案的重要组成部分，是人们在科研、生产、基建等实践活动中形成的原始凭证与记录信息。具有很强的技术性，包含了大量的科技信息与知识，是国家和社会组织的重要资产，对科技创新具有重要意义。鉴于其本身的价值维度、特点与普通文书档案的政治、行政、对公意味不同，经济、技术、资产等因素的作用更加明显，因而，在其微观管理机制上如何更加有效地实现对科技档案工具价值的合目的控制和信息价值的高效利用与共享，是目前科技档案管理急需解决的问题。

档案双元价值观由我国档案学者覃兆刿教授提出，他指出档案是工具价值和信息价值的统一体，从工具价值的角度讲档案是人类对凭证信息的合目的控制，从信息价值的角度讲档案是出于人类合目的控制的凭证信息。"一切对档案价值和档案现象的分析都可以从双元价值的视角来进行"。[1]本文以这一理论为基础，对我国科技档案微观管理机制中存在的相关问题进行探讨与分析，并给出基于双元价值观的科技档案微观管理机制构建建议。

1 科技档案微观管理机制的传统与现实问题

1.1 科技档案宏观管理体制的产生、发展与演进

科技档案管理体制是指国家对于科技档案工作进行管理的行政体制。我国科技档案的产生、发展与演进受国家政治、经济体制改革的影响而具有明显的时代特征。在宏观体制上来看，发展的总趋势大致经历了由计划经济时期建立在行政隶属关系基础上的"条块结合，以条为主"向市场经济时期建立在产权关系基础上的"条块结合，以块为主"宏观体制转变。相应地，实现方式也由原先单一的直接行政业务指导向间接地监督、指导和服务管理转变[2]。

随着市场经济体制的建立健全，特别是政企分开与现代企业制度的建立，多种所有制企业并存局面的出现，"条块"结合的科技档案管理体制逐渐暴露出越来越严重的弊端。对科技档案宏观管理体制方面的研究也出现"淡化"[3][4]"式微"[5]的争论，很多研究也转向对企业档案的研究。从双元价值观的角度看，产生这一转变最根本的原因在于科技档案的工具价值，即对凭证信息的控制主体从计划经济时期的国家档案行政机关、行业主管机关向以产权为纽带的多元经济主体的转变，是科技档案宏观管理体制适应我国单一公有制向多元主体经济体制改革的必然结果，科技档案管理体制机制的研究重点也必然从宏观的管理体制向微观的管理机制转变。

1.2 科技档案微观管理机制与存在的问题

科技档案微观管理机制是指管理科技档案工作的领导与隶属关系及科技档案内部管理的具体形式[6]。在计划经济时代，所有生产资料归国家所有，并实行单一公有制，管理形式主要由分散到集中统一过渡，对当时的经济发展起到了重大的推动作用。随着改革开放、市场经济的引入和现代企业制度的建立，企业投资主体多元化等外部环境的变化，科技档案管理出现了多元化发展的趋势。

由于宏观管理体制的变化，档案行政主管部门和行业主管部门的监督管理权力减弱，相关法规标准缺失。多元经济主体在科技档案管理中存在档案意识薄弱、重藏轻用和"科技档案"概念淡化等问题。在微观运行机制上，主要存在科技档案隶属关系不清、分散管理、收集归档难、归档范围不清、条件差、利用程度低、解密困难和档案部门服务能力差等问题。从双元价值

观来看，科技档案凭证工具价值因主体产权不清而导致相关主体对自身权益的不重视，以及知识产权保护和档案意识薄弱；在信息价值方面，信息交流和传递渠道不畅，科研技术信息共享困难。

2 我国科技档案微观管理机制中存在问题成因分析

2.1 管理主体转变对科技档案微观管理的影响

从 20 世纪 80 年代初期至今我国已经进行了 8 次机构改革和行政管理体制改革。[7]我国长期坚持的科技档案宏观"集中统一"管理主体（档案行政主管机关、行业主管机关）已经转制，科技档案的管理主体变成了符合现代企业制度的多元经济主体。这种转变符合政企分开，依法治国的理念。但在这个过程中，由于科技档案的专业性强、内容多样、覆盖国民生产各个领域的特点，针对各类科技档案的法律规范还不够健全完善，法律规范订立与更新落后于技术发展和档案环境的变化等问题，导致很多行业科技档案无法可依，无规可循。

同时，新的经济主体对科技档案重要性认识不足，在组织体系、管理模式、人才队伍、经费投入等方面缺乏充分保障。科技档案在工具价值实现上没有统一的信息资产台账，部门内部职能不清晰，权责不明，没有针对科技档案的整体规划，科技档案的信息开发利用更是无从谈起。

2.2 经济主体多元化对科技档案管理体制机制的影响

科技档案是人们在科研、生产、基建等经济实践活动中形成的凭证信息，对其管理应该与我国的经济管理体制（以公有制为主体、多种所有制经济共同发展）相适应。在我国科技档案的形成主体中，由于公有制的主导地位，党政机关、事业单位、国有企业及国家财政资助的科技项目所形成的档案从法理上说属于国家所有[8]。《档案法》《专利法》《著作权法》《民法典》《反不正当竞争法》《科技进步法》等法规中都有对职务成果、法人权益的相关规定，可以说从法律角度规定了国有单位形成的科技档案必须按照集中领导，分级管理的原则由档案部门进行集中统一管理。

然而，随着国有企业改制和资本多元化，原有的科技档案管理模式不再适用。这导致科技档案管理工作被不同利益主体分隔，同一主体完整的科技档案无人负责，不同利益主体间难以行使对档案信息的知情权和对档案资产的处置权。

2.3 经济全球化对科技档案微观管理机制的影响

随着经济全球化的发展，特别是我国加入 WTO 后，我国的多元经济主体逐渐走向世界舞台，推动经济局势变得更加复杂多样。在这一过程中，我国的科技档案微观管理机制受到企业质量认证、知识产权保护和科技报告制度等多方面的影响，其中科技报告制度影响最为显著。作为美国重要的科技信息共享制度，它在我国学术界引发了关于建立科技报告体系与科技档案体系的争论[9][10]。我国科技档案管理体系强调凭证性、工具性、原始记录性，而科技报告制度是强调科技信息共享，注重信息价值的发挥。经济全球化给我国的科技档案管理机制带来了挑战，因此我们应该坚持科技档案的工具价值与信息价值并重的发展思路，实现科技档案凭证工具价值的有效控制和信息价值的高效利用与共享。

3 新时期科技档案管理微观机制的构建

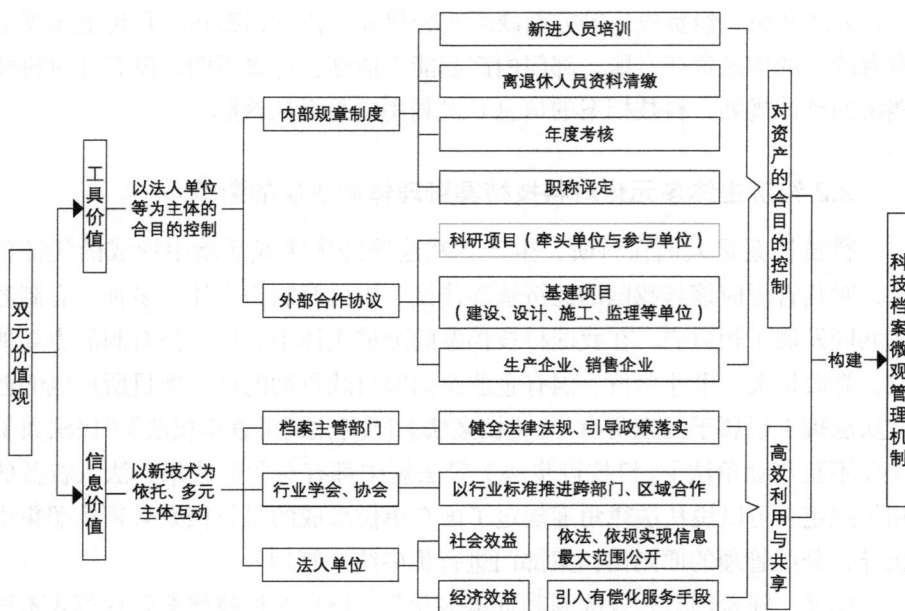

图 1　新时期科技档案管理微观机制的构建

档案工具价值强调对社会负责，档案信息价值强调为社会服务，两者的恰当结合是档案双元价值理论的阐释重心和终极诉求[11]。在对科技档案管理微观机制构建前，首先必须坚持继承中创新的原则进行总体设计，从工具价值和信息价值两个维度着力构建合理的科技档案微观管理机制，以适应政治经济体制改革的需要（见图1）。

3.1 树立全社会科技档案资产意识

科技档案是在产品生产、基建工程、科研项目、技术研发等人类社会实践活动中形成的原始凭证记录信息，除一般文书档案所具有的凭证工具价值和信息价值外，还具有资产属性。因此要提高档案意识，就需要从维护经济主体资产与核心利益的角度对科技档案形成者、管理者、利用者三方进行引导。

对于科技档案的管理者，可以通过制度设计让科技人员认识到做好科技档案的规范化管理不仅是遵守相关法律规范的需要，同时也是自己本职工作的一部分，并与自己的切身利益相关。对于科技档案的外部利用者，除国家利益和公益服务外，要树立尊重科技档案工作者和科技档案管理人员的劳动成果的意识，认可具有资产属性的科技档案有偿利用方式。

3.2 以内部规章与合同规范保障单位内部科技档案工具价值的实现

科技档案的工具价值在于其作为形成者活动的证据，因此应以形成者为主体进行组织。建立健全内部档案管理制度，确定科技档案分类、归档范围，落实责任主体。加强与人事部门沟通，将科技档案管理纳入新进人员培训、岗位调整、离退休职工档案清缴制度。将科技档案归档纳入年度考核、职称评定，建立科研团队专兼职档案员制度，将科技档案管理人员纳入档案职称序列，评价管理和利用成果，提升专业技术人员水平。

在社会化大生产中，经济主体间的分工与合作需要明确科技档案的产权归属。项目签订时应明确科技档案的分类、归档范围、档号规范等。建设单位在立项阶段应规范档案管理，并在合同中明确科技档案验收作为项目验收的必要条件，以实现科技档案的合目的控制。

3.3 科技档案法律规范是做好微观运行机制的保障

随着依法治国、机构改革和行政管理体制改革的推进，档案行政主管机关的主要职能从直接的行政管理向为多元经济主体提供政策法律服务转变。

档案部门应调整角色，加强对相关法律政策实施情况的监督，深入研究执法问题，了解全国各级科技档案工作情况，并制定相关政策，鼓励社会各方面的力量去承担档案机构无力管理的档案事务。结合档案学界、各经济领域提出的关于科技档案管理的热点问题，积极主动做好相关法规政策的制定或修订清单，建立健全科技档案相关的法规政策，为依法治国、依法治档提供法律保障。

行业主管机关转为企业，其原有对本行业科技档案进行监督、指导的职能需要行业协会、行业学会来承担。建议全国各行业协会和学会建立科技档案分会，与学界和业界形成互动，共同推进科技档案标准规范建设。

3.4 以科技档案信息化、网络化、有偿服务保障信息价值的有效实现

科技档案信息价值的实现首先需考虑形成者与非形成者之间的权责义务关系。在保障经济主体知识产权的前提下，对非保密科技信息按照"分级管理、安全可控、充分利用"的原则，以法人单位为主体，以法律规范作引导，鼓励科技档案信息开放共享；以行业学会、协会为抓手，确定各专业领域科技档案利用共享策略；开放鉴定流程制度化、规范化，形成跨部门的合作机制；可采用国外尽职免责的做法，增加科技档案管理部门和科技档案工作者提供信息服务的积极性和主动性，推进科技档案的开放。

提供科技档案的有偿服务实质是利用经济手段使人们在形成科技档案和开发科技档案时所付出的劳动得到一定程度的补偿。[12]知识经济时代，科技档案中发明创造、技术图纸，科研数据都是单位内的无形资产，对外提供服务时区分社会公益性服务和经济效益性服务，以经济手段解决科技档案资源共享利用中解密难的问题。

4 结论

档案双元价值观是我国学者在结合我国档案学理论实践总结出的一套理论，具有普世性，需要实证检验，更需要指导实践，充分发挥理论优势。科技档案不完全属于公共档案馆保管范围，其微观管理机制应该按照资产管理、知识经济的模式进行管理。在科技档案工具价值方面，以法人单位等不同经济主体为单位，通过内部规章制度的健全和外部协议控制保障工具价值的实现；在科技档案信息价值方面，以国家行政机关法律法规的细化，行业主

管机关与行业学术机构制定相关标准推荐执行为依托，建立起立体的、网状的、多元主体互动管理大格局，实现档案资源整合集成、信息资源优势互补和管理事务协同演进，全面提升科技档案信息效能。以科技档案双元价值实现为目标，建立适应现代企业产权制度的科技档案管理运行机制，作为国家治理体系和治理能力的重要组成部分，充分带动科技创新，助力社会发展。

本文系甘肃省文物保护科学和技术研究课题重点项目"敦煌石窟档案知识库构建研究"（GSWW202201）的阶段性研究成果。

注释及参考文献

[1] 覃兆刿. 双元价值观与"档案"的定义 [J]. 北京档案 ,2003(9):16–19.

[2] 张斌,高大岭,计红胜,等. 现代企业档案管理体制与模式研究 [C]// 中国档案学会. 创新:档案与文化强国建设——2014 年档案事业发展研究报告集. 北京:中国文史出版社, 2014:192–219.

[3] 黄世喆. 关于科技档案本体论若干问题的探讨(之一)——从"淡化科技档案概念"谈起 [J]. 档案管理 ,2008(4):12–17.

[4] 霍振礼,鲁梅君,乔永芝. 不可淡化我国的科技档案概念和科技档案管理研究 [J]. 档案与建设 ,2005(1):11–14.

[5] 张莉. 论科技档案概念式微的历史必然性 [J]. 档案管理 ,2006(4):22–24.

[6] 张斌,李子林,黄蕊. 我国企业档案宏观管理体制的演变与发展 [J]. 档案学研究 , 2018(2):50–56.

[7] 胡鸿杰. 我国档案机构改革与档案职业发展 [J]. 浙江档案 ,2019(5):27–30.

[8] 徐拥军,张斌. 我国科技档案管理体制机制的现存问题 [J]. 档案学研究 ,2016(2): 14–21.

[9] 贺真,李名选. 也谈科技报告与科技档案的区别——与"中国科技报告体系的建设模式研究"的作者商榷 [J]. 档案学研究 ,2014(2):28–33.

[10] 贺德方,曾建勋. 再论科技报告与科技档案的区别——与"也谈科技报告与科技档案的区别"的作者商榷 [J]. 档案学研究 ,2016(4):30–35.

[11] 聂云霞. 档案价值新论:档案双元价值观的逻辑内涵与实践体认 [J]. 档案与建设 , 2010(6):12–14.

[12] 王传宇. 科技档案管理学修订本 [M]. 北京:中国人民大学出版社 ,1998:342.

以高水平的信息化档案管理推动企业高质量发展

王静　蒙秋群

西北政法大学

摘要：随着信息化技术的飞速发展，企业科研档案数字化管理成为提升档案管理效率、促进科研创新的重要途径。本文首先界定了信息化科研档案的概念和特点，并分析了信息技术在档案管理中的应用，包括数字化存储、自动化处理以及管理效率与数据安全性的提升。随后，文章强调了信息化科研档案管理在促进企业内部、企业间以及企业与社会之间的信息交流、实现信息快速传递与共享、降低企业成本等方面的积极作用。通过构建完整、有序、高效、动态、实时的科研档案信息系统，信息化档案管理不仅提升了档案管理的效率与水平，还激发了档案管理的创新潜能，为企业的高质量发展提供了重要支撑。

关键词：档案管理；信息化；企业；高质量发展

0 引言

随着信息技术的迅猛进步，企业档案数字化管理正迎来全新的发展机遇。企业科研档案数字化的转变，意味着从传统的静态存储模式转向数字化的动态信息资源，并通过网络化的方式将这些资源紧密相连，形成一个全面、有序、高效且实时的科研档案信息体系。这一体系的构建，极大地促进了企业内部、企业间及企业与社会的信息交流，加快了信息的流通与共享，显著减少了人力和物力资源的投入，有效降低了企业的运营成本。数字化档案管理不仅提升了管理效率，还激发了创新潜力，成为推动企业科研创新的关键资源，有力推动企业向高质量发展迈进。

1 信息化科研档案管理的基础与现状

1.1 信息化科研档案的概念界定和特点

信息化科研档案，是指在科研活动过程中产生的，经过系统化整理、归类，并以电子数据形式存储、管理和利用的档案资料。这些档案不仅涵盖了科研项目的原始数据、实验记录、研究报告等核心内容，还涉及项目管理、人员协作、成果转化等辅助信息。通过数字化技术，科研档案得以高效、便捷地存储、检索和共享，为科研工作者提供了强大的数据支持和信息服务。信息化科研档案的特点主要体现在以下几个方面：首先，它实现了科研信息的数字化存储，极大地提高了科研档案的保存效率和安全性；其次，信息化科研档案具有高度的可检索性和可访问性，科研工作者可以迅速定位到所需信息，加速科研进程；再次，信息化科研档案支持多用户并发访问和协作编辑，促进了科研团队间的交流和合作；最后，信息化科研档案借助数据解析与深层挖掘，对科研决策形成坚实支撑，有效促进科研成果的转化和实际应用，这些优势确立了信息化科研档案在现代科研领域中的核心地位。

1.2 信息技术在档案管理中的应用

在当今数字化快速发展的时代，信息技术已成为档案管理领域的关键力量。随着大数据、云计算和人工智能等前沿技术的崛起，档案管理在效率和精确性上取得了质的飞跃。这些技术的应用首先在于档案的数字化转化。传统的纸质档案既占用大量物理空间，又存在易损、难保存的问题。而通过扫描、拍照等现代技术，档案内容被高效转化为数字格式，不仅显著节省了存储空间，还极大提升了长期保存和检索的便捷性。此外，数字化档案更实现了远程访问与共享，极大地提升了档案的利用效率。同时，信息技术还推动了档案管理的自动化进程。通过引入 OCR（光学字符识别）技术，可以快速将扫描后的图片转化为可编辑的文本，极大地减少了人工录入的工作量[1]。利用智能分类和标签技术，可以对数字档案进行自动分类和整理，提高了档案管理的规范性和准确性。信息技术在档案管理中的应用还显著提升了管理效率与数据安全性。通过数字化存储、加密技术、数字签名、防火墙与入侵检测等多重手段，确保了档案的完整性、真实性和可访问性，同时采用身份验证、权限管理等措施，严格限制了对档案的访问权限，有效防止了非法访问和篡改。物理安全措施也保障了档案在存储过程中的安全。这些综合措施的应用，使得档案管理更加高效、安全，满足了长期保存和有效利用的需求。在档案管理的领域中，信息技术的引入显著增强了管理的效能和精确性，并为其长期存储和高效使用提供了坚实的技术保障。随着技术的不断进步，相信未来档案管理将更加智能、高效、安全。

1.3 企业科研档案管理存在的问题

在企业科研领域，档案管理是保障科研活动顺利进行和成果有效传承的关键环节。然而，当前企业科研档案管理面临着一些亟待解决的问题。首先，一个显著的问题是档案管理意识的相对缺乏。不少企业过于聚焦于科研项目的研发与成果的产生，而对档案管理的重要性却未能给予足够的关注。这种观念导致科研档案在收集、整理、保存和使用过程中缺乏系统性的规划和管理，造成了档案信息的混乱和遗失，影响了科研工作的连续性和成果的可追溯性。其次，档案管理流程不够规范。一些企业在科研档案管理方面缺乏标准化的流程和制度，导致档案信息的收集、整理、归档、借阅等各个环节缺乏统一的标准和规范。这不仅增加了档案管理工作的难度和复杂度，也影响了档案信息的准确性和完整性。[2]同时，不规范的档案管理流程还容易导致档案信息的泄露和丢失，给企业带来不必要的损失。再者，档案管理技术手段相对滞后。随着信息技术的快速发展，传统档案管理模式逐渐难以契合现代企业科研活动的实际需求。不少企业仍依赖手工录入和纸质存档等传统方式，这不仅效率低下，错误率也偏高。且这些传统方法无法适应大数据、云计算等前沿技术，限制了信息化手段在档案管理中的应用，进而影响了档案管理的效率和准确性。此外，档案管理人员的专业素养参差不齐也是一个亟待解决的问题。档案管理需要特定的专业知识和技能，但部分企业的档案管理人员由于缺乏相关背景和培训，难以胜任此项工作。这不仅影响了档案管理的质量，还制约了档案管理的创新与发展。因此，当前企业科研档案管理在意识、流程、技术手段和人员能力等方面均存在不足。为了应对这些挑战，企业需要深化档案管理意识，优化档案管理流程，积极引入先进的档案管理技术，并加强档案管理人员的专业培训和能力提升。

企业科研档案管理出现上述问题，其背后原因主要可归结为对档案管理价值认识的不足、内部管理体系的不完善、技术更新迭代的滞后以及人才培养机制的欠缺。由于企业往往更重视科研项目的直接成果和经济效益，导致档案管理未能得到足够的重视和投入。企业内部档案管理流程缺乏系统化规范，导致档案管理工作难以高效、有序开展 [3]。同时，信息技术的迅猛进步使得传统档案管理手段逐渐过时，而企业对于新技术在档案管理中的融合与应用尚未形成有效的推动机制。加之档案管理专业人才的稀缺以及现有档案管理人员素质的不均，进一步限制了档案管理水平的整体提升。为了解决这些问题，企业需要建立标准化的档案管理流程，积极引入新技术，并加强档案管理人员的专业培训 [4][5]。

2 实现高水平信息化科研档案管理的策略

2.1 建立完善的信息化科研档案管理制度

为实现企业高水平信息化科研档案管理，构建一套完善的信息化科研档案管理制度至关重要。首要任务是确立档案管理的明确目标和核心原则，保障科研档案的完整性、高度安全性及可靠的可追溯性。随后，应建立标准化的档案管理流程，涵盖档案的收集、有序整理、科学分类、高效存储及便捷检索，以此大幅提升档案管理的整体效率。这样不仅能满足企业的实际需求，还能为科研活动提供有力的信息支撑。在此基础上，引入先进的信息化技术是关键步骤。利用大数据技术，可以实现对科研档案的深度分析和挖掘，为企业的科研决策提供有力支持。同时，采用云计算技术，构建高效的档案存储和共享平台，便于科研人员随时随地访问和使用档案资源。此外，加强档案管理人员的培训和教育也至关重要。通过定期的培训，提升档案管理人员的专业素养和信息化技能，确保他们能够有效地管理和维护科研档案 [6]。最后，建立严格的档案管理制度和监督机制，确保各项制度得到有效执行，对于违反制度的行为进行严肃处理，以维护科研档案的安全和完整。

2.2 加强信息化基础设施建设提升硬件设备的性能

在当前信息化时代，企业科研档案管理正面临多重挑战。为了有效提升管理水平，加强信息化基础设施建设、提升硬件设备的性能显得尤为关键。首先，加强信息化基础设施建设意味着构建一个稳定、高效且安全的网络环境。这不仅涉及升级企业内部的网络带宽，确保数据传输的快速与稳定，还需构建多层次的安全防护体系，如防火墙、入侵检测系统等，以全面保障科研数据的安全性；同时，建立多层次的安全防护体系，如防火墙、入侵检测系统等，保障科研数据的安全性。其次，提升硬件设备性能是实现高效档案管理的基石[7]。企业应投资于高性能的服务器、存储设备以及数据处理设备，确保科研数据的快速处理、大容量存储和高效检索。此外，采用虚拟化、云计算等先进技术，可以进一步提高硬件资源的利用率，降低运维成本。通过加强信息化基础设施建设和提升硬件设备性能，企业能够构建一个高效、安全、智能的科研档案管理系统，为科研创新提供强有力的支持。

2.3 提升档案管理人员的信息化素养

在当今信息化时代，提升档案管理人员的信息化素养，是实现企业高水平信息化科研档案管理的重要策略。首先，企业应加大对档案管理人员的信息技术培训力度，确保他们熟练掌握数字化档案处理、数据库管理以及信息安全防护等技能。其次，通过定期举办讲座、研讨会等活动，拓宽档案管理人员的信息化视野，增强其对新技术、新应用的敏感度。同时，鼓励档案管理人员积极参与科研项目，深入了解科研流程，以便更好地为科研人员提供精准、高效的档案服务。此外，企业应建立完善的信息化档案管理制度，明确档案管理人员的职责与权限，确保档案信息的真实性、完整性和安全性。[8]通过优化档案管理流程，提高档案检索效率，降低管理成本，从而推动企业科研档案管理向更高水平迈进。

2.4 建立完善的数据安全体系

在当今数字化时代，为确保企业高水平信息化科研档案管理的顺利进行，建立完善的数据安全体系显得尤为重要。首先，确立数据安全的战略核心地位至关重要，应将其纳入企业的全面信息化战略布局之中。随后，应构建一个多层级的数据安全防护体系，涵盖物理安全、网络安全、系统安全及数据安全四个核心层面。在物理安全层面，应着重强化机房环境的严密监控与有效管理，以保障物理设施的稳定性和可靠性。就网络安全而言，需借助防火墙、入侵检测系统等前沿技术手段，筑牢防线以抵御网络攻击的侵扰。在系统安全层面，实施周期性的漏洞检测与系统加固，及时识别并修复潜在的安全风险。在数据安全方面，应运用数据加密技术，同时确保数据备份与恢复机制的完善，以此确保数据的完整性和可恢复性，从而全面提升数据保护水平。[9]同时，制定并严格执行数据安全管理制度，明确各级人员的职责和权限，确保数据在收集、存储、传输和使用过程中的安全性。此外，加强数据安全培训和意识教育，提高全体员工的数据安全意识，形成全员参与数据安全管理的良好氛围。

3 结论

信息化科研档案管理是企业实现高质量发展的重要推动力。通过采用先进的信息化技术，企业能够实现对科研档案的数字化存储、高效检索和共享，为科研工作者提供强大的数据支持和信息服务。这不仅提升了档案管理的效率和准确性，还促进了科研团队间的交流和合作，加速了科研成果的转化和应用。因此，企业应高度重视信息化科研档案管理的建设与发展，加大投入力度，推动档案管理向数字化、智能化、安全化方向发展，以更好地支撑企业的科研创新和高质量发展。

注释及参考文献

[1] 杨晓, 魏令波, 袁军鹏. 科学记录管理政策分析与个性化管理模式——以中科院京区 41 家研究机构为例 [J]. 科技管理研究, 2023(11):216-222.

[2] 刘越男, 何思源. 科学数据与科研档案的管理协同: 调查与思考 [J]. 图书情报工作, 2022(1):96-105.

[3] 潘亚男. 新时期科技档案工作的新变化与新问题——基于中国科学院科技档案实践的思考 [J]. 图书情报工作, 2022(1):106-111.

[4] 李甜. 数字管护 (Digital Curation) 视域下科研档案管理创新研究 [J]. 档案学研究, 2021(3):113-120.

[5] 陈艳红, 唐菁蔓. 科研诚信档案建设的价值取向及实现路径 [J]. 档案学研究, 2019(5):33-37.

[6] 虞香群. 国家科技创新体系背景下科研档案开放共享模式研究 [J]. 档案学通讯, 2023(5):108-112.

[7] 叶甜. 科研实物档案管理现状及对策研究 [J]. 北京档案, 2023(6):32-34.

[8][9] 李冬. 科研档案数字化转型驱动石化企业高质量发展 [J]. 石化技术, 2021(6):164-166.

论数字时代企业档案治理体系现代化

杨文 [1,2,3]　崔璐 [1]
1 中国人民大学信息资源管理学院
2 多模态档案保护与开发国家档案局重点实验室
3 中国人民大学档案事业发展研究中心

摘要：数字时代深刻改变了企业档案工作的环境、对象和内容，导致企业档案治理体系在理念、组织、管理、服务等方面面临一系列新变化与新挑战。立足我国企业档案工作发展规律和现实需要，亟须制定战略目标、健全组织机构、完善制度设计、夯实档案资源、加强硬件支持、优化利用服务，构建数字时代企业档案治理体系，在实践中推动企业档案治理体系建设实现共性与个性共存、软件与硬件互补、管理与服务并重、守正与创新平衡。

关键词：数字时代；企业档案；档案治理；治理现代化

0 引言

伴随数字时代的新一轮产业转型与技术进步，国家与社会治理体系发生深刻变革，数字技术与治理要素的关系日益密切，要求各领域不断创新治理理念、优化治理模式、提升治理能力，推动以现代化为核心的治理体系全方位转型。作为企业工作的重要组成部分，企业档案工作需适应数字时代的要求，融入数字时代国家治理体系现代化和企业治理体系现代化的总体布局，推进档案治理体系现代化建设。据国家市场监督管理总局统计数据，截至2023年年底，我国登记在册企业达5826.8万户，企业档案全面记录了企业的发展历程、业务活动、管理决策、科技创新等方面的信息，在创新企业工作、优化企业管理、支撑企业发展等方面发挥着重要作用，是维护企业和职工合法权益、服务党和国家工作大局的重要载体。基于此，加快构建适应数字时代的企业档案治理体系，不仅是企业档案工作紧跟时代发展步伐实现创新发展的必由之路，而且是实现企业治理现代化的必由之路。2023 年 8 月，国家档案局颁布的《企业档案管理规定》，充分考虑了数字时代档案工作发展面临的问题，对企业档案工作体制机制、机构人员、设施设备、归档流程、信息化建设等提出了新目标和新要求。因而，面对数字时代企业档案治理体系的新变化，亟须识别其中的关键要素，提出数字时代企业档案治理体系现代化的主要内容与实现路径，推动企业档案工作高质量发展。

1 数字时代企业档案治理体系面临的变化与挑战

1.1 理念之变

数字时代，企业档案资源体系发生深刻变化，数据在企业档案资源中的占比正在日益上升，档案数据正在逐渐成为企业的重要生产要素，赋能企业生产与经营，并且在扩大数字资源供给、引导企业合理配置资源、提升企业自主创新能力等方面发挥重要作用。伴随着企业管理活动中业务数据的积累和数据利用服务场景的拓展，企业档案数据价值要素日益凸显。这就要求企业将档案工作融入数字转型蓝图，重新定位档案工作在企业中的地位，开展档案数据治理，以推进企业治理现代化转型为目标，实现档案工作在管理理念、利用理念、服务理念、安全理念等方面的转变。基于此，企业档案部门亟须围绕档案数字资源，探索数字时代档案治理新模式，建立健全数字监管手段，创新档案业务在线监督指导，将治理理念嵌入企业档案工作的全流程、全环节，提升企业档案治理的现代化水平。

1.2 组织之变

数字时代的到来在很大程度上改变了企业组织结构的治理体系，要求企业组织管理实现从传统的垂直化管理走向扁平化、协同化管理，减少部门的管理层级和沟通成本，建立起快速响应、分工明确、协作有序、富有弹性的组织模式，这种变化为构建企业档案治理体系提供了组织保障，也同时给企业档案工作带来挑战。面对企业建设与发展对档案数据资源建设、开放共享、服务创新等方面的多元需求，企业档案部门不仅仅是传统的档案保管者，其工作职能和范围逐渐延伸至数据管理领域，致力于成为管理企业数据资产的信息中心、数据中心和资源一体化利用中心[1]。基于此，企业档案部门亟须在现有档案管理体系上，进一步加强与数据管理部门、档案形成主体、档案利用主体的合作，构建起上下联动、内外协同、互联互通的企业档案治理体系。

1.3 管理之变

数字时代企业档案管理对象在总体上呈现出模拟态、数字态、数据态[2]三态并存的现状。为了实现对这些档案资源的有效管理，企业档案部门亟须创新档案业务监督指导手段，开展档案管理平台建设，建立健全档案工作管理制度和标准规范，构建科学规范、管用好用、运行高效的企业档案工作体系，促使企业档案工作实现与时俱进、有法可依、有规可循。当前，有不少企业档案部门正在推进档案集约化管理，推进档案数据管理模式创新。这深刻反映了档案工作与企业管理、决策、业务创新的深度融合，体现了企业档案管理方式由粗放走向精细、管理模式由分散走向集约化的变化。在此背景下，统筹平台建设、制度建设、基础设施建设、档案队伍建设等，促进企业档案工作走向以业务、技术、管理共同驱动的治理现代化模式，以更好地支撑数字时代企业高质量发展和创新发展，正在成为企业档案管理工作推陈出新的发展趋势。

1.4 服务之变

近年来，随着企业数字化转型的深入，企业档案部门亟须重新审视档案作为战略性信息资源、基础性文化资源、支撑性知识资源、特殊性经济资源、工具性治理资源的多维价值[3]，探索以数据为基础、以需求为导向、以价值变现为目标的档案智慧化服务模式，推动档案服务由单一走向丰富、从载体走向内容、从保管走向利用，不断提升企业档案工作服务能力。具体而言，包括在企业档案工作的实际业务场景中，结合文字识别、语音著录、图文智能定位、智能划控、关联检索等智能化技术，提供新型档案知识服务，将大数据、人工智能、数字人文理念与方法运用到文档著录、智能编研、语义分析、专业咨询等多元场景中，打造面向企业战略制定与决策的档案智库，为业务各环节的转型升级与知识创新注入发展动力。

2 数字时代企业档案治理体系现代化的构成要素

2.1 战略目标

战略目标引领数字时代企业档案治理方向。《企业档案管理规定》规定，企业应当加强对档案工作的组织领导，建立健全档案工作责任制，将档案工作纳入企业整体规划、年度工作计划和考核体系。战略目标的设定，是企业档案工作开展的前提，清晰明确、切实可行的档案工作战略目标能够充分统筹档案治理的主体、客体、制度、资源、用户等要素，有助于形成涵盖整体治理原则、内容与具体实践路径的规划设计方案，为企业档案治理体系建设提供方向指引。在内容层面，企业档案治理的战略目标既包含前瞻性的战略定位与统筹规划，也涵盖业务层、职能层等实施层次的具体规则，同时还应配置完整的评价标准和绩效评估体系，最终形成自顶向下、目标一致的现代化战略，帮助企业把握档案工作现代化转型的进度和方向，及时调整治理策略及方法。

2.2 组织机构

企业档案组织机构作为推进企业档案治理实践的主体，是推进数字时代企业档案治理体系现代化的核心力量。《企业档案管理规定》规定："企业应当根据规模和管理模式设置档案部门（机构）或者确定负责档案工作的部门（机构），配备与企业规模相适应的专职档案工作人员，满足档案保管利用和业务监督指导的需要。"首先，根据企业的发展战略、规模和特点，科学设置企业档案部门的层级、规模、职能和岗位，有助于保证档案部门的稳定性和连续性。其次，加强档案工作不同主体之间的协同，建立健全档案部门与业务部门、管理部门、技术部门的沟通与协作机制，在资源、工具、制度、管理等方面深化合作，明确各协同主体的职责，有助于实现企业档案工作的跨部门协同管理创新。最后，优化档案人才队伍，企业档案部门需要配备专业的档案人员，建立具备数字化开发、信息加工、数据分析等综合能力的企业档案治理人才队伍，为应对数字时代企业档案治理的复杂挑战提供人才保障与智力支撑。

2.3 制度设计

健全、完善、科学的制度设计是档案治理得以顺利开展的根本保障，数字时代，新一代信息技术的发展与广泛应用在档案工作实体空间之上创造了广阔的数字空间。为此，企业档案制度体系的构建需要考虑档案工作实体空间和数字空间相互交织的新型治理情境，即既要从宏观、中观、微观视角对档案工作的根本制度、基本规范和其他相关制度进行整合与设计，同时也要注意纵向层次关系和横向协同的一致，构建起适用于不同单位、不同层次的档案制度，使之符合企业档案工作规章、管理制度、业务规范的制度架构，反映企业整体战略目标和发展理念要求。企业档案制度的设定、管理与实施，是确保企业档案工作规范、高效运转的关键，有助于明确企业档案治理的落地实践，为数字时代企业档案治理体系现代化提供制度保障。

2.4 档案资源

企业档案资源是企业档案治理的主要对象，《企业档案管理规定》规定，企业应当确定本企业的文件材料归档范围，编制本企业各类文件材料归档范围和档案保管期限表。随着企业档案业务的发展和管理活动的动态更新与积累，这些档案资源不仅是企业的发展历史的见证和文化沉淀，更成为支撑企业战略决策、业务经营和市场开发的关键资产。面对数字时代档案资源形态和结构的变化，企业档案部门要树立档案资产管理理念，推动档案资源纳入企业资产管理体系，始终把丰富档案资源视为核心业务，加大档案收集整理力度，按照"大档案"思路构建档案资产管理体系，加强新型档案资产管控，丰富档案资源的来源、类型、结构，建立全面覆盖企业全业务的各档案门类、各个层级的档案资源体系。

2.5 硬件配置

档案工作的硬件配置是企业档案治理体系现代化的重要标识。《档案法》规定，档案馆及机关、团体、企业事业单位和其他组织的档案机构，应按照国家有关规定配置适宜档案保存的库房和必要的设施、设备。随着企业数字化转型的纵深推进，企业的档案数据量呈现指数级增加，并开始重视在软硬件设施和数字环境建设方面的长期投入，将系统、平台、服务器的建设和维护费用纳入档案管理费用预算，采用先进的计算设备、存储设备和网络基础设施，持续推进数字化环境的迭代升级，为企业档案治理提供了数字化存储、高效检索和安全管理的技术与设备支持。在数字时代，企业档案部门唯有配备合适的和先进的硬件配置，才能更好地提升企业档案工作的存储能力和管理水平，满足档案资源的检索、管理和分析应用需求，实现治理体系现代化。

2.6 利用服务

数字时代，鉴于档案在企业工作中的渗透性、依附性与融合性等特征，企业档案资源的凭证、信息、知识、文化等属性正在随着档案资源形态的变化，及其对企业各种利用需求的持续满足而日益凸显。[4] 这就要求企业档案工作必须要为企业发展提供服务，一是服务范围方面，企业档案部门既要为各职能部门、生产主体和利用对象提供档案利用，还要基于档案开发利用为客户、合作伙伴、监管机构等提供服务。二是服务内容方面，基于业务记录、经营报表，以及合同、项目文件等资源中的档案信息，提供智能化、深层次、场景化的档案知识服务，为企业分析业务趋势、制定战略计划与经营管理提供有力的证据和支持。三是在服务形式方面，企业档案部门可以开展线上线下相结合的一体化档案服务，满足企业多元主体在不同业务和管理场景下的使用需求。

3 数字时代企业档案治理体系现代化的实践审思

3.1 共性与个性共存

数字时代推进企业档案治理体系现代化，既要在遵循《档案法》《档案法实施条例》《企业档案管理规定》《企业档案工作规范》等国家档案法律法规和标准规范的基础上，反映企业治理现代化的共性要求。同时，要注重企业在行业、规模、业务特点等方面的差异性，设计适合企业工作情况的档案治理体系。企业档案治理体系现代化是一个复杂、渐进的过程，我国企业类型众多，不同企业的档案工作千差万别，并没有一套能够适用于所有行业和类型的企业的固定的、通用的档案治理方法或指南。因此，对于任何一家企业而言，不能直接简单复制、套用其他企业的经验，而是需要充分了解自身规模大小、行业属性、业务特点、档案资源状况、开发利用需要等，综合考虑法规要求、技术发展、业务流程、管理环境等多样化的内外因素，分析现实档案工作的优势与劣势、条件与基础、机遇和挑战，据此制定切实可行的档案治理目标和措施，推动企业档案治理体系现代化的落地。

3.2 软件与硬件互补

从企业档案工作长远发展来看，任何一家企业档案治理体系现代化目标的实现都离不开硬件和软件的协同。首先，在规划阶段，要全面考虑档案工作的硬件和软件现状，并据此进行整体设计，使硬件方面的设施设备投入规模与企业长期性的战略部署、价值理念、创新能力和应用需求相匹配，强化企业档案管理制度建设和内部管理，适时变革企业档案治理的理念、模式与手段，提升档案工作的规范化建设水平和风险应对能力。其次，随着业务的增长和技术的不断发展，企业档案工作需要增强创新能力，吸引具有专业知识和技能的专业人才，通过设置目标、标准、绩效等管理手段，加强企业精神、制度、价值理念等方面的文化建设，激发员工的责任感和凝聚力，支撑企业在现代化转型中持续创新，以此提升数字时代企业档案工作的环境应对力、资源整合力、管理创新力、文化引领力和价值驱动力。

3.3 管理与服务并重

在企业档案工作中，推进企业档案治理体系现代化必须要辩证看待服务与管理的关系。在管理方面，要以规范企业档案工作为目标，通过制度的设计、实施和反馈，建立健全企业档案制度体系，最大限度提升组织效能，提升档案部门的统筹规划、统一管理、监督指导水平，实现企业档案治理的刚柔并济，使服务目的转化为可操作的档案管理过程。在服务方面，企业档案部门要及时转变服务理念，以企业实际发展需求作为档案工作的逻辑起点，处理好管理与服务的关系和侧重点，整合档案资源和提高综合利用水平，提供全方位、多层次的个性化档案信息和决策支持服务[5]，发挥档案在企业运营管理、经营决策、科学研究、工程建设、安全管理、客户管理、巡视巡查、税收检查、法律诉讼、权益保障、品牌建设、文化建设、精神传承等方面的价值与作用。

3.4 守正与创新平衡

在数字时代的企业档案工作转型与变革背景下，企业档案治理体系现代化既要坚守传统档案管理的理论、原则、规范和核心业务，也要引入先进的技术、智能化工具，推动企业档案工作走向智能化、智慧化。在此过程中，企业档案工作既不能因循守旧，将企业档案工作限制于传统的档案管理模式，导致档案工作陷入僵化，也不能为变而变、盲目跟风，片面追求新理念、新技术、新方法的创新性应用，忽视新元素在实际档案业务中的适用性。因而，一方面，企业档案工作要遵循档案管理的基本原则、规范和标准，坚持行之有效的企业档案制度，提升企业档案工作收集、整理、保存、利用各环节的业务能力，维护企业档案的凭证效用、法律效力和历史价值；另一方面，要将企业档案治理的实际需求与发展目标相结合，融合我国企业档案工作的新理念、新变化、新业态，创新档案治理模式，与时俱进地提升企业档案治理能力和现代化水平。

本文系国家社会科学基金青年项目"数字时代档案治理的内在机理与实现路径研究"（22CTQ035）的阶段性研究成果。

注释及参考文献

[1] 谭必勇, 章岸婧. 全国一体化大数据中心背景下档案数据中心的功能架构与推进策略 [J]. 档案学通讯,2022(3):48-55.

[2] 钱毅. 技术变迁环境下档案对象管理空间演化初探 [J]. 档案学通讯,2018 (2):10-14.

[3] 杨文. 档案与国家治理研究 [J]. 档案学通讯,2022(5):109-112.

[4] 杨文, 王强. 数字时代国有企业档案资源开发利用的内在机理与实践路径 [J]. 档案学研究,2022(3):76-83.

[5] 张斌, 郝琦, 魏扣. 基于档案知识库的档案知识服务研究 [J]. 档案学通讯,2016(3):51-58.

提升科研档案工作质量及安全水平服务企业创新发展和现代化建设

张乡音

西山煤电（集团）有限责任公司综合服务中心

摘要： 随着社会的进步和科技的发展，企业的创新能力和现代化建设对科研档案工作提出了更高水平的要求。科研档案作为企业技术创新和成果转化的关键载体，其工作质量和安全水平将直接影响到企业的核心竞争力，因此提升企业的档案工作质量和安全水平来服务企业创新发展和现代化建设已经成为当务之急。本文以科研档案工作为立足点，通过深入分析当前企业科研档案工作中存在的问题，并根据问题提出针对性的解决方案以期为企业的科研档案管理提供参考。

关键词： 科研档案；工作质量；安全水平；企业

0 引言

在科研活动进程中形成的企业科研档案，是一种包含文字、图表及声像等多种媒介形式的珍贵历史资料，是人们脑力劳动的产物。它凝聚着人们的具体劳动和抽象劳动，蕴含着实物商品所不能比拟的巨大使用价值，这些资料对企业科研进程与技术能力的转化不可或缺，同时作为创新技术推动及成果转换的核心依托，其地位举足轻重。因此，针对科研档案工作质量和安全水平的提升的研究，对于企业的创新发展和现代化建设具有深远的意义与价值。

1 科研档案工作的价值

1.1 确保科研信息真实性、完整性

建立科研档案能够保证科研数据的真实性和完整性。在企业的科研活动中，科研人员在收集实验数据时会对数据来源进行详细的记录和说明，能够确保数据的可追溯性和真实性。在科研人员提交科研档案文件时，签名鉴定和授权程序能够确保档案的真实性，通过签名鉴定和授权程序也能够确认科研档案的内容得到相关人员的认可和确认，从而降低了科研档案造假的可能性。在企业的科研活动中，科研人员对档案进行保存和备份进行严格管理，从而也确保了科研档案的完整性。因此科研档案工作的质量直接关系到科研工作和科研成果的真实性和完整性，对于企业科研部门和科研人员来说至关重要 [1]。

1.2 承担科学研究中的承接作用

科研档案还承担了企业在进行科研活动是承上启下的承接作用。在企业科研活动的过程中，科研工作的持续性和连贯性构成了科技进展的关键特性。每一项科学成就的获得，实质上是前期研究、他人贡献及个人创新成果综合作用的结果。研究的起点越高，相应的档案建立后，其被后续研究者借鉴与应用的概率也随之增加，进而更有效地促进资源（尤其是人力资源和物质资源）的优化配置，并为实现更重大的科研突破奠定坚实基础。针对某些规模庞大、周期漫长的企业科研项目，它们可能需要跨越多个部门的共同努力方能取得实质进展，在此种情形下，科研档案便成了不可或缺的知识"传递棒"，缺乏这一关键的链接环节，科研项目的连续推进将难以维系 [2]。

1.3 对技术创新、科技成果转化的指导作用

伴随企业发展壮大，每一项科技研究成果都是为了转化为实际生产力，为企业谋取经济效益，那么不可或缺的前提是拥有一个完备的科研档案体系作为支撑。科研档案首先是企业技术创新成果的重要载体，有助于企业实现技术创新成果的产业化。科研档案能够为企业技术创新提供丰富的研究资料和数据支持，而且还有助于企业了解最新的行业动态和技术发展趋势，为企业的技术创新指明方向。不仅如此，科研档案扮演着科学技术信息交流的核心媒介角色，通过充分发挥其累积的知识价值，能显著减少重复性研究的工

作量，这不仅直接体现了在人力资源、财力和物资上的节约，还间接彰显了科研档案在推进企业科学技术研发活动中的经济效用与社会价值。

2 当前企业科研档案工作中存在的普遍问题

2.1 科研过程归档意识不强

尽管科研技术档案的整理具有重要意义，但在实际工作中，许多科研人员仍然存在对档案整理的重要性认识不足、时间分配不合理等问题。部分企业科研工作者在研究活动中，未能充分重视数据及文献资料的汇集与累积过程，造成了原始数据记录的缺陷乃至遗失，进而影响了科研成果的申报和鉴定流程 [3]。另一方面，某些企业科研工作者虽专注于科研成果的申报环节，却忽略了及时归纳整理申报过程中涉及的各类文档材料，致使科研成果的档案出现空缺或不完整的问题。

2.2 对科研档案归档范围不熟悉

科研归档是科研活动的重要组成部分，它对于科研工作的持续性、可追溯性和成果的共享具有重要意义。然而在实际上科研档案的归档过程中，许多科研工作人员对科研档案的归档的范围并不熟悉，对科研成果的转化和不同部门间的成果共享带来了诸多不便。比如频繁遇到内容缺失的问题，具体包括开题报告的遗漏、来自企业研发部门的审批或推荐文件的缺失、实验原始数据记录的不足，以及应用性调研报告和同行评审、引用资料的不齐全。这些问题根源在于研究者对于应归档文件材料范畴的理解不足和把握不准确 [4]。

2.3 对科研技术资料不善于整理

随着科技进步的步伐加快，企业在科研活动中积累的数据资料类型日益丰富多样，涵盖了学术论文、专利文献、技术报告及会议纪要等诸多形式。这些资料源自广泛渠道，内容繁复，对科研工作者而言，实施有效的分类管理已构成一项挑战。此外，科研信息的迭代速度急剧，要求研究人员持续追踪最新的研究成果与技术进步，这无疑加重了他们的负担。遗憾的是，由于日常工作强度大，众多科研人员难以实时适应这一迅速变化的知识更新节奏。科研数据的源头十分多元，横跨学术出版物、各类会议发表及互联网资源等多个平台。在此背景下，科研人员在筛选相关资料的过程中，还必须对资料的准确性和信赖度进行严格评估，进一步加剧了资料筛选工作的复杂度。

2.4 对科研技术资料归档程序不了解

在科研领域，技术资料的归档是一项至关重要的任务，它是将科研过程中的技术资料进行收集和整理，并按照一定的分类标准进行归类和编码，比如按照研究项目、研究阶段或者资料类型进行归类。它不仅有助于保护企业的知识产权，也为企业后续拓展研究领域提供宝贵的参考资料，提供便捷的查阅途径，然而许多科研人员对于归档的程序了解得并不充分，部分研究人员对于文件材料形成后续的收集、整理及归档责任主体认知模糊，未能正确认识到这些活动实为研究工作的有机组成部分，而将其视为研究之外的事情，这一认知偏差阻碍了归档工作的顺利实施与常态化运行。

2.5 企业科研档案安全存在隐患

随着信息技术的飞速发展，企业档案管理逐渐从传统的纸质档案向电子档案转变。然而，这一转变也带来了诸多信息安全隐患。数据泄露是企业科技档案信息安全隐患中最常见的一种。由于企业科研档案中往往包含大量敏感信息，如一旦泄露，将给企业带来无法估量的损失。部分员工可能因好奇心、利益驱动等原因，有意或无意地将企业档案信息泄露给外部人员。也有来自外部的安全威胁，黑客通过网络攻击手段，如钓鱼网站、恶意软件等，窃取企业科研档案信息。另外存储企业科研档案信息的硬盘、U盘等介质一旦丢失，可能导致档案信息泄露。如果企业在进行档案信息传输过程中，未采取加密等措施，可能导致信息在传输过程中被截获。

3 提升企业科研档案工作质量和安全水平的策略

3.1 完善科研档案管理制度

一项企业科研项目的成功通常涉及多个部门的协同合作，其研究时间漫长，期限不一，短则以月计，长则乃至数年乃至更久才能完成。鉴于此长期性特征，企业应当遵循国家档案管理局的相关准则，细化学科分类，确立具体、可操作性强的文档归档范畴，并引入一套旨在激励与约束的科研档案搜集管理制度，特别强调该制度执行力的实际效能。此外，增强宣传效应也是至关重要，确保每位科研人员深刻理解科研档案涵盖的内容，在日常科研实践中赋予归档工作高度的重视，通过紧密协作，将科研资料的归档视为科研流程中不可或缺的一环，精准执行，以此有效提升科研档案管理的整体效能与质量[5]。

3.2 强化科研人员档案意识

提升科研工作者的文档认知是确保科研档案管理水平增进的基础条件。应依据《中华人民共和国档案法》及相关档案法规，加大对档案重要性的宣传力度，深化"法律规范档案管理"的理念，加强科研人员对档案管理的责任感，使之深刻理解：科研档案实质上是企业的重要知识资产，妥善进行档案的收集、分类及归档是对科技工作者的基本要求。通过激发科研人员的主观能动性，促使他们在观念上重视科研档案管理工作，并在日常科研活动中自发地积累与维护档案，共同营造一个全员重视、广泛支持的积极环境，从而有力推动科研档案管理工作的持续优化。

3.3 提升档案管理工作人员素质

增强科研档案管理人员的素养是达成高效档案管理的根本前提。每一项科研档案工作的实施，均依赖于管理人员的具体操作，而档案管理工作质量的好坏，则直接关联到管理人员的综合素养。因此，科研档案管理人员应当采取多元化、多渠道的教育培训方式，以提升个人业务能力，并深化专业知识学习，掌握科研档案的收集、分类等相关理论体系。同时，亦需致力于提升思想道德水平，强化职业责任意识，持续优化服务效能，确保既能迅速且精确地服务于科研人员的档案查询需求，又能确保档案的绝对安全，防止遗失或损毁，全面成长为一名杰出的科研档案管理人员。

3.4 制定科学的方法措施

3.4.1 实行专项档案袋制度

实行专项档案袋制度，意在针对重点实验室、核心研究项目负责人及研究生群体，开展针对性的档案管理宣传教育。在项目启动阶段，向每位课题负责人配发一个特制资料袋，内含科研档案系统编码的实验与研究记录册，明确规定所有课题衍生的文件资料均需归入此袋保存，既作为文件保管的实体容器，也作为监测课题进度的重要参考依据。

3.4.2 建立专题档案卷宗机制

建立专题档案卷宗机制，意指在科研项目启动筹备初期，即由项目团队领导负责，将此阶段生成的广泛文件资料进行系统化的归档立案，旨在保障课题筹备期间所有必要文件材料的完整生成与有序积累。

3.4.3 实施科研项目主导者档案管理责任制

具体操作上要求科研课题的主理人承担起文档的建立与归档任务。自项目启动伊始，即责成课题负责人对科研进程中产生的各类技术文献资料实施持续的汇总与编排工作，强调即时搜集、即时整理，实行编号登录，并采取封装保存措施，以确保存档资料的安全无虞，有效防范遗失风险。

3.4.4 加强内部管理

企业应制定完善的科研成果保密制度，明确保密范围、保密期限、保密责任等内容。同时，确保全体员工了解并遵守保密制度，对违反保密规定的行为进行严肃处理。企业应定期组织员工参加保密意识培训，使员工充分认识到科研成果泄露的危害，提高员工的保密意识。培训内容可以包括保密法律法规、企业保密制度、保密技巧等。企业应设立内部监督机制，对可疑行为进行调查。一旦发现员工有泄露科研成果的迹象，应及时采取措施，防止损失扩大。同时，对泄露科研成果的员工进行严肃处理，以起到警示作用。

3.4.5 采用技术手段保护

集成机器学习与人工智能技术，可显著增强机构对持续性威胁（APT）的预测及抵御能力。企业可以借助于大数据分析的力量，这些系统能从浩瀚的数据海洋中甄别异常行为模式，从而预先干预，阻止安全危机的发生。企业可以采用现代现金的加密技术，加密技术在保障档案信息安全领域扮演着核心角色。诸如现代加密算法（ECC）Elliptic Curve Cryptography 等，不仅提供了高强度的保护措施，还实现了效率与安全性的兼备，即便在计算资源有限的条件下，亦能确保信息的机密性和完整性不受损害。除此以外安全套接层（SSL）与传输层安全（TLS）协议的广泛应用，为数据在传输环节的隐私保护设立了坚固屏障，有效抵御了中间人攻击及数据拦截的风险，从而维护了信息交换的私密性与安全[6]。

4 结语

增强科研档案工作的效能与安全保障力度，以促进企业的创新进步和现代化建构，是当前企业亟须应对的核心课题。企业需从多个维度着手：一是健全档案管理的规章制度；二是加强科研人员对档案重要性的认知；三是提升档案管理人员的专业技能与素养；四是研制行之有效的管理策略与方法，通过这些措施，能够有效地提升科研档案工作质量和安全水平，确保科研档案信息的完整性、可用性、可追踪性，以此来全方位加强科研档案工作的效能与安全防护，为企业的创新升级和现代化转型奠定坚实的基础。

注释及参考文献

[1] 赵秀芹 . 新形势下企业档案管理质量的提升策略分析 [J]. 中文科技期刊数据库（文摘版）社会科学 ,2024(1):192–195.

[2] 张新芳 . 信息时代下的国家记忆工程 : 档案工作的科技创新与互联网融合 [J]. 办公自动化 ,2024(2):29–32.

[3] 李倩 . 浅析事业单位人事档案安全管理 [J]. 中文科技期刊数据库（全文版）社会科学 ,2022(4):3.

[4] 王娇娇 . 大数据背景下档案管理信息安全问题与对策浅析 [J]. 中文科技期刊数据库（文摘版）工程技术 ,2022(1):3.

[5] 柴华 . 浅析如何提升公文管理中的保密管理水平 [J]. 四川档案 ,2022(3):36–37.

[6] 曾瑞萍 . "十四五"时期档案信息安全管理面临的风险及应对策略 [J]. 机电兵船档案 ,2023(3):28–30.

京张铁路数字档案馆构建的初步探索

许喜[1]　王韵哲[2]　江若飞[2]

1 北京联合大学

2 中国铁道科学研究院集团有限公司电子计算技术研究所

摘要：京张铁路数字档案馆及其京张铁路 / 京张高铁云展厅子系统的构建，是对京张铁路工业遗产档案进行数字化保护与传播的需要，也是对京张高铁数据信息进行档案化的需要。本文通过分析京张铁路、京张高铁相关方档案工作及档案信息化情况，解析了京张铁路数字档案馆建设的必要性与可行性，以此为基础运用原型法构建了京张铁路数字档案馆的模型架构、数据架构与京张铁路 / 京张高铁云展厅的系统架构，并进一步探索了融合成熟度等模型的、结合用户视角以降低主观性的京张铁路数字档案馆构建的评价办法的研制。

关键词：数字档案馆；工业遗产档案；京张铁路；云展厅；评价办法

0 引言

习近平总书记在京张高铁开通运营时作出重要指示表明：京张线见证了中国铁路的发展，也见证了中国综合国力的飞跃[1]。京张铁路是由中国铁路之父詹天佑主持设计和建造的中国第一条铁路干线，标志着中国近代铁路建设的开端，具有重要的历史地位。同时，京张铁路作为中国近代工业文明的代表，具有重要的文化价值，其工业遗产档案，也是研究中国近代史、铁路史、工业史等领域的重要资料。而研究构建京张铁路数字档案馆对于京张铁路工业遗产档案的数字化保护与传播利用以及对于京张高铁数据的档案化保存与开发利用具有积极作用。

1 京张铁路数字档案馆构建的现状分析

京张铁路作为连接北京和张家口的重要交通线路，具有历史、技术、经济、文化、教育等多方面的价值[2][3]，其在规划、建设、运维过程中产生的文件、数据也同样具有重要价值。构建京张铁路数字档案馆是在国家文化数字化战略背景下对京张铁路工业遗产档案文化的创造性转化[4]，是以《"十四五"全国档案事业发展规划》为指引、围绕京张铁路工业遗产数字化保护进行的专题档案开发[5]，是对京张地方特色档案资源的开发与文化传播[6]，也是对京张高铁数据的档案化以促进其数据证用价值的释放[7]，还是对京张铁路、京张高铁原生与再生数字资源进行存储与整合诠释的"新老"京张记忆[8]。

通过对詹天佑纪念馆、中国铁道博物馆、京张铁路遗址公园等地的走访调研，结合对京张铁路相关文献的调研发现：京张铁路沿线拥有大量的工业遗产，包括 125 座桥梁、14 个车站、4 个山洞。这些遗产中，重要的工业遗产遗迹有西直门站、清华园火车站（清华南门附近旧址）、青龙桥火车站、清河站等。目前已有一些遗迹被纳入市级文保单位或文物普查登记项目，如詹天佑的老办公室、原南口机车厂等，且部分遗产如南口机械厂的詹天佑办公室，已被改造成展厅进行陈列展览。但京张铁路工业遗产尚未获得整体保护，部分遗产损毁严重、有的面临被拆除的风险[9]。因此，对以反映京张铁路全貌的《京张路工撮影》[10]为代表的京张铁路工业遗产档案进行数字化开发与保护，以及对相关京张铁路工业遗产数据进行档案化转化，既是必要的，也是实现京张工业遗产可持续利用的可行方案。

通过对京张城际铁路有限公司、京张高铁实地等的调研，以及对京张高铁相关文献的调研发现：京张高铁作为我国第一条智能高铁，其自建成运行之初就一直注重信息化的建设与发展，并以"精品工程、智慧高铁"目标为指引不断推进其信息化水平的进一步提升[11]，所以各种数据资源丰富。如今，京张高铁已经构建了公司、监理单位、施工单位的三级档案管理网络体系[12]，实现了档案管理的规范化和系统化。同时，建立了项目文件收集、整理、归档制度，以及档案保管、利用、统计和档案工作人员岗位责任制等，为档案工作的有序开展提供了制度保障。另外，既往对铁路基础设施全生命周期数据传递关键技术、铁路建设项目数字档案系统构建及"数字孪生"智能化运维技术等进行的研究能为京张高铁数字档案馆的构建提供技术基础和经验借鉴[13][14][15][16]。

综上所述，构建京张铁路数字档案馆具有充足的信息资源基础、良好的信息技术应用经验以及相关的制度保障等内部支撑条件，且有京张铁路工业遗产档案数字化开发、保护和京张高铁数据档案化储存、利用的内在需求；而《中华人民共和国档案法实施条例》就推进电子档案管理信息系统建设进行了明确规定，为推进电子档案管理信息系统建设提供了制度依据[17]，同时，国家档案局办公室印发的《企业数字档案馆（室）建设指南》为加强与规范企业数字档案馆（室）建设工作提供了直接、具体的指导[18]，这又为京张铁路数字档案馆的构建提供了外部动力。因此，京张铁路数字档案馆的构建必要且可行。

2 京张铁路数字档案馆的构建

2.1 京张铁路数字档案馆的模型架构

京张铁路数字档案馆以五层三体系进行模型架构，如图1所示，从下至上分别为基础层、数据层、应用层、展示层和用户层，三大保障运维体系为运行机制体系、标准规范体系和安全保密体系。京张铁路数字档案馆的构建以京张高铁数据资源的档案化保存与开发利用为驱动，以加强对京张铁路工

图 1 京张铁路数字档案馆的模型架构图

业遗产档案的数字化保护与传播利用为目标，运用原型法进行顶层设计，遵循"一步规划，分步实施"的原则自上而下地推进实施，最终实现对京张铁路档案资源的集中化、数字化、智能化管理，提高利用效能并辅助运营成本的降低。

2.1.1 基础层

基础层是京张铁路数字档案馆的最底层，由终端、服务器、存储设备等硬件和分布式搜索引擎、数据库管理系统等软件两部分组成。基础层的两部分同时建设，同时，为了增强环境稳定性、更符合我国国情与更满足用户习惯，尽可能使用国产产品进行建设。

2.1.2 数据层

数据层是京张铁路数字档案馆的资源核心，包括目录数据库、全文数据库、多媒体数据库、各专题数据库和元数据库的资源建设，各数据库存储相应的档案数据。

2.1.3 应用层

应用层实现京张铁路数字档案馆的所有功能：包括智能管理、长久保存和共享利用的系统基础功能，以日志记录、用户管理、权限管理等为主的系统管理功能，含数字化档案信息采集、智能库房管理等的辅助管理功能，以及监督指导等其他附加功能。最具特色的是智能展厅功能子系统，即京张铁路/京张高铁云展厅子系统提供的线上体验馆、虚拟展厅、数字藏品、知识科普等数字化展示功能。

2.1.4 展示层

展示层是京张铁路数字档案馆的门户，为用户提供访问京张铁路档案信息的入口，通过 PC 端（B/S）和移动端（APP、小程序）满足用户不同的登录需求。

2.1.5 用户层

用户层是构建京张铁路数字档案馆服务的目标，划分为内部的集团单位端和外部的社会公众端，通过用户群体的划分更好地提供利用服务。

2.1.6 运行机制体系

运行机制体系是构建京张铁路数字档案馆最重要的保障，是数字档案馆构建、运行所必需的相关制度、机构与人员建设，是顶层设计中的重中之重。

2.1.7 标准规范体系

依据《企业数字档案馆（室）建设指南》和京张铁路各门类档案管理规范与规定，制定统一的京张铁路数字档案馆在收、管、存、用等各个方面的标准规范体系，一级类目分为数据标准、技术标准和业务标准，保障京张铁路数字档案馆的建设与运行管理。

2.1.8 安全保密体系

遵守相关保密规定，涉密京张铁路、京张高铁档案不上网，配置齐全的安全设备。严格控制京张档案资源利用范围，制定并完善档案信息公开审核制度和档案数据接收、移交、销毁、备份等管理规范，严格控制数据访问权限。

2.2 京张铁路 / 京张高铁云展厅的系统架构

在京张遗址公园等有关场景对访客进行问卷调查，了解京张铁路、京张高铁受众的相关情况；结果显示：约占93.5%的受众渴望了解京张铁路工业遗产、京张高铁相关内容，且更受受众欢迎的传播渠道为线上网络媒体渠道。基于此需求，为促进京张铁路工业遗产档案与京张高铁档案的传播利用，研究构建京张铁路数字档案馆的子系统——京张铁路 / 京张高铁云展厅，其系统架构如图2所示。

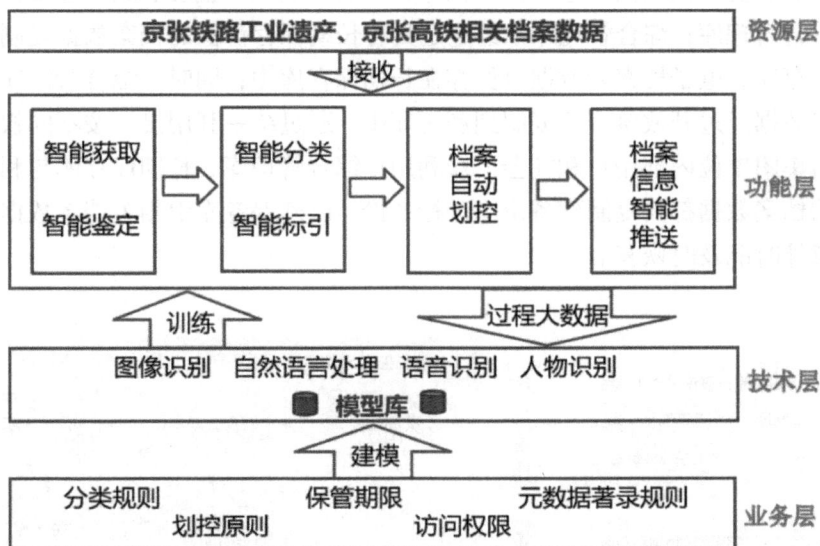

图 2　京张铁路 / 京张高铁云展厅的系统架构图

该系统通过设置分类规则、保管期限、元数据著录规则、划控原则、访问权限，运用人工智能技术中的图像识别、自然语言处理、语音识别和人物识别技术组建模型库，实现对京张铁路工业遗产档案与京张高铁档案的智能化、自动化管理。云展厅系统从数据接收环节开始,通过智能获取,自动识别和提取档案资源中的相关信息;随后,通过智能鉴定对档案内容进行更深入的分析和鉴定,以确保档案数据的准确性和完整性并再次确认是否可开放;紧接着,通过智能分类与智能标引,自动为档案数据分类并添加标签和索引,实现档案自动划控,最终为用户智能推送档案信息。而在推送过程中,系统还会根据过程大数据进行强化学习的训练,以不断优化和调整推送的内容,提高推送效率和准确性。

2.3 京张铁路数字档案馆的数据架构

京张铁路数字档案馆系统服务全部基于具备优秀的灵活性和可扩展性的微服务方式进行架构,数据架构则采取灵活性、安全性和稳定性更高的多库联动方式进行架构,如图 3 所示。根据不同的功能定位,设置预归档库、综合管理库、长期保存库、利用库和备份库五种不同类型的数据存储库。京张铁路、京张高铁在线数据和离线数据在数据集成区集成,在经过"四性"检测后经统一归档接口进入预归档库,随后经过统一整理、编目等工作后进入综合管理库;综合管理库中经鉴定具有长期保存价值的档案数据复制到长期保存库,电子档案元数据也保存在长期保存库中;同时,综合管理库中的档案数据经过开放鉴定后复制到利用库中,通过统一利用接口按不同权限提供给集团单位内部用户和社会公众利用;综合管理库、长期保存库与利用库中的档案数据都要复制到备份库进行备份,以确保各库中相关档案数据在发生意外时能及时恢复。

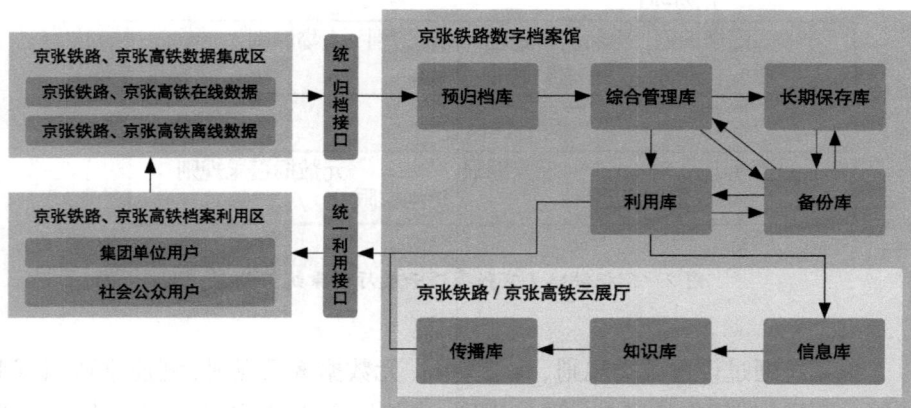

图 3 京张铁路数字档案馆的数据架构图

另外，从利用库中抽取有关京张铁路工业遗产的档案及其元数据、有关京张高铁的档案及其元数据及它们的档案编研成果等到京张铁路 / 京张高铁云展厅子系统的信息库，提供特色化、专业化的档案利用服务。云展厅子系统先通过知识化处理形成知识库中的京张铁路工业遗产档案知识单元、京张高铁知识档案单元、档案关联信息、档案索引信息等，再经过知识发现、进行知识组织进入传播库中进行知识呈现，为用户传递知识，而后用户利用的信息数据又会反馈回云展厅系统，改进、优化其知识化处理、知识发现、知识呈现和知识传播的全流程。

3 京张铁路数字档案馆构建的评价

构建数字档案馆要对其进行评价，不能只建不评，但现有的《数字档案馆系统测试办法》有其局限性，未能完全适用于评价京张铁路数字档案馆的构建，而且未涉及安全利用等方面的问题[19]，所以需要结合《信息安全技术 信息安全风险评估实施指南》（GB/T 31509-2015）[20]对相关内容进行评价。另外，不能只评价构建的数字档案馆系统，而是要对构建全过程的方方面面进行评估，所以在引入信息系统成功模型（2003）[21]的同时引入了成熟度模型[22]，特别是组织项目管理成熟度模型（OPM3）[23]，辅助评价办法的制定；加之构建的最终目的是为了利用，所以引入基于用户视角的技术接受模型（TAM）[24]和绩效感知服务质量模型[25]，综合助力评价办法的制定。在此基础上，本文以京张铁路数字档案馆的构建目标为指引，进行更适用的数字档案馆构建的评价办法研究，形成京张铁路数字档案馆构建的评价框架，如图4所示。

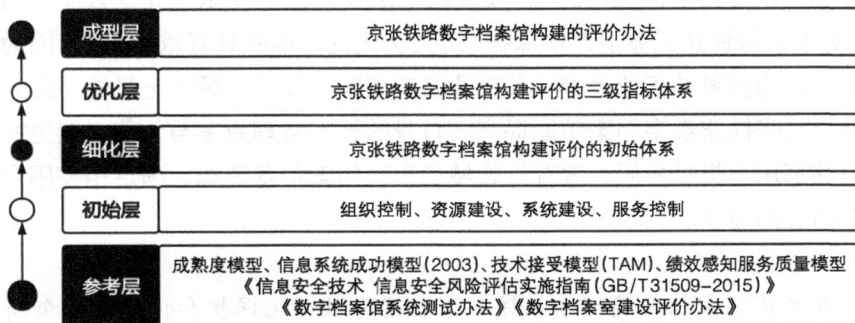

成型层	京张铁路数字档案馆构建的评价办法
优化层	京张铁路数字档案馆构建评价的三级指标体系
细化层	京张铁路数字档案馆构建评价的初始体系
初始层	组织控制、资源建设、系统建设、服务控制
参考层	成熟度模型、信息系统成功模型(2003)、技术接受模型(TAM)、绩效感知服务质量模型 《信息安全技术 信息安全风险评估实施指南(GB/T 31509-2015)》 《数字档案馆系统测试办法》《数字档案室建设评价办法》

图 4 京张铁路数字档案馆构建的评价框架图

在参考层的基础上，形成以组织控制、资源建设、系统建设和服务控制为一级指标的初始层；随后进行二级指标的划分，形成细化层的京张铁路数字档案馆构建评价的初始体系，如图 5 所示；进而运用问卷调查法和德尔菲法分别收集用户视角和专家视角的优化意见，划分第三级指标，形成京张铁路数字档案馆构建评价的三级指标体系；最后运用层次分析法（AHP）对三级指标体系的各指标进行赋值并最终形成京张铁路数字档案馆构建的评价办法。

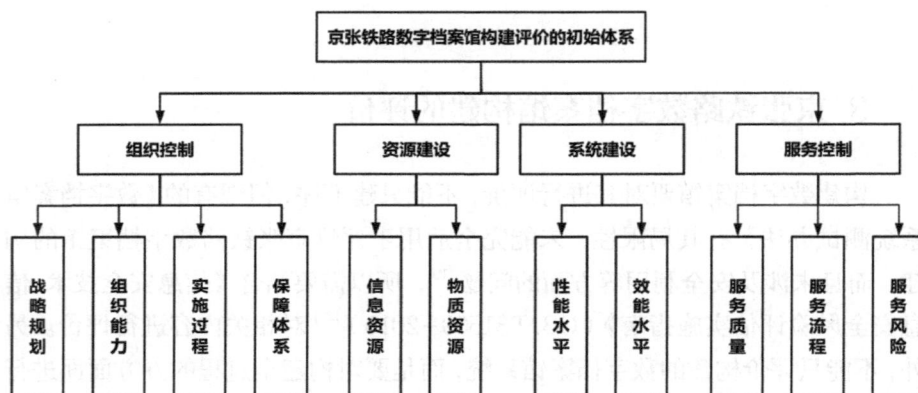

图 5　京张铁路数字档案馆构建评价的初始体系图

4　结语

京张铁路数字档案馆，特别是其子系统京张铁路 / 京张高铁云展厅的构建，对于京张铁路工业遗产的保护、历史文化的传承将具有重要意义。因为京张铁路作为重要的工业遗产，其工业遗产档案已经成了城市记忆的一部分。此外，京张铁路数字档案馆能提高其自身的档案管理效率与效能，能更好地为内外部用户提供科研、教育等领域的丰富档案信息资源，满足相关用户对档案信息的需求。

本文系国家档案局"京张铁路工业遗产数字化保护和传播方式创新研究"项目（2023-X-007）的阶段性研究成果。

注释及参考文献

[1] 习近平对京张高铁开通运营作出重要指示 [EB/OL].[2024-06-05].https://www.gov.cn/xinwen/2019-12/30/content_5465202.htm.

[2] 张丹.从京张铁路的历史演变看中国铁路文化和铁路精神 [J]. 城市轨道交通研究，2022(10):278-279.

[3] 孙章.京张铁路三部曲：中国轨道交通技术进步与产业振兴的缩影 [J]. 城市轨道交通研究,2022(2):160-161.

[4] 周林兴，黄星.国家文化数字化战略下档案文化创造性转化的逻辑理路 [J]. 档案与建设,2024(1):3-10.

[5] 中办国办印发《"十四五"全国档案事业发展规划》[EB/OL].[2024-06-01].https://www.saac.gov.cn/daj/toutiao/202106/ecca2de5bce44a0eb55c890762868683.shtml.

[6] 王玲，郭帆.地方特色档案资源开发与文化传播：现实需求、价值阐述与实践路径 [J]. 北京档案,2024(5):26-31.

[7] 安新宇，钱毅.基于 U 型曲线理论的数据档案化模式构建研究 [J]. 档案学研究,2024(2):106-115.

[8] 周林兴，殷名.知识发现、复用与再生产：一种智慧档案馆的知识管理视角 [J]. 档案管理,2024(2):42-47.

[9] 冯霁飞，杨一帆，李楠，等.城市铁路遗产的景观化保护——京张铁路遗产公园的规划设计 [J]. 工业建筑,2021(3):15-21.

[10] 陈哲.《京张路工撮影》中的铁路站房 [J]. 北京档案，2021(5): 44-46.

[11] 蒋伟平.解析"精品工程智能京张"对新时代中国铁路建设的深远影响 [J]. 铁道标准设计,2020(1):1-6.

[12] 韦伟.国家档案局、北京市档案局联合检查京张高铁工程建设项目档案工作 [J]. 北京档案,2018(2):4.

[13] 王韵哲，江若飞，俞佳.铁路建设项目数字档案系统构建研究 [J]. 铁路技术创新,2024(2):29-34.

[14] 江若飞，解亚龙，俞佳.铁路工程建设数字档案馆系统方案研究 [J].铁路技术创新,2023(1):26-33.

[15] 臧钊.基于 BIM+GIS 的京张高速铁路空地一体"数字孪生"智能化运维技术研究 [J]. 铁道运输与经济,2022(9):139-145.

[16] 解亚龙，王万齐.铁路基础设施全生命周期数据传递关键技术研究 [J]. 中国铁路,2020(1):79-86.

[17] 中华人民共和国档案法实施条例 [EB/OL].[2024-06-01].https://www.gov.cn/zhengce/content/202401/content_6928163.htm.

[18] 国家档案局办公室关于印发《企业数字档案馆（室）建设指南》的通知 [EB/OL].[2024-06-01].https://www.saac.gov.cn/daj/tzgg/201709/520f7404ff78448f85edc3109bb64e2b.shtml.

[19] 数字档案馆系统测试办法 [EB/OL].[2024-06-03].https://www.saac.gov.cn/daj/daxxh/201807/6d6180ef50e246e9b552f6c289e96eb2.shtml.

[20] 信息安全技术 信息安全风险评估实施指南 (GB/T 31509-2015)[S].

[21][24] 王霆 . 信息系统评价模型比较分析与整合 [D]. 山东：山东大学 ,2012.

[22] 孙飞 , 刘珂凡 . 在数字档案馆评价中引入成熟度模型的思考 [J]. 中国档案 ,2018(8):68-69.

[23][25] 贺兴义 . 移动数字档案馆评价研究 [D]. 武汉：湖北大学 ,2017.

科研档案工作助力中小企业高质量发展的探索

张新娴

国科量子通信网络有限公司

摘要：科研档案工作是中小企业实现高质量发展的关键支撑。本文以资质荣誉积累为切入点，结合相关实践案例，分析了科研档案工作在助力中小企业高质量发展中的重要意义和有益经验。在此基础上，本文从开展更广泛的调研、加深对新业务的理解、注重可持续的推进等方面提出了科研档案工作助力中小企业高质量发展的下一步设想，为中小企业的软实力提升和持续创新发展夯实基础，践行档案工作服务现代化建设的宗旨。

关键词：科研档案工作；中小企业；资质荣誉；高质量发展

0 引言

在当今全球化和技术迅猛发展的背景下，中小企业作为经济活力的重要源泉，肩负着推动创新、增强市场竞争力、促进就业等多重使命，在促进社会经济多元化和灵活性方面发挥着重要作用。然而，面对激烈的市场竞争和不断变化的经济环境，中小企业亟须通过高质量发展来实现可持续发展，服务现代化建设。

科研档案作为中小企业知识管理和技术创新的关键组成部分，不仅记录了中小企业在科研活动中积累的宝贵知识和信息，也是企业创新能力和技术实力的重要体现。中小企业高效地开发利用科研档案资源，有助于资质荣誉积累[1]，进而提升企业软实力，推动高质量发展。本文将结合有关案例，探讨科研档案工作在中小企业高质量发展中的作用，从而彰显高水平科研档案工作的积极意义。

1 相关概念界定

1.1 科研档案工作

根据我国《科学技术研究档案管理规定》有关释义，科研档案是指科研项目在立项论证、研究实施及过程管理、结题验收及绩效评价、成果管理等过程中形成的，具有保存价值的文字、图表、数据、图像、音频、视频等各种形式和载体的文件材料以及标本、样本等实物。科研档案工作是科研管理的重要组成部分和科研活动的重要环节[2]。

1.2 中小企业

中小企业一般是指在我国境内依法设立的，人员规模、经营规模相对较小的企业，是实施大众创业、万众创新的重要载体，在增加就业、促进经济增长、科技创新与社会和谐稳定等方面具有不可替代的作用，对国民经济和社会发展具有重要的战略意义。

1.3 高质量发展

二十大报告指出，高质量发展是全面建设社会主义现代化国家的首要任务。发展是党执政兴国的第一要务。必须完整、准确、全面贯彻新发展理念，坚持社会主义市场经济改革方向，坚持高水平对外开放，加快构建以国内大循环为主体、国内国际双循环相互促进的新发展格局。

1.4 企业资质荣誉积累

企业资质荣誉积累通常指的是企业为了获得受认可的专业资格或荣誉称号，按照特定程序和要求向有关机构提交证明文件材料并获得认可的过程，主要考察技术实力、科研成果等，是衡量企业在特定领域内实力和成就的重要标志，也是企业提升软实力、获取政策支持和市场资源的重要途径。

1.5 科研档案利用

科研档案利用是指为满足利用需求，档案利用者通过科研档案开发利用工作系统查找、利用档案信息的过程，也是档案信息资源潜在的利用价值得以实现的过程。这是科研档案工作能力与水平最显著的体现，也是科研档案工作价值最直观的反映。

本文将以中小企业高质量发展为指引，结合相关案例，通过探讨科研档案工作中最为直观的一环——科研档案利用，以中小企业资质荣誉积累为切入点，探索科研档案工作助力中小企业高质量发展的实现路径。经过调研发现，通过对科研档案的有效管理和利用，中小企业能够在资质荣誉积累过程中充分展现自身科研实力和创新成果。

2 科研档案工作在资质荣誉积累中的实践案例

为适应新形势、争取新发展，某中小企业档案部门主动面向企业发展需求，通过对照高新技术企业、专精特新"小巨人"企业等重要资质荣誉申报要求，及时开发企业发展过程中积累的重要档案，建立企业重要资质荣誉申报档案信息资源库，为企业资质荣誉积累提供核心支撑能力。同时，逐步积累资质申报类档案，一方面，真实记录企业发展历程，令其成为企业文化的重要组成部分；另一方面，为企业后续进一步申报更高级别、更高要求的资质夯实基础。

在档案部门的积极努力下，该企业在建立资质荣誉申报档案信息资源库的基础上，取得了高新技术企业、专精特新"小巨人"企业等资质荣誉，收集形成了资质荣誉档案，并为该企业带来了将近百万元的经济效益，提升了企业软实力和核心竞争力，保障了企业业务开拓，助力了企业发展上新台阶。

该企业的做法充分践行了科研档案利用是新时代企业档案管理工作中的重要环节这一理念。及时、高效、精准地开发利用档案信息资源对于充分挖掘有效信息、提升中小企业软实力、推进企业高质量发展具有十分重要的意义。

3 科研档案工作在资质荣誉积累中的意义和经验

3.1 总体意义

从档案管理角度看，该中小企业档案部门打破了以往企业档案部门相对重视收集的刻板印象，以主动贴近企业业务发展需求的方式，积极融入企业发展主旋律，通过建立相关档案信息资源库、助力资质荣誉申报并丰富相关申报类档案馆藏的方式，让企业经营管理层和员工直观地认识到档案的宝贵价值和档案工作的重要意义，较快地提升了全员档案意识，更好、更快地推进其他门类档案工作的顺利开展。

从企业发展角度看，作为战略性新兴产业中的一员，该企业和行业的发展均尚处于爬坡期，业务发展任务十分艰巨，而通过科研档案利用助力资质荣誉积累与企业发展战略需求高度吻合。通过科研档案利用，能够较好地推进多项国家级、省市级资质的申报和获取，切实有效地提升企业软实力，为业务发展打下坚实的基础。

3.2 创新意义

从近期来看，中小企业档案部门以主动贴近企业发展需求为导向，以档案信息资源开发利用为路径，积极探索提升档案管理在企业发展中的宝贵价值并使其充分显性化，能够明显提高全员档案意识，更好地推进企业档案工作开展。

从长远来看，中小企业档案部门注重挖掘企业档案与企业业务发展之间的关联，紧密团结并凝聚企业档案部门与业务部门的力量，推动档案工作与业务工作的相互促进，有利于形成可持续发展的企业档案管理氛围，进一步壮大档案管理人员队伍，提升档案全生命周期管理的质量，更好地推动企业各项业务的发展。

综上，中小企业档案部门注重"走出去"与"引进来"的科学结合，以主动开发利用为契机，为档案工作和业务工作的良性发展夯实了基础。

3.3 有益经验

3.3.1 日常注重科研档案收集整理

据了解，该中小企业经营管理层有一定的档案意识，对于科研档案工作十分重视。与核心业务有机共生的科研档案，能够准确完整地记录企业经营发展的真实面貌，具备原始记录性，是涉及面广、数量繁多、增量明显且不可替代的重要信息资源。因此，在日常工作中，该企业非常注重科研档案的收集整理，制定了一整套完整的科研档案管理制度，配备了条件较好的档案库房和设备，明确了科研项目负责人对于科研档案的第一责任并积极协同。

该中小企业的科研档案工作做到了及时归档、充分整理、安全保管，为后续进一步开发利用提供了坚实的信息资源保障。

3.3.2 结合核心诉求提供科研档案利用

该企业档案部门敏锐地捕捉到了企业对于提升软实力和核心竞争力的迫切愿望，了解到了企业关于申报高新技术企业、"专精特新"企业等资质荣誉的诉求，并发现了上述诉求与科研档案之间密不可分的关系。在此前提下，档案部门对科研档案进行深入整理和检查，确保所有科研活动和成果的记录都是完整和准确的，并主动向经营管理层展示丰富的科研档案信息资源，提出资质荣誉积累的建议。

由于大部分中小企业体量小、力量弱，资源少且要投入能产生明显效益的工作领域，因此，对于企业核心诉求的关注是档案部门在工作推进中必不可少的部分，也因能经常接触企业各类档案，天然地具备一些优势。

3.3.3 勇于创新科研档案利用模式

该企业档案部门在解放思想的基础上，结合国家、行业相关文件，积极提供档案信息资源开发利用并开展相关研究，推进资质荣誉的顺利获得，是勇于创新科研档案利用模式的重要体现。

以高新技术企业资质申报为例，档案部门不仅要提供代表性科研项目档案用以体现科技实力，还要提供其他门类档案来反映高新收入，更要提供知识产权档案作为科技成果产出的证明，纷繁复杂。企业档案体系真实反映了项目研究、知识积累、产品研发和销售等活动的方方面面，构筑起资质荣誉积累的基础。

3.3.4 积极使用新技术手段

在为资质荣誉积累直接提供档案利用的同时，该企业档案部门还注重使用云计算、量子等新技术手段，加强对申报过程产生的文件档案的管理，为后续进一步申报更高级别的资质荣誉做好储备。

例如，在完成省市级资质荣誉申报后，通过云盘等方式及时归档整理相关文件，并对照国家级资质荣誉申报要求，进一步收集文件档案，继续支撑开展国家级资质荣誉申报，为高质量发展积蓄更强力量。正是在资质荣誉的申报与顺利推进中，企业经营管理层和员工感悟到了档案的宝贵价值，通过这种实践，无形中有效地提高了全员档案意识，为科研档案管理走出了一条新路。

4 下一步设想

4.1 开展更广泛的调研

第一，中小企业档案部门要深入了解和研究中小企业科研支持的政策环境，密切关注最新政策动态，包括但不限于研发经费支持、科研项目申报指南等，例如，积极参加政策宣讲会。

第二，在了解政策基础上，中小企业档案部门应及时向企业经营管理层提出意见建议，同时，发挥自身专业优势，结合企业科研方向和业务需求，制定具体申报计划和方案。

第三，中小企业档案部门可以积极参与资质荣誉积累的全过程，从申报材料的准备、审核到提交，确保申报材料的完整性、准确性、规范性，助力申报顺利推进和科研成果有效转化。

4.2 加深对新业务的理解

第一，中小企业档案部门要通过持续学习来掌握行业动态和市场趋势，包括定期阅读行业报告、参加专业研讨会和培训课程等，深入了解业务流程和客户需求，加深对新业务的理解，从而加强对科研档案工作整体方向的把握，确保档案管理与企业战略目标保持一致。

第二，中小企业档案部门要及时收集整理新业务相关信息，建立并丰富企业重要资质荣誉申报档案信息资源库。资源库的建立不仅为企业重要资质荣誉申报提供了核心支撑能力，还能作为企业内部知识共享的平台，促进跨部门间的协同工作和知识创新。

第三，中小企业档案部门应定期组织专业培训，加强交流。同时，引入先进的信息技术，如大数据分析和人工智能等 [3]，提高科研档案的数字化、智能化水平。通过不断学习交流和创新，档案部门能够更好地适应新业务的发展需求，挖掘有效信息，助力高质量发展。

4.3 注重可持续的推进

第一，中小企业档案部门应建立知识产权管理相关专题库，不仅包括专利、软著、商标等传统知识产权信息，还应涵盖商业秘密、技术秘密等非传统知识产权信息。通过该类专题库，档案部门能够确保企业的科研成果在申报资质荣誉时具有法律效力和竞争优势，同时防止技术泄露和侵权行为，维护中小企业的合法权益。

第二，中小企业档案部门可利用科研档案信息资源，系统地整理和展示企业的技术创新成果。在对论文、项目报告、技术标准、行业白皮书、技术解决方案等收集整理的基础上，构建一个多维度的中小企业技术实力展示平台，全面展示企业在不同领域的技术积累和创新能力，为资质荣誉积累提供更多有力支撑材料。

第三，中小企业档案部门应加强与外部机构的合作交流，提升科研档案工作的专业性和前瞻性。例如，档案部门可联合有关机构，共同开展技术交流、项目合作、人才培养等活动，获取行业最新技术动态和政策导向，为资质荣誉积累提供有价值的信息和建议，助力企业软实力提升。

此外，中小企业还可制定资质荣誉档案管理相关制度，对申报过程中产生的各种文件、资料进行归档和管理，为企业的长期健康可持续发展积累经验。

5 总结

科研档案工作对于中小企业实现高质量发展至关重要。本文以资质荣誉积累为切入点，结合案例分析了科研档案工作在助力中小企业高质量发展中的重要意义和有益经验，同时，从开展更广泛的调研、加深对新业务的理解、注重可持续的推进等方面提出了下一步设想，为进一步发挥科研档案工作价值、推动中小企业高质量发展、服务现代化建设做了积极探索。

注释及参考文献

[1] 任琼辉 . 企业资质荣誉档案管理探究——以某上市公司为例 [J]. 档案时空，2019(6):6.

[2] 中华人民共和国国家档案局 . 科学技术研究档案管理规定 [EB/OL].[2024-05-23]. https://www.saac.gov.cn/daj/xzfgk/202112/2618b69465e5469e9165116ddc1190f8.shtml.

[3] 蔡盈芳 . 论新质生产力与科技档案工作 [J]. 中国档案 ,2024(4):8-9.

数智化背景下科研档案赋能企业
创新发展的困境与策略研究

张振雄　曾光福　龙贺竹

深圳中广核工程设计有限公司

摘要：数智化背景下科研档案作为企业创新发展的宝贵资源，是企业开展科技研究的关键基础，其价值和作用日益凸显。文章阐述了科研档案对企业创新发展的重要性，深入分析科研档案赋能企业创新发展所面临的困境，如科研档案管理与实践利用脱节、科研档案信息孤岛问题、科研档案数字化与智能化水平不足，针对现有困境从加强科研档案管理与科研活动的联系、建立跨部门科研档案管理协同机制以及提高科研档案数字化与智能化水平三个方面提出对应策略。

关键词：科研档案；企业；创新发展；数智化

0 引言

在智能化快速发展的时代背景下，知识和信息已成为企业创新发展的核心资源，科研档案作为这一核心资源的载体，对推动企业创新发展具有不可替代的作用。然而，企业在科研档案管理方面仍面临诸多困境，限制了科研档案对企业创新发展的支持作用。因此，如何有效管理和利用科研档案，赋能企业创新发展，已成为当前企业面临的重要问题。

国内对企业科研档案的研究主要集中在三个方面：一是企业科研档案的特征与价值[1][2]；二是企业科研档案收集归档工作存在的问题与对策研究[3][4][5]；三是新时代背景下企业科研档案管理的新途径、新模式[6][7]。目前关于从数智化背景下探讨科研档案赋能企业创新发展的研究还比较少。本文将在数智化背景下总结科研档案对企业创新发展的重要性，并针对当前困境提出优化策略。

1 数智化背景下科研档案对企业创新发展的重要性

1.1 科研档案是企业知识积累和传承的重要载体

科研档案是企业档案的重要组成部分，是指科研项目在立项论证、研究实施及过程管理、结题验收及绩效评价、成果管理等过程中形成的具有保存价值的各种形式和载体的文件材料以及标本、样本等实物[8]。科研档案被视为企业核心知识资产的重要组成部分，是企业知识积累的重要体现，包含实验数据、研发方案、项目报告等关键信息，是企业进行技术创新和研发的基础，为企业创新发展提供宝贵知识和经验。通过对科研档案的整理、归档与有效利用，可以为知识在企业内部的传承提供良好基础，避免因人员流动等因素导致知识流失。同时，科研档案为企业提供宝贵的经验和教训，可以避免重复劳动，助力企业改进与优化创新，节省时间和成本，促进新知识的产生和创新，形成良好的知识循环。

1.2 科研档案是企业技术创新的重要支持

科研档案为企业技术创新提供了重要支持，是企业技术创新的重要来源。通过对科研档案中的知识和信息进行深入分析和挖掘，可以获取科研档案潜在价值，有助于企业在已有的研究基础上进行改进和创新，为技术研发提供方向。此外，科研档案中的数据和信息可以为企业研发决策提供支持，能更准确地评估科研项目的可行性与潜在价值。

1.3 科研档案是企业保护知识产权的重要手段

科研档案记录了企业的研发经验、技术能力和创新成果等科研活动的全过程，这些记录是企业知识产权的重要证明材料，充分发挥科研档案的凭证价值，对企业保护知识产权和维护技术优势具有重要意义。通过建立完善的科研档案管理体系，企业可以有效保护自身的知识产权，防止技术泄露和侵权行为，增强核心竞争力。因此，科研档案在知识产权保护中扮演着不可或缺的角色，是企业实现可持续创新发展的重要手段。

2 数智化背景下科研档案赋能企业创新发展的困境

2.1 科研档案管理与实践利用脱节

科研档案的管理与实践利用脱节是指企业在科研档案的收集、整理、存储和利用等环节中，存在档案管理活动与实际利用需求不匹配的问题，严重影响科研档案对企业创新发展的支持作用。科研档案管理与实践利用脱节问题主要表现在三个方面：一是档案内容与实际需求不符。在科研档案的收集和整理过程中，往往侧重于归档的形式和程序，而忽视了档案内容与实际利用需求的匹配。这导致科研档案不能准确反映科研项目的实际情况，难以满足科研人员在项目实施、成果转化等环节对档案利用的需求。二是科研档案检索与利用效率低，更新维护不及时。档案检索系统的功能不足、检索方式单一等问题，科研档案在传统模式中只能通过标题、文件编码、编制单位等少数元数据进行低速、低效查找利用，导致难以快速获取所需的科研信息，延长创新周期。此外，科研档案的更新和维护工作往往滞后于科研活动的实际进展，无法满足快速变化的创新需求，其价值无法得到有效发挥。三是档案管理与科研流程脱节，使得档案管理活动不能有效嵌入科研活动的各个环节，这不仅不利于科研档案的有效收集归档，还限制科研档案利用效率，影响科研活动顺利进行。

2.2 科研档案信息孤岛问题

科研档案信息孤岛是指在企业内部不同部门之间科研档案未能有效整合和共享，与其他相关数据和信息相互孤立，无法实现资源共享和有效利用，这种障碍限制科研档案在企业创新发展中的价值，阻碍跨部门合作与知识交流，影响企业创新的广度和深度。科研档案信息孤岛问题主要表现在两个方面：一是数据一致性差。由于科研档案信息孤岛的存在，不同系统之间的数据往往存在不一致性，导致企业内部信息混乱。这种数据不一致性使得科研档案的准确性和可靠性受到质疑，限制了企业对科研档案的深度挖掘和分析，给企业的创新发展带来困扰。二是信息共享困难。科研档案信息孤岛使得企业内部各部门之间难以实现信息的共享和流通，难以充分利用已有档案资源，这不仅限制了档案的利用效率，还阻碍了企业内部知识的流动和创新能力的提高。

2.3 科研档案数字化与智能化水平的不足

智能化快速发展的时代背景下，科研档案数字化与智能化水平不足的问题，已成为企业科技创新能力提高的重要瓶颈，对企业科技创新的整体实力产生不利影响。一方面，科研档案数字化程度不高，大量档案仍以纸质形式存在。这不仅占用了大量物理空间，而且容易受到自然因素的损害，如水、火、虫害等。同时，纸质档案的存储、检索和共享都极为不便，严重影响了科研工作的效率。即使是已经数字化的档案，以 PDF 扫描件为主，如果缺乏高效的检索系统和元数据支持，也难以实现快速准确的查询。另一方面，档案管理系统不完善。企业内部虽然建立了档案管理系统，但这些系统往往功能单一，缺乏与其他相关系统的有效集成，无法满足科研档案管理的实际需求。科研档案的数据共享与协作受限，纸质档案或未统一标准数字化的档案难以在不同部门或机构之间共享，限制了科研人员之间的协作和知识交流。这对于需要多学科、多领域合作的科研项目来说，是一个巨大的障碍。然而，在科研档案管理方面，智能化应用尚处于起步阶段，且限于资源投入不足，利用前沿技术对科研档案进行深度挖掘、分析和应用的能力不高。

3 数智化背景下科研档案赋能企业创新发展的策略

3.1 加强科研档案管理与科研活动的联系

加强科研档案管理与科研活动的密切联系是实现科研档案赋能企业创新发展的关键。对此，首先应制定严格的科研档案管理制度，确保科研活动的每个阶段都有明确的档案记录要求，将档案管理作为科研流程的一个必要环节。可根据《科学技术研究档案管理规定》《科学技术档案案卷构成的一般要求》《科学技术研究项目档案管理规范》等法规和规范的要求，结合企业科研活动的实际情况，编制《科研项目档案管理细则》，用以明确企业科研项目档案的管理要求，为企业科研项目档案的收集、整理、保管、利用、鉴定、验收等工作提供依据。

实施科研档案动态管理。科研档案管理不应是一次性的活动，而应该是动态的、持续的过程，随着科研活动的进展，应及时更新和补充档案内容。例如，实行事前、事中、事后的分阶段科研档案管理方式。事前阶段：在科研项目立项启动时，档案管理人员向科研项目组提供《科学技术研究项目文件材料收集归档工具表》，包含科研项目文件材料归档范围明细、文件材料归档四性关注点等，为项目组完整收集课题文件材料提供指导。事中阶段：在科研项目开展过程中，档案管理人员随时为项目组提供咨询服务，协助项目组对项目文件材料的完整性、准确性、真实性和系统性等方面的问题进行答疑和监查，提高待归档文件材料的质量；对研究周期较长的科研项目，组织项目组分阶段/分课题及时归档，确保整个项目档案的完整性。事后阶段：在项目研究或开发任务完成，且项目文件材料已收集、整理、归档完毕后，组织档案专家对项目档案进行专项验收，确保项目档案的质量。

建立科研档案与科研活动的联动机制，强化科研档案的知识产权保护作用，增强科研档案的凭证价值。例如，科研项目结题时，应要求提交完整的科研档案作为结题的一部分；科研成果申报奖项或专利时，需提供相应的档案资料作为支撑。

3.2 建立跨部门科研档案管理协同机制

为解决科研档案的信息孤岛问题，发挥科研档案对企业创新发展的支持作用，企业需要建立跨部门的科研档案管理协同机制。首先，企业应建立有效的跨部门沟通和协调机制，包括定期召开跨部门会议，讨论和解决科研档案管理中的问题，以及明确各部门在科研档案管理中的职责和协作关系。其次，推动信息系统的集成和共享。通过建立统一的数据接口和共享平台，实现科研档案管理系统与其他相关信息系统之间的数据交换和共享，打破信息孤岛现象，实现信息的互联互通。例如，科技研发平台统一管理科研项目的所有文件材料，在档案专项验收结束后，通过科技研发平台预设的归档接口将项目档案及元数据自动归档至科研档案管理系统，为企业全体员工提供查阅和利用服务，实现科研信息的共享，最大限度发挥科研档案对企业科研工作发展与创新的作用。最后，企业应加强对科研档案管理的培训和宣传。这有助于提高员工对科研档案管理工作的认识和技能，增强员工对科研档案管理的重视，促进跨部门的协同合作。通过建立科研档案跨部门的协同机制，可以整合内外部知识资源，促进科研档案的共享和利用，推动企业技术创新。

3.3 提高科研档案数字化与智能化水平

加强科研档案的数字化与智能化水平是适应现代科技发展和提升科研档案管理的必然要求，不仅能推进企业持续创新发展，随着科研工作的复杂性和规模的增加，还能提供更强的数据处理和更高效的资源管理能力。对此，企业首先应加大对科研档案数字化和智能化的投入，包括采购先进的硬件设备、软件系统以及培训专业人才等，建立完善的档案数字化和智能化基础设施，实现科研档案的高效采集、存储和利用。其次，企业应建立先进的科研档案管理系统。在科研数据收集阶段，通过 API 接口、物联网等技术，实现在科研活动中产生的数据的自动采集和归档，减少人工干预，提高档案的准确性和时效性。在科研档案的利用阶段，建立基于人工智能的文件档案知识一体化管理工具，通过 AI 技术从所管理的大量科研档案中快速、深度挖掘和提炼科研工作者所需的信息与知识，提高科研档案查找、利用的效率，大幅节省科研工作者的时间，助力科研工作的高效开展。最后，在数字化和智能化的进程中，应加强科研数据安全和隐私保护措施，确保档案信息的安全性和可靠性。科研档案管理数字化和智能化是一个持续的过程，需要不断地优化和迭代，需定期评估数字化和智能化应用效果，根据反馈和技术发展及时进行调整和改进。

4 结语

在数智化时代背景下，先进技术的应用为科研档案管理实现智能化，提供强大的技术支撑。探索数智化背景下科研档案赋能企业创新发展，对推动我国企业科技创新具有重要的现实意义，以期能够为企业开拓与时代发展相适应的科研档案管理新路径提供有益借鉴。

注释及参考文献

[1] 张延, 王远. 科研档案是企业的重要科技资源 [J]. 档案与建设, 2006(S1):62-63.

[2] 么甜甜. 浅谈企业日常积累科技档案的重要性 [J]. 中国档案, 2013(9):62-63.

[3] 樊新华. 科研档案在企业中的归档范围和控制 [J]. 陕西档案, 2020(1):40-41.

[4] 陈明昊. 信息化背景下提升企业科研资料归档工作质量研究——以北京轨道公司为例 [J]. 北京档案, 2020(1):33-35.

[5] 负霄雄. 科研生产企业科技档案收集归档管理问题与完善对策 [J]. 北京档案, 2018(10):30-32.

[6] 赵艳 . 创新发展理念视域下航空企业科研档案管理模式研究 [J]. 黑龙江档案 , 2022(1):156–158.

[7] 夏静 . 从国家档案局 15 号令创新点看航天企业加强科研档案工作的路径构建 [J]. 机电兵船档案 ,2021(1):18–20.

[8] 中华人民共和国国家档案局 . 科学技术研究档案管理规定 [EB/OL].[2024–05–07]. https://www.saac.gov.cn/daj/xzfgk/202112/2618b69465e5469e9165116ddc1190f8.shtml.

浅谈工艺文件的更改

赵鹏硕[1]　王琪[1]　钱昆[1]　尚宁[1]　顾明辉[2]

1 航天材料及工艺研究所

2 北京航天长征科技信息研究所

摘要： 先进的工艺技术能够帮助企业安全、高质量、低成本地完成预期的任务安排，而工艺文件是工艺技术工作的载体，是企业进行产品物料准备、组织管理生产、指导产品质量检验的重要技术依据，因此，工艺文件编制的安全性、科学性、经济性直接体现了企业工艺水平的高低。工艺文件的更改是科研生产中的重要环节，它贯穿于产品研制、生产、试验、交付和验收的全过程。

关键词： 工艺文件；更改；档案系统；电子化

工艺文件是企业组织原材料准备、指导生产、质量检验等工序必备的工艺性文件，工艺文件的编制、校对、会签、批准等是企业工艺工作的重点环节。但工艺文件面临设计者的更改、原材料的更替、工艺技术的更新，需要出具工艺文件更改单对工艺文件进行更改，以保证工艺文件的正确性、规范性、完整性等，本文就工艺文件的更改原因、存在的问题及解决方案提供了一些参考。

1 工艺文件的更改要求

企业在编制工艺文件时，应了解、掌握国内外相应技术发展状况，在充分利用本单位现有生产条件的基础上，应尽量采用先进制造技术，减少手工操作；在保证产品质量的同时，尽可能改善操作者的劳动条件、缩短工艺准备周期、提高生产效率、降低成本，选择经济合理的工艺方案。当工艺文件存在错误或现行工艺文件不满足产品生产要求时，可按程序进行更改。工艺更改应保证更改内容的正确、协调、统一，并保持相关文件一致。工艺更改必须具有相应的标识，并符合可追溯性控制的要求。

2 工艺文件的更改内容

根据更改的对象、内容和对制品的影响程度，企业将工艺更改分为三类，从高到低依次为Ⅰ类、Ⅱ类、Ⅲ类更改，第Ⅰ类更改会对产品功能性能产生严重影响，第Ⅱ类更改会对工艺技术状态产生异响，如工艺方法变更、重要工艺参数变更、工艺装备变更、工艺试验方法等，第Ⅲ类更改不涉及产品基本性能，主要用于完善工艺的更改[1][2][3]。

工艺人员将编制完成的工艺文件及工艺文件更改单硫酸纸底图交至资料室办理受控，资料室在确认无误后，将工艺文件或者工艺文件更改单进行晒蓝，晒蓝文件作为正式文件在生产现场使用，晒蓝文件可避免被替换，手动刮改会有明显划痕，受控性明显，硫酸纸底图在资料室归档后，作为原始底图保存，且不会再外借，避免了原始底图的被替换。

3 目前工艺文件更改存在的问题

3.1 更改单接收顺序混乱

工艺文件是指导生产、检验产品的重要依据，工艺文件更改单是及时更新工艺文件内容的重要方式。在企业内部会按照更改单发起的时间顺序编号，由于签署、批准的时间顺序未必会按照更改单的编号顺序依次完成，或者工艺文件更改单的发起者未及时将更改单送至档案资料室进行更改，档案部门接收更改单的顺序未必是按照更改单的顺序。

同一份工艺文件由于设计图纸更改、原材料更换等原因，存在同时出具多份更改单的情况，而且这种情况不在少数。若同一份工艺文件的更改单未按编号顺序送至档案资料室进行更改，资料室根据接收的更改单进行更改，导致编号在后面的更改单优先更改生效，而编号较早的更改单却未生效，严重时会导致产品返修或报废。

3.2 内容表述不清楚

工艺人员在编写工艺文件更改单时，会出现以下三种类别导致内容表述不清楚。1）部分工艺人员在出具工艺文件更改单时，由于查看的工艺文件未必是最新版本，因此在更改单的原文处编写错误，档案人员找不到对应修改位置，无法进行更改。2）部分工艺人员在出具更改单时，为简单方便，缩写了更改单原文件处的大部分文字或者用省略号代替，档案人员在依据更改单进行更改时，精确不到原文更改位置。3）部分更改单编写出现明显错误，比如页码错误、使用错别字。档案人员需要再次向工艺人员去核实，才能修改工艺文件。

3.3 部分文件底图易破损

使用硫酸纸底图晒蓝工艺文件作为正式文件使用，是大多数企业过去几十年来主要的方式，目前作者所在单位也依然使用这种方式。20 世纪五六十年代的前辈出具硫酸纸底图，档案资料室负责扎边，进而晒蓝工艺文件用于指导生产、检验产品，由于工艺技术的革新，导致更改次数较多，硫酸纸底图同一位置刮改 3—4 次，就不具备刮改的能力，只能重新签署新的硫酸纸底图，重新晒制才能继续使用[4]。

3.4 重复更改

若档案部门使用晒蓝工艺文件作为正式文件，工艺文件的更改单自签署完整起至替换完成，正常的流程一般需要 10 个工作日才能完成。存在上一份更改单的内容由于正在晒蓝进行过程中，导致工艺文件尚未修改，而组内的其他工艺人员再次对该位置进行更改。直到签署完成，才发现重复更改，对工艺人员和档案人员的工作都带来了困扰。

4 如何有效地提高更改单的管理水平

4.1 创建工艺编制档案系统

随着科研生产技术的更新迭代，原材料的升级等，工艺文件及对应的更改单的数量也在逐年增加，资料员按照以前的管理模式不能满足基层单位对工艺文件及工艺文件更改单的生产需求。为加快文件工艺类文件的受控效率，同时满足现场生产对工艺类文件的受控，企业内部在着手创建工艺编制档案系统。

工艺编制档案系统建立后，工艺人员在系统内创建工艺文件或更改单，经批准后自动将电子版本的工艺文件流转至档案部门，并在系统内生成的电子版文件作为正式文件使用，更改单自发起至最终受控，流程均在系统内部完成，而不需要工艺人员打印硫酸纸底图走线下签署流程，导致工艺文件及其更改单送晒延误。

4.2 档案部门校对设置在流程前端

工艺编制档案系统应将档案部门校对设置在前端，自工艺人员发起后，先传递至档案部门的文件更改负责人员进行内容审核无误后，流程返回至工艺人员。工艺人员再发起校对、审核、标检、会签、批准流程，流程签署均应在系统内部完成，工艺文件或更改单经批准后自动将电子版的工艺文件或更改单推送至档案部门进行文件受控，这种操作流程避免了档案人员在更改文件时发现错误，退回工艺人员修改后重新签署流程。

4.3 逐渐淘汰硫酸纸晒蓝文件

以一份新签署完整工艺文件更改单为例，底图＋晒蓝的受控模式至少需要 2 周的时间才能完成受控。在此期间若需紧急交付产品，基层单位需要办理白图复印＋特急受控，用临时受控文件在现场指导生产。若更改单在工艺编制档案系统内生成，由档案人员在电子版工艺文件更改内容，更改单完成后，档案部门部门可在电子版原文上加水印（资料室受控文件），即可完成对文件受控，这种档案操作流程在资料员接收工艺编制档案系统推送的电子文件后，只需半个工作日即可完成，工作效率大幅提高。

4.4 工艺编制档案系统权限设置合理

工艺文件重复更改是由于工艺人员不能及时跟踪文件签署进度，或者文件在线下签署时不能做到文件共享。导致同一份文件同一位置的重复修改。在工艺编制档案系统上线后，应根据人员密级或产品类别设置人员权限。产品的负责人（应不止 1 人）有权限对工艺文件发起更改，涉及同一产品的所人员应均有权限查看文件原文及文件更改进度，同时对卡在某一节点的负责人在线发起节点审核督促，督促生成电子文件的全部流程快速完成。

5 结语

企业工艺文件的合理编制，可以缩短工艺准备周期、大幅提高生产效率，同时在投入方面可以减少技术改造投资、物资消耗，降低企业投入成本。工艺文件可以落实企业安全、环保等要求，特别是针对存在的危险因素的工艺过程，可以通过落实工艺文件及其更改单来应明确安全措施和一般处理预案等。

随着信息化建设步伐的加快，目前企业内部正在逐步走上全程电子化管理的阶段，作为一名档案管理者，在汲取工作前辈留下宝贵经验的同时，更要学会用技术的手段来辅助自己的工作。目前在企业内部推广使用工艺编制档案系统来完成工艺文件及工艺文件更改单的签署及归档工作，从这一段的汇总情况来看，工艺编制档案系统可以有效地提高工艺文件及其更改单的管理水平，规避本文出现的管理问题，将文件受控的时间从原来的 10 个工作日缩减至半个工作日，管理效率大幅提高，广受企业内部员工的认可。

注释及参考文献

[1] 马晓林 . 浅谈工艺文件编制标准化 [J]. 航天标准化 ,2005(3):30-35.

[2][4] 徐小莉 . 浅谈工艺与工艺文件的编制 [J]. 经营管理者 ,2010(12X):394-395.

[3] 王亚旭 . 浅谈设计文件的更改 [J]. 江苏航空 ,2018(3):36-37.

浅谈地质档案在矿产资源勘查中的作用

——以冀西北晶质石墨矿为例

王蕾

河北省区域地质调查院（河北省地学旅游研究中心）

摘要：地质档案记录了矿山的历史沿革、地质条件、资源状况等信息，为矿业生产提供重要的历史资料和数据支持，对地质资源开发和矿山优化管理具有重要的理论指导意义。本文通过分析研究地质档案在冀西北地区晶质石墨矿勘查过程中所发挥的作用和档案利用情况，得出合理发挥地质档案的作用有利于在矿业开发过程中进一步优化找矿策略、提高工作效率的结论。同时，总结了地质档案在搜集、整理和利用等方面应注意的问题和应采取的措施，为进一步探索矿业生产的创新发展提供了依据。

关键词：地质档案；矿产勘查；利用措施；创新发展

0 引言

地质档案是记录地质勘查、矿产资源开发、地质环境研究等活动的信息载体，它承载着丰富的地质数据和矿藏线索。其中包括地质现象、地层结构、岩石特性等基础地质信息，还涵盖了矿产资源分布、储量估算、勘查开发技术方法等专业性内容[1]。同时，地质档案有助于深入了解目标区域的地质环境、矿藏分布和形成规律，也是指导生产开发、优化管理和创新发展的重要依据[2]，对于提高矿产资源开发效率、保障资源安全、促进矿业现代化发展具有重要意义。

1 地质档案应用的研究现状

随着矿产资源开发的深入，找矿工作的难度日益增大。地质条件复杂、矿藏分布不均、勘查技术瓶颈等问题成为当前找矿工作的主要难点与挑战[3]。尽管地质档案在找矿方法中的应用已经取得了一定的成果，但仍存在一些问题和挑战。部分找矿行动在利用地质档案时可能存在搜索资料不齐全，挖掘利用不充分等问题，影响了其在实际应用中的效果。在这样的背景下，如何充分利用地质档案，发挥其在找矿勘查中的潜在作用，成为亟待思考和解决的问题。

目前我国在地质档案服务方面取得了显著的进展。例如，山东地质六队在新一轮找矿突破战略行动中，通过深入利用地质档案中的数据、成果和实际经验，并结合先进的勘查技术，成功在山东省胶东半岛探明了大型金矿。在这一过程中，地质档案为其提供了详尽的地质背景资料、矿产分布规律以及潜在矿区的评估数据，显著提高了找矿的精准度和成功率[4]。

2 地质档案在冀西北晶质石墨矿找矿勘查中的作用

2.1 冀西北晶质石墨矿概况

近年来，随着高端装备、新能源汽车、航空航天等战略性新兴产业的蓬勃发展，对铜、铝、锂、石墨等矿产资源的需求日益增长[5]。全国范围内都在加强对晶质石墨矿等战略性新兴矿产的选区评价[6]。自 2011 年至 2019 年，河北省地矿局投入了大量的工作，共计投入资金 1866.29 万元。这些资金主要用于实施九个普查项目，其中冀西北地区因其预测资源潜量高达 1000 万吨而备受关注，成为工作的重点。为了更加精准地挖掘这一地区的石墨矿，河北省地矿局于 2021 年特别设立了"冀西北地区晶质石墨矿勘查基础技术调查"项目。

2.2 冀西北晶质石墨矿勘查中利用地质档案概况

2.2.1 地质档案信息梳理概况

冀西北晶质石墨矿找矿勘查过程中，利用了大量的地质档案，其中利用原始地质档案资料 66 卷，成果地质档案资料 78 卷，地质图幅 26 幅、科技论文 70 余篇。通过搜集区域地质调查、矿产地质调查评价、矿产勘查、地球物理测量、地球化学测量、遥感等成果档案，了解了该地区变质地层的物质组成、变质温压环境及后期构造岩浆事件对晶质石墨矿形成的影响和制约，为该地区晶质石墨找矿提供了关键信息。

研究团队系统地梳理了研究区内相关的地质原始档案以及各晶质石墨矿矿床、矿（化）点的成果档案，如《河北省 1：5 万基岩区区调》、《1：25万张家口市幅区域地质调查》《1：25 万张家口市幅、丰宁县幅、蔚县幅》等档案。在筛选和整理过程中，不仅追求档案的全面性，更力求其精细度，挖掘赋矿地层、赋矿层位及赋矿岩石组合的详细信息[7]。最终经过深入的分析与研究，发现晶质石墨矿在冀西北地区的赋矿地层、赋矿岩石具有显著的一致性，这表明晶质石墨矿的分布在该地区具有一定的规律性，不仅揭示了晶质石墨矿的成矿规律，还为后续的找矿工作提供了宝贵的线索和依据。

2.2.2 档案信息对比概况

为了增强勘查工作的针对性和实效性，研究团队结合大量已有的综合研究文献，对地质档案资料进行了全面深入的对比。通过比对不同矿床和矿点的地质特征、成矿条件以及资源储量等关键信息，制定出了高效精准的勘查策略。同时，还充分对比了资源的多个维度，包括资源量、品质以及环境影响等，确保在开发资源的同时，实现对环境的保护[8]。

2.2.3 勘查创新模式概况

通过综合运用地质档案与实地调研，创新性地构建了区域成矿演化模式和区域成矿模式，显著提升了找矿工作的效率和准确性。此外，还成功建立了研究区内变质基底晶质石墨矿的成矿模型及找矿标志，为后续的找矿勘查工作提供了明确的指导方向[9]。在此基础上，通过综合分析研究区的资源环境特征，判断出冀西北地区石墨矿石的优异可选性，证实了该地区石墨资源具有巨大的开发潜力和经济价值。

3 地质档案在找矿勘查中的具体效能分析

3.1 地质档案在找矿目标区选择、勘查方法确定、效果评价中的指导作用

通过对地质档案资料的全面搜集、整理及研究，成功预测了冀西北地区晶质石墨矿的潜在赋矿地层和岩石组合。结合详尽的地球物理勘探数据，进一步验证了成矿有利地段，并据此确定了找矿目标区。地质档案中的含矿地层分布图、矿产分布图等成果资料[10]，为研究区的找矿靶区优选提供了重要

的参考依据。例如，通过对康保县1：5万道尹地幅、东井子幅区矿调成果档案的详细梳理，团队结合地质路线、地质剖面、激电中梯测量数据等成果，筛选出找矿靶区两处，并对大兰城一带找矿靶区开展了地质矿产路线调查和槽探工程等野外验证工作，初步圈定了晶质石墨矿体和矿化带，为下一步矿产勘查工作奠定了坚实的基础。

在确定勘查方法时，地质档案的利用有效提高了勘查效率。通过深入了解研究区域的地质结构、岩石特性以及矿物组成等重要信息，能够更精准地选择勘查技术和策略[11]。例如，依据1：5万道尹地幅和公会幅地质报告中的详尽地层分布及岩石组合描述，精确地确定钻探的位置和所需深度，从而高效且准确地获取晶质石墨矿的样本和关键数据，不仅节省了研究团队的工作时间，还确保了勘查工作的科学性和有效性。

3.2 地质档案在找矿勘查中的成效作用

地质档案的利用，极大地提升了研究区内的找矿效率和准确性。

地质档案中详细的信息为找矿工作提供了明确的方向和依据，并分析出矿体的可能赋存位置[12]。例如，万胜永—骆驼场幅1：5万区域地质调查档案，详细记录了侵入岩与变质地层接触带及矽卡岩带分布特征，以及重砂异常、激电异常等数据。因此，利用这些信息，结合地质学原理，分析矿产的赋存条件，预测矿体可能存在的区域，并制定针对性的勘查计划，并在关键区域进行了重点勘查。最后，在区域内成功发现矿体，验证了地质档案信息的准确性。

地质档案中的原始资料和矿点分布信息，为找矿工作分析出找矿线索和潜力区域[13]。同时，地质档案中的矿石类型、品位等信息，为制定勘查方案提供了重要依据。例如，红旗营子岩群、东井子岩组是区域上含石墨层位中关于目标区域的地质勘查档案。其中详细记录了过去的勘查活动、矿点分布情况以及矿石类型、品位等重要信息。通过对这些资料进行深入分析和对比，成功发现了潜在的找矿线索和区域。在其中一个潜力区域，根据地质档案中的矿石类型和品位信息，针对性地制定了勘查方案。最后通过实验室分析，验证了该区域的矿石品质和储量，为后续开发提供了重要依据。

地质档案中的信息数据，为找矿勘查工作提供了更加高效便捷的服务[14]。通过利用现代信息化技术，迅速检索、查询和利用地质档案中的信息，进一步提高了找矿效率和准确性[15]。例如，本项目勘查中，充分利用地质档案的数字化成果，迅速检索和查询到地层结构、构造特征、矿产分布等。使得能够迅速对目标区域进行初步评估。此外，数字化技术还提供了更为直观的展示方式，通过三维技术，构建出目标区域的三维地质模型，更直观地展示地层、构造和矿产的空间分布关系[16]。

3.3 地质档案在找矿勘查中的成本作用

地质档案可以更加精准地确定勘查区域，减少无效勘查，同时为制定合理的勘查预算提供依据，帮助更加科学地进行设计预算方案[17]，避免不必要的支出。例如：通过详细查阅河北省赤城县龙关—炮梁一带石墨矿资源地质调查，结合最新的地质研究成果，对矿区的成矿条件和矿体赋存状态进行了综合评估。同时，对比不同区域的勘查历史数据和矿点分布，发现该区域具有较为集中的矿点分布和较高的矿石品位，决定将该区域作为重点勘查对象。在制定预算时，参照地质档案中的历史数据，分析勘查成本，确定合理的勘查投入，帮助在勘查过程中合理地安排人、财、物。

3.4 地质档案在矿区可持续发展中的支持作用

地质档案不仅有助于提升找矿效率和准确性，还对矿区的可持续发展起到重要的支持作用。

地质档案可以为矿区的生态恢复和环境保护提供重要依据，并了解矿区的地质环境和生态特征，为后期的生态恢复和环境保护提供科学依据和技术支持[18]。例如，河北省万全、苏家桥、左卫、张家口 1 ：5 万区域地质调查档案中详细记录了冀西北地区的地层结构、岩石类型、地下水分布等重要信息。这些信息不仅帮助分析了矿区的潜在环境风险，还可以有效指导制定针对性的生态恢复方案。在了解到矿区存在地下水污染问题时，可以根据地质档案中的地下水流向和分布数据，确定污染源的扩散范围和影响程度，进而制定出合理的地下水治理和生态修复措施。

通过对地质档案的深入分析和研究，及时发现和解决潜在的地质灾害和安全隐患，确保矿区的安全生产和稳定运行[19]。例如，地质档案还可以揭示冀西北地区的地下水分布和流动规律，帮助合理规划和利用水资源，避免由于过度开采或不当利用导致的地质灾害和安全隐患，从而为矿区的安全生产提供决策支持。在矿区规划和开采过程中，地质档案可以帮助决策者了解矿区的地质条件，选择合适的开采方法和工艺，确保矿区的安全生产和稳定运行。

4 结论

通过全面深入的分析与研究，表明地质档案在冀西北地区晶质石墨矿找矿勘查过程中扮演着重要的角色。宝贵的档案资源不仅能为勘查工作提供坚实的决策依据，更能整合地质资源、优化整体布局和推动社会经济绿色发展。基于此，应持续优化地质档案管理机制、提升地质档案利用效率、提高地质档案工作治理及安全水平，更高效地为矿业生产创新发展和现代化建设贡献力量。

注释及参考文献

[1] 段炳鑫,陈宏强,赵华平,等.冀西北地区古元古代含石墨变质地层岩石矿物地球化学特征与成矿机制研究 [J].岩石矿物学志,2023(3):191-204.

[2] 陈鑫.地方档案文献遗产保护开发研究——以苏州丝绸档案为例 [N].中国档案报,2022-02-14(3).

[3] 高原.闽西南铜多金属矿找矿信息挖掘与成矿预测 [D].北京:中国地质大学,2019.

[4] 汪汇洋.地质局数字地质建设方案研究 [D].武汉:华中科技大学,2022.

[5] 汪恩满.属地化20年来我国地勘单位改革历程回顾与思考 [J].中国国土资源经济,2020(1):70-75.

[6] 陈岩.地质资料信息服务模式研究——以大兴安岭成矿带为例印发 [D].北京:中国地质大学,2012.

[7] 蒋爱华.数字地质服务探讨 [J].资源环境与工程,2021(6):928-934.

[8] 许大纯.新形势下促进地质勘查行业高质量发展的几点思考 [J].中国国土资源经济,2021(7):4-8.

[9] 欧阳斌.基于大数据背景下现代地质矿产勘查找矿方法思考 [J].中国金属通报,2021(10):98-99.

[10] 魏赛拉加,魏正发,吴靓,等.青海省地质灾害防治综合管理系统建设 [J].青海国土经略,2019(2):58-62.

[11] 裴兰英.试论地质档案在国土资源管理工作中的地位和作用 [J].西部资源,2015(6):23-24,57.

[12] 蔡智慧.浅谈地质科技档案开发利用的问题及建议 [J].兰台内外,2022(36):25-27.

[13] 魏永强.核工业铀矿地质档案的开发利用策略探究 [J].兰台世界,2024(6):4.

[14] 周丽娜 . 浅析地质档案的开发利用——以某省某地质队为例 [J]. 机电兵船档案，2024(2):42–44,53.

[15] 荣新红 . 地质档案信息化对地质资源评价的影响研究 [J]. 办公自动化 ,2024(3):57–59.

[16] 唐劼 . 地勘地质档案资料信息化建设管理及策略探讨 [J]. 兰台内外 ,2023(35):13–15.

[17] 周树英 , 谭永杰 , 周伟 , 等 . 浅析地质资料与地质档案的关系——兼论对规范地质档案管理的意义 [J]. 中国国土资源经济 ,2023(1):75–81.

[18] 杨爽 . 地质档案在绿色发展及地质灾害防治中的开发研究 [J]. 兰台内外 ,2022(6):70–72.

[19] 张琳琳 , 鲍伟 , 张岩锋 , 等 . 地质工作环境中档案管理利用实践 [J]. 世界有色金属 ,2022(4):127–129.

企业建设项目档案管理数字化转型研究

袁也

中国商飞上海航空工业（集团）有限公司情报档案中心

摘要：企业建设项目档案作为企业档案资源的重要组成部分，是企业发展的记录和见证。置身于数字化转型的方向之中，企业建设项目档案管理应充分顺应趋势，利用新概念和新技术的成果，充实企业建设项目档案管理发展的动力。本文围绕企业项目档案管理实现数字化转型困境，分析其特性，明确建设项目档案各要素在数字化转型过程中的发展方向，提出实现建设项目档案数字化转型的方法。

关键词：建设项目档案；档案管理；数字化转型

数字化转型作为我国产业发展和升级的重要方向，已催生众多新生技术与传统产业相结合，给产业发展和产出带来巨大变革。《"十四五"全国档案事业发展规划》指出，新一代信息技术广泛应用，档案工作环境、对象、内容发生巨大变化，迫切要求创新档案工作理念、方法、模式，加快全面数字转型和智能升级。[1]

建设项目档案（以下简称项目档案）也称固定资产投资项目档案，围绕项目建设过程形成，包含大量图纸、数据、影像资料等，是企业档案资源的重要组成部分，是记录和积累项目建设历程、经验和知识的载体。本文考量项目档案工作内外部环境变化要素，将数字化转型的思维内涵及技术工具与项目档案工作相结合，推动企业项目档案管理数字化转型，促进项目档案价值发挥。

1 企业项目档案工作数字化转型的困境

1.1 项目档案工作相关制度标准具有差异性

项目档案承载着记录公司项目建设进程和体现城市建设规划变迁的双重功能，需满足住房与建设部门相关标准，同时符合档案工作相关要求。不同条线、城市及建设单位之间，项目档案工作制度要求存在差异，对于实现数字化转型存在一定困难。

1.2 项目档案管理涉及专业范围复合性高

固定资产投资项目牵涉的专业广，除档案管理专业知识外，了解和熟悉招投标、建筑工程、外贸、仪器设备购置、财务、项目管理等相关知识与标准，是制定档案工作计划与标准要求，有效履行监督、指导与检查职责的前提。[2] 项目档案涉及主体多、专业性强易导致项目档案管理数字化转型存在项目档案工作人员话语权弱，转型策略难以切合项目实际等困难。

2 企业项目档案管理数字化转型的特性

企业档案工作数字化转型是企业将档案工作的管理对象、管理手段等由传统向数字化转变及依此提升档案管理水平和效益的过程。[3] 项目档案管理数字化转型考虑管理主体及对象、管理手段、管理效应等方面具备以下特性：

2.1 转型涉及主体众多

从管理主体来看，项目档案的来源部门涉及项目立项管理部门、项目实施部门、财务审计等部门，同时实施部门涉及项目总承包单位及勘查、设计等参建单位。实现项目档案工作数字化转型需首先获得项目立项管理部门即项目归口管理部门的支持，同时充分考虑其他项目涉及主体的需求及业务流程，进而获取项目档案工作数字化转型的方向和资源。

2.2 业务领域迭代快速

从管理手段来看，项目档案所处业务领域更新迭代快速，宏观层面看"新基建"概念和政策的提出，拉开了项目投资类型的更新迭代的序幕，新型基础设施的投资建设在一定程度替代传统的投资建设类型，"新基建"过程中产生的项目档案与传统类型的项目档案区别较大，从微观层面看，例如目前实行的电子化招标，数字化竣工图等，项目管理手段也在发生变化，项目档案工作数字化转型必然受到业务领域迭代的影响，同时业务领域迭代也是项目档案数字化转型的内驱力。

2.3 数据聚集优势明显

实现项目档案数字化转型，将零散的数据有组织有逻辑地组合起来，优势传递到项目管理、项目审计、财务决算、项目验收等多个环节，为项目全过程监控、合规性管理、验收效率提升等有较大促进作用。

3 企业项目档案管理各要素数字化转型方向

项目档案管理数字化转型有一个过程，而非一蹴而就，同时项目档案数字化转型不是将新技术加以堆砌，而是一个有清晰目标，涉及各要素逐渐转型的过程。探索项目档案工作数字化转型内涵，明确项目档案管理各要素转型方向，从而最终实现项目档案工作数字化转型。

3.1 管理对象层面：由纸质资源转变为数字资源

由于企业项目档案来源主体较多，涉及各环节业务信息化水平不同，导致项目档案管理各阶段纸质载体与数字载体并行存在的情况普遍，这是管理对象实现转型的过渡阶段，最终实现数字资源为主的管理对象的转变，不仅是降本增效的考虑，更多的是顺应时代潮流，利用信息技术开发档案信息资源的前提。

实现以纸质资源为主到以数字资源为主的转变，应建立统一的标准，明确项目档案数字资源标准化要求，从分类组卷规则、归档字段、元数据等要素实现项目档案资源的标准化，保证不同来源、载体的资源管理统一。同时逐步提升项目档案数字资源的比例，扩大原生类型为数字资源的项目档案比例，推进项目档案数字化管理嵌入业务系统，并根据国家档案局行业标准《电子档案单套管理一般要求》进行制度建设、系统建设、资源建设与管理及安全管理等方面开展评估，推动项目档案单套管理，从而实现管理对象的数字化转型。

3.2 管理模式层面：由后端介入转为全程嵌入

项目档案作为项目从立项到验收的全过程记录，传统的项目档案管理模式较多从后端介入，缺乏对项目管理及实施过程的了解，导致项目档案管理与项目管理脱节，项目档案完整性、真实性和准确性难以保障。

项目档案管理模式由后端介入转为全程嵌入，不仅包含项目档案管理数字化转型目标全面融入项目管理目标，获取项目条线各部门的共识，协助档案部门全面识别项目档案使用场景，才能顺利推进项目档案数字化转型有关措施；同时也包含项目档案管理要求全程嵌入项目管理要求，在项目立项到项目完成的关键节点明确项目档案数字化转型的要求和前提条件，从而为实现项目档案数字化管理奠定基础。

3.3 管理工具层面：从技术叠加转为技术赋能

当文件管理的对象从传统物质形态转向电子形态，就把管理业务逐步转移给了管理系统，系统成为文件在各个阶段的管理平台。系统这个管理要素的介入，不仅将多种信息技术引入文件管理，同时改造着传统管理业务的功能、流程和方法，形成了一套在数字环境中管理文件的新型业务。[4] 项目档案管理系统在数字资源成为主要管理对象时，将替代项目文件积累、归档及验收过程中众多人工场景，对于项目档案系统功能的重新布局和思考在数字化转型过程中至关重要。

同时针对管理系统，技术叠加与技术赋能的差异在于清晰明确的需求是否能精准转化为使用场景，并借助一定的技术手段转化为系统功能。在信息技术深入应用的今天，政府、企业等各类组织都依赖于信息系统来开展业务，针对这些组织应用软件系统的需求，分析工作核心在于"业务分析"，厘清需求，必须要抛开具体的技术实现，站在用户的角度审视用户想要解决的问题、想要达成的业务目的。[5] 因此项目档案管理系统不再是简单的项目档案资源存储平台，而是将项目档案形成者、管理者和使用者的需求和问题有效识别、分析，利用数字化转型技术更加深入和精准地满足项目档案管理及项目管理需求，提高管理效率，提供更多元化的使用场景和渠道给用户。

3.4 管理者层面：从单一边缘转为多元自信

档案工作者的观念转型与思维创新决定了档案全过程管理中的基本价值遵循，是实现企业档案创新管理的直接体现与内在要求。[6] 项目档案管理者在传统意义上多被定位为项目档案的保管者，在项目实施全过程中参与度低，在项目管理各部门中多处于边缘化的状态。

项目档案管理数字化转型为项目档案管理者的定位和角色带来转变的契机，但也给项目档案管理者的职业素养和能力带来挑战。档案专业水平不再是项目档案管理能力的唯一考量要素，项目档案管理者的专业知识储备多元化，项目管理领域、实施领域、信息技术领域的新动向和新技术都值得项目档案管理者去学习和探索，从而为项目档案数字化转型注入更多活力。项目档案管理者应寻求更多契机参与项目实施过程，探索多种渠道和平台发挥项目档案价值，同时项目档案管理者之间应加强沟通交流，促进知识共享和实践经验交互，从而为项目档案数字化转型拓宽渠道。

4 企业项目档案管理数字化转型方法

4.1 明确项目档案数字化转型的顶层规划及配套制度

数字化转型是一项长期艰巨的任务，面临着技术、业务能力建设、人才培养等方方面面挑战，需要企业全局的有效协同。[7]企业项目档案管理数字化转型应在企业数字化转型的框架下，评估现有项目档案管理状态，明确项目档案数字化转型目标、分工、资源及实施步骤，并在后续实施过程中，不断回顾现有状态与顶层规划是否相符，避免数字化转型目标的偏离，数字化转型实施零散带来的重复建设等风险。

国外经验表明，数字化转型成功的国家都非常注重顶层设计，从国家层面统筹考虑数字信息管理的长期性和全局性，进行系统规划和目标定位，并围绕数字政府建设目标制定多项政策和法规。[8]值得引起注意的是，提到数字化转型，新技术的应用及研究总是关注的焦点，新技术与项目档案管理的结合固然重要，但配套制度的完备同样是项目档案管理转型初始阶段应当关注的重点，国家针对电子档案管理、接收、电子档案管理系统等数字化管理已出台多项标准，企业应结合国家标准，配套适用于本企业项目档案管理实际的制度，做好外规内化工作。项目档案管理数字化转型涉及主体众多，实施周期较长，较多呈现阶段性实施的状态，如果没有顶层规划及配套制度，将面对零散无重点的状态，不利于达到数字化转型预期效果。

4.2 项目档案管理流程融入企业项目管理平台中

当前，各企业都应用了大量的业务系统，积累了大量的电子数据。这些数据有的处于不安全或是使服务器超负荷运行状态，业务系统电子文件归档是当前各企业对档案工作数字化转型最大的需求。[9]项目档案管理数字化转型需要保障项目档案的质量和项目档案管理流程的标准化。

项目档案密切结合项目实施过程与项目决策过程产生，同时项目档案形成周期长，体量大，依靠人工开展前端控制及全过程管理效果甚微，将项目档案归档流程融入企业项目档案管理平台中，保障项目档案质量，实现项目文件收集与项目进展保持一致，是项目档案管理过程转型的重要方式。

4.3 形成项目档案资源知识化体系

投资金额较大的项目形成的项目档案案卷数量体量巨大，如何从项目档案资源中识别出有效的信息，发现文件之间的关联，并将关联积累形成知识化体系，是项目档案管理数字化转型应聚焦的层面。

项目档案资源知识化体系的形成有三个层面的内容应关注，首先是具备专业的项目档案管理人员，此专业既包含对于档案专业的深入，也应具备项目建设及管理背景，具备专业的项目档案管理人员是识别项目档案之间联系、项目档案内部蕴含专业意义的基础，也是实现项目资源知识化体系的第一步，其次是建立适合企业实际的元数据库，利用标引对项目档案资源进行规范化处理，将隐性的项目档案资源蕴含信息显性化，可解读和分析。最后是将显性化的项目档案资源进行联结，识别项目内部，项目与项目之间的关联，同时积累项目档案利用者的偏好和利用规律，不断地调整项目档案知识化体系的评价标准，促使项目档案知识化体系更加契合企业实际需要。

4.4 拓展项目档案资源服务场景

项目档案数字化转型的重要意义之一在于充分地发挥项目档案的价值，突破以往发挥项目档案价值时的障碍。涉及数字化转型的技术广泛，在没有明确服务场景的情况下只能停留在技术空洞里，无法落地。项目档案管理部门应总结以往项目档案利用的需求和方向，利用数字化技术提升利用效率，丰富已有的档案资源服务形式和途径。

项目档案管理部门应积极与项目各条线沟通，挖掘隐形需求，了解项目管理流程，寻找项目档案可发挥价值的场景，传统项目档案利用多应用于项目后续项目改建扩建，图纸利用频率较高，但此种利用局限于项目内部，发挥价值受限，项目档案不仅反映工程建设客观情况，更包含着项目管理及决策的客观情况。通过数字化转型相关技术集成项目档案数字资源，打破传统的项目档案价值只能应用于本项目的局限，不同类型项目之间，不同时期项目之间，利用项目档案呈现的客观状况，可以衍生出项目超期预警，辅助项目决策，项目合规检查等多重服务场景，为项目档案管理数字化转型带来动力。

注释及参考文献

[1] 中办国办印发《"十四五"全国档案事业发展规划》[EB/OL].[2021-06-09].https://www.saac.gov.cn/daj/toutiao/202106/ecca2de5bce44a0eb55c890762868683.shtml.

[2] 熊瑶，原月 . 固定资产投资项目档案的前端控制 [J]. 北京档案 ,2018(5):36-38.

[4] 蔡盈芳 . 试论企业档案工作数字化转型 [J]. 中国档案 ,2020(8):70-71.

[5] 冯惠玲，刘越男，马林青 . 文件管理的数字转型：关键要素识别与推进策略分析 [J]. 档案学通讯 ,2017(3):4-11.

[6] 徐锋 . 有效需求分析 [M]. 北京：电子工业出版社 ,2017:2.

[7] 陈慧，罗慧玉，王晓晓，等 . 数字化转型背景下企业档案创新管理研究 [J]. 知识管理论坛 ,2020(5):147-159.

[8] 吕铁 . 传统产业数字化转型的趋向与路径 [J]. 人民论坛·学术前沿 ,2019(18):13-19.

[9] 孙晓燕，徐文斌，侯智洋，等 . 国外政府信息管理数字化转型的特点及启示 [J]. 浙江档案 ,2019(7):20-22.

国家科技重大专项档案管理优化探究：特点、问题及实现路径

赵岩

中国航空工业发展研究中心

摘要：国家科技重大专项作为未来产业的重点领域，事关国家高水平科技自强发展，国家科技重大专项档案作为各领域各项技术基础创新研究的重要科技信息资源。其管理质量能否得到优化提升，对于科技重大专项研究任务有着重要影响。本文从国家科技重大专项档案的特点、全过程管理中存在问题、优化管理路径、质量提升等方面进行阐述，为优化国家科技重大专项的管理工作提供参考。

关键词：科技重大专项档案；特点；存在问题；质量提升；优化路径

1 引言

在中国式现代化建设新征程的发展阶段，国家科技重大专项作为未来产业的重点领域，事关国家高水平科技自强发展，其在立项、研究实施、验收、成果推广应用的过程中会产生相应的文字、图纸、电子文件等各类载体形式的文件。通过科学的鉴定，系统化的整理最终得到具有高保存利用价值的原始记录，这些原始性的文件材料经过规范有序的逻辑整理，成为重要的科技专项档案，为科技专项的各项技术基础创新研究提供科学研究活动迫切所需的信息资源。

本文从国家科技重大专项档案的特点、全过程管理中存在的问题、优化管理路径、质量提升等方面进行阐述，为日后更好地管理国家科技重大专项档案工作提供参考。

2 国家科技重大专项档案的特点

2022 年 12 月 30 日，国家正式发布了《国家科技重大专项文件归档与档案管理规范》（以下简称"规范"），规范里对国家科技重大专项的定义叙述如下：为实现国家目标，通过核心技术突破和资源集成，在一定时限内完成的重大战略产品、关键共性技术和重大过程[1]。结合实际工作，可以总结出国家科技重大专项档案具有以下几个特点：专业成套性、研制周期长、文件形式多样。

2.1 专业成套性

国家科技重大专项档案的专业成套性取决于它并非一般意义上的科学研究活动，而是需要集中时间与力量，利用核心技术和各类资源，经过全面分析完成的科研任务[2]，从而攻克如航天、航空等领域关于战略精准规划、前沿技术分析、装备能力提升、推动低空经济发展中所遇到的"卡脖子"问题。其专业性主要体现在研究开发内容设计预研、陆航、无人机、低空经济、专利、装备发展等多方面领域，具有很强的专业性。项目工作内容的专业成套性也成了国家科技重大专项档案管理工作的依据，档案的管理全过程均需要立足于科研项目的专业成套性。

2.2 研制周期长

由于科技重大专项的研究成效对科研发展影响之重，其立项的科研项目普遍存在研制周期较长的情况，一般研制周期在 3—5 年不等。某民机科研项目，2016 年立项，研制周期为 3 年，在工信部的组织安排下，于 2019 年年中首先通过了财务验收，受新冠疫情影响，项目技术验收于 2021 年完成，项目陆续归档的最终日期为 2022 年 6 月。截至 2024 年 5 月，项目仍未完成项目预验收，总体计算下来，从立项到完成最终归档大约需要历经 8—9 年。且一部分项目在研制实施过程中，会被如组织变革、负责人变动、不可抗力中止研究等各种因素影响其归档。所以，科技重大专项档案的管理工作对归档时间及过程跟踪一定要根据这一特点，尽量避免归档间隔倍式增长，以保证归档质量。

2.3 文件形式多样

由于项目存在专业性强的特点[3]，大部分科技重大专项均需要联合多家单位共同开展科研工作，涉及专业众多，产生的材料类型也随之变化，虽然以纸质为载体的归档材料仍为主体，但在部分条件建设较强的单位还会产生电子文件、软件系统、专题数据库、音视频多媒体、三维成果、样机标本等新型材料。形式多样的特点要求我们在开展档案收集工作时必须建立逻辑清晰的底层逻辑，明确归档工作的目标和意义，对与科技重大专项内容紧密相关的归档范围与归档时间进行合理的调整与优化，配合基于档案工作目标构建的顶层设计，三者建立起动态平衡关系，从而为档案收集工作提供正向的动能。

3 现存问题

3.1 管理机制存在不足，规范要求亟待完善

3.1.1 管理机制存在不足

科技重大专项的管理需要投入长期成本支持，良好的管理机制是科技重大专项管理工作行之有效的保障，档案管理工作更需要顶层支持和较为健康的管理机制。据笔者了解，科工局项目及民机专项已将档案验收纳入项目总验收中，在一定程度上提升了档案认识，但现实里可落地的档案管理制度较少，档案管理部门对项目研制的整体过程了解有限，牵头单位对各参研单位也未提出相应归档要求，往往出现为了通过项目总验收，紧急求助于档案管理部门，紧急整理出一份"新鲜热乎"的档案。不仅影响了档案管理工作的质量，也不利于科技重大专项的管理及后续的成果推广。

3.1.2 规范要求亟待完善

由于科技重大专项档案涉及范围广、数量多，档案的规范和标准要求很难做到高度统一，无法明确要求导致出现缺失部分重要文件材料的情况，如缺少能反映项目完成情况的相关证明、可解释经费使用合理的相关文件等[4]；标准要求不统一，以文件材料形式的成果为例：报告格式错误、缺乏有效审签页、目录标题与内容标题不对应、过程记录不规范等；电子文件未进行四性检测，元数据不完整、汇报 PPT 格式不兼容无法读取等[5]；音视频成果格式不统一，浏览或转换受到限制等问题。

3.2 形成主体分散多元，档案收集质量不高

3.2.1 档案产生单位分散多元

由于档案的形成主体呈现出分散多元的特点，一方面，与牵头组织单位合作开展研究的其他单位大多分布在全国各地，实现项目阶段的实时跟踪指导略显困难，地域距离的跨越难以精细化管理，协调难度大；另一方面，由于子项目众多，除了参研合同与任务书中规定的必须向主牵头组织单位移交的研究成果外，大多数过程性的文件材料都分散在子课题牵头组织单位的科研人员手中，因保密管理的要求，大多数人宁可销毁处理，也不愿归入档案，导致过程性材料缺失。

3.2.2 档案收集工作质量欠佳

档案来源的分散加大了档案收集的难度，阶段性归档要求落地实施困难，突击移交的情况比较常见，重要文件材料的缺失导致难以实现项目全生命周期的档案收集。因移交时间紧促，项目牵头组织单位无法在阶段性管理活动中及时开展移交档案的质量审核工作，最终多方来源集中归档材料的审核工作只能浮于表面，档案收集陷入困境直接导致档案质量鉴定工作无法从源头开展，最终影响档案的完整性。

3.3 管理手段较为单一，利用价值限制发挥

3.3.1 业务及档案管理手段较为单一

伴随着数字化技术的更迭优化及工业互联网的普及应用，更多的企事业单位已逐步尝试传统档案管理模式向数字化甚至智能化的新型档案管理方式摸索转变。但是，部分科研院所一套可用的业务管理系统也没有配置，也有部分虽然配套相关智能化管理系统，却常年处于试运行阶段，并未真正地成为科研管理的有效工具，停留在以"人"的动态为主的传统管理模式，这极不利于各单位在数字经济环境下的现代化管理转型和质量提升。

3.3.2 科技重大专项档案的利用价值难以发挥

科技重大专项档案管理的好坏直接影响着国家尖端领域的关键技术研究成果能否得到充分应用推广。据笔者电话采访了解到，部分单位为保持"核心竞争力"，在专项成果的共享上是有所保留的；另外，相关配套环境仍不足以支持专项档案信息数据被较好利用，许多单位的 OA 办公系统（已实现科研与财务管理的联动）和档案系统无法关联，仅通过一些人工汇集的表格作为协调工作的简单工具，限制了档案价值的发挥。

4 实现路径

4.1 结合业务管理平台，完善档案顶层体系建设

结合本单位科研管理系统，对归档材料的格式制定统一标准，提出有针对性的格式策略，既要保证档案元数据的真实有效，又要考虑安全性，存储可读等方面；对于特殊类型材料如需特定软件和运行环境才能展现的成果，建议在规范存储格式和标准的基础上，存于指定的网络磁盘，以免增加档案管理系统的负荷[6]；对于仍具有现行利用价值的数据信息，通过科研管理系统暂存保管，待形成最终材料后由科研管理系统根据项目来源、档案分类要求与档案管理系统自动完成线上归档。

充分利用智能管理工具和业务平台开展档案工作是必要手段，清晰的档案顶层体系是有效开展科技重大专项档案管理工作的重要保障。牵头组织单位应当结合工作实际，以《规范》为依据，制定能够适应不同专业特点的配套档案管理制度，明确档案管理工作领导职责，配备兼职档案人员对各阶段产生的文件进行质量审核鉴定和分类，随后按要求开展移交工作。比如，牵头组织单位与各参研单位（一部分还涉及成果应用的合作单位）建立联络组，主要负责项目整体实施的规划、跟踪、管控，制定专项档案管理规范，对照"总任务书"中明确的研究内容，联合科研主管部门、档案管理部门梳理清晰移交流程并制定归档范围参考表、归档清单，对不同载体类型制定统一格式标准，将档案管理工作散点式嵌入业务流程中，实现全过程监控跟踪，形成自下而上的联动管理，为档案工作提供组织保障。

4.2 以数字档案室推行试建为契机，创新档案收集方式

在实施科教兴国战略的大背景下，中国科学院院属的一些具有良好条件及能力的单位已开展数字档案室试点工作，通过建设高质量的数据信息，促进科学数据与档案的协同管理，实现一站式服务。利用各业务系统平台之间的协同互通，档案工作融入前端，解决了不同类型数据交汇与归档流程的衔接，给电子文件的真实有效性提供了环境支持，档案质量鉴定工作可嵌入科研数据产生到结束的全过程，提升了档案收集工作的质量；美国在科技档案管理上就建立了涵盖科研档案形成、收集、整理、归档、保管和利用全过程的"科研课题组、科技管理部门及其信息中心、国际技术信息服务局"三位一体的科技档案集成管理模式[7]，从根源上解决了档案完整性与时效性的保

障问题，档案收集工作成了科研活动中每个活动主体的必要任务，结合项目管理的全过程，制定配套归档范围与要求、鉴定标准、时间节点等档案管理制度，借鉴成功通过科研机构数字档案室试点验收的现实经验，实现在线收集归档，为日后各项管理工作提供参考依据。

4.3 重视档案与成果融合管理的研究发展，构建多模式、高质量的信息利用平台

科技重大专项档案的价值不仅体现在数据的溯源与查考，在行业整体研究方向的精准定位、经费支出的合规合理、问题分析等众多方面都发挥着它独有的情报性价值和凭证性价值，这就促使我们需更加关注档案管理其他业务管理系统之间平台的搭建。武汉市测绘研究院根据其业务需求，研制了一套"城市勘测三维成果档案一体化管理系统"，该系统综合考虑了保障成果真实性、系统架构的合理性、存储组织方法、元数据标准等因素，制订了相关流程标准，实现了综合管理、项目管理、失控平台、业务系统、文件数据库等数据资源的集成，通过 WebApi 接口支持档案管理系统的运行，解决了归档分散、管理不规范、利用不充分等问题[8]。可见，尝试探索构建融合成果管理思维（内容包括照片声像、数字模型、实体实物等不同载体类型），实现成果展示查询、信息溯源定位、应用效果追踪等多模式的档案服务利用体系，既有助于科技成果的应用和推广，使科技重大专项的成果有处可查，有据可参，也有助于科技专项档案的利用价值得到深度提升。

在探索过程中，我们要结合科技重大专项成果应用平台具备的多模式展示特点，对多个管理平台的融合应用进行可行性分析，制定相关标准，保持成果与档案源信息结构、标准、内容的一致性。另外，要严格利用流程内的知悉范围、审批等，保证研究成果与档案信息的安全，增加后台利用统计功能，同时开展成果推广应用和档案利用效果的跟踪记录，根据平台反馈的统计信息，不断完善提供利用服务的信息内容，满足科研人员多元化档案需求，切实推动科技重大专项档案工作的良性发展。

5 结语

国家科技重大专项档案是抢占科技制高点，强化国家战略科技力量的重要参考依据，在国家重大专项任务整体部署思路及工作要求上发挥着牵引作

用。在实际工作中，我们要不断强化专项档案管理意识，推进科技重大档案管理与业务管理、科学数据管理等的融合，深入挖掘档案信息价值，推动档案工作的高质量发展，为国家科技创新能力和产业核心竞争力的提升做好档案支撑。

注释及参考文献

[1] 国家市场监督管理总局，国家标准化管理委员会.国家科技重大专项文件归档与档案管理规范 [EB/OL].[2024-05-24].http://m.book118.com/html/2023/0704/5314104122010240.shtm.

[2] 赵国良，张鑫明.关于国家科技重大专项档案工作的经验与思考 [J].机电兵船档案，2024(5):49-51.

[3] 高朝阳.国家科技重大专项档案管理存在的问题及思考 [J].北京档案.2022(8):32-34.

[4] 陈静.某重大专项项目档案管理实践与思考 [J].兰台世界,2023(6):11-13.

[5][6] 钱燦.核电文件单套之归档业务流程和关键技术研究 [J].机电兵船档案，2024(3):34-36.

[7] 加小双，张斌.欧美科技档案管理的经验借鉴 [J].档案学通讯,2016(1):27-33.

[8] 蒋瑞丽，刘莹，刘丹丹，等.城市勘测三维成果管理现状及对策研究 [J].城市勘测，2024(1):165-168.

基于界面管理的军工 DBB 工程项目
档案管理探究

董宇环

北京海鹰科技情报研究所

摘要：DBB 是军工企业的典型工程建设模式，具有管理界面复杂，文件管理工作难度大的特点。本文基于工程界面管理，分析项目文件各形成方在分工与协作界面的文件问题，探索并建立了覆盖工程各参与方各个管理界面的文件与档案管控体系。

关键词：DBB；界面管理；档案管理

0 引言

DBB（Design-Bid-Build）工程项目是指采用设计—招标—建造的建设模式，工程严格按照设计—招标—建造的顺序展开，每一阶段结束后才可以进行下一阶段。该类建设工程是军工企业基建工程的典型模式，具有建设周期长、设计变更频繁、协调工作量大等特点，文件形成范畴涉及建设单位、工程参建方、政府管理部门等多个界面，在各部门沟通协调的过程中，常常会遇到不同部门之间的不协调。加强建设工程不同界面的档案管理，提高档案工作与建设工程工作的协同性与融合性，最大程度提升项目档案工作质量与管理效率的问题亟待解决。

1 基于界面管理研究档案管理的意义

1.1 工程项目管理界面的界定

物理学中认为在一定条件下，物质经过临界界面，可以由一种形态、运动状态转变为另一种形态、运动状态。由此扩展得到的定义是：界面是物质、实体、系统和过程按照一定特征所形成的分界面，同时也是不同部分和不同过程的结合面[1]。

工程项目界面管理理解为：识别项目各参与方之间、部门之间、部门成员之间或者工程实体连接部位流程之间，在信息、物资、财务等要素交流方面的相互作用，解决界面双方（或多方）在专业分工与协作之间的矛盾，以利于控制、协作和沟通，提高管理的整体功能，实现项目绩效的最优化[2]。工程项目界面分为实体界面和非实体界面两个方面，本文主要从工程项目非实体界面，即管理科学的角度，基于工程项目的组织界面、合同界面及过程界面对工程文件与档案管理进行探索。

1.2 基于工程界面开展档案管理的意义

DBB 模式工程项目管理界面繁多，具有参与单位多、专业复杂、目标差异、信息不对称等特点，文件归档不完整、签署不完整等一系列问题频发。

在项目界面管理中，根据项目工作具体业务流程及不同级别流程的界面，分析项目文件各形成方在分工与协作之间的界面问题，明确参建者的文件管理责任，在界面处设置检查验收点和控制点，实现界面的动态控制，对成功进行项目文件归档管理，提高工程档案管理质量具有重要意义。

2 工程组织界面分析与档案管理

组织界面是工程项目参与各方之间的相互连接，包括整个建设过程中个人和组织之间的关系。建设工程要经历从立项、征地、勘察、设计、招投标、施工到竣工验收多个环节与步骤。全面梳理组织界面，合理设计界面接口，是关系文件归档是否及时、归档文件质量高低的重要条件。

DBB 工程组织界面从有无合同关系角度分为两种：有合同关系的组织界面和无合同关系的协调界面。从参与各方的隶属关系角度，组织界面分为内部部门和外部部门两种。内部部门如建设单位的基建管理部门与财务部门、合同管理部门等；外部部门如建设单位与招投标单位、政府部门、设计单位、施工单位等。DBB 模式工程档案部门与各参与方的界面关系可以如图 1 所示。

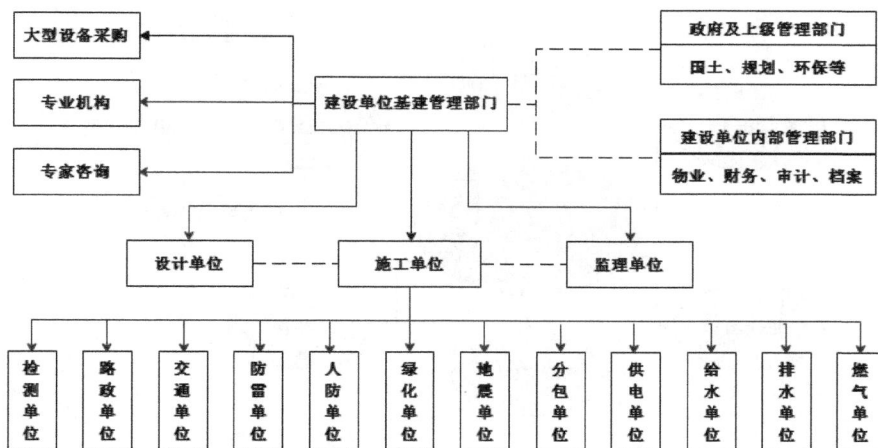

备注：→为合同界面；――― 为非合同界面。

图 1　DBB 工程组织界面关系图

DBB 模式下，档案部门作为建设单位的内部管理部门，与单位基建管理部门存在着非合同关系的协调界面，与建设工程各参与方存在间接的协调界面，对基建管理部门文件积累提出总体要求，协助基建管理部门开展工程文件积累过程中的检查指导，负责工程归档文件的整理、保管与提供利用。

3　合同阶段界面分析与档案管理

合同界面是指同一工程项目，相关同级合同之间以及主、分合同之间，在时间、空间以及工作内容上的分界[3]。

在 DBB 模式下，建设单位是合同界面管理的主体。工程建设项目的合同类型一般包括工程类、货物类和服务类。项目内容被分解为不同的专业包，分别招投标及签订合同，施工承包商再签订多个分包合同，从而形成以建设单位为主体的两级分包合同界面（见图 2）。

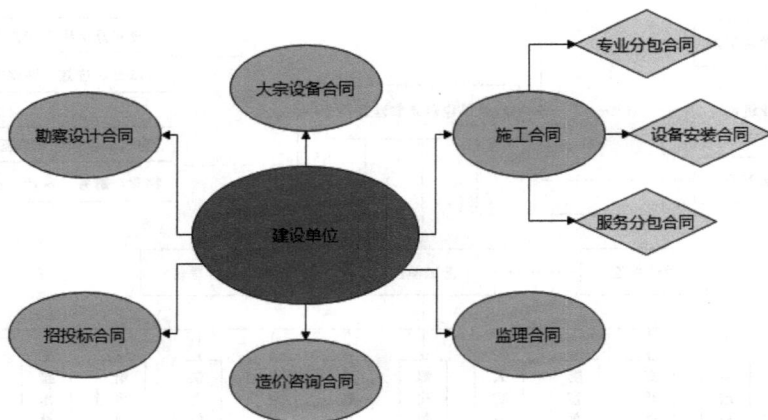

图 2　DBB 模式下合同界面关系图

　　合同界面是约定项目管理工作的重要环节，做好合同界面的文件管理，是落实前端介入原则的关键。基于合同界面制定文件管理体系（见表 1），介入合同界面全过程管理并积极实施工程文件检查指导，将极大降低工程文件组卷不合理、归档不完整等问题的出现。

表 1　合同界面文件与档案管控体系

阶段	界面内容	档案部门职责
合同签订	组织界面	合同条款明确合同涉及各方的文件与档案管理职责
	工作范围界面	合同条款明确交付文件范围、形式及质量
	风险界面	合同条款明确为规避风险需提供的资质等文件要求
	进度界面	合同条款明确工程进度中对应交付文件的要求
	费用界面	合同条款明确费用支付与文件交付的制约关系
合同执行	进度界面	对合同执行各阶段文件形成要求进行指导
合同变更	进度界面	对合同变更形成的文件积累进行指导
合同验收	费用界面	在合同付款阶段对文件提交情况进行指导
	进度界面	在合同验收阶段对文件提交情况进行检查
	工作内容界面	对合同要求提交的文件的质量进行检查

4 工程过程界面分析与档案管理

4.1 工程设计界面分析与档案管理

工程设计阶段，以建设单位为主体，在项目选址、立项手续办理、建设用地规划、建设工程规划、施工许可等阶段与政府及上级管理部门形成了协调管理界面。[4]

在报告评审、可行性研究报告、环境评价报告、地质灾害评价报告、地震评价报告等方面与专家咨询以及造价咨询、地震评价等专业机构形成了合同管理界面。

在工程设计界面，建设单位负责协调各阶段文件的编制，审核文件完整性、准确性与有效性。档案部门负责提出文件积累与整理总体要求，并对文件积累进行检查指导。

4.2 工程施工界面分析与档案管理

工程施工单位在与建设单位签订施工合同后，对于设计图纸设计不合理需要进行设计变更，对于需要进行二次设计的部分签订施工分包合同，进行二次分包。因此，纵向上，施工单位存在与建设单位、分包单位两个层级的合同界面管理；横向上，施工单位存在与设计单位的协调界面管理。

施工文件中，分包施工单位文件是质量问题频发的重点。部分分包工程因工程量小而未配置专业资料员或资料员工作经验不足，加之总包与分包界面管理不到位，分包单位施工文件常出现文件不完整、有效性差等问题。档案管理工作需要结合不同的工作界面，在实施过程中明确管理职责，对关键节点实施管控（见表2）。

表 2　施工界面文件与档案管控体系

阶段	主要界面	工程各参与方文件管理职责	档案部门职责
施工组织设计	施工—建设单位 施工—监理单位	施工单位负责编制施工组织设计,对文件有效性、内容准确性负责; 建设单位负责审核施工组织设计内容与合同一致性; 监理单位负责对文件质量全面审核和审批。	了解施工总体方案与进度,提出施工文件收集与整理的具体要求。

（续表）

阶段	主要界面	工程各参与方文件管理职责	档案部门职责
施工方案	施工—分包单位 施工—监理单位	施工单位负责审核分包单位文件质量； 编制施工总方案，对文件有效性、内容准确性负责； 分包单位负责编制施工专项方案； 监理单位负责审核文件质量。	协助指导文件收集质量。
图纸会审	施工—建设单位 施工—设计单位 施工—监理单位	施工单位负责对于涉及设计的图纸会审进行编制； 建设单位、设计单位负责对文件准确性进行审核并签署确认； 监理单位负责审核文件质量。	协助指导文件收集质量。
技术交底	施工—分包单位 施工—监理单位	施工单位负责向分包单位明确建设单位文件收集与整理要求；审核分包单位文件质量情况； 分包单位负责落实总包文件质量要求，做好分包文件收集与整理； 监理单位负责文件质量审核。	对施工方文件积累情况进行检查； 协助指导文件收集与整理质量。
开工准备	施工—建设单位 施工—监理单位	施工单位负责编制相关文件并汇总报审文件，对文件有效性与完整性负责； 建设单位负责审核开工报审文件； 监理单位负责审核开工准备相关文件质量。	对施工方文件积累情况进行检查； 协助指导文件收集质量。
设计变更工程签证变更洽商	施工—建设单位 施工—设计单位 施工—监理单位	施工单位负责文件编制，对文件准确性与有效性负责； 建设单位、设计单位对图纸设计进行变更等进行审核签字确认； 监理单位负责文件质量审核。	协助指导文件收集质量。
物资采购	施工—供应厂商	施工单位负责审核供应厂商提交文件的质量； 供应厂商负责提供合格证、材料检测报告，对文件有效性和准确性负责。	协助指导文件收集质量。
施工与安装	施工—建设单位 施工—设计单位 施工—分包单位 施工—监理单位	施工单位负责审核分包单位文件质量，对承担项目文件质量负责； 建设单位对设计变更、工程签证、变更洽商文件准确性进行审核并签署确认； 设计单位对设计变更进行审核并签署确认； 分包单位对分包施工文件的质量负责； 监理单位负责审核分包单位资格文件，对原始凭证进行复核。	协助指导文件收集质量。

阶段	主要界面	工程各参与方文件管理职责	档案部门职责
施工试验	施工—检测机构 施工—监理单位	施工单位负责落实建设单位文件质量要求，对相关试验文件质量进行检查并收集； 检测机构负责落实施工单位文件要求，对文件准确性和有效性负责； 监理单位负责试验记录文件质量审核并签署确认。	对施工方文件积累情况进行检查； 协助指导文件收集质量。
检验批质量验收	施工—监理单位	施工单位负责编制检验批质量验收记录，对文件准确性和有效性负责； 监理单位负责审查文件质量。	协助指导文件收集质量。
分项质量验收	施工—监理单位	施工单位负责编制分项质量验收记录，对文件准确性和有效性负责； 监理单位负责审查文件质量。	协助指导文件收集质量。
分部工程质量验收	施工—设计单位 施工—监理单位	施工单位负责编制分部质量验收记录，对文件准确性和有效性负责； 设计单位负责对地基、主体结构、节能分部文件准确性进行审核并签字确认； 监理单位负责审查文件质量。	协助指导文件收集质量。
单位工程验收	施工—建设单位 施工—监理单位	施工单位负责审核分包单位竣工图，编制总包竣工图；汇总施工文件并办理移交； 建设单位负责对文件质量进行核查； 监理单位负责审查文件质量。	协助指导文件收集质量； 对施工方文件积累情况进行检查。

4.3 工程监理界面分析与档案管理

工程监理单位受建设单位委托，根据法律法规、工程建设标准、勘察设计文件及合同，在施工阶段对建设工程质量、造价、进度进行控制，对合同、信息进行管理，对工程建设相关方的关系进行协调，并履行建设工程安全生产管理法定职责的服务活动[5]。

工程监理在做好与施工单位协调界面管理的同时，实施与建设单位的合同界面管理。受建设单位委托，按照监理准备、监理实施、监理总结三个阶段，对工程从施工准备阶段到工程竣工阶段的质量、进度等方面实施全过程监控。

在实际工作中，受监理机构及其人员素质的影响，工程项目形成的监理文件质量往往存在一定偏颇，出现文件内容不准确、不规范等问题。为做好监理界面文件的管控，需落实监理单位的文件管理职责，并针对关键接口开展文件积累过程的检查指导，具体管控体系见表3。

表 3 监理界面文件与档案管控体系

界面	阶段	各参与方文件管理职责	档案管理部门职责
监理－建设单位	监理准备	建设单位负责审核相关文件准确性；监理单位负责编制监理大纲、监理规划、实施细则；任命监理工程师下达工程开工令，对相关文件准确性与有效性负责。	了解监理工作内容，提出监理档案管理执行标准、明确文件形成与收集要求。
	监理实施	建设单位负责审核相关文件准确性和有效性。监理单位负责编制监理日志、监理月报、监理会议纪要，对文件准确性和有效性负责。	了解监理月报及工程整改问题，提出文件收集要点。
	监理总结	建设单位负责审核相关文件准确性；监理单位负责编写监理工作总结，提交完整监理资料，对文件准确性和文件有效性负责。	审查监理资料提交情况，并接收监理文件归档。

5 结语

基于界面设计建设工程建设单位、各参与方与档案部门的管理接口，将档案工作融入工程界面管理范畴。同时，在界面管理实施过程中，要积极借助信息化手段，推进项目文件的实时归档与审核，提高工程文件管理效率和质量。

注释及参考文献

[1] 姜保平，陈仕中，傅道春．界面对建设工程造价的影响分析 [J]. 建筑经济,2006(3):64-67.

[2] 李外华，界面管理在大型建设工程实施中的应用 [J]. 项目管理与工程咨询,2020(2):16-24.

[3] 刘红梅，张星．从业主角度谈大型项目合同界面管理 [J] 基建优化,2007(1):22-24.

[4] 张爱霞．建设项目设计界面管理分析——以冰雪娱乐综合体项目设计总包管理为例 [J] 中外建筑,2020(6):168-170.

[5] 建设工程监理规范 (GB/T50319-2013)[M]. 北京：中国建筑工业出版社,2013:3.

科研项目档案协同管理问题的研究

何媛媛

北京自动化控制设备研究所

摘要：在当今科技飞速发展的时代，项目档案管理不仅是项目管理基础，更是促进科研成果转化为实践探索的重要保障。随着企业项目规模不断扩大，档案协同管理面临着复杂挑战，尤其是科研项目档案协同管理面临更加严峻的挑战。文章分析科研项目档案协同管理问题，针对问题提出制定标准化管理流程、建立网络化管理体系、强化档案信息整合力、提高管理人员的素质等协同管理策略，以期提升军工科研项目档案协同管理水平。

关键词：科研项目；档案；协同管理

0 前言

项目档案管理作为企业项目管理的重要组成部分，承载着项目的历史资料、研究成果和决策依据，为科研项目顺利实施提供支持。项目档案协同管理涵盖信息的收集、存储、检索、共享和保护等多个环节，需要多个部门或者多个团队之间进行协同合作，以保障科研项目档案的准确性、完整性与可用性。为此，需要在分析科研项目档案协同管理问题基础上制定针对性管理策略，促进项目管理规范化发展，从而进一步推动科研成果转化。

1 企业项目档案协同管理的基本内涵

企业项目档案协同管理是指通过有效的信息共享、协作和整合，实现项目档案统一管理的过程，承载着项目历史数据、研究成果、决策依据以及未来创新的重要资源。具体说，在项目进行过程中涌现项目计划、进度报告、实验数据、研究论文等信息，需要及时且准确收集这些信息，在收集之后做好分类储存工作，方便在后续工作中查询与利用。因为项目参与者可能分布在不同的部门、地区甚至国家，所以应该建立高效的信息检索与共享机制，通过建设统一信息平台让项目成员随时获取所需要档案信息，进而实现档案信息共享利用 [1]。

2 科研项目档案协同管理的问题

2.1 缺乏标准化管理流程

科研项目档案协同管理中存在缺乏标准化管理流程这一问题，未能开展规范化档案管理工作，限制科研项目档案协同管理整体效率提升。首先，由于科研项目复杂性，涉及不同项目类型，也涉及不同管理流程，缺乏标准化管理流程导致档案管理工作难以有效进行。其次，由于缺乏标准化管理流程，科研项目档案管理往往出现片段化现象，项目参与者在档案管理过程中出现各自存档情况，容易出现重复录入信息问题，也会出现信息不一致管理问题。再次，由于缺乏统一的档案分类和命名规范，项目参与者在查找档案信息时需要花费大量的精力，这样就会降低工作效率 [2]。最后，由于缺乏统一管理流程，在项目开展过程中会因为人员变动或者信息交接不及时出现档案信息丢失问题，不能全面管理档案信息，进而影响科研项目进展。

2.2 缺失网络化管理体系

基于信息技术发展，网络化管理已成为提高工作效率的重要途径，但当前科研项目档案管理过程中缺乏网络化管理体系，带来诸多项目管理挑战。首先，缺失网络化管理体系导致信息共享效率低，项目参与者通常使用纸质文件或者是电子文档进行信息交流，容易出现科研项目信息遗漏问题。其次，由于没有统一的网络化管理体系，项目档案协同管理存在信息储存与检索困难，需要项目成员花费更多的精力放在档案信息检索上。再次，传统档案信息管理通常储存在本地电脑或者网络服务器上，面临病毒攻击等安全风险，通过建立网络化管理体系能提高项目档案信息的安全性 [3]。最后，缺失网络化管理体系也给项目管理带来沟通协作难题，缺乏统一网络化管理平台会出现管理交流不及时等问题，进而影响项目管理的顺利进行。

2.3 档案信息整合能力弱

随着科研项目进行，大量数据信息分散在不同部门。这样容易出现档案信息重复管理问题，影响项目管理决策的准确性。第一，不同部门需要协同合作，由于档案信息来源分散，普遍存在档案信息不一致或者重复录入项目信息的问题，这样就增强项目档案信息管理复杂程度。第二，档案信息整合能力弱导致项目管理人员未能及时获取最新的项目信息，这样容易出现项目信息滞后现象，不能制定科学的项目管理决策。第三，在科研项目进行过程中，不同部门或单位之间需要频繁地进行信息交流，会出现信息传递不准确等问题，进而对项目管理效率造成负面影响[4]。第四，由于缺乏档案信息有效整合机制，项目管理人员不能全面了解项目整体进展情况，这样就导致在档案信息收集、数据整合分析、整体规划与应用方面存在不足。

2.4 项目管理人员档案综合能力待提高

管理人员作为项目管理的核心力量，其综合素质会直接影响档案管理工作质量。当前，科研项目档案协同管理中存在管理人员素质待提高这一问题，导致项目档案管理质量的整体弱化。首先，科研项目档案管理涉及信息管理、技术应用、法律法规等多个领域，部分档案管理人员不具备扎实的专业知识基础，未能正确且全面掌握科研项目档案协同管理理论。其次，档案协同管理过程中需要多个部门协同合作，管理人员良好的沟通能力，在协调各项资源基础上推动科研项目顺利进展。但是，在科研项目档案协同管理过程中出现沟通不畅的问题，不能有效整合项目管理相关资源。最后，部分管理人员缺乏战略思维和创新应变能力，在科研项目管理中缺乏对项目的整体把握，在实际管理中缺乏灵活应变能力，导致项目管理效率低。

3 解决科研项目档案协同管理问题的策略

3.1 制定标准化管理流程

为解决科研项目档案协同管理中缺乏标准化管理流程问题，应该制定标准化管理流程，确保档案管理工作规范进行。做法如下：

第一步，建立档案管理制度，重视明确档案管理的组织架构、职责分工、工作流程等内容，给科研项目档案管理工作提供明确指导[5]。

第二步，建立标准化的档案分类和命名管理制度，明确档案的分类标准、命名规则和文件命名格式，给项目档案信息统一管理与便捷检索提供支持。按项目阶段、业务类型、文件形式等进行分类。同时要确定统一的文件命名格式，采用日期＋项目名＋文件类型等方法进行命名，这样能保障科研项目档案管理的文件排序与信息检索。

第三步，制定档案管理的操作规程，从档案采集、存储、检索、共享和保护等环节出发明确具体的操作步骤，保障项目档案管理工作有条不紊地运行。

第四步，在信息技术支持下建立统一的档案管理信息系统，实现档案信息的集中存储、统一管理和实时更新，以此提高档案管理工作的实际效率，推动档案管理工作规范化发展。

第五步，建立档案管理监督和评估机制，定期对项目档案管理工作进行检查评估，在发现问题基础上及时进行整改，这样能保障档案管理工作符合标准化建设要求。

3.2 建立网络化管理体系

建立网络化管理体系是解决科研项目档案协同管理问题的重要策略，通过网络化管理体系能整合各部门、项目和人员之间的信息，以此提高项目档案协同管理效率，见图 1。

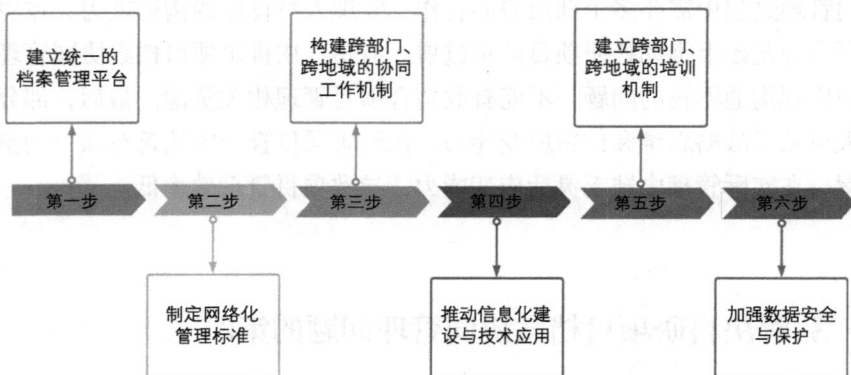

图 1　科研项目建立网络化管理体系的做法

根据图 1 可知，科研项目应该做好以下几方面工作：

第一步，建立统一的档案管理平台。科研项目应该引入先进的信息技术，建立统一的档案管理平台，平台应具备档案管理、文档共享、权限控制、审批流程等功能。在档案信息集中存储的统一管理基础上实施更新档案信息，满足不同科研项目管理需求，提高科研项目档案信息管理效率。

第二步，制定统一的网络化管理标准，重点明确档案管理的流程、权限设置、数据安全等内容，提高科研项目档案管理工作的标准化建设程度。在评估以往档案管理流程基础上简化冗余环节，这样能提高管理流程的逻辑性。

第三步，建立跨部门、跨地域的协同工作机制，实现各部门之间档案信息的共享处理，也需要设立档案管理委员会负责协调各部门之间的档案管理工作 [6]。通过设立定期会议等方式促进各部门之间的信息沟通，从信息共享、协同处理、协作项目等维度出发确定各部门之间协同工作方式，在确定共享范围、权限设置和使用规则基础上保障科研项目档案信息的合法使用，从而推动网络化管理体系建设工作开展。

第四步，重视加强信息化建设，在发挥信息技术优势基础上推动科研项目档案管理的数字化发展，以此提高科研项目档案管理的实际效率。尤其需要推广应用云计算、大数据、人工智能等先进的信息技术，给档案管理提供更多的技术支持，促使档案管理工作实现共享协同发展。

第五步，设立档案管理培训机构，重视组织跨部门、跨地域的档案管理培训，通过开展课程培训等方式提升档案管理人员的技术水平，这样能推动网络化管理体系的建设应用。更好地掌握档案管理基本概念、分类方法和存储技巧，相关政策法规、数字化技术应用和项目管理技巧等，以此满足不同层次档案管理人员的发展需求。

第六步，设立严格的数据安全管理制度，重视在资源整合基础上建立健全数据备份和恢复机制，这样能保障档案信息的完整性。同时，企业应该通过采取防火墙、加密传输、访问控制等措施加强网络安全防护，通过开展网络安全防护提高科研项目档案数据的安全保障，这样能防止档案信息泄露。

3.3 强化档案信息整合力

科研项目档案是记录科研过程与具体成果的载体，需要通过多种措施强化档案信息整合力，这样能实现项目档案信息的集中管理、共享利用和高效整合。

第一步，在科研项目内部建立统一的档案信息平台，集中存储项目报告、研究文献、技术资料等各类档案信息，进而实现档案信息的集中管理。同时要设立专门的档案信息整合团队，团队人员负责档案信息的收集、整理和编目工作，这样能保障及时录入各类档案信息。

第二步，将档案信息系统与其他管理系统进行集成，尤其需要关注档案信息系统与项目管理、知识管理等系统的集成建设，重视通过系统集成实现档案信息与科研项目信息的无缝对接，也能推动科研项目档案信息的共享利用。

第三步，关注科研项目人员进行档案信息整合培训，通过多种方式提升档案信息整合团队成员的专业技术水平，推动团队成员的专业发展。全面提升档案信息整合团队成员的专业技术水平。

3.4 提高项目管理人员的档案管理能力

在现代科技发展迅速背景下，提高管理人员素质是解决科研项目档案协同管理问题的重要举措，通过提高管理人员的专业知识、管理技能与创新能力等素质，能不断提升应对科研项目档案管理挑战的综合水平。具体做法如下：

第一步，组织管理人员参加档案管理、信息技术、项目管理等相关知识培训，通过定期举办档案管理等专题讲座，邀请专家进行教育培训，在拓宽管理人员视野基础上丰富管理人员的管理思路。

第二步，定期组织管理人员参与管理技能培训，重点进行沟通技巧、团队协作、决策分析等方面的技能训练，提高管理人员在项目协同方面的综合能力。同时要鼓励管理人员参与科研项目，通过实际操作积累更多的管理技巧，有助于不断提高管理人员的管理执行能力。

第三步，培养管理人员的创新意识和问题解决能力，尤其是鼓励管理人员立足科研项目管理需求提出新思路，推动档案管理工作的创新发展。同时应该合理设立创新项目和课题，通过课题研究培养管理人员的团队协作精神，立足实际情况制定合理的项目档案管理方案。

第四步，重视发挥领导者的榜样作用，定期开展领导力培训活动，重视对管理人员进行领导能力、团建能力与创新意识等素质培训，更好地参与项目档案管理工作，这样能推动管理团队的整体发展。

第五步，建立管理人员的学习与发展档案，重点记录管理人员参与专业培训情况、专业学习情况、项目经历，给管理人员职业发展提供更多的数据支持。同时，应该鼓励管理人员定期进行自我评估，在发现问题基础上及时调整学习方向，通过多种方式提升管理人员的综合素质。

4 结论

在科研项目档案协同管理的研究中，深入探讨科研项目在档案协同管理方面存在的问题，围绕问题给出针对解决方案，旨在推动科研项目档案协同管理工作的规范化、高效化和创新化发展。制定标准化管理流程等措施的落实能提高档案管理工作质量，促进科研项目顺利进行，给科研项目科技创新提供有力支撑，有利于进一步推动科研项目档案管理工作的现代化转型，从而实现科研项目档案协同管理的长远目标。

注释及参考文献

[1] 刘琪, 李孟秋 . 面向资源建设的科学数据与科研档案协同管理路径研究——基于微观主体的视角 [J]. 档案学研究 ,2023(5):54-63.

[2] 孔祥盛 . 汇交政策视角下科学数据与科研档案协同管理困境与反思 [J]. 档案与建设 ,2023(1):62-66.

[3] 刘越男, 何思源, 王强, 等 . 企业档案与数据资产的协同管理 : 问题与对策 [J]. 档案学研究 ,2022(6):94-102.

[4] 刘越男, 何思源 . 科学数据与科研档案的管理协同 : 调查与思考 [J]. 图书情报工作 ,2022(1):96-105.

[5] 何思源, 刘越男 . 科学数据和科研档案的管理协同 : 框架和路径 [J]. 中国档案 ,2021(8):72.

[6] 唐文玲 . 基于扎根理论的集团企业档案协同管理的影响因素和实现路径研究 [J]. 山西档案 ,2022(1):133-145.

创新档案管理模式
助力企业采购合规性的实践探索

刘千蕊　国艳丽　路俐珊

北京机械设备研究所

摘要：军工企业通过加大竞争性采购范围，有效防范违规风险，提升合规管理水平，伴随而来的是竞争采购档案不断增加，竞争采购档案及档案管理在采购合规管理中发挥重要监督和规范作用，本文通过从建章立制、加强前端控制、提升归档自动化水平、促进载体多元化管理四个方面进行研究实践，提升档案管理水平，提高档案质量，提升军工企业经营的合规效能，促进企业高质量发展。

关键词：合规经营；竞争采购；档案管理；采购档案

1 推进全面竞争机制，提升军工企业采购合规管理

企业合规经营是促进公平竞争、优化经营环境、维护企业健康发展的必然要求。2018年，国资委印发的《中央企业合规管理指引（试行）》（以下简称《指引》）对"合规"做出了明确规定，"合规"是指企业及员工的经营管理行为符合法律法规、监管规定、行业准则和企业章程、规章制度以及国际条约、规则等要求。《指引》将采购合规定义为"采购过程中各类行为应符合法律法规、监管规定、行业标准、企业内部规则制度以及相应的道德准则"。[1] 军工企业不断提升采购合规管理水平，加强制度建设，完善运行机制，加快落实合规经营管理职责，为适应当前现代化发展助力。

近年来，随着我国国防建设的加速发展，军工企业采购市场的规模也在迅速扩大，这无疑为采购风险提供生存的土壤，加剧了行业垄断、暗箱操作、违规采购的可能。对此，军工企业通过扩大竞争择优采购范围，规范竞争性采购模式，提升监督效能，有效防范违规风险。[2] 竞争采购是指采购方事先提出采购要求，邀请多家供应商参加，按照既定程序一次性选择最有利条件

的供应商签订采购合同的采购方式，包括招标采购、询比价采购、竞争性谈判采购。[3] 军工企业加速推动竞争采购工作，建立完善采购制度，统一采购流程，建立公正公开透明的采购管理体系。

2 竞争采购档案对于提升合规效能的作用

2.1 实证性的采购档案发挥合规监督效能

竞争采购工作持续加大，竞争采购档案数量也急剧增加。竞争采购档案是对供应商的竞争择优过程中产生的具有保存价值的历史记录，是采购合同签订的依据性文件，包括择优方案、评分细则、供应商响应文件、评审文件、中标 / 成交通知书等。竞争采购档案是客观反映竞争择优过程、结果和质量的重要依据，是采购过程合规管理的具象体现，具有展示竞争真实性、公平性的凭证作用，是后续项目审计工作重点的审查资料。[4]

竞争采购档案的客观、实证性增强了采购工作的透明度，震慑了采购人员的违规行为，增强约束力，发挥了监督效能，促使采购过程合法合规。在对采购工作存在争议、质疑时，竞争采购档案是维护权益、查证真相的重要支撑依据，确保有据可查。所以采购档案对于监督规范竞争择优过程，降低合规风险，促进企业高质量发展具有非常重要的意义，必须及时归档，并对竞争采购档案进行规范管理，确保档案完整有效，准确可靠。

2.2 档案前端控制规范竞争性采购过程管理

档案部门要创新观念，与时俱进，改变思维模式和服务理念，档案的作用不仅仅体现在"后端"的利用，它形成过程的管控质量对企业采购经营同样具有重要作用。加强档案前端控制，由档案人员在竞争采购业务过程中发挥前端控制职责，监督指导竞争采购档案在形成和维护阶段满足完整、规范、有效性要求。档案人员在监督指导竞争择优档案形成过程的同时也促进了采购部门将采购制度和职责落到实处，只有严格按照程序规范地开展工作，才能确保产生的文件质量，满足归档要求。在采购部门和档案部门开展采购档案前端控制策划时，也是对采购管理过程的合规性审查。依托竞争采购业务流程对档案前端控制进行优化，提高档案质量，有助于采购管理工作有序开展，规范过程管理。

3 加强竞争采购档案管理的应用研究

3.1 建立健全竞争采购档案管理制度

建立完善的竞争采购档案管理制度，明确档案职责、归档范围、归档时间和归档文件质量要求，为采购档案管理工作的开展提供具体的标准和要求。[5] 在竞争采购流程中统筹规划、合理布局，采用适宜的手段和方法，适宜的参与环节，落实档案管理要求，发挥档案工作职责，确保档案收集齐全、整理规范，归档及时。实现采购管理与档案管理要求一体化，规范一体化，确保完善的档案管理制度支撑竞争采购过程规范运行。

3.2 依托业务流程信息化，加强档案前端控制

业务流程信息化是现代信息社会发展的必然产物，企业利用信息化流程规范业务活动的过程管理，档案部门也可以依托业务信息化流程为档案前端控制提供有力的支撑平台，协助档案人员发挥监督检查职责。档案部门将档案管理要求转化为具体的系统功能或流程要求，将档案职责的保障措施嵌入信息系统的运行环节中，对文件的形成进行管控和有效监督。将主观的前端控制管理手段变成客观存在，将其流程化，使档案前端控制成为业务流程必经的过程，实现了业务前端的"档案化"管理。

3.2.1 预置归档范围，保证档案的完整性

为保障归档文件完整齐全，档案部门与采购部门根据工作实际共同梳理业务流程，制定符合各级标准要求的归档范围（见表1）。利用业务信息流程将归档范围在文件形成阶段向采购人员进行"输入"，通过明确的要求确保采购人员在文件形成过程中控制归档文件完整。将归档范围清单拆分为必归清单和选归清单，必归文件为必然会产生并归档的文件，选归文件为在特定条件下产生的文件。将完整性清单植入业务系统作为判定文件是否完整的验证条件，只有满足验证要求即必归文件全部产生，才能通过验证流程继续流转。文件完整性不再依托采购人员和档案人员的主观意识的把控，而是完全依托业务系统功能执行，由系统管控，避免人为因素造成的缺失。采购人员可以准确把握文件完整性，其文件积累、收集执行力会明显加强。

表1 竞争采购档案归档范围

序号	归档文件	备注
1. 招标采购		
1.1	供应商调研报告	选归
1.2	择优方案（评分细则）	必归
1.3	招标文件、招标文件变更材料	必归
1.4	招标文件确认函	必归
1.5	竞争择优回执函	选归
1.6	响应文件／投标文件	必归
1.7	招标公告	必归
1.8	标书购买登记表	必归
1.9	评标专家抽取记录表（系统截屏）	必归
1.10	投标文件递交登记表	必归
1.11	投标文件密封检查表	必归
1.12	评标委员会签到表	必归
1.13	评标委员会承诺书	必归
1.14	评标委员会意见	必归
1.15	评标结果招标人确认文件	必归
1.16	中标结果公示	必归
	中标通知书和中标结果通知书（未中标单位）	必归
2. 竞争性谈判采购		
2.1	供应商调研报告	选归
2.2	择优方案（评分细则）	必归
2.3	竞争性谈判文件	必归
2.4	竞争择优回执函	选归
2.5	响应文件	必归

（续表）

序号	归档文件	备注
2.6	评审报告	必归
	成交通知书	必归
3. 询比价采购		
3.1	供应商调研报告	选归
3.2	择优方案（评分细则）	必归
3.3	询价函	必归
3.4	竞争择优回执函	选归
3.5	响应文件	必归
3.6	评审报告	必归
	成交通知书	必归

3.2.2 及时监督审查，保证归档文件质量

有效地开展档案前端控制的有力依据是，保证了归档文件的质量。对文件进行准确性、有效性、可用性监督指导，并及时反馈、修正和完善，是归档文件质量控制的重要步骤。但是竞争采购过程的特殊性决定了大部分采购档案由供应商和招标代理机构直接生产，在文件形成过程中档案人员无法参与监督，所以采购档案质量控制主体仍然是采购人员。一直以来，档案人员通过指导和培训的方式将档案要求供采购人员掌握，再由采购人员传达和组织实施，这种方式使得档案要求的执行效果不再取决于档案人员的跟踪监督，而是依靠采购人员的职业素养和对档案工作的重视和配合，这就造成采购档案质量的参差不齐。在企业内部采购流程中增加档案部门文件审查环节，检查文件的准确性、有效性、数字化成果与原件一致性，电子文件可用性等，反馈审查结果并要求采购人员修改以保证文件满足归档要求。建议项也在检查环节中及时反馈，流程继续流转的同时，建议项意见可传达给采购人员，要求采购人员及时向供应商或招标代理机构反馈，在后面的项目中加以修正和完善。这就将通常需要沟通、指导培训的内容流程化，达到及时提醒的目的，引起采购人员的重视，最终达成提高采购人员对归档文件质量要求的意识和能力，提升归档文件质量的目的。

3.3 实现实时归档，提高归档工作的自动化水平

3.3.1 实现实时归档，提高归档及时率

在企业内部采购流程流转过程中，设置实时归档移交环节，将归档工作作为采购流程的中间环节，建立采购系统与档案系统的数据传输接口，在采购系统将具备归档状态的文件和元数据推送至档案系统实现实时在线归档。将归档环节融入业务工作中，归档工作完成后采购流程才能继续流转，后续工作环节才能正常开启，通过业务流程的节点控制促进归档工作的效率。实现归档工作流程化，避免了采购人员因疲于应对高强度的业务工作或档案意识薄弱等原因造成的归档拖延，简化了归档移交手续，提高了归档及时率。

3.3.2 制定元数据转化规则，提高档案著录的自动化水平

档案著录是档案人员在归档时的一项重要工作。利用信息技术提高档案著录的自动化水平，明确采购档案著录要求，在采购系统中加入档案属性的元数据或是通过在接口制定生成规则将系统元数据转化为需要的档案著录信息，最大化地利用前端业务系统抓取和生成数据信息，通过在线归档接口传递到档案管理系统，档案人员接收数据后在档案系统待整理区只需补充少量档案属性著录项，即可完成档案的著录整理。部分采购系统元数据与档案著录项对应关系见表2。将整理工作需要的数据提前采集或维护，简化档案管理人员在后端整理、著录的工作程序，降低了人为操作失误造成的错误，使档案信息更加准确。

表 2 采购档案著录项生成规则

序号	采购系统元数据	档案著录项目	生成规则
案卷著录项			
1		年度	流程审批通过年度
2		案卷题名	竞争择优任务申请人填写的申请单名称＋"竞争采购档案"
3	项目名称	所属项目	多项目时形成1个字符段，项目之间用逗号隔开
4	任务编号	案卷号	对应
5	申请部门	归档单位	对应
6		归档日期	档案部门在"竞争择优文件移交"点接收的时间

（续表）

序号	采购系统元数据	档案著录项目	生成规则
7	申请人	归档人	对应
8	表单密级	密级	对应
9		接收人	档案部门接收人
10		接收日期	档案部门接收的日期
卷内著录项			
1		年度	流程审批通过年度
2	任务编号	案卷号	对应
3		题名	响应文件的题名：案卷题名＋参选单位名称＋"响应文件" 其他文件的题名：案卷题名＋流程页面上显示的分类
4	申请人	责任人	对应
5		甲方	本企业名称
6		乙方	响应文件条目对应响应单位名称
7		密级	响应文件条目密级，在移交时移交人填写。 其他文件密级按附件最高密级生成
8	项目名称	所属项目	多项目时形成 1 个字符段，项目之间用逗号隔开
9	申请部门	归档单位	对应
10		归档日期	档案部门接收的时间

3.4 加强档案载体多元化管理

目前，随着信息技术的进步，各类档案都在由实体档案向电子档案转变的进程中，在这个发展过渡的阶段，实体文件和各类电子文件会持续共存，采购档案收集过程也会存在多种载体并存形式。明确各类载体管理要求，在保障档案载体实物归档保存规范性的同时，通过纸质文件扫描，光盘文件导出等工作，把各类载体档案资源转化为数字化档案信息，形成统一有序的档案信息库，及时提供在线利用共享。实现各类载体统一管理，统一归档，统一利用，提高了管理效率的同时保障了便捷的档案利用服务，使信息利用不再受载体约束。

4 总结

军工企业竞争采购的不断推进，针对竞争采购档案的不断增加，采取健全管理制度，加强档案载体多元化管理，依托采购流程开启信息化档案前端控制和提升归档自动化水平等措施，提升了竞争采购档案管理水平，保证竞争采购档案完整有效、准确可靠，在军工企业采购管理中充分发挥监督职能，促使采购过程规范管理，从而提高企业内控管理效能，促进采购依法合规，有效防范违规风险，助力军工企业高质量发展。

注释及参考文献

[1] 刘红霞. 企业合规事务管理 [M]. 北京：中国企业评价协会,2022.

[2] 张永丽,樊华. 装备竞争性采购与企业档案管理 [J]. 现代企业,2020(12):13-14.

[3] 王湛. 推进军队装备采购制度改革的建议 [J]. 中国政府采购,2019(5):65-69.

[4] 郭超. 政府采购档案管理工作中的问题及对策 [J]. 产业创新研究,2020(16):98-99.

[5] 席伟,陈娜. 国防军工企业采购类档案管理的应对策略 [J]. 机电兵船档案,2022(3):45-46.

高质量发展视角下航天企业
科研档案管理质量问题及完善路径研究

杨谦雅

北京航天情报与信息研究所

摘要：档案事业高质量发展是时代要求，高质量的科研档案管理对查考佐证科研活动、深度关联科研成果、推动科学研究与生产大有裨益，科研部门对科研档案的重视程度与日俱增。航天企业开展了大量的科研生产活动，但在具体实践中，航天企业科研档案管理出现了一系列问题，影响了科研档案的质量和后续的开发利用。本文立足于高质量发展视角，紧紧围绕质量这一主线，解剖航天企业科研档案管理存在的质量问题，主要体现为科研档案管理制度更新不及时，科研档案管理过程执行不规范、不深入，科研档案管理人才流失严重。结合存在的问题提出了航天企业科研档案管理完善路径，即完善制度与规范，形成基本遵循；明确职责与功用，确保执行有力；加强培训与激励，激活人才潜力。

关键词：高质量发展；航天企业；科研档案管理

0 引言

党的二十大报告指出，高质量发展是全面建设社会主义现代化国家的首要任务。[1]档案事业的发展服务于国家和社会的发展，为适应国家治理体系和治理能力现代化发展要求，《"十四五"全国档案事业发展规划》提出"以高质量发展为主题，全面推进档案治理体系和档案资源体系、档案利用体系、档案安全体系建设"，"加强档案资源质量管控"。[2]包括航天企业在内的企事业单位、各级各类档案馆正以《"十四五"全国档案事业发展规划》为遵循，结合自身实际，稳步推进档案事业的高质量发展。

《科学技术研究档案管理规定》发布于2020年，旨在加强科研档案工作，促进档案工作更好为科技创新服务，其施行有助于完善我国科研档案管理体制机制，提升档案工作服务科研活动的能力。[3]《科学技术研究档案管理规定》明确定义科研档案是"科研项目在立项论证、研究实施及过程管理、结题验收及绩效评价、成果管理等过程中形成的，具有保存价值的文字、图表、数据、图像、音频、视频等各种形式和载体的文件材料以及标本、样本等实物"。[4]该规定成了航天企业进一步规范科研档案管理的指南针。

高质量的科研档案管理对查考佐证科研活动、深度关联科研成果、推动科学研究与生产大有裨益，科研部门对科研档案的重视程度与日俱增。航天企业开展了大量的科研生产活动，科研档案不但是航天企业档案中的一个重要门类，而且是航天企业档案的突出特色。然而，在具体的档案管理实践中，囿于实际工作环境的限制，以及相关档案管理理论发展的前瞻性，航天企业科研档案管理呈现了一系列问题，影响了科研档案的质量和后续的开发利用。

经文献调研发现，学者们从各自实际情况出发，探讨了加强军工企业科研档案保密管理的重要意义及合理对策[5]、创新发展理念下航空企业科研档案管理模式的转变[6]，期望通过制度体系、考核机制、文化建设、管理理念创新等方面的改革实现军工企业科研档案管理工作的规范化和标准化[7]，同时也对《科学技术研究档案管理规定》提出的新思路和新要求进行分析和解读，从而提出加强航天科研档案工作的路径[8]。但目前暂无文献从质量视角切入探讨航天企业科研档案管理。在竞争日益激烈的社会背景下，质量就是企业的生命，航天企业对质量的重视程度更是不言而喻。因此，本文立足于高质量发展视角，紧紧围绕质量这一主线，解剖航天企业科研档案管理存在的质量问题，期望结合航天企业档案工作实际情况，提出切实可行的科研档案管理完善路径，助力航天企业科研生产活动顺利开展、突破创新。

1 航天企业科研档案管理质量问题剖析

1.1 科研档案管理制度更新不及时

航天企业此前结合会计档案、基建档案、文书档案、科研档案等各门类档案的特点及自身需求，分别制定了相应的管理制度和规范。近年来，国家档案局会同相关部门出台了《科学技术档案研究管理规定》《科学技术研究项目档案管理规范》等新规，更符合时代需求、更具时代特色。同时，航天企业内部各部门的制度规范、标准要求也根据各自发展需要、结合行业动态进行了不同程度的更迭。然而，航天企业当前对国家档案局颁布的新规更多地停留在了宣传学习层面，并没有及时将企业自身已有的制度进行更新完善；对企业内各部门的新规了解也不够全面，未能及时掌握相关部门的新要求。制度更新滞后导致开展的科研档案管理活动及管理内容一定程度上落后于实际发展与需求。

1.2 科研档案管理过程执行不规范、不深入

航天企业科研档案在接收、保管和利用等不同环节呈现了不规范、不深入的管理现象有待改进。

接收环节是航天企业科研档案管理的"源头"，否则保管与利用无从谈起。然而，科研档案接收质量较低——一方面，科研档案成套性较差。科研活动的各个阶段都不同程度地出现了缺少相关文件的问题，且部分文件无法在事后进行补充，导致最终归集到档案部门的档案成套性有待提升；另一方面，科研档案内容完整性较差。如相关文件签署页存在漏签情况、部分文件"缺头少尾"仅有其中几页而无从获得更详尽的信息。

科研档案的保管同样存在质量问题需要加以关注。首先是存储格式和读取软件配套性较差，如由于航天企业需要满足相关保密规定，设备和软件更新并不足够与时俱进，高清、超高清视频增多，在老旧视频软件、电脑版本中无法正常读取。其次是档案管理系统与协同办公系统之间缺乏有机链接，原生电子文件归档需要各部门自行在协同办公系统中发起归档流程，档案管理员从办公系统中获取电子文件及相关信息手动导入档案管理系统，完成归档。倘若两系统之间实现"融合"，能够提高原生电子文件的归档效率。

科研档案的利用环节也存在质量问题。在纸质科研档案的利用中，由于借阅人保护意识较弱，加之部分档案年代较为久远，不同程度地造成了纸质档案的破损；在电子科研档案的利用中，当前的科研档案利用是较为纯粹的提供原件进行查考，知识服务颗粒度较为粗糙，暂时没有提供主动推送服务，或是借助知识图谱等技术工具将档案进行有机关联，缺乏深度开发。

1.3 科研档案管理人才流失严重

培养熟知航天企业科研档案管理的专业化人才需要付出大量的精力和成本，给予其实际操作、业务培训、理论学习等多方面的锻炼机会。然而，

科研档案管理人才流失较为严重，往往花费精力培养出来的专人或调岗、或离职，难以将专业化人才稳定地留在岗位上。这对实际工作而言是十分不利的——在新老档案管理员工作交接过程中，可能造成短期的工作秩序混乱；新人开展科研档案管理工作是一个不断深入探索的过程，有很多细节事项并不能在交接过程中面面俱到，需要在具体实践中逐步摸索。

2 航天企业科研档案管理完善路径

2.1 健全制度与规范，形成基本遵循

2.1.1 开展调研，了解航天企业内部科研档案生成部门的新变化、新要求

采取实地调研、问卷调研、访谈等手段，深入了解航天企业内部科研档案生成单位及部门的权责变化情况、制度更新情况、科研档案产生及利用情况等，形成系统的调研结论，作为更新完善制度标准的重要依托。

2.1.2 更新制度与标准，适应当下发展需求且具有一定的前瞻性

依据《中华人民共和国档案法》《科学技术档案研究管理规定》等上位法律和制度，结合企业内相关制度规范，综合考虑保密要求、利用需求、未来发展趋向等，更新航天企业科研档案管理的一系列制度与规范，在正式发布施行前，进行公开意见征询，积极采纳多方观点，力求完善。

2.1.3 宣贯到位，确保其作为企业内部的基本遵循

在企业内进行从上至下的宣传与贯彻，如开展制度标准解读分析座谈会、制作粘贴条理化海报等，确保新施行的制度被认同、被知悉、被落实。

2.2 明确职责与功用，确保执行有力

2.2.1 明确档案部门的管理职责，落实前端控制原则，强调全过程管理

梳理明晰档案部门和业务部门各自的职责，强化档案部门的业务指导功能与责任，力求减少档案部门的滞后性管理行为，尽量避免文件资料与档案管理之间的割裂，从源头确保电子/纸质文件的系统成套性、完整可用性，实现对文件的全生命周期有效控制、规范管理。

2.2.2 搭建各系统之间的"桥梁"，贯通归档渠道

稳步推进信息化进程时，推动协同办公系统与档案管理系统之间的集成，提倡同步归档读取软件的同时力求阶段性检查、更新相关系统及软件，在

系统关联时强化档案部门及其工作人员的审核职能，确保在归档范围内的文件应归尽归、符合标准与要求，并且长期可读可用不受损。但在此过程中，基于航天企业本身的特性，需要始终将保密作为红线和底线一以贯之，严格遵守相关保密制度和要求。

2.2.3 兼顾纸电，适当借力新兴技术，挖掘科研档案潜在关联

对于纸质档案的利用，着重强调对原件的保护，贯彻落实相关惩处制度。对于电子文件及档案，则应思考与企业内相关技术部门进行联动，借助大数据、人工智能、知识图谱等技术，开展科研档案信息的深度加工和专题编研工作，加大对科研档案信息内容的研究和开发力度，将档案信息内容转化为档案信息知识，丰富科研档案利用方式和形式，让科研档案更进一步实现为科研生产与科研创新服务。

2.3 加强培训与激励，激活人才潜力

2.3.1 "吸引得到"人才

档案有其专精之处，应当提升对档案专业人才尤其是复合型人才的重视，保持并宣传独特的航天企业文化与特色、和谐的工作氛围、畅通的人才晋升渠道等优势，多途径吸纳、引进更多具有档案专业知识和丰富科研档案管理经验的优秀人才加入航天企业档案事业，充实航天企业档案人才队伍，优化干部结构，让专业的人在专业的工作环境中干专业的事。

2.3.2 "培养得出"人才

持续提高科研档案管理人才队伍的思想认识、业务水平、创新能力，积极发扬"导师带徒"制，打通航天企业内外档案部门交流渠道，提供全方位、多途径的前沿科研档案管理知识、技术性知识的学习机会，培养学习型、研究型人才，以学习促进研究、以研究促进实践，适应航天企业科研档案管理乃至档案事业发展需要。

2.3.3 "留得住"人才

科研档案管理工作绝大部分状态下枯燥乏味，应关注青年科研档案工作者的成长，畅通问题解决渠道，重视老同志的工作经验与作用，凝心聚力；应结合航天企业实际制定激励措施，鼓励学习、鼓励研究，激活不同年龄阶层人才潜力。

3 结语

本文基于档案事业高质量发展的时代背景，剖析了航天企业科研档案管理存在的质量问题，主要体现为科研档案管理制度更新不及时，科研档案管理过程执行不规范、不深入，科研档案管理人才流失严重。结合存在的问题提出了航天企业科研档案管理完善路径，即健全制度与规范，形成基本遵循；明确职责与功用，确保执行有力；加强培训与激励，激活人才潜力。下一步可在本文的基础上，继续从质量的角度出发，灵活运用 PDCA 管理循环，探索更加细颗粒度的航天企业科研档案管理质量问题，如降低航天企业科研档案管理专业人才流失率等，助力提升航天企业档案管理领域的质量意识及科研档案管理水平。

注释及参考文献

[1] 新华社 . 习近平 : 高举中国特色社会主义伟大旗帜 为全面建设社会主义现代化国家而团结奋斗——在中国共产党第二十次全国代表大会上的报告 [EB/OL].[2024-05-22]. https://www.gov.cn/xinwen/2022-10/25/content_5721685.htm.

[2] 国家档案局 . 中办国办印发《"十四五"全国档案事业发展规划》[EB/OL]. [2024-05-22].https://www.saac.gov.cn/daj/yaow/202106/899650c1b1ec4c0e9ad3c2ca7310eca4.shtml.

[3][8]夏静 . 从国家档案局15号令创新点看航天企业加强科研档案工作的路径构建 [J]. 机电兵船档案 , 2021(1):18-20.

[4] 国家档案局 . 科学技术研究档案管理规定 [EB/OL].[2024-05-22]. https://www.saac. gov.cn/daj/xzfgk/202112/2618b69465e5469e9165116ddc1190f8.shtml.

[5] 胡建军 . 加强军工企业科研档案保密管理的对策分析 [J]. 现代国企研究 , 2017(10):38.

[6] 赵艳 . 创新发展理念视域下航空企业科研档案管理模式研究 [J]. 黑龙江档案 , 2022(1):156-158.

[7] 刘紫秀，马逸竹 . 创新科研档案管理模式 助推军工企业快速发展 [J]. 办公室业务 , 2022(20):151-153.

科研档案管理中档案人员"双角色·双转化"工作模型的服务创新与产品化探索

郑月雪　安静　王爱　杨晓蕾

北京电子工程总体研究所

摘要： 本文强调了科研档案的重要性，并深入探讨了档案人员在科研档案管理中的核心作用。文中提出档案人员的"双角色·双转化"工作模型，即档案人员的两种角色（服务人和产品人）、转化一种服务管理模式及转化一套产品方案。同时，分析了服务保障中管理模式的提炼过程，以及管理模式如何转化为实际产品方案。文章以档案人员实施"双角色·双转化"工作模型的意义为总结，并展望了未来档案管理的发展趋势。

关键词： 科研档案；档案人员；工作模型；管理模式；产品方案

0 引言

随着科研活动的日益深入和复杂化，科研档案作为记录科研过程、保障科研信息完整性和可追溯性的重要载体，其管理质量直接关系到科研工作的质量和效率，因此，档案人员需要不断创新工作模式，以便更好地服务于科研管理和科研发展。本文基于笔者的工作经验，重点探讨档案人员如何实现"双角色·双转化"工作模型，旨在为提升科研档案工作质量提供有益的参考和借鉴。

1 科研档案的重要性

科研档案作为记录科研全过程、保障科研信息完整性和可追溯性的重要载体，在科研工作中具有不可或缺的作用，它们不仅有助于科研项目的组织与管理，促进科研质量管理和过程控制，更是科研成果评价和知识传承的重要依据[1]。

1.1 科研档案对科研项目组织与管理的作用

科研档案是科研项目组织与管理的重要基础，它们详细记录了项目的目标、计划、进度、人员分工、资源分配等关键信息，为科研团队提供了明确的工作指南和协作平台。通过对科研档案的细致梳理和管理，科研团队可以更加高效地组织科研活动，确保项目按计划推进，提高科研工作的整体效率。

1.2 科研档案在科研质量管理和过程控制中的作用

科研档案是科研质量管理和过程控制的重要工具，它们详细记录了科研过程中的试验数据、试验结果、研究研制过程分析等关键信息，为科研团队提供了质量管理和过程控制的依据。通过对科研档案的审查和分析，科研团队可以及时发现项目过程中存在的问题和不足，采取相应的措施进行改进，确保科研活动的质量和可靠性。

1.3 科研档案在科研成果评价中的作用

科研档案是科研成果评价的重要依据，它们详细记录了科研成果的产生过程、结论分析等关键信息，为科研成果的评价提供了客观、全面的依据。通过对科研档案的审查和分析，评价机构可以准确地评估科研成果的创新性、实用性和价值，为科研成果的推广和应用提供有力支持。

1.4 科研档案在知识传承中的作用

科研档案是知识传承的重要载体，它们详细记录了科研活动的历史、经验和教训，为后来的科研工作者提供了宝贵的参考和借鉴。通过对科研档案的整理和研究，后来的科研工作者可以更加深入地了解科研活动的历史背景和发展脉络，汲取前人的智慧经验，推动科研工作的不断进步和发展。

2 档案人员工作模型的建立

2.1 档案人员的角色定位与职责

档案人员作为科研档案管理工作的核心力量发挥着关键作用，承担着收集、整理、归档、保管、利用档案的重任，是科研档案的信息管理者和服务保障者。他们不仅需要具备扎实的档案专业知识，还需要具备敏锐的洞察力、出色的沟通能力和高效的执行力。通过他们的辛勤工作，科研档案得以完整保存、有序管理，并在科研执行、决策支持、知识传承等方面发挥重要作用。同时，他们还需要积极参与科研活动的沟通和管理，为科研团队提供及时、准确的信息支持，帮助他们迅速找到问题所在并制定相应的解决方案，有力保障科研项目的成功[2]。

2.2 档案人员工作模型设想

科研管理做得再好，但是遇到科研环节中"最后一公里"的归档问题，科研人员总会觉得是件难事。沟通无果的背后，其实是反映了档案人员如果不懂科研人员在归档环节的根本需求，就无法提供服务保障，也不能将档案管理知识和要求加工成可应用的产品，所以无论哪项工作没做好，"最后一公里"的问题都无法打通。

笔者建议档案人员尝试"双角色·双转化"工作模型，即两种角色＋转化一种服务管理模式＋转化一套产品方案。两种角色是指将档案人员演化出两种分工：一是负责同科研人员交流、指导科研档案归档和利用的服务人；二是负责优化流程、开发用于科研档案管控工具的产品人。转化一种服务管理模式是指档案人员通过对两种角色的融合，全方位角度掌握科研档案知识和必备技能，面对不同问题，提供高效、精准的服务保障。转化一套产品方案是指档案人员在科研档案管理实践中总结的满足科研档案要求的规范方法和工具，以提高科研档案管理的效率和质量。所以"双角色·双转化"工作模型代表的不仅仅是服务保障或者产品方案这两项工作，更多的是体现了档案人员在实战中做到的一专多能和价值的成长。

3 服务保障中的管理模式转化

服务保障工作是整个科研档案管理流程中的基石，是档案人员的核心任务之一，为了更好地实现科研管理目标，档案人员要不断深入了解服务需求，精准把握服务对象的痛难点，通过一系列精心策划与细致执行的工作，确保科研档案的完整性、准确性、系统性和有效性，为科研管理的顺利推进提供坚实的保障[3]。

3.1 科研档案中的痛难点分析

3.1.1 完整性

科研项目过程中涉及的文件和资料分散在多个部门、多个阶段和多个参与方手中，导致收集起来较为困难；项目周期长、人员流动大，一些关键文件可能在传递或保存过程中被遗漏；科研档案中包含的非结构化数据，如照片、录像、图纸、模型等内容的完整保存和归档更具挑战性。

3.1.2 规范性

不同科研团队可能采用不同的科研档案管理标准和流程，导致科研档案格式、内容、命名等方面存在差异；部分科研人员在文件编制方面缺乏统一的指导和规范，从而使科研档案在规范性方面存在不足。

3.1.3 准确性

科研档案中往往包含大量的试验数据和复杂信息，对这些数据的校验和核实可能存在困难，导致档案中的错误难以被及时发现和纠正；此外，在科研过程中，随着研究的深入和数据的更新，可能会产生多个版本，如何确保最新版本的准确性同样是重要问题。

3.1.4 系统性

科研档案贯穿科研项目的整个生命周期，包括项目立项、试验设计、数据收集、分析解读、成果发表等阶段。在多团队协作的科研项目中，实现全生命周期的系统性管理是一个难点；借助信息化手段，提高科研档案的整理、归档、检索和利用的效率和准确性，也是档案人员关注的重点。

3.2 服务管理模式转化

服务管理模式转化是一个系统性、创造性的过程，是科研档案工作中的关键环节，也是提升科研档案工作质量和效率的重要手段。档案人员通过准确地把握服务的痛难点，需要有意识地在科研项目启动初期与科研团队充分沟通，了解项目的建设目标、建设周期等要求，确定个性化档案服务策略，保证服务工作的针对性和有效性。通过明确科研档案的收集范围和标准，建立完善的指导监督流程，将科研档案管理工作细化为一系列具体的操作步骤和流程。

确定服务管理模式定义后，流程标准化便成了下一步重要工作。档案人员根据提炼出的管理模式，对现有工作流程进行梳理和优化，明确各个环节的职责和要求，并通过制定标准化的操作规范，确保科研档案工作的准确、高效执行。

服务管理模式不仅提高了工作效率和科研档案质量，也降低了出错的可能性。同时，档案人员对服务管理模式要持续改进和优化，结合专业知识与技术知识，借鉴其他领域的先进经验和技术手段，并根据实际情况调整和完善模式内容，为科研工作提供有力的支持。

4 管理模式向产品方案的转化

4.1 指导型产品的转化

在科研档案工作中，服务管理模式不仅仅是一种管理工具或方法，更是一种可以转化为实际产品的思维方式和创新实践。档案人员通过不断地优化管理模式，将其转化为具体的指导型产品，为科研管理带来实际的价值和效益。

以笔者举例，在结合科研项目相关要求及实际问题中，总结出《科研档案归档文件指导书》《科研档案归档文件完整性确认表》《科研档案归档文件检查要点》等三份文件。

《科研档案归档文件指导书》对科研档案文件的归档范围、文件编写要求、模板使用及验收要求做了详细说明，使科研人员在科研项目实施初期就能明确具体做法，为文件的编制、预立卷管理及验收提供事前保障（见图 1）。

《科研档案归档文件完整性确认表》对科研档案文件按阶段性进行了细化，并对文件产生的逻辑关系进行了提示（见图 2）。

《科研档案归档文件检查要点》对科研档案文件按四性要求进行了分类指导，对验收中出现的高频问题及必查重点进行了说明，并给出了相应的解决方案（见图 3）。

目　录

图 1 《科研档案归档文件指导书》节选示意图

科研档案归档文件完整性确认表

阶段名称	重要时间节点	非标设备仪器阶段报告 （按产生时间先后顺序）	非标软件阶段报告 （按产生时间先后顺序）
招投标阶段		招标申请	招标申请
		招标通知	招标通知
		招标单位资质	招标单位资质
		委托代理协议	委托代理协议
		招标文件确认函	招标文件确认函
		招标单位确认函	招标单位确认函
	开标时间	招标文件	招标文件
		投标文件（含未中标单位）	投标文件（含未中标单位）
		评标报告	评标报告
	中标时间	中标及未中标通知书	中标及未中标通知书
任务签署阶段	任务书编写及单位批准时间	研制任务书	研制任务书
	合同编写及单位批准时间	合同书（如招标，则必须在中标 30 日内签订合同）	合同书（如招标，则必须在中标 30 日内签订合同）

图 2 《科研档案归档文件完整性确认表》节选示意图

科研档案归档文件检查要点

科研项目名称：

是否招标：

负 责 人：　　　　　　联系方式：

一、任务书检查要点

1. 技术要求中是否有待定项，如有，待定类文件需纳入归档范围。

   结论：

   问题：

   整改方式：

   备注：

2. 质量及标准化要求中是否要求阶段评审或阶段性重要工作，如有，相关文件（例如：方案报告、设计报告等）需列入文件交付清单。

   结论：

   问题：

   整改方式：

   备注：

图 3 《科研档案归档文件检查要点》节选示意图

4.2 服务型产品的转化

在科研档案工作中，服务管理模式的转化过程还要注重科研人员的需求和体验，将服务管理模式与实际需求相结合，打造出符合科研人员期望的产品。以笔者举例，为提升服务满意度，定制了"研制时间轴"书签（见图4），为科研人员检查文件时间逻辑关系提供了可视化帮助；同时为方便科研档案归档，采用手机叫号程序（见图5）及开展档案微视频的在线学习（见图6），极大程度实现了归档工作高质高效完成的目标。

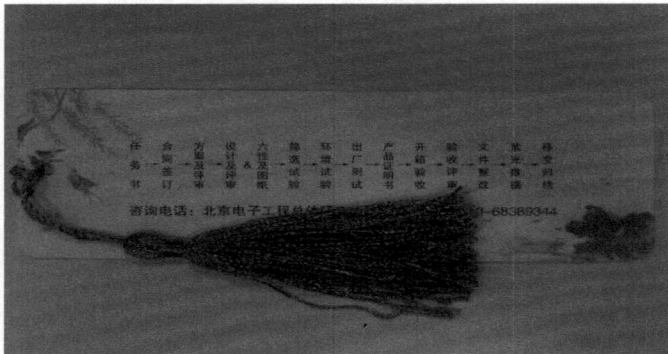

图 4 "研制时间轴"书签

图 5 档案审核叫号小程序示意图

图 6 档案微视频截图

4.3 管理模式向产品方案转化的意义

管理模式向产品转化的形成并非一蹴而就,而是一个持续优化、不断升级的过程。档案人员要坚持收集用户的反馈和建议,提炼要点,对产品进行改进，注重产品的优化和迭代，提升产品的性能和用户体验，使产品保持管理竞争力。管理模式向产品转化不仅为科研团队提供了实用的档案管理工具，也促进档案人员不断实现挑战自我、超越自我，在提升专业素养和创新能力的同时，不断为科研事业的发展贡献着自己的智慧和力量。

5 总结与展望

经过深入的剖析和探讨，我们对档案人员的"双角色·双转化"工作模型有了更为清晰的认识。档案人员以独特的智慧和创造力，不仅成功演绎了服务人和产品人的角色，更在服务保障中提炼转化出了一系列行之有效的管理模式，并最终将这些管理模式转化为具有实际价值的产品。

在总结档案人员工作模型的过程中，我们不难发现，档案人员的成功离不开对专业的深耕、对团队的引领以及对个人能力的不断提升。他们凭借敏锐的洞察力、丰富的专业知识和卓越的领导力，带领团队不断突破，实现了工作效率和质量的双提升。

同时，我们也看到了服务模式转化和产品转化的艰辛与收获。档案人员在深入了解服务需求的基础上，不断总结经验、创新方法，最终形成了标准化、流程化的管理模式和产品工具，这些改变不仅提高了科研档案的质量，更为科研活动的顺利进行提供了有力的支持。

面对日新月异的科技发展和不断变化的工作环境，我们深知档案工作的挑战与机遇并存。在未来的发展中，我们期望档案人员能够继续保持创新精神，不断探索新的管理模式和产品化路径。同时，我们也期待档案工作能够与其他领域进行更深入的融合，共同推动档案事业的繁荣发展。

注释及参考文献

[1] 胡金涛 . 科研档案全流程融合管理与开发利用 [J]. 机电兵船档案 ,2024(1):28-30.

[2] 王倩倩 . 总承包项目"穿透式"档案管理方法探析 [J]. 机电兵船档案 ,2023(3): 63-65.

[3] 王茹 . 优化档案管理模式提高档案管理效益 [J]. 兰台内外 ,2022(17):40-42.

基于"单套制"的科技档案管理赋能新质生产力

叶楠

核工业理化工程研究院

摘要：本文围绕单套制归档开展研究，旨在探讨其在军工科研院所科技档案管理中的应用前景和实施策略。通过 SWOT 分析单套制归档的优势、劣势、机会和威胁，为后续研究提供基础。聚焦电子档案的"四性"保障，分析如何在实现线上协同管理的过程中确保档案的真实性、完整性、可靠性和安全性。探讨科技档案实现数据要素推进新质生产力的内在机制和路径，为军工研究院所等科技机构提供有益的参考。

关键词：单套制；科研院所；SWOT；新质生产力

1 科技档案管理体制方面存在的主要问题

科技档案项目从开始到结束，包括项目论证立项、研究实施、过程管理、结题验收、成果管理、成果转化等阶段。在这个过程中，传统的档案管理方式要求项目参与人员，包括科技管理人员、科技研发人员、设备采购人员、财务报销人员以及档案人员，档案管理人员需要同步跟踪档案归档情况。然而，由于科技研发人员根据项目规模分设不同的研究方向，涉及不同的科研部门、课题负责人和课题研究人员，各部门科研人员之间缺少有效的沟通协同平台，导致科研周期时间长，档案工作存在滞后性收集的问题。在项目进展过程中，一切资源围绕科研项目的推动而开展，对于资料收集和档案的形成往往不被重视，通常在项目即将结题时，作为企业边缘性部门的档案管理人员被动系统收集档案，这时候往往会出现材料不规范、不完整的情况，甚至有些重要的档案材料已经无法补充。

档案管理边缘性的地位往往导致档案部门在资源分配上受到限制，如人力、财力和技术支持不足，从而影响档案管理的质量和效率。在科研团队组织内部，如果档案管理部门不被视为核心部门，可能会导致对档案管理工作的重视程度不足，进而影响科技档案的及时收集和规范管理。

为了解决这个问题，我们需要建立一个全过程性管理和全员管理的科技档案管理体制。首先，全过程性管理要求科技档案管理应贯穿于科技项目的整个生命周期，而不仅仅是项目收尾阶段的归档工作。这需要从项目论证立项开始，就明确档案管理的要求，并在研究实施、过程管理、结题验收等各个阶段，都有相应的档案管理措施。其次，全员管理要求所有项目参与人员都有档案管理的责任和意识，而不是仅由档案部门负责。这需要建立一个有效的沟通协同平台，让所有项目参与人员都能及时了解档案管理的要求和进度，协同完成档案的收集和归档工作。

通过建立全过程性管理和全员管理的科技档案管理体制，可以有效地提高科技档案的管理效率和质量，确保科技档案的完整性和规范性，为科技创新和成果转化提供有力支持。

2 基于 SWOT 分析的科技档案单套制管理优化策略分析

基于 SWOT 分析探讨科研电子档案单套制管理的优化策略，SWOT 分析是一种常用的战略规划工具，可以帮助我们识别和评估优势、劣势、机会和威胁，从而制定相应的策略。

2.1 优势因素分析

2.1.1 节约档案部门运营成本

电子档案单套制管理可以大幅减少档案部门的运营成本。首先，目前科研院所多是执行单一纸质文件归档模式，近年来，随着科研项目验收和审计等相关管理要求的加强，纸质档案反复利用查阅的需求日益增加，大量的人力时间成本用于档案的管理、查阅和维护中。随着科研档案数量的激增，纸质档案库存量也日渐增长，造成馆藏空间严重不足，扩建档案馆需要投入大量的建设经费，而电子档案不需要占用大量的物理空间，从而节约了馆藏空间成本。其次，电子档案的输出和复制成本远低于纸质档案和光盘等实体类档案。此外，电子档案的管理和维护成本也相对较低，因为它可以实现自动化和智能化，释放档案库房压力的同时，可以减少科研人员对档案的实体载体输出，节约双重运营成本，节约大量人力和物力。

2.1.2 提升科研文件归档效率

电子档案单套制管理可以大大提高科研文件的归档效率。通过电子化的方式，科研人员可以轻松地将文件归档，避免了传统纸质档案的烦琐操作[1]。同时，电子档案可以实现快速检索和共享，减轻科研人员的归档压力，同时提高科研人员对档案的使用效率。

2.2 劣势因素分析

2.2.1 信息化基础投入费用

电子档案单套制管理需要一定的信息化基础投入，包括软硬件设备、系统开发和维护等费用，同时针对软件和硬件发展更新，需要对服务器、存储、被封、安全防护等设备随着更高要求的提出，需要定期优化管理设备，需要耗费人力和经费投入。

2.2.2 存量档案数字化转化困难

随着单套制档案的推行，需要科研院所档案管理部门对存量档案进行数字化转化，对档案管理部门增加了很大的工作负担，对于年代久远的档案在归档要求不具备精细化指导的档案梳理过程中，会发现如密级界定，归档备考表缺失等困难，需要耗费大量的人力成本。

2.2.3 安全风险

电子档案管理面临安全风险，如数据泄露、系统故障等。如果没有得到有效的控制和管理，这些问题可能导致重大损失。

2.3 机会因素分析

2.3.1 政策导向和风口

随着信息技术的迅猛发展，电子档案日益成为信息记录、传输、交换、利用与共享的重要载体，在国家档案资源中的比重稳步上升。同时为应对经济社会数字化转型。《中华人民共和国国民经济和社会发展第十四个五年规划和2035年远景目标纲要》要求"以数字化转型整体驱动生产方式、生活方式和治理方式变革"，开展电子档案单套管理是档案行业配合其他行业数字转型的必然要求。由于制度、技术限制和安全性原因，一段时间以来要求将具有永久保存价值或其他重要价值的电子档案转换为纸质形式或者缩微胶卷，实行双套管理。这在当时条件下具有重要的现实意义，当然也在一定程度上造成了人力物力的浪费，给电子档案的规范管理制造了障碍。随着电子档案管理研究和实践不断深入，电子档案单套管理的条件已经基本成熟。新修订的《中华人民共和国档案法》（以下简称《档案法》）为电子档案单套管理提供了原则要求和法律支撑，国家档案局令第 13 号、第 14 号明确提出，满足一定条件的电子文件、电子公文可以仅以电子形式归档，为电子档案单套管理提供了制度依据。全国数字档案室、数字档案馆建设的广泛开展，电子公文、电子发票、电子证照等领域的管理探索，为电子档案单套管理提供了坚实的实践基础。同时，为进一步提高电子文件归档和电子档案管理水平，加快推进档案数字化转型，国家档案局于 2022 年 4 月发布《电子档案单套管理一般要求》（DA/T 92—2022），推动规范开展电子档案单套管理工作[2]。

2.3.2 技术成熟度

随着信息技术的不断成熟和发展，越来越多的成熟技术可以应用于电子档案单套制管理，如云计算、大数据、人工智能等，这些技术可以为电子档案管理提供强大的支持和保障，"区块链""四性检测"等技术，能够使电子档案所有修改行为全过程留痕可追溯，保障电子档案的四性要求。

2.4 威胁因素分析

2.4.1 资金保障

信息化建设需要持续的资金投入，但是一些科研机构可能面临资金不足的问题，这可能限制电子档案单套制管理的发展。档案管理部门往往存在资源配备不足的情况，在资金申请方面往往存在一定的困难。

2.4.2 配套管理规定不足

虽然政策导向为电子档案单套制管理提供了机会，但是行业和科研院所自身对单套制执行的相关配套管理规定可能还不够完善，这可能影响电子档案管理的实施和推广。

2.5 研究策略

2.5.1 充分利用政策导向

积极争取政策支持和资金投入，推动电子档案单套制管理的实施。

2.5.2 加强全过程档案管理

利用数字化技术，在科研项目形成文档之初，建立归档清单，充分利用区块链等技术，由系统自动发起或人工实现档案资料的四性检测，检测合格后，通过审批流程的设定，实现档案的归档和接受功能，如果不符合归档要求，系统自动或由档案管理人员确定后驳回，细化不符合项，实现一站式、全流程在线操作。

2.5.3 完善配套管理规定

推动行业制定和完善电子档案单套制管理的配套规定，确保管理的有效实施。建立科技档案传递、验收的相关规范，并发挥档案的凭证价值，作为唯一保存和供查阅的档案载体制定明确的管理规定，实现其查阅格式的标准化和稳定性。

2.5.4 加强资金保障

通过多渠道筹集资金，确保信息化建设的资金需求得到满足，充分展示实现数字化档案管理后，对于节约的办公空间和运营成本方面的节约优势，并通过对科研档案形成知识过程的信息挖掘和知识服务领域的发展前景，争取相应的资金支持。

2.5.5 提升安全风险管理水平

加强电子档案的安全风险管理，确保档案的安全和完整性。结合信息化设备防灾措施，做好数据的双重、异地备份工作，保障档案在系统存储过程中不被篡改、不发生丢失。并通过相应的技术手段，通过异地云存储或者采用蓝光光盘阵列离线存储等方式，实现双重备份，防止黑客攻击或地质灾难造成的档案数据遗失，预防系统故障的发生。

3 科技电子档案形成的数据要素推动新质生产力的实现

数据作为新型生产要素的价值越发凸显，推动新质生产力的形成。科技档案数字化会实现档案全文检索功能，形成数据要素，数据要素发挥自身作用的同时，通过科研人员对知识的再度利用，结合生产要素融合发生作用，在反哺生产、科研、分配等科研过程中。档案的数字化管理，可以显著催生新质劳动资料，创造新质劳动力，进而推动新质生产力的形成。在这个过程中，需要推进档案数字化的规范化和数字化劳动力的攻击，以其充分发挥数据要素赋能的效应，从而助力在科研过程中新质生产力的生成与发展。

在当今信息时代，数据已经成了推动社会发展和经济增长的新引擎。作为科技创新的重要载体，科技档案的数字化不仅提升了档案的管理效率和利用价值，而且通过转化为数据要素，极大地促进了新质生产力的形成和发展。

3.1 数据要素在新质生产力形成中的作用

数据要素作为新型生产要素,其价值在于能够高效地连接和整合各类生产资源,提高生产效率和创新能力 [3]。在科技档案数字化过程中,数据要素的作用主要体现在以下几个方面:

3.1.1 知识再利用

科技档案数字化使得科研人员能够方便地访问和检索历史数据,促进知识的再利用和创新。

(1)资源整合:数字化档案能够整合不同领域和环节的信息资源,为跨学科研究和协同创新提供支持。

(2)决策优化:通过对数字化档案的分析,科研和管理人员可以获得更有价值的信息,从而优化决策过程。

(3)生产流程改进:数字化档案中的生产数据可以用于分析生产流程中的瓶颈和优化点,提高生产效率。

3.1.2 档案数字化管理的规范化

为了充分发挥数据要素的赋能效应,需要推进档案数字化的规范化管理,确保数据质量和安全,具体包括:

(1)标准化:制定统一的数据标准和格式,确保不同系统和数据库之间的数据兼容性和互操作性。

(2)安全性:加强数据安全管理,保护知识产权和商业秘密,防止数据泄露和滥用。

(3)数据治理:建立完善的数据治理机制,确保数据的准确性、完整性和时效性。

3.2 数字化劳动力的培养

数字化劳动力是指能够在数字化环境下高效工作的人才 [4]。随着科技档案数字化程度的提高,对数字化劳动力的需求也越来越大。培养数字化劳动力包括:

(1)技能培训:提升科研和管理人员的数字技能,包括数据挖掘、分析和管理能力。

(2)人才培养:在教育和培训中加强信息科学、数据科学等相关学科的建设,培养具备数据素养的人才。

数实融合,即数字化技术与实体经济的深度融合,是当前经济发展的重要趋势。在这一过程中,科技档案的数字化改革不仅是技术进步的必然结果,更是推动科研、生产方式转变的重要手段。首先,新技术革新推动档案数字化,随着信息技术的不断进步,诸如人工智能、大数据、云计算等新技术的应用,为档案数字化提供了强大的技术支持。这些技术不仅能够提高档案的存储、检索效率,还能够通过对档案内容的深度挖掘和分析,释放档案中的潜在价值。随着新档案业态管理新模式的出现,数字化技术的应用催生了新的档案业态和管理模式。例如,基于云计算的档案存储和共享平台、基于大数据的档案分析和服务、基于人工智能的档案分类和检索等,这些新的业态和模式提高了档案管理的智能化水平,为科研、生产提供了更加便捷和高效的服务。其次,建立更加规范的管理制度,为了适应数字化时代的要求,档案管理也在不断完善相关规章制度。这包括制定统一的数字化档案标准、加强档案的安全和隐私保护、建立档案的质量和信誉体系等。规范的管理制度有助于提高档案数字化的质量和效率,确保档案信息的安全和可靠[5]。最后要发挥维度管理衔接和档案现代化管理产业的发展,维度管理是指从多个角度对档案进行综合管理,包括档案的内容、形式、利用、安全等多个维度。通过维度管理,可以实现档案资源的全面整合和优化配置,提高档案的使用效率[6]。同时,随着档案现代化管理产业的发展,越来越多的社会力量参与到档案数字化中来,形成了多元化的投资和运营格局,推动了档案数字化改革的深入发展。

4 结语

在科技飞速发展的当下,科技档案的数字化转化已成为推动新质生产力实现的关键因素。通过 SWOT 分析,我们明确了科技档案单套制管理的优势、劣势、机会和威胁,并提出了相应的优化策略。我们认识到,科技档案管理体制的优化、政策导向的充分利用、技术的成熟度、资金保障和安全管理水平的提升是推动科技档案数字化改革的重要保障。

同时,我们也看到,数据要素在新质生产力形成中发挥着重要作用。科技档案数字化不仅提高了档案的管理效率和利用价值,而且通过转化为数据要素,极大地促进了新质生产力的形成和发展。在这个过程中,我们需要推进档案数字化的规范化管理,确保数据质量和安全,同时,也需要培养具备数字化技能的劳动力,以适应数字化环境下的科研和管理需求。

科技档案的数字化改革是推动科研、生产方式转变的重要手段，也是实现新质生产力的重要路径。我们期待在政策、技术、资金和管理等多方面的共同努力下，科技档案的数字化改革能够取得更大的进展，为新质生产力的释放和经济增长的可持续提供更加有力的支持。

注释及参考文献

[1] 张良波 . 实行电子档案单套制的必备要件及启示 [J]. 山东档案 ,2023(1):35-37.

[2] 赵健 . 辽宁省档案馆电子文件单套制归档与电子档案单套制管理技术创新与策略研究 [J]. 兰台世界 ,2022(12):5-7.

[3] 单振宇 . 单套制视角下会计档案信息化管理现状及改进策略研究 [J]. 兰台内外 ,2024(6):42-44.

[4] 林艳艳 . 航天产品档案单套制管理策略研究 [J]. 兰台世界 ,2024(1):102-104.

[5] 冯占江 . 航天 AVIDM 系统电子文件单套制管理策略研究 [J]. 航天工业管理 ,2023(12):3-6.

[6] 曾苏 . 国有企业电子公文单套制归档探析 [J]. 机电兵船档案 ,2023(6):42-45.

基于档案工作提升的协同管理探索与实践

——以田湾核电基地档案管理工作为例

王印辉

江苏核电有限公司

摘要：协同是文档领域实现管理提升并与各方达到共赢发展根本保证，核电群堆管理更需要文档工作与各业务领域及各协作单位协同开展，需要从制度体系、系统平台、基础设施和档案资源等多维度深入建设与推进，以达到文档管理工作的持续改进与提升。

关键词：档案；协同；探索；实践

0 引言

核电工程具有投资大、建设周期长、专业涉及领域广、技术难度高等特点，建设和生产运营过程中会产生大量的文件、图纸与资料，参与单位和部门涉及工程建设单位及其分包单位、监理单位、业主等，档案工作管理内容广，档案管理有涉及领域宽、管理层级多，管理网络复杂等特点，为有效实现档案管理和持续改进，需要多维度、多层级协同联动，以实现档案工作的有效管理和提升，进而助力核电工程整体协同发展。

本文以田湾核电基地为例，阐述田湾核电在档案工作协同管理方面所做的探索和实践。

1 档案管理面临的形势

田湾核电基地规划建设 8 台百万千瓦级压水堆核电机组，是全球在运和在建总装机容量最大的核电基地，当前 1—6 号机组在运，7—8 号机组在建。

1.1 工程建设与生产运行档案管理并存

田湾核电基地当前 1—6 号机组为运行机组，7—8 号机组为在建机组，田湾每年收发文件 20 余万份，归档案卷 1.2 万余卷，文档工作除了正常文件收发与归档外，还有一些重大技改项目的项目档案验收活动，近期如乏燃料干法中间贮存项目、蒸汽供能项目、一些生产基础设施建设项目等，同时田湾 7—8 号机组面临工程项目档案过程控制和各阶段验收等工作，文档工作开展需要工程施工单位、监理单位、业主各业务处室等多方参与配合，工作量大，牵涉面广，工作组织开展复杂。

1.2 档案管理多机组多场地办公

田湾核电基地规划建设 8 台机组，总占地面积超过 1000 万平方米，文档工作场地包括一期生产档案馆，综合办公楼，7、8 号机组生产运行楼，三地办公场所所处位置呈等腰三角形状，三点直线距离均超过 1000 米，且田湾核电业主文档人员办公场所与各承建单位、监理单位、公司内部各业务处室办公场所之间也都存在距离，多场地离散办公对文档工作的组织、协调、沟通，以及工作效率等方面都提出了考验。

1.3 档案类别多数量大来源渠道广

依据能源行业标准《核电档案分类准则及编码规则》（NB/T 20042-2011），田湾核电档案一级分类分为十三大类，包括党群行政（A）、经营管理（B）、人力资源（C）、财务会计（D）、商务管理（E）、科技与信息类（F）、工程设计（G）、基本建设（H）、电力生产（J）、设备管理（K）、质量与安全（L）、信函管理（M）、特种介质（S）等，除人力资源档案由人力资源部门自管外，其他档案均由文档部门负责管理。当前田湾核电基地档案总量为 35 万余卷，档案来源包括工程建设总包单位、工程建设各分包单位、各设备厂家承包商、各监理单位，以及公司内部工程及生产领域各业务处室，档案来源层级多，渠道广，内容交叉关联复杂。

2 档案协同管理探索与实践

针对上述现实，文档工作需要多维度纵深协同，多方联动联建，从而实现文档工作有效开展，保证工作效率及档案工作持续改进。

2.1 组织协同

2.1.1 组织机构设置

田湾文档工作按照"集中控制、分级管理"原则，公司设有分管文档工作副总经理，下设专职文档管理机构信息文档处文档科，归口公司文档统筹规划、组织协调、制度建立和监督指导，负责各类文件、档案和图情资源统一归口管理和集中控制。公司各处室设立工作文件库，设置专兼职文档工程师和文档管理员，负责职责范围内文件的收集、整理、立卷和归档移交，负责本部门工作文件库的管理，同时与信息文档处文档科工作接口，形成公司内部文档分级管理模式，协同联动文档管理工作。

2.1.2 协同管理网络建设

田湾核电文档工作秉持"一个项目、一个合同、一个团队"理念，以档案工作关键点和融合点为突破口，统一施工建设单位档案部门、公司内部业务处室及参建单位思想和行动，打造职责分明、协同高效、融合共进的协作团队，建立以业主为主导、公司各业务处室、各级承包商参与的项目文档管理网络，通过合同和程序等方式明确项目参建单位、各处室在项目文档管理责任分工和工作接口。

总包单位和主要参建单位以及监理单位设有独立文档组织机构部门，负责工程文件控制及档案管理，保证项目文档管理体系的有效运转，总包单位对现场参建单位的文档管理工作进行指导、监督和检查，并接受江苏核电的监督。监理单位对总包单位及其建安分包商的建安文档工作进行质量监督。

田湾核电从2016年开始引入文档专业化外包，由外包公司派遣辅助文档管理员，开展文档基础性业务工作，有效促进了文档业务拓展和管理提升。

上述一系列文档组织机构的建立，形成了由业主、总包单位、监理单位、分包单位组成的项目文档管理网络。

田湾文档管理网络概念图如图1所示。

```
┌─────────────────┐
│    文档领域      │
│  上级主管部门    │
└─────────────────┘
   任务下达  任务执行
   监督指导  接受监督
┌─────────────────┐
│   江苏核电       │
│   总经理部       │
└─────────────────┘
┌─────────────────┐
│   田湾文档部门    │
└─────────────────┘
```

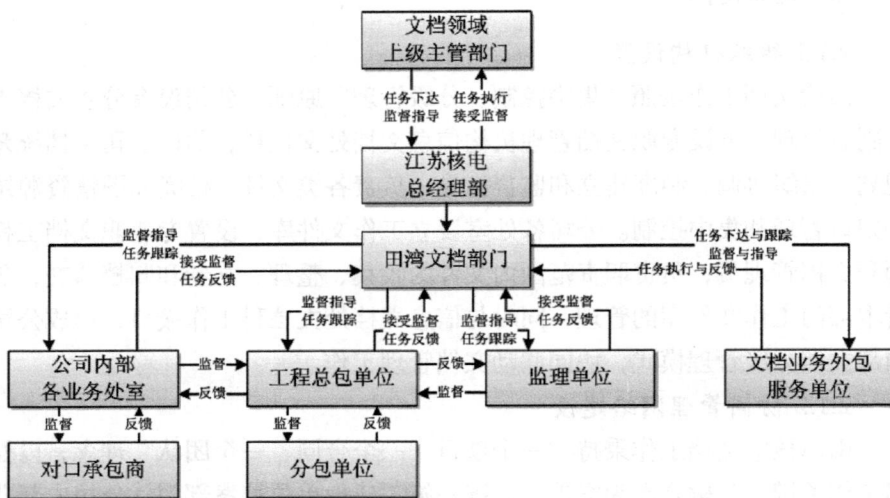

图 1 田湾核电文档管理网络

2.1.3 构建畅通高效协调沟通机制

田湾文档充分利用各项目协调机制,通过参加中俄/中俄德协调会、总合同协调会、专项协调会、定期组织与 CNPE、ASE、CASS 等重要承包商文档交流协调会,不断澄清并明确与 CNPE、ASE、CASS 等主要承包商在文档方面的各类接口要求。针对文件归档移交过程中遇到的实际问题,建立与总包单位的项目协调沟通机制,及时与 CNPE 现场和总部召开文档工作交流会,沟通解决文档问题,并持续优化与主要承包商文件编制、提交和归档方面的接口。

2.2 程序协同

2.2.1 公司程序体系建设

田湾核电遵循国家法律法规、行业标准、中核集团制度导则、项目质保大纲等文件要求,建立了文档管理程序体系,责任范围涵盖工程建设、生产运营、综合管理等公司全领域,流程贯穿了文件产生、收发、整理、归档、保管、利用、鉴定销毁等全生命周期,文档管理共有程序 47 份。程序体系的建立与完善,为公司内部责任分工、工作接口、流程实现提供了依据。

2.2.2 公司程序与外部程序协同

在公司文档通用管理程序的基础上,结合工程建设项目特点,补充编制了 TNPS、ASE、CNPE 之间的 PPM 项目文档专用程序，并参与业务处室管理程序的审查与编制，统一规范工程项目文档的标准要求、管理流程和具体做法，延伸了合同文档管理要求。田湾文档共发布工程项目三方项目文档专用程序 9 份，CNPE 现场项目部在工程期间发布管理程序 28 份，满足了工程合同、土建安装、设备采购等各工程建设领域项目档案的归档及管控需要。

田湾文档程序体系概念图如图 2 所示。

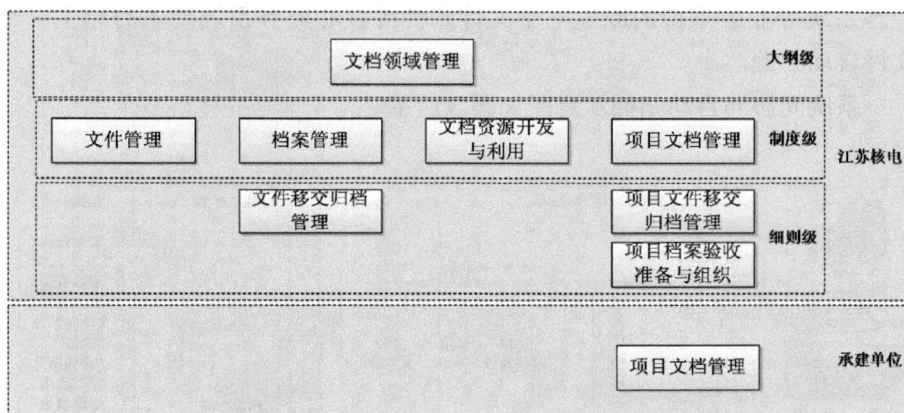

图 2　田湾文档程序体系

2.3 系统平台协同

2.3.1 公司内部系统协同，推动业务系统自动归档

为满足公司内部文件流转和档案全过程管理的需求，满足项目建设各方对文档信息的管理和利用需求，满足业务流程优化、集成和数据共享需求，田湾开发建设了企业内容管理系统（以下简称 ECM 系统）。ECM 系统是公司四大核心平台（ECM、MDM、SAP、PI）之一，是对公司各类信函、文件、档案的一体化管理与业务流程的集成，实现对不同单位、不同机组、不同内容的文档从编制发布、分发传递、发布跟踪、版本控制、整理归档到保管利用的多项目群堆文档全过程管理。同时，田湾核电正在积极构建电子文件和档案一体化集成管理系统，搭建"1 个门户（数字档案馆门户）、5 个中心（文件中心、档案中心、长期保存中心、文档智能应用中心、三维档案库房中心）"文档管理系统，打通 ECM 与公司生产管理系统、安全质量系统、工程移交系统等业务系统以及总包单位施工管理系统的接口，实现业务系统

与档案馆数据互联互通与协同。

通过开发 ECM 系统与业务系统归档接口、设定元数据映射规则和组卷原则、规范文件封装和版式化格式、建立电子签章系统及四性检测机制等，实现原生电子文件的自动同步、自动组卷以及电子文件的真实性、完整性、可用性和安全性保障验证，归档过程无须人工干预，形成了电子文件自动归档新模式。目前已实现 SRM 供应链管理系统、ERP 会计核算系统、大修日志系统、运行值班系统、老化管理系统、状态报告系统、核安全监督及执照管理系统等业务系统的原生电子文件归档等核心业务系统产生的原生电子文件自动归档。

系统间协同自动归档示意图如图 3 所示。

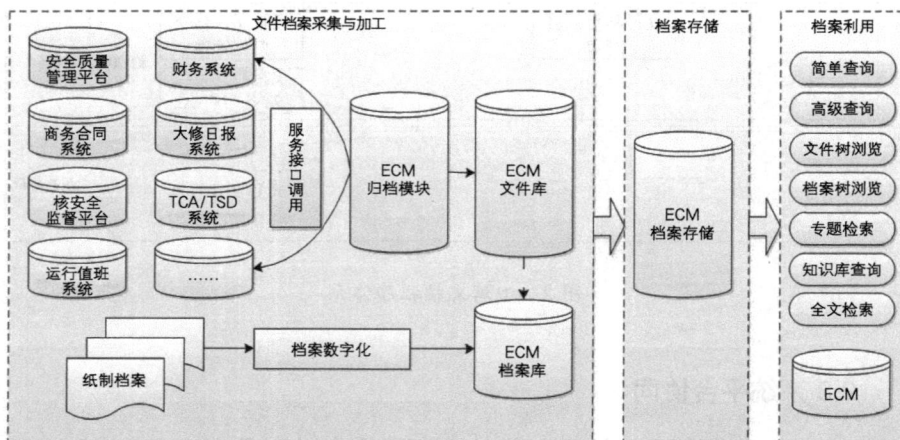

图 3　系统协同自动归档示意图

2.3.2 公司间系统协同，实现数据直接自动交换

为有效解决公司与承包商之间函件、纪要、技术文件人工传递工作量大、耗时长、重复性强的问题，为核电工程建设提供快速、准确、规范的文档信息服务，公司积极探索文档信息化新技术，基于 SOA 信息化手段，通过明确分步实施的工作目标、建立高质量的文件移交标准、创建跨组织间文档自动交换接口等逐步开发实现了 CNPE 施工管理系统（IFS）和公司企业内容管理系统（ECM）的互联互通，实现了跨公司的文件自动交换和实时共享，省却了双方文档人员对各类文件的人工传递、下载、著录、上传等一系列工作。同时，文件接口采用异步通信，提供回调机制，所有传递过程在接收侧均有

日志记录，确保了对传递过程的在线审计与回溯功能。

跨公司间系统协同数据自动交换架构如图4所示。

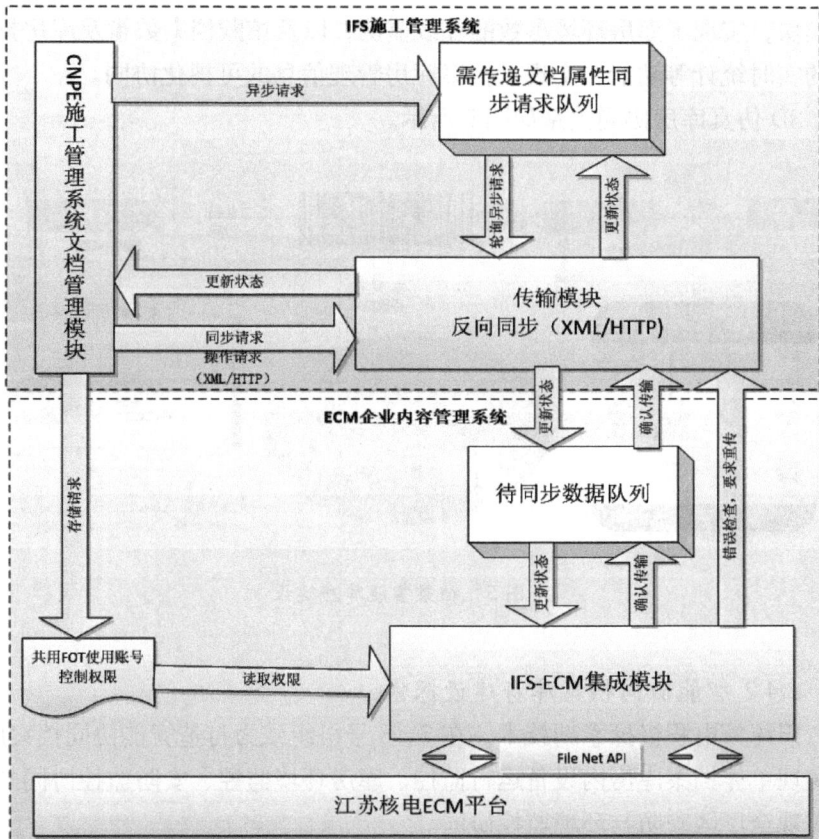

图4　跨公司间系统协同数据自动交换架构图

2.4 基础设施协同

2.4.1 开发建设 3D 仿真档案库房管理平台

田湾核电积极探索使用 3D 扫描技术及动画仿真技术，建立了档案库房、档案密集架、档案盒、库房设备的逐级可视的三维场景，搭建了线上虚拟环境下的 3D 档案库房，并通过三维轻量化引擎实现库房三维模型的在线发布，打造了 3D 档案库房智能管理平台。该平台通过与 ECM 系统数据的对接，实现馆藏档案在 3D 库房档案密集架上的动态、实时显示，用户可通过 WEB 浏览器漫游 3D 档案库房，直接进行档案查询及阅览，提高用户档案查阅的真实体验感，实现馆藏档案信息的可视化。该平台还通过与电子环境监测系统、案卷智能上下架功能、档案柜标识牌自动生成功能的整合，并开发档案上下架自动统计功能模块以及放药登记、来访登记、库房巡视等档案库房日常管理模块，实现了库房环境参数的在线监测，以及馆藏档案数量及库房排架余量的实时统计等功能，实现了档案库房管理信息的可视化协同。

3D 仿真库房协同关系如图 5 所示。

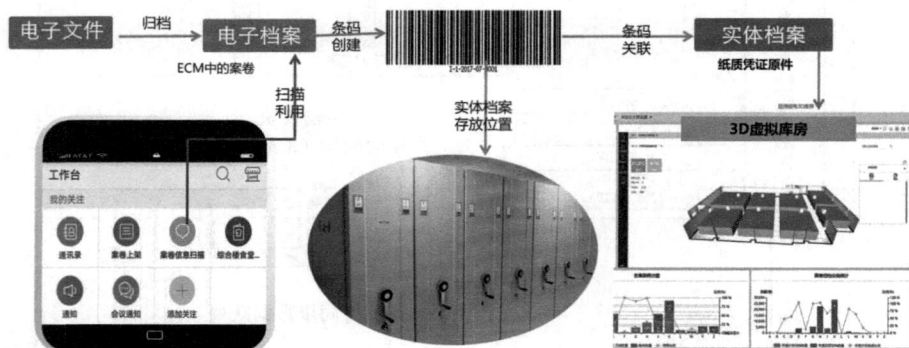

图 5　档案智能库房建设

2.4.2 智能协同档案库房建设探索

田湾核电积极探索新技术，在 7、8 号机组致力打造智能协同档案库房，在实现单体档案库房内设备运行监控、库房环境监控、安防监控协同外，拓展实现全厂区安防与环境监控协同。

（1）构建档案库房综合协同管理平台

档案库房综合协同管理平台设计具备实体档案存储信息查询、档案库房主要设施管理等功能，支持 3D 库房展示，动力安全管理，库房数据可视化，库房安全可视化，对档案库房各类硬件设备分散控制统一管理，通过控制档案库房环境监控设备、智能档案存储设备、实体档案管理设备、档案库房安全防范设备及档案库房引导设备，保障库存档案长期保存安全及利用安全，同时保障档案库房及档案工作人员安全。

（2）智能密集架协同系统

密集架配备纯屏一体机、点阵屏、空气传感器（采集温湿度 +PM2.5）、指纹识别、灯带、烟雾报警器、电气安全模块等，架体通过过道红外、门禁红外、光栅、进出人统计等功能，同时采用防挤压技术保障红外故障情况下的人员安全，同时通过 Web services 技术支持实现架体的远程控制，实现密集架与综合管理平台智能协同。

（3）实体档案协同管理系统

设计功能支持采用 RFID 自动识别技术和计算软件技术，以 RFID 电子标签作为信息存储媒介并粘贴在档案盒上，在 RFID 芯片中存储该档案的基本信息，利用非接触式的 RFID 读写设备与后台数据库管理系统相配合，实现档案的借阅、归还、查找、盘点工作过程的信息化协同管理。同时在档案库出入口安装智能安全门，通过远距离 RFID 认证，实现自动防盗与档案出入库确认功能，未经授权的档案出库时会产生报警信息，保障档案的安全。

（4）环境监控协同管理系统

环境监控管理系统设计具有环境监视与自动调节控制功能，确保温湿度恒定。系统还具备库房小地图、报警次数、场景操作、环境数据分区显示和操作等功能，设备数据查看和操作、数据导出、系统设置等功能，可根据设定温湿度上下限与环境参数自动控制设备运行，支持查询温湿度记录，可以根据月、周、日产生温湿度报表。

（5）安全防范协同管理系统

安全防范系统设计具有可视对讲功能，支持配置一键呼叫室内机或管理机，支持副门口机或围墙机模式，能够实现视频预览，口罩检测，支持接入门控安全模块，防止主机被恶意破坏的情况下门锁不被打开，支持接口外接读卡器，同时可实现单门反潜回功能；支持接入门禁控制器，作为读卡器模式使用；支持计划模板管理；支持常开、常闭时段管理；具备多重认证功能，实现黑名单核验等。

通过上述智能档案库房的规划建设，实现实体档案及档案库房的保管、利用、监控的协同管理，满足收集、整理、保管、查阅核电站设计、建造、施工、调试、运行等相关资料的要求，充分满足档案库房"九防"要求。

3 后续展望

展望未来，核电群堆管理需要深入管理协同，特别文档工作更需根据现代化发展要求角度从制度体系、基础设施、档案资源到系统平台全方位还需加强建设深入协同管理，以确保档案工作管理持续改进与提升。

3.1 构建档案工作整体协同的智治体系

深入梳理档案工作核心业务，推动档案核心业务数字化，形成可认知、可量化、可评价的职责体系，推进实现工作智能化、智慧化，探索档案工作智能监管应用，运用人工智能、大数据挖掘和分析等技术辅助档案工作监督评估，迭代推进档案工作数字化协同工作场景应用。

3.2 完善档案基础设施建设提升智能物联水平

依据按照档案馆库建设的最新标准要求，在基础设施建设上推广应用智能物联技术与设备，实现实体档案及档案库房的保管、利用、监控的整体协同管理，实现对档案高效便捷收集、整理、保管、利用，满足档案库房"九防"要求，实现基础设施环保、便捷、高效、实用、协同，符合国家有关节约用地、节能节水、环境保护和消防安全等要求，确保档案馆库、档案实体安全。

3.3 加快档案资源数字化转型

推进档案资源数字化转型建设，全面推行单套制，实现存量档案的数字化，将原生电子文件自动归档拓展至工程建设领域，实现工程建设单位与业主单位协同贯通。加快推进各类专业档案的数字化、数据化[1]，推进外网信息、社交媒体等数字资源的采集，丰富与建设覆盖全面、分类科学、服务高效的档案数据库，为协同共享档案资源奠定基础。

3.4 推进企业数字档案馆建设

推进建设企业数字档案馆，在现有 ECM 系统功能基础上，增加电子档案鉴定、销毁、统计结果分析及导出、格式转换、电子档案监控及日志审计、工作业务过程统计等功能，并将 ECM 系统保存的文档进行电子文件和电子档案分库管理；增加电子文件技术处理平台，完善电子文件四性检测、电子签章等业务；增加电子档案长期保存平台，实现电子档案从接收、归档、长期保存、利用、销毁全生命周期管理，实现电子档案长期保存及单套管理；加强电子文件自动归档与智能编研功能，提升系统协同能力，建设满足国家法规标准要求，实现"数字赋能、多跨协同"[2]，为档案资源协同应用奠定平台基础。

注释及参考文献

[1] 穆向阳.图书馆、博物馆、档案馆合作领域知识重用策略与方法研究 [J]. 图书馆理论与实践 ,2019(6):106–112.

[2] 宋珊珊，季婉婧，王金平.智库知识协同体系构建研究 [J]. 数字图书馆论坛，2022(4):67–72.

基于"新五性"保障机制的核电工程精品档案建设研究

杨建荣

江苏核电有限公司

摘要：针对项目档案验收和管理过程中经常出现的"新五性"问题，即完整性、准确性、系统性、规范性和同步性问题，核电企业如何通过"新五性"保障机制，有效化解档案工作中的这些管理难点和痛点，努力打造核电项目精品档案。同时，利用数字化转型契机，核电企业应充分利用新一代信息技术，实现项目档案的智能化管理，提高工作效率的同时，提升精细化管理水平，促进核电项目精品档案的建设。本文借助田湾核电站7、8号机组打造标杆"精品档案"的管理经验，对项目档案精细化管理进行探索和实践，以期提升核电行业项目档案管理水平，不断提升项目管理水平，全力打造全球核安全领域"精品工程""标杆工程"，推动习近平总书记的重要指示精神在核电项目上深扎根结硕果。

关键词：核电工程；精品档案；精细化管理

1 背景

为深入贯彻习近平总书记在中俄核能合作项目开工仪式上的讲话精神，全面落实中核集团和中国核电将田湾核电站7、8号机组打造成全球核安全领域标杆工程、争创国家优质工程金奖的要求，同步打造标杆工程精品档案的总体目标，田湾核电站积极探索"打造标杆精品，树立全球典范"田湾模式。

以田湾核电站为代表的核电企业文档部门，积极对标国际和行业的最高标准，进一步夯实管理基石，不断深化文档领域精细化管理和业务创新探索，以高质量、高效率通过项目档案专项验收为阶段目标，切实提高项目档案管理水平,用实际行动贯彻落实习近平总书记的重要指示精神,全力打造全球领域的"精品档案"。

针对项目档案验收和"精品档案"建设过程中经常出现的"新五性"问题,即完整性、准确性、系统性、规范性和同步性,如何通过"新五性"保障机制,有效化解档案工作中的这些管理难点和痛点,确保各类工程文件的组卷归档质量可靠、进度可控,打造核电工程精品档案,是核电档案工作者面临的一项艰巨任务。此外,随着数字化时代的来临,核电企业如何利用新一代信息技术,建立一套精细化管理标准,实现项目档案的智能化管理,提高工作效率,提升精细化管理水平,进而打造精品项目档案,也是核电企业面临的重要课题。

本文借助田湾核电站7、8号机组工程项目管理经验,对项目档案精细化管理进行探索和实践,以期提升核电行业项目档案管理水平。

2 核电项目档案典型问题

核电项目档案验收和管理过程中经常出现以下典型问题:

项目档案内容不完整。部分档案有缺失,个别子项或实体文件应归未归,给验收查证及后续生产利用工作造成影响。

项目档案组卷归档系统性不强。部分项目文件简单按文件类型组卷,未按子项或内容进行成套性整理,导致档案查询利用不便捷。

部分档案存在规范性问题。如同一类档案封面、目录、备考表格式不统一,按件、按卷管理形式不一,装订方式不一致等情况。

项目档案归档不及时。因过程文件收集不及时、归档进度控制力度不足等诸多原因,导致项目档案不能在项目实体完工后三个月至半年内完成归档,进而影响项目档案验收进度。

上述问题主要归纳为档案"新五性"问题,即档案的完整性、准确性、系统性、规范性和同步性。针对这些典型问题,核电企业档案部门必须采取对应措施,为创建核电精品档案创造条件。

3 建立"新五性"保障机制，创建核电精品档案

针对上述这些问题，核电企业档案部门通过"新五性"保障机制，有效化解档案工作难点和痛点，切实提高项目档案归档质量，提升核电项目管理水平，打造核电工程精品档案。

3.1 "项目清单"保障机制，保证项目档案完整性

项目档案完整性一方面要确保归档文件的完整性，另一方面要确保归档项目的完整性，也就是说有多少实体项目就应该归档多少实体文件，归档项目完整性在档案验收中越来越作为检查的重点。

建立"项目清单"跟踪制，是保障归档项目完整性的有效控制手段。核电站在项目开工初期，就应以业务工作开展所建立的合同清单、系统子项清单、设备清单、调试项目清单等项目清单为基准，在项目实施过程中对各项目的组卷归档情况进行跟踪，对已完成归档的项目及时填写档案号信息，确保项目归档进度与工程实体同步，项目归档范围与工程实体范围一致。核电工程"项目清单"类型如表 1 所示。例如：以系统子项清单核实建安交工文件归档子项的完整性，以设备清单核实设备制造文件中设备台套归档的完整性，以合同清单核实设计任务、建安子项、设备采购包、合同项目等归档的完整性，以调试试验项目清单跟踪调试完工文件归档的完整性。此外，还可建立设备调用清单、主设备文件关联清单、不符合项与设备交工文件关联清单等，便于更好地跟踪归档档案的完整性，建立关联便于查找利用。

表 1 核电工程"项目清单"类型

领域	序号	项目清单	领域	序号	项目清单
商务	1	合同清单	建安	6	构筑物清单
	2	招投标清单		7	子项系统清单
设计	3	设计 IED 清单		8	建安不符合项清单
	4	设计变更清单		9	建安质量计划清单
	5	设计澄清清单		10	监理项目清单

（续表）

领域	序号	项目清单	领域	序号	项目清单
项目报批	11	项目核准支持性文件清单	设备	16	设备清单
	12	项目报批文件清单		17	设备不符合项清单
调试	13	调试试验项目清单		18	设备关检运输清单
	14	役前检查项目清单		19	设备开箱验收清单
	15	调试不符合项清单		20	设备调用清单

3.2 "联合审查"协作机制，保障项目档案准确性

3.2.1 逐级审查

核电工程项目归档文件审查，应形成施工单位、监理单位、总包单位到业主单位逐级审查机制。以建安交工文件为例，完成归档的项目档案先由施工单位自查，自查合格后移交监理单位审查，再由总包单位工程部门、文档部门审查，最后由业主单位的工程部门、文档部门审查，问题整改后由三家单位复核验证，直至满足要求，形成闭环，审查流程如图1所示。

各单位工程技术人员和文档人员共同审查，分别从专业技术角度控制档案内容和案卷格式的准确性。工程技术人员从专业角度审查，确保文档内容真实、数据准确、签署完备，竣工图修改到位；文档人员从文件归档格式规范性角度，确保文件格式规范、清晰整洁、编号规范并满足耐久性要求，通过多方参与、逐级控制，严格控制档案的准确性。

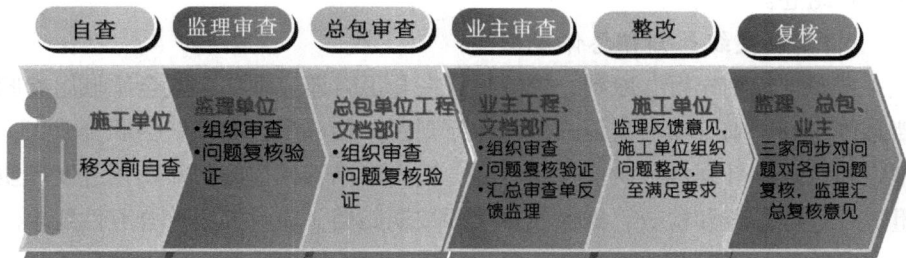

图1 建安交工文件逐级审查流程

3.2.2 联合审查

在核电工程建设高峰期，竣工文件大批量移交，因审查数量过大需提高审查效率，原有的逐级审查制度因周期较长不再适用。为充分发挥业主、监

理、总包、施工单位对建安交工文件的检查合力，应适时简化审查流程，前置业主及总包单位审查节点，成立联合审查小组，同步开展归档审核工作，提高归档移交效率。

施工单位完成组卷且自查合格后，按计划上报联合审查小组，由审查小组开展归档审查。小组人员由业主、监理、总包、施工单位根据选派有资质的文档人员、质量管理人员和工程技术人员组成，同时施工单位安排现场答疑人员，以提高审查效率。施工、监理、总包单位须对竣工文件 100% 审查，业主单位根据需要按比例抽查，其间施工单位对审查问题同步整改，直至关闭，确保项目文件的归档质量。

3.3 "组卷规划"制定机制，保障项目档案系统性

3.3.1 确定成套性分类原则

核电项目档案的系统性首先通过档案分类来控制。项目文件按照内容、主题或事由进行整理，遵循成套性特点，保持档案来源、产生时间、内容的有机联系，确保项目文件的系统性。例如建安竣工文件在核电档案分类基础上，根据建安合同项目进行细分，按照核岛土建、核岛安装、BOP 工程、海工工程等合同包，将文件进行成套整理组卷，每个质量控制文件以质量计划为线条进行收集整理，质量计划每道工序产生的质量控制记录按工序顺序附在质量计划后，零散的记录通过质量计划进行串联，确保质量控制档案的系统性，便于追溯和利用。调试竣工文件对核电分类进行优化，按照调试系统进行细分，每个系统内的调试规程、调试记录报告、不符合项等文件进行成套整理组卷。

3.3.2 制定组卷归档总体规划

按照"规划先行"原则，核电项目在开工时即应编制生效全领域组卷归档总体规划，确定项目文件归档总体原则及归档范围，明确归档职责分工，拟定归档进度计划和分阶段验收计划，提出归档管控措施，对归档进度和质量进行过程监督和检查，确保项目文件按期归档，项目档案符合五性要求。

3.3.3 制定各领域档案组卷规划

核电项目档案在组卷前，应提前制定各领域项目档案组卷规划，明确组卷范围、卷册分类及划分原则、卷内文件排列方式、组卷要求，指导各类档案组卷工作。其中设备和建安文件组卷规划应重点关注，要求设备、建安等承包商按合同包制定设备和建安文件组卷规划，列明子项清单，明确卷册划分规则、档案分类规则及文件排列方式，确定案卷移交计划，指导后续组卷

归档工作。建安分包商应在开工后一年内，提交建安交工文件组卷规划；设备分包商应在首批设备出厂验收前半年，提交系统包设备和典型批量设备组卷规划，明确各类文件的归档范围及分卷设置和排列顺序，确保项目档案的系统性。

3.4 "样板档案"推广机制，保障项目档案规范性

树立精品档案管理理念，注重项目档案良好实践、管理亮点的总结与推广。在核电工程档案收集归档过程中选取部分内容完整准确、记录填写规范、案卷制作精良的子单位工程档案，作为"样板档案"，打造由点带面的精品档案，并在整个项目进行推广。

"样板档案"对项目档案的案卷格式、著录要求、排列顺序、装订方式等进行统一规范，避免出现同一类档案案卷格式、归档要求不统一的情况。对档案验收和整理过程中发现的典型问题进行关注反馈，通过"样板档案"进行重点优化改进，利用推广机制向各级承包商及归档部门推广，整体提升核电项目档案归档质量，为核电项目档案创造更多的精品档案，从而达到全范围的精品档案建设。

3.5 "预警考核"跟踪机制，保障项目档案同步性

3.5.1 归档通报和预警机制

文档部门应在每年初，根据项目文件组卷归档总体规划和组卷规划，结合项目进度及项目文件产生情况，按照项目结束后三个月内完成文件归档的总体要求，分解制定项目文件年度归档计划，确保文件归档与工程实体验收同步进行。归档计划通过工程函件、管理行动等下发各单位和各部门执行，建设单位、总承包单位、监理单位等文档部门做好归档进度和质量跟踪，充分发挥监督和协调职责。

文档部门应建立定期通报和预警机制，每月通过邮件对归档计划执行情况进行通报，对归档计划执行偏差和归档进度存在问题的进行预警提醒，对归档进度和质量进行过程跟踪和督促，对发现问题及时协调，保证归档计划执行的严肃性，确保项目文件归档的及时性和同步性。

3.5.2 归档考核激励机制

田湾核电站基于高质量精细化管理模式，建立归档考核机制，将归档计划按期完成率作为项目管理重要指标，纳入各级承包商的合同支付考核和企业内部处室的绩效考核，通过考核手段强化计划执行力度，促进归档工作按

期完成。以承包商考核为例，采取了以下措施。

一是参与合同支付验收。在技术服务类合同进度款支付时，文档部门参加合同支付验收会签，对合同约定的技术文件提交范围、质量进行检查确认，未按计划提交文件或质量不合格的，暂缓进度款支付；参与总承包合同季度管理费支付验收，由文档部门确认项目文档按期移交、归档情况及审查问题整改情况等，由合同部门结合文档部门意见综合考虑总承包合同管理费缓付的比例。

二是参与合同履约评价考核。由核电企业合同部门牵头对参建单位进行定期评价考核，文档部门负责制定文档管理能力评价标准和细则，并对参建单位工作表现进行考核评价。建设单位的考核评价结果直接与参建单位的合同管理费支付挂钩，对突破文档管理考核指标的予以处罚，激发参建单位形成提升质量、追求卓越的良好氛围。部分文档管理考核评价标准如表 2 所示。

三是实行标杆工程考核与激励制度。通过与参建单位签订专项激励协议，对标杆指标完成较好、项目档案管理突出的予以专项激励，建立正确激励导向机制，发挥绩效考核"指挥棒"作用，合理利用绩效考核结果，鼓励先进，激励后进，有效促进各项工作开展。

表 2 文档管理考核评价标准（节选）

附表：信息文档组考核表					
序号	考核内容及指标	考核分值	扣分标准	考核扣分	备注
1	文件编码、标识版次和状态、格式不符合合同或相关程序要求	5	扣 1 分 / 份		
2	未对分发使用的受控文件及时进行回收处理	5	扣 1 分 / 份		
3	年度归档计划按期完成率 ≥ 98%	20	每降低 1 个百分点扣 3 分		
4	文档监督检查发现问题未按期关闭	5	扣 1 分 / 个		
5	文档领域信函和会议纪要议定事项未按期回复和落实	5	扣 1 分 / 条		

上述组合拳的有效实施，保证了各类工程文件的组卷归档，既满足"五性"归档要求，又质量可靠、进度可控，全面提升核电项目管理水平，助力打造核电工程精品档案。

4 数字化为支撑，推动核电项目档案精细化管理

通过数字化技术与精细化管理的融合，能够解决文档管理各项业务上的实际问题，有效提升管理水平，变革业务管理模式，促进信息技术与核电项目文档管理的融合发展，为核电文档业务数字化转型工作注入了强心剂，有力促进核电工程建设精品档案建设。

4.1 项目文件自动交换，推动文件收发精细化管理

4.1.1 实现文件自动交换

为了按期完成与承包商之间工程文件传递，有效解决工程函件、纪要、技术文件等人工传递工作量大、耗时长、重复性强的问题，核电企业文档人员积极探索文档信息化新技术，基于 SOA 信息化手段，通过明确分步实施的工作目标、建立高质量的文件移交标准，通过开发跨组织间文档自动交换接口等，逐步实现了业主文档系统与总承包单位施工管理系统、与监理单位文档系统原生电子文件的自动交换、在线移交，实现了实现项目文件的数字化移交与文档一体化管理，省却了双方文档人员对各类文件的人工传递、下载、著录、上传等一系列工作，极大提升了文档传递、著录工作效率，减少了人工手动著录的失误，文件收发准确性也大大提高。

4.1.2 实现文件智能批分

为有效解决工程信函、技术文件等文件手动批分效率低问题，核电企业采用大数据和机器学习工具，对函件、技术文件批分进行智能化流程设计，基于 10 万多条历史分发记录和固化的分发规则，梳理与总结了智能化矩阵表，将传统的概括性批分参考表，整理成系统可识别的结构化数据。文件的智能批分提升了文件分发效率，且将传统的人工重复性选择，转化为系统根据大数据推荐自动批分，分发工作标准化、规范化，规避了人工批分的随意性，大大提升项目文件分发的精细化水平。

4.2 电子文件自动归档，推动文件归档精细化管理

4.2.1 实现了管理文件自动归档

为提升公司内部各业务系统项目文件组卷归档效率，核电企业积极探索电子文件自动归档系统的可行性。运用信息系统接口技术，通过系统数据匹配，陆续实现了供应链管理系统、会计核算系统、大修日志系统、运行值班系统、核安全监督及执照管理系统等核心业务系统原生电子文件，向文档系统的自动归档功能。

4.2.2 实现了工程信函自动归档

为有效解决文档管理系统内海量工程信函组卷归档问题，开发了工程信函自动归档功能，通过工程信函唯一的编号（通信渠道号），结合主办处室（领域）或编制处室（领域）进行分类，实现了工程信函按内容主题分类、往复信函合并组卷的自动组卷归档功能。按照系统配置好的组卷规则，工程信函即时产生即时自动归档，归档效率大大提升，归档准确性也得到切实保证。

4.2.3 实现了工程项目文件自动归档

为切实优化承包商项目文件归档流程、提高文件归档效率，核电企业组织总承包单位、监理单位制定了详细的元数据匹配规则及系统对接方案，在各方优化各自文档管理系统的基础上，创新性地开发了业主文档系统与总承包单位施工管理系统、与监理单位文档系统之间的自动接口，实现跨单位、跨平台的项目文件自动归档，大幅减少了人工重复下载、传递、上传、审查等工作，提高了项目档案归档工作效率，大大提高了工程文件归档的及时性和准确性，全面提升项目文件归档精细化管理水平。

4.3 库房管理智能化，推动文档保管精细化管理

为响应加速数字档案馆建设的号召，适应现代化管理要求，档案库房智能化管理已成为发展趋势。档案库房智能化管理，主要包括安防智能管理、环境智能管理、消防智能管理、档案实体智能管理四部分。其中安防智能管理，包括面部识别门禁系统、防盗报警系统、动态视频监控系统等；环境智能管理，包括温湿度远程监控、库房漏水自动报警、通风换气远程控制、智能照明等功能；消防智能管理，包括智能控制器、火灾探测器、声光报警器、自动灭火装置等设施；档案实体智能管理，包括自动定位与识别、档案移动上下架管理系统功能。

核电企业可利用三维扫描技术及动画仿真技术，建立档案库房、档案密集架、档案盒、库房设备的逐级可视的三维场景，搭建虚拟环境下的 3D 档案库房，建立档案库房智能管理平台。该平台通过与文档管理系统数据的对接，实现馆藏档案在 3D 库房档案密集架上的动态、实时显示，用户可通过WEB 浏览器漫游 3D 档案库房，直接进行档案查询及阅览，提高用户档案查阅的真实体验感，实现馆藏档案信息的可视化。

通过档案库房智能管理平台与电子环境监测系统、案卷智能上下架功能、档案柜标识牌自动生成功能的整合，开发放药登记、来访登记、库房巡视等档案库房日常管理模块，实现库房环境参数的在线监测，以及馆藏档案数量及库房排架余量的实时统计等功能，实现档案实体管理的智能化、可视化、规范化，切实提高文档库房管理及馆藏保管的精细化水平。

4.4 文档资源利用移动化，推动文档服务精细化管理

4.4.1 实现了文档移动化在线查阅

核电企业基于总体服务理念，推动档案与业务的深度融合，致力于文档资源服务"移动化"管理，促进档案资源开发利用规模、质量和服务水平同步提升。核电企业秉持"高效利用、安全可靠"的原则，将移动应用中的项目文件授权用户通过经注册授信的手机，可查阅本人权限范围内的文件和档案，满足用户随时、随地移动化查阅项目文档需求，使馆藏文档利用更加智能化和便捷化。

4.4.2 开发了知识智能问答服务

为充分挖掘利用核电厂技术文档知识资源，核电企业围绕知识获取、实体识别、关系抽取、知识融合、知识存储、知识服务等关键过程，分析目前主流的技术方案，开发了智能问答服务平台。该平台支持用户以问句的形式与智能平台[1]进行对话，系统自动将问句转换成知识图谱上的查询语句并寻找到答案，在给出答案的同时还能给出相应的依据，帮助核电技术人员自主学习、辅助运行决策，有效挖掘核电项目文档价值，提高利用效率。

4.4.3 搭建了文档资源智能搜索平台

利用最新搜索引擎技术，设计开发文档资源智能搜索平台，实现快速模糊查询、智能搜索和全文检索功能，实时推荐和多字段模糊搜索，并提供常用文件类型的数据展示，以及本人检索历史和浏览历史[2]，通过文档智能搜索平台，用户可以更简便、快速地搜索到所需文档信息，变被动搜索为主动推荐，提升用户对文档利用的满意度，切实提高文档服务精细化管理水平。

5 结束语

核电工程各参建单位应树立精品档案意识，充分利用"新五性"保障机制，确保实现项目档案归档质量和归档进度的双控目标，共同携手打造一流的核电项目精品档案。充分利用新一代信息技术，通过数字化、精细化管理转型，实现项目档案的智能化管理，提升精细化管理水平，切实提升项目文档管理和服务水平。在提高工作效率的同时，有效激发核电企业创新活力，为各领域精细化管理和业务创新提供文档决策支撑，高起点、高标准、高质量建设和运行好核电建设机组，最终实现将田湾核电站 7、8 号机组打造成为标杆精品工程的总体目标，树立全球典范。

注释及参考文献

[1][2] 杨强,查凤华,胡心宇.基于知识图谱的核电技术文档挖掘与应用实践[J].中国档案,2022(12):54-55.

提高核电总包项目
建安竣工文件归档质量的探索与实践

张勃涵

中国核电工程有限公司

摘要：本文结合徐大堡核电项目实例，对建安竣工文件归档过程中存在的问题进行了分析研究，对提高归档质量提出有针对性的建议措施并经过实施验证，提高了建安竣工文件的完整性、系统性及有效性。文章深入调查和分析了近些年建安竣工文件工作现状，对在归档过程中主要问题进行了梳理，并针对文件收集不完整、与工程实体不同步、档案人员缺少核电文档经验等问题，结合项目部的实际情况，提出做好合同控制、管理体系建立、计划管理、监督检查、组卷原则、培训等措施，对建安竣工文件管理各方面进行了改善，以期达到进一步提高建安竣工文件质量、为后续的建安竣工文件管理工作提供参考借鉴。

关键词：建安竣工文件；归档质量；核电总包项目

0 引言

核电工程作为国家重大工程项目之一，存在工程项目综合性强、科技含量高、安全质量要求严格、建设周期长、投资巨大的特点。正因为如此，在设计、建造核电站、对核电站进行调试以及正式生产运行的过程中，必然会产生很多记录，这些记录最后都会成体系归档成为档案以备随时查阅，是建设核电站以及核电站生产运行不可或缺的一部分。这些档案是核电站历史过程的真实写照，是核电站的无形资产。对于核电站来说，质量和安全问题非常关键，在核电站的管理中文件管理，设备管理和人员管理。并列为安全运行三大支柱，从根本上提高了文件管理的地位，改变了轻文件重工程建设的工作局面。

核电项目涉及大量的工程文件，这些文件中非常重要一个组成就是建安竣工文件，据已建成的项目经验统计，其数量占比高达 35%—40%。土建、安装工程涉及的原始资料均归档在建安竣工文件当中，这些原始资料记录了施工整个过程所产生数据，土建、安装施工工序是否符合规范，工程质量是否符合要求都可从中反映出来。例如：在隐蔽工程中有些部位一旦建成，存在监测较难不容易发现的问题，很多时候需要查阅档案，其查考价值凸显；针对改、扩建工程，无论是改建还是扩建都建立在原有工程设计之上，此时，档案就是重要的参考资料；一旦有事故发生，在追溯责任时，形成的相关文件也可以作为一种重要依据。由此可见建安竣工文件具有非同一般的重要性。

本文以徐大堡核电项目为例，借鉴其他核电项目的优秀管理经验，通过实行文件、档案一体化管理，对建安竣工文件的形成与流向进行了源头把控，将对建安竣工文件的质量要求前置到文件形成阶段，提高文件完整性、准确性和系统性的质量要求，避免在归档阶段大量整改文件，使文件与档案"无缝"衔接[1]。

1 归档问题及不足

建安竣工文件伴随施工过程产生，例如土建、安装施工等，对于这些文件应及时收集并保存好，待到工程结束，组卷工作才会更为方便和快捷。然而由于不规范管理，加上施工技术人员综合素质不高，人员流动性大等原因，很难全面完整地收集建安竣工文件。最具代表性的如核电建设项目，在收集建安竣工文件时往往容易出现以下几方面的问题。

1.1 无法收集齐全建安竣工文件，技术人员缺乏档案意识

工程档案管理工作较为基础和核心的一部分内容就是档案收集，这部分工作如果没有做好，或者不够及时，易导致工程档案系统性、完整性和准确性缺失。

核电项目建设是一项规模浩大，建设周期长，所形成的文件数量多，且其特点为成套性强、专业性强、文件更改性强，给档案收集组卷工作增加了难度。在施工过程中，因文件一直受重视程度不高，远不及工程，因此要确

认建安竣工文件是否完整往往要等到组卷阶段。施工过程中，通常由技术人员保管建安工程一手资料，然而大多数承包商技术人员均缺乏档案意识，而且流动频繁，缺乏有序管理，丢失和损坏档案原件的事件经常发生。

1.2 建安竣工文件收集工作未与工程实体同步

为确保归档文件的完整性，在收集建安竣工文件方面，原则上应与工程实体同步，然而实际情况却不尽如人意，很多建安承包商在工程快结束时才开始着手归集资料甚至于补资料，没有按照工程与文件同步的相关规定执行。

1.3 承包商文档人员缺乏核电档案工作经验

为加强建安竣工文件前端质量控制，提高文档一体化管理水平，在管理文档方面，应做到科学、规范，严格按照标准执行，同时文档管理人员应重视自身业务素质的提升，使自己的工作能力不断增强，深入和细化管理工作，追求高效、精准管理，做好文档管理服务，使服务质量不断提升。

以徐大堡项目为例，当下共有 49 名专、兼职承包商文档人员，从学历、从业年限及年龄三个维度对这些核电档案从业人员进行分析，结果如图 1 所示：

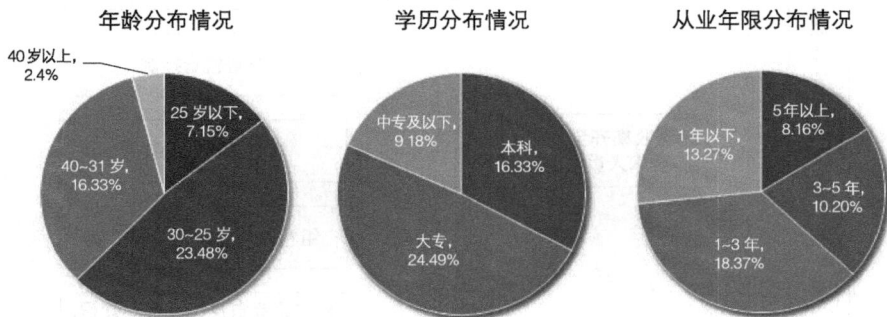

图 1　徐大堡项目专、兼职承包商文档人员情况分析

总结上述可得，各承包商均配备专、兼职文档人员，其中 30 人在 30 岁以下，16 人第一学历本科，8 人从档工作年限 5 年以上。由此可见承包商文档人员普遍存在年轻、学历普通、从业年限短的特点。且通过文档监督检查发现，规模较小的建安承包商文档人员缺乏文档全生命周期管理[2]的意识，

档案管理体系建立意识薄弱，建安竣工文件记录在工程开始前期存在形成质量不受控的状态。

2 提高归档质量的对策及实践

建安竣工文件作为建安工程重要的一部分，除了加强文档方面的管理，更应加强与工程项目实体管理相结合，才能确保建安工程管理目标顺利达成（见图 2）。本文结合徐大堡核电项目的实践过程，对不同阶段建安竣工文件的管理方式（见图 3）加以总结，并针对资料收集过程中的问题主要有以下几方面对策：

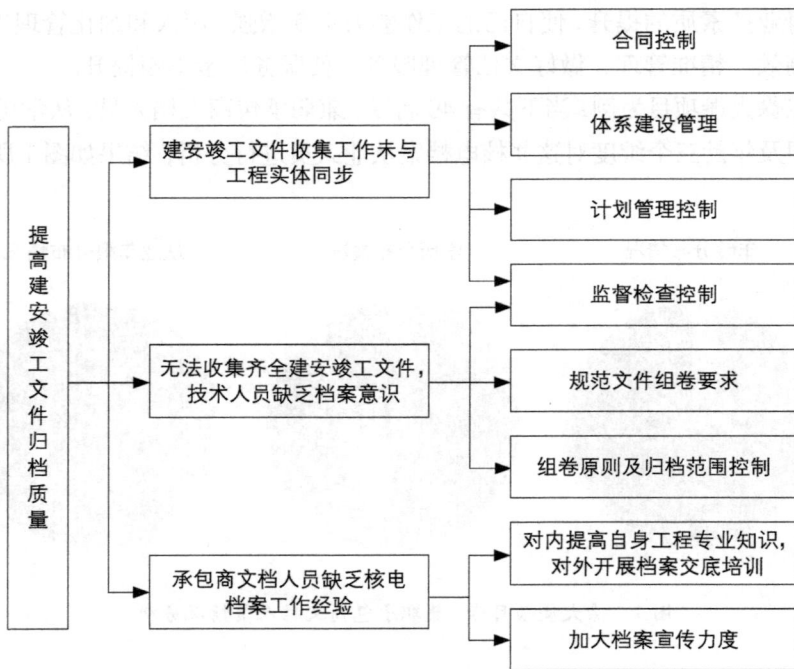

图 2　提高归档质量的对策

```
┌──────────────┐          ┌────────────────────────┐
│   签订合同前  │ ───────▶ │ 将文档管理工作要求纳入合同条款 │
└──────────────┘          └────────────────────────┘
       │
       ▼
┌──────────────┐          ┌────────────────────────┐
│承包商签订合同后,│ ───────▶ │      进行通信规则交底      │
│    进场前     │          └────────────────────────┘
└──────────────┘
       │
       ▼
┌──────────────┐          ┌────────────────────────┐
│  工程开工初期  │ ───────▶ │  1. 档案交底培训          │
└──────────────┘          │  2. 编制组卷规划          │
       │                  └────────────────────────┘
       ▼
┌──────────────┐          ┌────────────────────────┐
│ 工程开工半年内 │ ───────▶ │       完成组卷规划        │
└──────────────┘          └────────────────────────┘
       │                           │
       │                           ▼
       │                  ┌────────────────────────┐
       │                  │ 1. 季度文档检查、质保监查;  │
       │                  │ 2. 文档协调会;            │
       │ ────────────────▶│ 3. 季度承包商考核、履约评价; │
       │                  │ 4. 档案专项培训;          │
       │                  │ 5. 过程中收集、整理竣工文件   │
       │                  └────────────────────────┘
       ▼
┌──────────────┐          ┌────────────────────────┐
│工程建设中至子项 │ ───────▶ │ 1. 竣工文件专项文档检查     │
│竣工验收2个月前 │          │ 2. 整理、组卷竣工文件       │
└──────────────┘          └────────────────────────┘
       │                           │
       │                           ▼
       │                  ┌────────────────────────┐
       │ ────────────────▶│      竣工文件专项文档检查    │
       │                  └────────────────────────┘
       ▼
┌──────────────┐          ┌────────────────────────┐
│子项竣工验收完成 │ ───────▶ │    完成建安竣工文件归档移交   │
│至验收3个月后  │          └────────────────────────┘
└──────────────┘
```

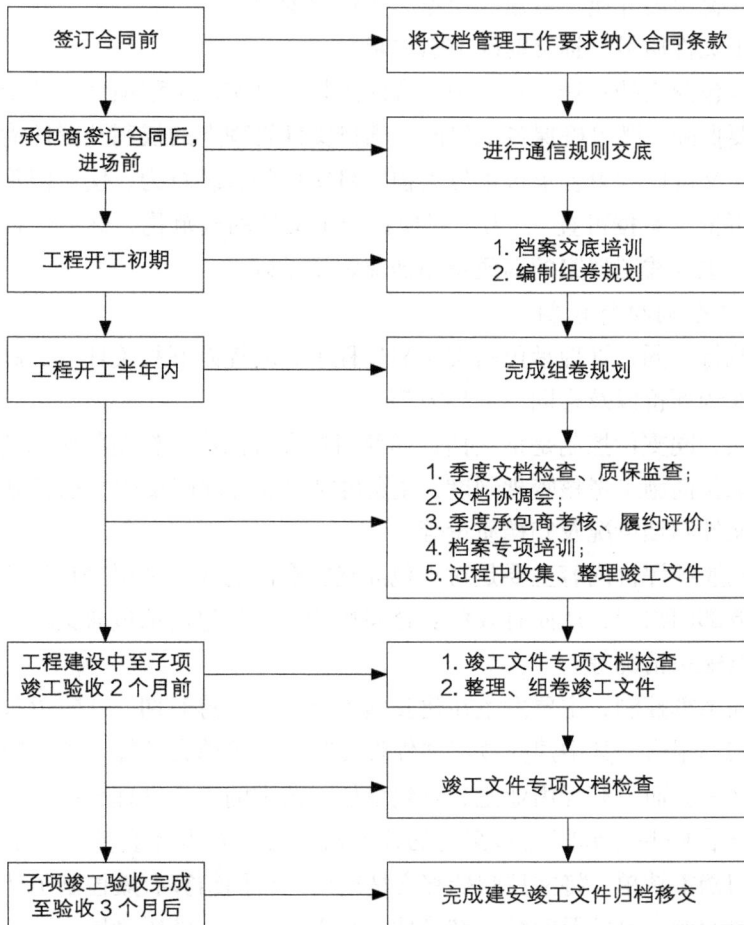

图 3　不同阶段对建安竣工文件的管理方式

2.1 合同控制

2.1.1 合同条款控制

在工程开展初期,文档部门应主动参与承包合同中关于文档管理条款的编制。条款内容重点包含以下内容:

应遵循的档案法律法规和上级单位管理程序制度;

专职文档人员、文档设备的配置要求;

文档管理体系建设要求;

组卷规划、归档计划编制及提交要求;

文件提交的介质、数量、质量、传递等要求；

竣工文件质量、提交时间节点要求。

将承包商文档管理工作，纳入合同条款，是实现工程项目文件全过程管理的重要保障。既可确保各承包商在项目文件管理上的权利及责任清晰化、明朗化，又可以约束各承包单位工程项目文件的管理行为，使文档管理做到"有据可依、有据可查"，为工程项目竣工文件的规范化、标准化管理提供了保障，也为竣工档案的高质量归档奠定了基础。

2.1.2 合同执行控制

在执行合同，管理承包商文档的过程中，应控制好相关环节，例如合同支付、履约评价以及合同结算环节等。

所谓合同支付控制是指文档管理部门核实合同中文档条款履约情况，借助建安承包商施工考核管理制度，在支付时向商务部门反馈文档意见，如建安竣工文件归档情况及归档质量等。

合同履约评价内容主要是对承包商建安合同的履行情况进行评价，该定期由商务部门组织，从而有效控制合同执行情况，包括承包商文档的管理状况，人员配备情况等。

合同结算控制，主要发生在建安施工合同的结算时期，此时承包商需编制竣工结算报告，其中建安竣工文件移交归档审核单为结算必须提交的支持性材料之一。而只有经由业主、总包单位、监理的工程管理部门、文档部门审查确认合格并完成归档移交后的建安竣工文件各方才会签署建安竣工文件移交归档审核单。将文件归档移交情况纳入合同结算有效控制了建安竣工文件组卷问题整改的及时性、准确性，为提高归档文件质量提供了良好的先行条件。

2.2 体系建设管理

文件和档案是同一事物在不同发展阶段的两种表现形态，文件是档案的前身，档案是文件的归宿，将项目档案管理工作向前延伸，实行文件、档案一体化管理使核电文档的全生命周期，做到文档工作的"前端控制，全程管理"。如要科学、有效地管理档案，其前提是必须建立科学的管理程序体系，这也是有效开展管理工作的前提。在形成、积累、收集和整理工程项目文件的过程中，应建立对应的制度，并促使其程序化，同时从源头上对文件的形成与流向进行把控。把后期对档案的控制要求（完整性、准确性、系统性）提前到文件的管理阶段，实现文件和档案的"无缝"衔接。

　　工程公司以国家和集团上游文件为依据，与工程实际相结合，编制使用核电项目的标准化管理程序 12 份，同时根据徐大堡项目业主特殊需求编制了项目自有程序及工作方案共 7 份（见图 4），涉及文档管理的全过程包括编制、传递、编码、归档、利用及保管文件等多个环节，真正做到了对文件的全生命周期管理。

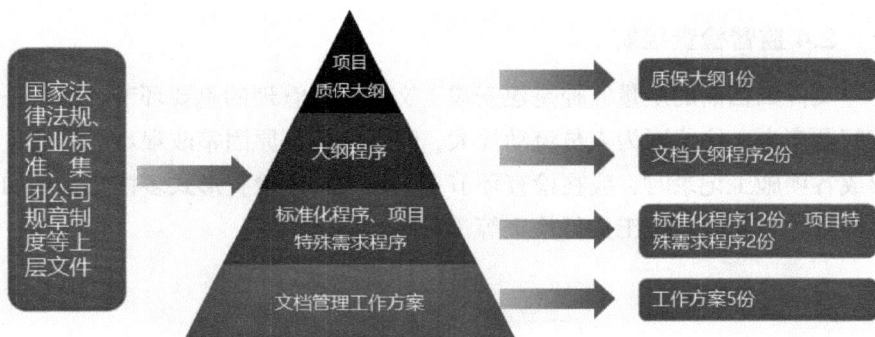

图 4　徐大堡核电项目文档管理体系

　　总包单位作为项目的管理者，其职责之一就是组织和督促各承包商单位，在启动项目建设阶段，建立自身的档案管理体系，并加强监督，使岗位责任一级级落实到位。为确保从源头上管控好工程档案，文档人员不仅要对承包商的文档工作程序进行指导、选点审查，更要积极参与承包商施工组织设计、质量保证大纲的编制审查，确保文档管理工作的组织机构、职责范围、业务原则落实到承包商项目级管理体系中，使文档管理工作有据可依、有据可查。

2.3 计划管理控制

　　工程施工进度计划与资料管理相结合 [3]。进度计划管理是建安竣工文件过程管理当中最为核心和有效的一种管理方式。每年年度总包单位组织承包商依据施工进度计划，编制竣工文件归档计划。经总包单位工程管理部门批准后，由文档人员汇总报送业主审查批准，并安排专人分解年度计划到月，根据工程进展情况，对当月的计划完成情况进行统计，并将完成结果纳入承包商考核。

针对施工期较长的子项工程，为有效避免因建设周期长，早期完工及人员变动而形成的文件收集不及时丢失、人员漏签等情况发生，总包单位应要求承包商将该子项工程以分部工程为控制点拆解为多个归档节点纳入本单位归档计划，经总包单位批准后，要求承包商按分部工程完成节点进行文件（分部工程施工记录及验评资料、原材料）收集、整理，从而保证工程资料形成过程在受控状态。

2.4 监督检查控制

文件归档前的质量监控是建安竣工文件质量管理的重要环节，因为一旦有问题产生，往往因为人员流动性大，时间久远等原因整改艰难。为此，在形成各项施工记录时，应在检查环节多下功夫，使检查形式多样化，例如质保检查、专项以及竣工文件检查等（见图 5）。

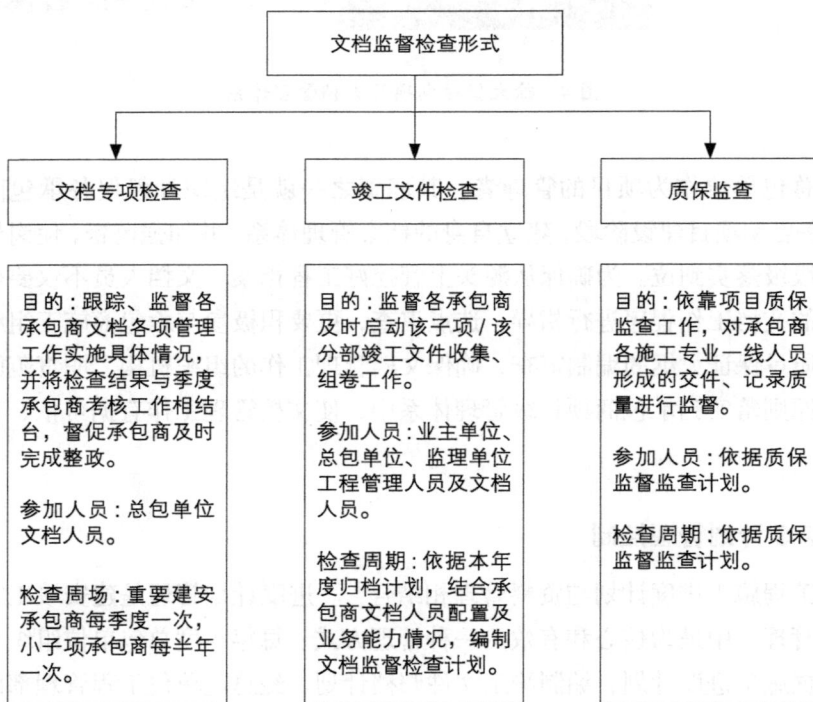

图 5　文档监督监查形式

2.5 组卷原则及归档范围控制

总包单位应依据法律法规、标准规范及总包合同范围，结合工程实际情况，规划竣工文件的组卷原则，确定归档范围。结合工程实际情况，对不同工程的工程范围加以分析，规划其划分原则，从而将相应的竣工文件组卷原则以及文件归档范围清单明确下来。如在 VVER 堆型机组施工过程中，综合管廊施工由多家承包商分段施工，根据竣工文件"谁形成、谁组卷"的原则，如承包商"各家只扫门前雪"容易造成竣工文件完整性缺失、系统性不足的风险。各施工段竣工文件如何衔接组卷，在确定竣工文件组卷原则时，应结合这一实际情况确定组卷原则。

以徐大堡项目 VVER 堆型机组建设为例，总包单位文档依据标准规范及合同要求将单位工程建安竣工文件划分为九大部分（见表1）。且为确保建安竣工文件完整性、系统性，要求承包商在编制组卷规划时，必须明确列出其所负责的子项工程清单（合同范围内），共用卷、子项工程卷划分及其各自的归档移交节点。

表1　建安竣工文件组卷规则划分

序号	名称	归档范围
第一部分	竣工验收文件	工程竣工验收证书、工程竣工验收申请、工程完工与质量自检报告、土建和安装物项清单、工程保修证书；预验收和质量评估报告（含实体预验收意见和资料预验收意见）；竣工验收意见、竣工验收纪要、工程实体移交会签单、竣工验收过程中迎接上级主管部门（集团公司、国家核安全局等）检查的各级汇报材料（若有）
第二部分	施工管理文件	施工机构与人员资质文件：单位资质证明文件；项目部主要施工管理人员任免文件；项目部主要施工技术人员资质证明文件；现场试验、检测机构资质证明文件；试验检测人员、现场测量人员、特殊工种操作人员资质证明文件；试验检测设备、计量器具、测量设备/仪器检定证明文件 施工管理文件：工程开工报告、开工条件检查记录、停工报告、复工报告（若有）；质保大纲、大纲程序及其审查确认文件；施工组织设计、施工技术方案、工程管理程序、工作程序及其审查确认文件、作业指导书、规程；施工进度计划（四级或年度及其以上计划、专项计划）及其审查确认文件；施工安全管理程序、检查记录、安全交底、重大安全隐患清单、重要危险源清单、施工安全事故调查处理报告及附件、施工不符合项报告及附件、工程质量事故调查处理报告及附件；重要来往函件与会议纪要
第三部分	设计变更与工程洽商文件	设计变更通知单及其执行情况跟踪单；澄清单（现场执行的澄清单应附执行情况跟踪单）；与设计变更/澄清相关的会议纪要、工程洽商和材料代用文件；技术交底、图纸会审记录

（续表）

序号	名称	归档范围
第四部分	原材料与半成品质量证明文件	生产或供应商资质评价文件（评价报告及其资质文件）；土建原材料／半成品／预制件／加工件／钢筋套筒连接件／焊条进场检查验收文件（进场报验单、材料验收单）、出厂合格证明文件、见证取样文件、进场复检报告；混凝土、砂浆配合比试验（设计）报告及其审查确认意见；安装原材料／半成品／预制件／加工件／预埋件／钢结构、钢构件／支吊架进场检查验收文件（进场报验单、材料验收单）、出厂合格证明与各种试验报告文件、见证取样文件、进场复检报告；合金钢零部件、紧固件的光谱分析及硬度试验报告，预埋件、支吊架材料性能试验报告，高强度螺栓扭矩试验报告；其他检（试）验报告
第五部分	测量控制文件	首级（全厂）、次级（全厂）、微型（主要厂房内）、专用控制网（主设备安装）测设成果及其审查确认文件、测量控制点、测量控制网成果、软基处理监测记录；建（构）筑物变形（沉降、位移）观测成果
第六部分	施工质量控制文件	质量计划报审、选点关闭文件；土建类施工记录：测量定位、放线记录；隐蔽检查验收记录；施工试验报告及见证检测报告；地基基础类施工记录；钢筋砼结构类施工记录；预应力结构类施工记录；钢衬里类施工记录（钢衬里及主要钢结构类施工记录）；普通钢结构与焊接类施工记录（次要钢结构与焊接类施工记录）；防水工程类施工记录；普通安装类施工记录；建筑装饰与室外工程文件：装饰装修、楼地面、门窗工程等施工文件；室外道路、智能、管网、围墙、绿化等施工文件；安装类施工记录：测量定位、放线记录；隐蔽检查验收记录；工程焊接施工记录；机械设备类施工记录（反应堆压力容器、蒸汽发生器、主泵、主管道、稳压器及附属部件、汽轮机、发电机和励磁机、其他）；管道类施工记录、电仪类施工记录、安装工程其他有关记录；单体试验类施工记录
第七部分	质量验收评定文件	单位、分部及分项工程质量验收记录以及检验批质量验收记录（若有）；工程或系统分阶段验收文件，如基础工程检查验收文件、主体结构工程检查验收文件、房间移交与返移交文件、EESR 文件等
第八部分	竣工图	涉及多单位施工时，由施工单位提出、监理确认后，由提供施工单位及其施工范围并签署确认；若一张图纸涉及多家施工时，由 CNPE 指定该张竣工图的编制单位，完成该张竣工图所有变更的编制。各专业竣工图、变更文件汇总表（格式详见附录 2-5）；编制竣工图的其他相关文件（如函件、验收会议纪要等）
第九部分	特种介质文件	特种介质整理组卷范围详见《核工程项目特殊介质档案管理》《项目声像文件归档管理程序》。声像档案：与工程质量相关的照片、录音带、录像带及其说明文件（例如基础工程、主体工程、重要部位隐蔽工程、预应力钢束及试验、建筑物位移、沉降及处理情况、设备安装、质量和安全事故及处理情况、施工中的重要活动、重大事件等方面形成的声像材料）；射线底片：无损检测拍片资料、底片及其说明文件 岩芯档案：工程地质勘探岩芯、岩样及其说明文件焊接见证件

各承包商按照总包单位要求在开工半年内完成组卷规划编制，且内容必须经业主单位、总包单位、监理单位的工程管理人员和文档人员联合审查批准后，才可以发布执行。

总包单位文档人员汇总各承包商编制的组卷规划划分清单，并根据各子项代码提前预编制建安竣工文件档号，将建安竣工文件组卷工作变为"填空题"。以此可以站在整个机组项目的角度，更好地梳理调整建安竣工文件档号取号工作，通过档号的编制完善竣工文件的系统性管理，提高归档质量。

2.6 对内提高自身工程专业知识，对外开展档案交底培训

总包单位文档人员可以通过自学、参加培训、经验总结和交流等方式提升自身档案业务能力水平[4]。同时，也应熟悉项目工程的具体施工工序及每道工序所要求采用的施工技术、施工方法和施工材料。竣工文件作为项目施工过程的产物，来源于施工的每一道工序。竣工文件管理人员应熟悉以上内容，才能正确地判断各类工序应产生的文件种类及文件的逻辑顺序，从而确保竣工文件案卷的系统性。

总包单位文档人员应将主动服务意识构建起来，尤其是签订合同后，应主动联系承包商，对其文档人员配备及业务能力情况及时沟通了解。在承包商文档人员进场后举办工程文档管理交底培训，宣讲本核电建设项目依据的档案法律法规及相关技术规范、文档管理体系建设、竣工文件质量要求等方面内容，以提高文档人员的档案专业知识水平和实践能力，让其具备把好建安竣工文件质量"第一关"的专业能力。

2.7 规范文件组卷要求

核电项目建设不同于其他大型工程项目建设，其建设周期长，涉及参建单位多，产生的文件类型、文件数量多。其承包商来自不同专业不同领域，人员构成也各有不同。对于编制文件的质量要求，不同承包商有不同看法，为统一文件规范性质量标准，需固化竣工文件模板和具体规范性整理要求。

为保证各方档案在形式上保持统一，总包单位文档人员应编制建安竣工文件管理细则，细则中应详细规定案卷编目、装订、组卷原则、归档介质、数量等要求。以徐大堡核电项目为例，文档人员编制了《徐大堡核电项目交

工文件管理细则》其中不但对以上内容进行了详细的规定，且添加了编目举例，针对卷内目录的编制工作也列举不同类型文件的组卷要求（见图 6），力求各承包商文档人员参照文件便可直接进行文档组卷工作，且达到标准化、规范化的质量要求。

4）变更单、澄清单：每份变更（或现场实施的澄清）在目录中著录为一条信息，题名为"变更、澄清类文件原标题"，对于原标题内容较长的，也可简要概述变更、澄清内容；

5）不符合项报告：每个不符合项报告在目录中著录一条，题名为"**（简要概述不符合项内容）的不符合项报告"；

6）质量计划及其施工记录：目录中按质量计划的批复函、质量计划（通用质量计划、一般质量计划、特殊质量计划）分别著录，其中每份质量计划（通用质量计划、一般质量计划、特殊质量计划）后的施工记录汇总表、施工记录与质量计划合并著录，题名为"**工程**质量计划及其施工记录"；一般质量计划的题名应增加施工部位；

7）质量验收评定文件：目录中按单位工程、分部工程、分项工程分别著录，检验批（若有）与分项工程合并著录，题名为"**分项工程及其检验批质量验收记录"；

全　宗：429

档案号：由承包商提供卷册清单，CNPE 徐大堡项目部根据 CNLN 程序要求进行编码，并发 CNLN 审核后，承包商填写案卷封面。

类目名称：档案号第 3 段-类目名称，例如：H141-施工管理

卷　名：徐大堡核电厂 3、4 号机组***工程竣工文件

***第*册（共*册）

该册文件内容概述

单例：徐大堡核电厂 3 号机组核岛负挖工程竣工文件

施工管理文件第 2 册（共 5 册）

施工方案

图 6　案卷封面、卷内目录编制细节要求

2.8 加大档案宣传力度

档案宣传工作要善于从一线业务人员视角宣传文档工作要求，要让其树立文档质量意识。尤其是注重集思广益，借智借力，优势互补。一方面对传统的较好的宣传方式加以继承和发扬，例如办展览、开展征文活动或举行讲坛讲座，进行专题拍摄等；另一方面也要对一些新时代宣传方式进行尝试，使档案宣传方式不断创新和丰富，例如动漫制作以及短视频、公众号等。

3　效果评价

参照 2021 年的归档数据，2022 年项目部将合同管理、体系建设管理、计划管理等方面都进行了改善，并逐渐提升改善培训质量。使得项目部的建安竣工文件归档质量得到极大改善，效率有很大提升，效果较好。具体数据详见图 7、图 8。

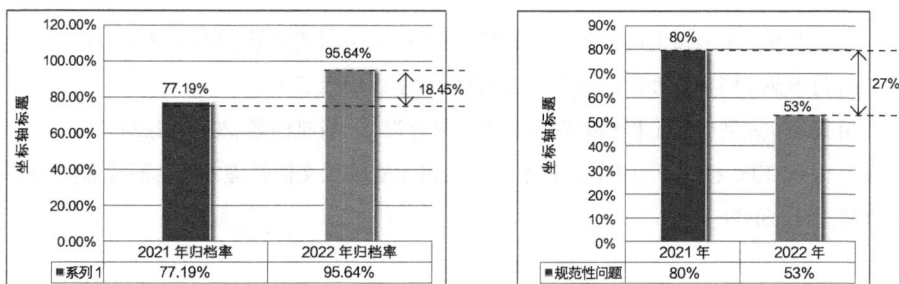

图 7　2021 年、2022 年建安竣工文件归档率及规范性问题占比对比图

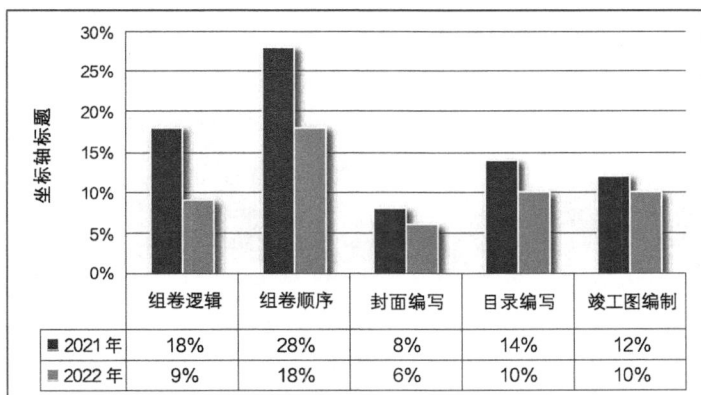

图 8　2021 年、2022 年建安竣工文件审查问题占比对比图

4　结语

公司提倡"海纳百川，聚德思变"的聚文化，为实现项目的一流管理，在各方面及环节上都应加大重视，使方方面面都向一流水平靠近。核电项目工程一直在发展、革新，无论在设计方面，还是在施工和管理方面都在不断变化，这使得档案管理工作面临更多挑战。需要项目各参建单位群策群力，探索优化核电工程档案管理的方式方法，提高档案"四性"质量，为业主提供更高质量的档案管理、归档服务，充分彰显工程公司的一流管理水平。

注释及参考文献

[1] 王红敏 . 我国核电站档案管理的基本经验 [J]. 中国档案报 ,2005-08-08(3).

[2] 肖秋惠 . 档案管理概论 [D]. 武汉 : 武汉大学出版社 ,2009.

[3] 徐宁 . 大型建筑工程档案管理的难点与对策 [J]. 城建档案 ,2012(12):24-26.

[4] 张珂 .EPC 模式下 AP1000 核电工程项目建安竣工文件管理方法的研究 [J]. 机电兵船档案 ,2014(3):68-71.

浅谈核应急事件中的档案管理能力建设

刘国宇　孙红梅

中国核动力研究设计院

摘要：核应急事件通常以其发生突然性、原因复杂性和重大影响性，给地区和居民带来重大的生命财产损失，处理这类重大事故是对核工业体系、国家治理能力的一次考验，而在此过程中档案工作可以将事件从发生前、发生时、发生后的原始记录保存下来，不仅能够对事件全貌形成完整的记录，也能够为后续活动提供支持。

关键词：核应急；档案管理；能力建设

自 20 世纪人类开始开发利用核能以来，这项技术为人类社会整体发展带来了新的强劲的动力，极大地增强了人类认识世界和改造世界的能力。但是核能的发展并不是一帆风顺的，也会给人类带来新的风险和挑战。在人类享受核能所带来的优势的同时，决不能忽视核安全，核安全是核能事业持续健康发展的生命线，而核应急是核能事业持续健康发展的重要保障。[1]

1 背景介绍

1.1 核应急事件

自 1942 年以来，经过近 80 年的发展，虽然人类开发利用核能的水平已大大提高，但回看历史上几次重大的核事故，我们仍不能做到完全避免那些对经济、环境造成重大影响的事故。因噎废食是不可取的，人类利用核能的脚步不能停下，我们应该更多地思考如何汲取其中的经验教育，增强核应急事件的应对能力。

核应急的目标是通过采取紧急行动防止工作人员或公众确定性效应的发生，尽可能减小随机性效应的发生率，降低必然性事件的破坏性。一方面，核应急具有较强的专业性，需要专业人员或专业知识的储备，许多相应行动需要依靠事先由专业人员根据不同领域的专业计算的结果或做出的决策。另一方面，核应急是涉及多组织部门的复杂活动，整个过程是各组织的响应行动按照一定逻辑和顺序的有机结合，所以不同组织部门，包括档案部门与其他部门之间顺畅的协调合作同样至关重要。

1.2 重大活动和突发事件档案管理办法

2020 年 12 月 12 日，国家档案局局长陆国强签署国家档案局第 16 号令，公布《重大活动和突发事件档案管理办法》，该办法以新修订的《中华人民共和国档案法》和《中华人民共和国突发事件应对法》等相关法律、法规为依据而制定，该规定自 2021 年 6 月 1 日起施行。

该办法的制定，很大程度上完善了国家层面的应急事件档案制度规范，明确了重大活动和突发事件的档案界定问题，确定了在发生重大活动或突发事件时档案的归属流向问题如何解决，让整体档案管理要求更加科学。

从核应急事件的角度而言，该法案明确了在核应急事件中直接形成的对国家和社会具有保存价值的各种文字、图标、声像等不同形式的历史记录均是应急事件档案的一部分。规定了"统一领导，分级管理"的原则，对核应急事件而言，"统一领导"就是明确国家机关、政府档案部门主管该事件的档案工作，有助于保证国家机关履行其统筹规划、组织协调等职责，避免政出多门。"分级管理"则是要求在国家机关、政府档案部门领导下，核应急事件相关各机构单位分级负责本次事件的档案工作。该办法还通过设置事件全宗的方式，明确了重大活动和突发事件档案的归属流向问题。从核应急事件来说，如该事件责任部门明确为一个单位的，则形成的档案可并入该单位的全宗进行管理，责任部门不能明确为一个单位的，则需讨论是否有主要责任单位，如有的话则并入主要责任单位，如各单位联合开展工作时，则将事件分为多个部分，并将各部分档案归入该部分的责任单位全宗。如对档案归属流向等产生争议时，该办法提出了争议解决的机制，可由相关单位提交给对应档案主管部门予以处理。

1.3 核应急事件档案管理特点

1.3.1 事件影响巨大

核安全作为核工业的生命线，核应急事件一旦发生，往往影响的地理范围较大，影响所持续的时间较久，影响所涉及的领域较复杂，发生核应急事件的原因也往往不是单一的，且发生核应急事件后，由于其所产生的破坏性、释放的辐射剂量等导致调查取证，收集原始资料的难度较大。例如 2011 年发生在日本的福岛第一核电站泄漏事故，该事故再导致福岛第一核电站 1—3 号机组堆芯熔化，并且导致多台机组发生了氢气爆炸，将其反应堆包壳炸毁，厂房及周边建筑被严重损坏。事故共泄漏了大约 90 万兆 Bq 的铀元素，辐射量在每年 5mSv 以上的地区大约有 1800 平方公里，其中每年 20mSv 以上的则有 500 平方公里。该事件共转移约 45000 人，导致福岛第一核电站半径 20 公里土地荒废。在近十年后的 2020 年 10 月 16 日，日本内阁官房长官加藤胜信还宣布了一项关于处理福岛核事故废水的方案，预计于 2022 年开始，将 123 万吨的辐射废水排入太平洋，该工作将持续长达 30 年。

从上例可以看出，核应急事件一旦发生，影响范围较大，持续时间较久，且收集原始资料往往面临诸多困难，因此很难寄希望于在事件发生后再启动档案管理流程。

1.3.2 信息时效性强

核安全是国家安全的重要组成部分，由于历史上多次涉核事件对人类生活的重大影响，因此无论所影响的行业、领域、地区，从普通百姓到国家高层，都对其非常重视。部分百姓对涉核事件到了谈核色变的地步。2009 年 6 月 7 日，杞县利民辐照厂在利用钴 60 对辣椒等农作物进行辐照时发生卡源事件，钴 60 无法恢复至原来的安全储存位置[2]。6 月 7 日当天，该厂密封室内发生了意外倒塌，压住了放射源保护罩，导致钴 60 放射源被卡住，无法正常回到原定水井中的安全保存位置。事件发生后，国家环保部立即组织专家组赶赴现场进行检测并处理。检测得出的结论是，没有发生辐射泄漏，放射源处于安全状态。然而，由于信息披露的不及时、不准确，外界的反应远远超乎当地政府部门和专家的意料之外，由于辐射源对密封室内的青椒等农产品持续辐照，部分农产品发生自燃。这个消息迅速在当地人民群众之间传播，并且出现了大量以讹传讹的现象。人民群众出现了大面积恐慌，杞县出城的各个路口上堵满了"避难"群众。

导致这场事件从一次简单的密封室坍塌发展成全城大逃亡的，正是由于当地政府及涉事单位处置不当，如果在发生事件前，涉事单位能够做好宣传，将修建密封室时所产生的固投档案、使用放射源的生产档案经过整理，及时高效地将所需部分档案公布于众。在事件发生时能够即时完整真实地公布事件相关档案，让老百姓能够及时了解事件情况，那后续的大逃亡事件可能就不会发生。

1.3.3 档案的作用

在核应急事件中，由于存在上文所提到的影响范围大，影响时间久，事件成因复杂，难以调查取证，对信息及时准确性要求高的特点。因为，对其中的档案管理，也提出了特殊的要求。

总体来说，档案在核应急事件里发挥的是"黑匣子"的作用，在日常工作中，需要档案工作者真实完整安全有效地将其所负责的单位内信息妥善记录下来，并在安全的环境中保存。在核应急事件发生的过程中，不仅需要注意已归档资料的安全性，及时将所需已归档资料利用起来，以便为事件应急决策提供重要的信息支撑。同时也要注意搜集事件发生的过程中所形成的各项资料，以便起到"前事不忘后事之师"的效果，为后续科学研究提供宝贵资料。在事件发生后，也应该做好档案编研工作，将本次事件产生的各类相关资料进行甄别处理，以便反映历史的真实面貌，给后人呈现权威的事件全景。

2 核应急事件档案管理模式

2.1 事前准备

核应急事件的事前准备主要指的是涉核单位档案工作人员的日常工作，只有做好了扎实的日常工作，才有可能在发生核应急情况时提供保障服务。

2.1.1 档案管理制度建设

（1）档案管理

涉核单位由于其单位本身性质，所需归档的档案数量往往较大。据统计，建设一个标准的核电站，涉及的档案数量往往能达到数十万份，这需要档案收集人员把好每份档案的质量，在制作及检查过程中尽可能避免文件中出现的错误、重复、缺失等问题，保证在出现事故后，档案能够真实完整地反映所对应部分的内容。同时在涉核单位档案收集的过程中，所遇到的档案门类也是五花八门，从文件类别来说就可以分为立项文件、施工文件、监理文件、验收文件、运行文件、科研文件等。从文件载体来说可以分为纸质载体、磁性载体、光盘载体、胶片载体、实物样本等。种类繁多的文件使得档案管理人员在了解本身档案相关技能的同时，需要对本单位的业务加强学习，增进了解，才能够较为清晰准确地完成档案整理归档工作。

（2）制度管理

核工业由于其本身的高科技属性，技术含量较高，因此核设施的建设周期也较长。建设一个标准规模的核电站往往需要五年左右的时间，个别电站甚至可能达到十年左右。且一旦修建完成，核设施的运营往往也将持续数十年。以我国最早的商用核电站秦山一期为例，该电站1985年开工，1991年建成投入运行，目前已持续运行30年。随着时间的推移，核设施及其相关的管理机构发生了各种各样的变化，需要单位建立长效管理机制，对单位产生的各类档案记录，存档，更新，才能使档案保持持续性。

由于在较长的时间跨度下，核设施的主要责任单位及相关协作单位不可避免地将会出现人员调动、离岗离职、离退休、协作单位更换等情况，这使得在开展档案收集工作的同时要开展制度建设，编制规范化、标准化的档案管理模板等，以便档案能够不受人员、单位变化限制，质量保持统一。

在制度建设中，也要注意核应急情况下应对小组的预案编制，保证出现核应急事件时，责任单位档案部门及工作人员能够迅速明确部门、个人职责，高效开展各项工作。同时为了保证核应急事件下档案工作的顺利开展，应当在编制事件应对小组时将档案部门负责人纳入其中，以便档案部门能够从全局角度收集及利用相关档案资料。

2.1.2 档案信息和实体安全防护

为科学合理地应对核应急事件，涉核单位需要较为特殊的档案保管体系，首先在实体档案库房的位置选择和保管条件上，应当选择不易受到核事故影响的位置，库房在修建过程中除了传统的九防措施以外，也应特别注意抗辐射措施。

由于核应急事件一旦发生，所波及的范围可能较大。而为了档案日常工作正常有序地进行，档案库房和核设施之间的距离不可能过远，在核应急事件一旦发生后，库房依然可能被波及。因此档案的异地备份就显得尤为重要，在异地备份时除了满足普遍性的要求如不属于同一流域、同一地震带的前提下，还应注意其抗核应急事件的能力。

核设施一旦修建完成，往往需要持续运行较长时间，这就使得档案的长期保存成了涉核单位档案工作的重要问题。在核应急事件发生时，如因保存不善而无法调用档案资料，就无法为应急决策提供有力的支撑。因此，涉核单位在日常档案工作中，需要对档案原件进行科学合理的保存。同时也应注意异质备份，保证核应急条件下档案的可用性。有条件的单位还可探索如磁光电混合保存、新型介质保存等前沿档案保存方法。

在核应急事件中，往往需要及时调阅利用大量档案资料，因此在档案的日常保存中，需要注意调阅的效率，以核电档案为例，可以综合利用多种信息手段提高档案的利用效率，在条件允许的情况下尽可能做到数字化和无线化，便于在核应急事件中可远程在线及时查阅相关档案。

2.2 事中收集

2.2.1 主动介入

核应急事件具有突发性、复杂性、不确定性等特点，因此对涉核单位的档案部门提出了较高要求。需要档案工作人员能够找准着力点和切入点，一方面要发挥好为应急事件决策机构提供决策依据的基础性、支撑性作用，另一方面也要注意开展事件相关资料的收集工作，为后续存档工作做好准备，秉持对过往历史负责，对未来工作准备的态度。

档案工作在各涉核单位中往往承担的是辅助性工作，在核应急事件发生时很容易被忽略，几乎不会被当作是工作重点来看待，因为往往话语权不强。但单位的档案工作人员还是应该提高站位，从大局观出发。能够积极主动地介入核应急事件中去，拟定一套适合单位发生核应急事件的响应和参与备案，并在平时进行演练。一旦发生核应急事件，能够主动参与事件全过程，积极配合各决策方，高效准确地提供辅助性材料。

在核应急事件发生时，档案部门需要主动打通沟通渠道，打破信息壁垒。一方面需要打通档案部门与各决策方的信息壁垒，核应急事件往往影响的范围较大，层级较多，所涉及的决策方也将出现数量和层级较多的情况。此时档案部门应主动担当，配合事件处理总体，主动沟通，争取各个决策方都能及时准确地掌握事件相关资料。另一方面，核应急事件的主要责任单位的档案部门也需要及时明确该事件相关责任单位，如外协外包单位、主管机关、地方政府等。并与该事件相关单位档案部门及时沟通，保证之间的档案及其他资料能够互通互用，避免形成信息孤岛。这样有利于事件决策方能够更加全面地了解事件情况，便于从整体角度把握事件发展，利于事件得到圆满的解决。

2.2.2 主动收集资料

在核应急事件发生时，事件相关单位的档案部门应当以敏锐的职业嗅觉收集事件相关的原始资料，尽可能跟进事件处理的全过程，主动建立常态化的核应急事件资料收集渠道，做到事件中的相关资料应收尽收，应归尽归。并在事件发生的过程中同步开展档案工作，争取积累更多的工作经验和方法。

事件主要责任单位档案部门也同时应该注意外部资料的收集，单位档案馆在自身话语权不足，难以在社会范围内进行有效收集的情况下，可以寻找政府主管部门或档案部门协作，由其发布支持性文件或收集标准，积极主动推进档案的收集工作。在主要责任单位档案馆或相关国家机关制定了收集标准后，应尽快开展大范围的资料收集工作，对各相关单位及相关的企业、团体的信息进行收集，拟定出科学可操作的收集计划。同时应重视各大高校，各地公共图书馆、档案馆，相关科研机构，非政府、非营利组织，相关企业，新闻媒体，及自媒体和个人的信息渠道。发挥各种渠道优势，努力完成覆盖各行各业的事件档案资源。尤其是在如今，自媒体和个人媒体广泛盛行，UCG（个人生产内容）逐渐成为人们获取信息主渠道时，更应该重视该方面的收集工作。群众作为事件中最基本的个体，无论是作为事件相关各方的工作人员，还是参与事件的志愿者，抑或是作为资料提供者在公众或个人平台上发布了相关信息，这都可以作为官方档案记录的有力补充。在收集后可参照我国《档案法》《重大活动和突发事件档案管理办法》及其他相关法律法规，将资料整理有序后统一移交给事件责任主体单位或事件处理主体单位，也可根据实际情况由各收集单位自行整理归档。

2.3 事后工作

2.3.1 持续追踪

核应急事件所具有的影响时间长的特点，表明其在当下以及未来较长的一段时间内都会对社会、人民群众的生活产生影响。这意味着档案工作人员决不能在事件处理完毕之后就停止收集资料。整个档案收集过程不仅要与事件处理的过程同步，还要关注事件后续的影响。以苏联切尔诺贝利事件为例，在1986年4月26日发生事故后，时隔30余年后仍然以多种方式持续影响着人类的生活。意外发生后的20年，在当年受辐射尘所污染最严重的地区，癌症发病率依然远高于同水平的其他地区。2012年底，乌克兰启动了切尔诺贝利核电站新防护罩（石棺）的建设工作，预计共需资金7.4亿欧元。据最远期的估计，完全消除本次事故对自然环境的影响至少需要800年。从人文方面来说，有关切尔诺贝利的各项文艺作品在这30余年中不断涌现。2019年，美国时代华纳集团于旗下的HBO电视网创作并播出的同名电视剧，让切尔诺贝利事故持续保持热度。

从上例中可以看出，公众对一次事件的记忆不会随着事件相关工作告一段落而停止，对核应急事件而言，公众的记忆没有"完成时"，将会随着时间推移而不断丰富。因此档案工作人员为保证所收集资料的完整性，需要持续追踪事件对人们造成的影响，不断收集新的记录资料，让记忆不断延续。

2.3.2 开发利用

核应急事件往往承载着工作人员、当地居民甚至国家全民的记忆，档案的最终目的是利用，所以核应急的档案工作也应该是以利用为导向，这样才能更好地发挥出前期已归档档案的价值。

（1）建立专题数字档案馆

由于核应急事件往往影响较大，行业内关注度和公众关注度相对较高，特别是事故级别较高的核应急事件，往往会长期受到公众关注，因此建立一个专题的数字档案馆，有利于集中对事件相关档案资料进行查阅，便于对其进行统一管理。以福岛第一核电站事故（东日本大地震）为例。在震后，日本政府以国立国会图书馆为主导，遭受灾害影响的各县作为试点，各大高校、相关企业、NGO 等协作，迅速进行事故相关档案资料的收集。目前已建成东日本大地震专题数字档案馆，包含了 65 个数据库，截至本文截稿（2021 年 3 月 29 日），可检索到的文件资料近 450 万条，http 网址近 14 万条，照片近 100 万张，音视频近 2 万个。同时日本国立国会图书馆还搭建了名为"ヒナギク"（译为雏菊，象征未来、希望）的数字档案馆网站，以便能够实现一站式查询。

（2）开展多种形式的编研活动

当核应急事件尘埃落定之后，历史深处仍有余温，档案背后也有深情。将过去发生的事件有效整合，将为后续工作提供裨益。

以 2020 年发生的新冠疫情为例，随着一年以后我国已进入常态化防疫阶段，我国许多地方档案馆将当地的历年抗击疫情相关档案资料进行多种形式的开发利用编研，取得了较好的效果，给当地群众带来了情感上的共鸣，心灵上的震撼。在疫情的中心，中共中央宣传部就联合了武汉地方政府，根据武汉当地所搜集的资料举办了"人民至上 生命至上——抗击新冠肺炎疫情专题展"，在武汉当地群众中取得了良好反应。上海市档案局也主办了"我们众志成城——上海新冠肺炎疫情主题展"，对上海市民也起到了非常良好的教育作用。

前事不忘，后事之师。做好核应急事件的档案编研工作，还能够为后人充分展示真实事件的力量，能够很好地增加警示教育的冲击力、说服力和感染力，提高核工业相关工作人员的安全意识，成为教育广大核工业从业者的生动教材。

3 结语

档案工作者肩负"为党管档，为国守史，为民服务"的使命，档案本身也是构建社会记忆的重要要素。建立真实完整的核应急事件档案资源有利于保留事件的经验教训，提高核应急管理能力，减少未来同类事件所可能造成的损失。档案部门作为真实历史的记载者，社会记忆的保存者，需要从各环节逐步完善，才能在核应急事件中发挥好自己应有的职责。

注释及参考文献

[1] 邹旸, 邹树梁. 我国核应急发展现状与前沿动态研究 [J]. 中国核电 ,2020(1):114–119.

[2] 张婷婷 . 公共危机中流言内容变形的心理因素探析 [D]. 保定 : 河北大学 ,2010.

核电厂重特大事件档案管理的思考

汪佑栋

中核山东核能有限公司

摘要：核电厂重特大事件档案因其价值的特殊性、来源的不确定性、介质的多样性及内容的成套性使其成为"新兴"核电档案门类，既有的核电档案管理模式不能满足重特大事件档案管理需求，核电档案人员要从制度体系完善、机制优化、收集手段强化并借助信息技术手段深挖档案价值等方面着手，不断探索前行，推动核电厂重特大事件档案管理日趋科学、完善。

关键词：重特大事件档案；档案收集；价值；组织协调，专题数据库；档案汇编

2011年3月11日日本本州岛东海岸发生里氏9级特大地震并引发高达14米以上大海啸，福岛第一核电站厂内外冷源全部丧失继而发生化学爆炸起火，致使大量放射性物质外泄[1]。直至今日，日本政府不顾世界反对执意排污入海，核电厂重特大事件影响深远。整个核电界关注着日本对该事件的应对处理，并对事件处置相关记录材料进行剖析，中国也从核电发展规划、核电厂选址、核电厂设计运行、核电技术研发、核安全文化及核电人才培养等方面进行深入思考，汲取经验教训，稳步推进中国核电安全有序发展。

2022年9月，中共中央办公厅、国务院办公厅印发《关于加强重特大事件档案工作的通知》，对重特大事件档案管理提出要求，明确要完善重特大事件档案工作制度机制及组织保障，着力强化重特大事件档案收集工作，加强统筹协调，实现档案跨地区、跨部门、跨层级协同管控，科学推进重特大事件档案数据库建设，不断提升档案利用效能[2]。核电厂因其涉核特殊属性，"凡事有据可查"是核电从业者必须遵循的准则之一，核电厂从前期的选址论证、开工建设、生产运行到最后的退役，全生命周期内都可能发生重特大事件，做好核电厂重特大事件档案管理工作对核电厂安全稳定运营及整个核电行业发展意义重大。

1 核电厂重特大事件档案管理的特点

核电厂是一项庞大复杂的高科技系统工程，会产生各类数量巨大的档案材料，相较于这些"常规性"核电档案，重特大事件档案具有下列四个鲜明特点：

1.1 档案价值的特殊性

重特大事件本身就不同寻常，特别是一些涉及核安全与质量的重特大事件，对于核电厂视"安全为生命线"的企业而言更是头等大事，这就决定了在处置核电厂重特大事件全过程中产生的档案具备特殊的历史凭证价值和借鉴参考价值，这种特殊价值是在其形成过程中自带的天然属性，是其他核电档案无法承载或者替代的。

1.2 档案来源的不确定性

重特大事件大多是突发性的，尤其是核电厂这种复杂的系统性工程，涉及面非常广泛，重特大事件在什么时间发生，在核电厂哪个区域发生，或者是哪个设备、哪个系统、哪个流程环节发生都是不确定的，产生的后果也是难以预料的。这些不确定性也直接决定了重特大事件档案形成的责任主体、载体形式、数量多少的不确定性。

1.3 档案介质的多样性

核电重特大事件事发时间、地点、类型及后果的不可预测性，导致了档案材料的产生具有随机性。这种随机性会根据事件发生的不同阶段、影响的不同范围、参与的不同主体而表现出不同档案介质形式。比如在事件发生的初期可能更多的是以照片、录音、视频的形式记录；处置过程中会产生纸质、照片、视频等形式记录；后期的原因分析阶段可能除了纸质、照片、视频等记录外，还会产生射线底片、各类实体档案等。基本上一次重特大事件就能够囊括当前所有介质形式的档案记录。

1.4 档案内容的成套性

核电重特大事件档案贯穿事件预防、发生、处置全过程，尽管每一个阶段的档案专业属性比较强，其产生的档案内容具有明显的阶段特征，但只有各个阶段、不同专业的档案材料汇集在一起才能完整记录整个重特大事件的全貌，每个阶段的档案内容密不可分，内在的逻辑性和关联性很强，档案内容的成套性特点突出。

2 核电厂重特大事件档案管理面临的问题

核电在国家层面有严苛的准入制度和全流程监管，企业层面将安全和质量视为企业生存与发展的第一要义，个人层面将核安全作为员工必备职业素养并与个人前途和家庭幸福深度捆绑，这些都使得核电厂发生重特大事件的概率极低，客观上将核电厂重特大事件档案管理推向一个被忽视的"冷门领域"。

2.1 重特大事件档案管理制度体系和组织体系不完善

在制度体系方面，核电厂均已制定涵盖核电项目档案形成、流转、收集、整理、移交、保管、利用、销毁全生命周期制度体系，少有核电厂会制定专门的重特大事件档案管理制度，与之对应的实施细则、操作指南之类的指导文件更是凤毛麟角。现有的制度体系中对重特大事件档案管理职责分工、文件材料归档范围、整理移交要求、提供利用方式等都未有科学详尽的规定。比如档案收集方面，重特大事件档案归档范围如何在制度中细化？归档范围不确定就会影响到档案的完整性，影响日后的利用效果。

在组织体系方面，核电厂设立的重特大事件应急处理常设性组织机构，或者发生了重特大事件成立的调查、处置、恢复等临时性组织机构，在组织机构职责里缺少档案部门的职责，人员构成缺少档案管理人员，弱化了重特大事件档案管理效力，导致组织机构内各部门产生的重特大事件档案零散无章，管理也是各自为政，最终档案整理的质量和移交的完整性得不到保障。

2.2 重特大事件档案收集不完整

档案贵在原始真实，重特大事件发生的时间、地点及造成的后果无法预料，特别是在事发的瞬间和初期，来势紧急，很多当时的第一手资料来不及记录和保存。核电厂绝大多数时期都是安静祥和，工作人员思想上不自觉地适应这种按制度、有条不紊的工作节奏，遇到突发事件时，难免会陷入忙乱，并且当时的工作重心全部放在重大事件的处置上，容易忽视相关纸质、声像材料的记录。在重特大事件处置过程中，档案材料的形成者、持有者大都非档案部门人员，其形成、持有相关记录的动机和意图不尽相同，可能有些档案的直接形成者也未意识到需要将产生的记录材料移交档案部门。归根结底，重特大事件档案收集不完整的主要原因就是前端控制的缺失和保障措施的不足，但从记录历史、总结教训的角度考虑，这些档案恰恰最具证据力和说服力，如果不能被档案部门及时收集整理并集中保存，极有可能会随着时间的推移而遗失，也将极大地削弱重特大事件档案独有的特殊价值。

2.3 重特大事件档案资源未有效开发

核电厂重特大事件属于低频率事件，相对其他核电档案而言，其利用的需求并不多；而且档案资源开发需要重特大事件相关参与部门的积极配合，组织协调难度较大，仅凭档案部门一家之力是难以对重特大事件档案信息进行深度开发加工。这两方面因素降低了档案管理人员开发重特大事件档案信息价值的热情和积极性。加之重特大事件档案产生的不确定性、档案介质的多样性，使得重特大事件档案呈现出散而不全、全而不细、细而不深、深而不精的开发状态。

核电厂文档信息化水平普遍较高，很多核电厂都是国家级、省级数字档案馆试点，在重特大事件档案资源开发利用方面，没有充分利用信息化这一有效工具，重特大事件档案资源开发成果十分匮乏。

3 完善核电厂重特大事件档案管理的措施

自日本福岛核事故以来经过十年的总结、消化、创新，中国核电进入新的快速发展"黄金期"，如何避免和减少核电重特大事件造成的损害成为影响核电行业持续高质发展的重要课题。开展核电厂重特大事件档案管理工作，对重特大事件中形成的各类文件材料进行科学收集、整理、保管和利用是核电档案工作深入推进的必然趋势，也是核电档案工作向精细化、高质化发展的现实要求。

3.1 将重特大事件档案管理融入核安全文化教育，提升档案意识

核电厂重特大事件档案是一种重要的信息资产，其在总结经验教训、强化监督管理、开展警示教育以及重要信息共享互鉴方面具有不可替代的特殊作用。档案部门要充分利用核电厂对重特大事件极易造成灾难后果的敏感性和重视度，强化档案工作宣传，借助核电厂关于核安全文化方面的宣贯平台，将重特大事件档案的特殊价值、安全属性和管理理念融入核安全文化，增强核电从业人员档案意识，着重要争取决策层对于重特大事件档案的重视和支持，为重特大事件档案管理奠定广泛的思想基础。

3.2 健全重特大事件档案管理规章制度

核电厂遵循"凡事有章可循"，按规章制度办事也是落实核安全文化的基本要求。核电厂现有的项目档案全生命周期制度体系能够有效指导"常规性"核电档案管理工作，对于重特大事件档案管理制度体系的构建可以遵循如下两种思路：一种思路是在原有的核电档案制度体系中补充重特大事件档案管理部分内容，重点要增加重特大事件档案归档责任、档案收集的范围及保管期限、档案移交流程和时限、档案资源开发利用等内容；另一种思路是直接制定核电厂重特大事件档案管理细则，将特重大事件档案作为一类专门档案进行全过程管控，并据此制定简便易操作的指南手册。核电厂在编制重特大事件应急预案时，应在预案中明确重特大突发事件应对和处置过程中文件材料的形成及归档要求。

3.3 完善重特大事件档案工作体制机制

体制机制对档案工作具有重要作用，核电厂关于重特大事件预警预防、研判处置、应急保障以及事后恢复与重建等组织指挥体系中都应将档案部门纳入相应体制机制中 [3]。可以从以下两个方面着手：一是将档案部门纳入相关协调和组织机制。将档案部门纳入重特大事件协调、组织机制有利于档案部门及时掌握重特大事件发生、应对处置、事后重建情况，强化档案部门与重特大事件应对管理部门的协同联动，更加及时地做好档案的形成、收集和利用服务。二是建立重特大事件档案工作协调机制。建立以档案部门牵头、相关部门参与的重特大事件档案工作协调机制。建立这一协调机制，档案部门可以发挥"以我为主"的"主场"作用，明确协调机制各成员档案管理责任，落实档案管理具体要求，指导各成员开展重特大事件档案的形成、收集、

管理工作，并做好档案提供利用的协调，有效实现档案工作与重特大事件应对管理工作同部署、同推进、同落实。

3.4 强化重特大事件档案收集工作

重特大事件档案完整性直接决定其档案价值，关乎核电厂重特大事件应对处置能力的改进、提升。收集是档案管理的前端环节，档案部门必须从前端着手，强化前端介入和文件来源控制。首先要发挥协调机制的作用，实现档案工作与重特大事件全过程管理工作同部署、同推进、同落实[4]；其次利用协调机制召开专题会议、下发文件，实行档案技术交底、定期监督等策略，指导相关部门和人员按要求及时形成、收集、暂存档案；最重要的是要压实相关部门和人员的归档责任，用好核电厂档案绩效考核相关制度。

文件材料的形成质量是做好收集工作的前提和基础，重特大事件档案来源的不确定性以及介质形式的多样性，对档案收集的完整性带来较大挑战。根据核电厂档案管理良好实践，最规范有效的解决办法是在核电厂文件材料归档范围、归档责任及保管期限表中（或者是"三合一"表）明确相关材料的收集范围、责任和保管期限，除了传统纸质记录，还应包含相关照片、视频、音频、射线底片、口述材料、标志性实物等各类档案材料（见表1）。

表1 "重特大事件档案归档范围、责任及保管期限表"示例

序号	归档范围	责任部门	保管期限
1	重特大事件应急预案及相关预警、预防、监测文件	环境应急处	永久
2	重特大事件处置会议、决策、上报文件	综合管理处	永久
3	重特大事件现场抢救方案、计划、实施文件	维修处	永久
4	重特大事件新闻发布会相关文件	党建群工处	永久
5	重特大事件原因分析、外部质量检测等质量文件	安全质量处	永久
6	重特大事件上级监管、监督文件	核安全处	永久
7	……	……	……

3.5 建设重特大事件档案数据库

核电厂文档部门应充分发挥信息化技术优势，在文档信息系统中按照核电厂重特大事件分类建立专题数据库。专题数据库中文件收集、上传权限对

相关部门和人员开放，便于重特大事件相关方能及时将职责范围内产生的文件上传系统，第一时间进行电子版逻辑移交[5]。这种数据库的建立和管控方式能够有效解决重特大事件档案分散性、随机性的问题，也便于后续的查询利用（见图 1）。

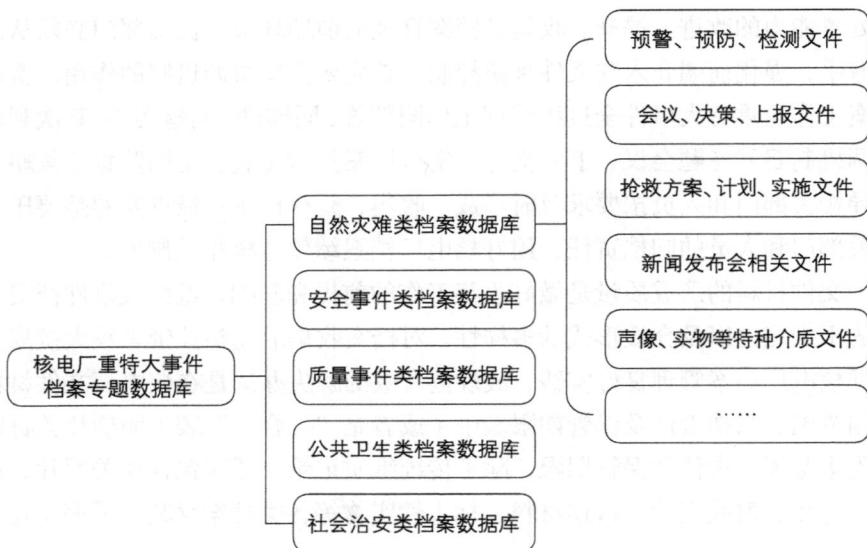

图 1 "核电厂重特大事件档案专题数据库"示例

3.6 开展重特大事件档案汇编

重特大事件档案内容具有很强的成套性，相关档案的收集也是贯穿整个事件全过程，为重特大事件档案汇编创造了有利条件。核电厂文档部门作为重特大事件档案管理归口部门，掌握着最全面丰富的档案材料，应充分发挥资源优势，联合相关业务部门对重特大事件档案进行梳理，理清整个事件脉络，出版高价值汇编成果。下面以浙江某紧固件制造公司核级紧固件造假事件汇编进行案例解析：2015 年 5 月 15 日，某核电公司收到国家核安全监管部门下发的《关于核电厂紧固件造假事件的经验反馈》文件，业主公司立即组织相关部门、参建单位、监理公司以及供货商按照监管部门要求展开排查，并成立了由公司领导牵头、总包方和公司有关部门参与的专项领导小组和工作组，全面排查 50000 余套核级管系紧固件、核安全设备及其支撑、核安全系统管道支架紧固件的采购供货质量与现场使用情况。由于工作复杂，涉及面宽泛，相关文件资料保存分散，查找和利用十分不便。公司文档部门牵头，组织相关单位系统梳理此次紧固件质量事件处理的脉络，挖掘档案信息价值，出版紧固件造假事件专项汇编，为国家核安全监管部门释点放行提供了有效支撑（见图2）。

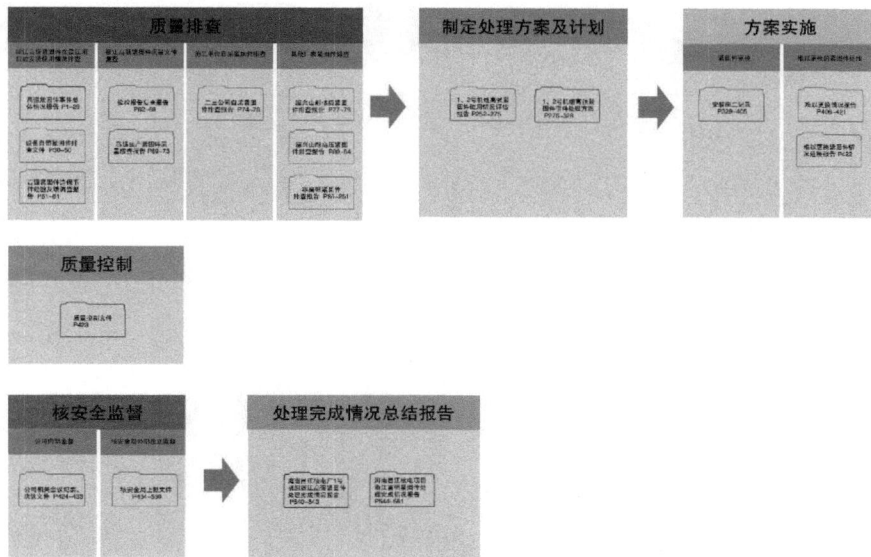

图 2 "紧固件造假事件汇编材料梳理"示例

核电厂重特大事件档案属于"新兴"的档案门类，不能全面沿袭文书档案、科技档案的既有管理模式，其管理方法、管理理论、具体实践都需要核电档案从业人员不断摸索、总结，也只有通过不断地研究和实践才能推动重特大事件档案管理日趋科学、不断完善，才能发挥重特大事件档案特殊价值，获得更好的社会效益和经济效益。

注释及参考文献

[1] 陈达 . 日本福岛核事故分析与思考 [J]. 南京航空航天大学学报 ,2012(5):557–602.

[2] 中共中央办公厅 国务院办公厅印发《关于加强重特大事件档案工作的通知》[J]. 浙江档案 ,2022(12):5.

[3] 张超 . 重大突发事件档案规范管理刍议 [J]. 黑龙江档案 ,2010(2):16-17.

[4] 鞠颖 . 重特大事件应对处置中的档案收集与管理策略研究 [J]. 档案记忆 ,2023(9):61-63.

[5] 蔡盈芳 . 科学推进重特大事件档案数据库建设——《关于加强重特大事件档案工作的通知》解读之四 [J]. 中国档案 ,2023(4):14-15.

航天工程档案信息安全管理与利用探析

胡旖旎　孔慧　李筱梅　印欣　徐爽

北京跟踪与通信技术研究所

摘要：随着我国航天事业的快速发展，航天工程领域已经积累了大量的研究成果，相应的档案资料也呈现出专业性强、数量多、类型复杂、管理难度大等特点，信息安全与利用之间的矛盾问题也日益突出。本文通过分析航天工程档案管理工作中信息安全与利用存在的现实问题，探索如何高效便捷，又安全稳定地管理和使用航天工程档案中蕴含的信息资源，为航天工程事业建设发展赋能。

关键词：航天工程；档案；信息安全；利用

0 引言

近年来，我国航天事业取得了举世瞩目的成就，从载人航天、探月工程到火星探测，航天工程项目的数量和规模正在快速发展。航天工程档案真实地反映了我国航天工程建设的发展轨迹，记录着工程项目建设的整个工作状态，包括各个环节产生的工作成果，对于新项目的论证、辅助决策具有重要的参考价值，能够为项目决策、试验鉴定等方面提供可靠的支持。航天工程涉及型号任务、工艺参数和长远规划等内容，对档案的信息安全管理提出了严峻的挑战，如何在高频的利用中确保档案信息的安全性，成为航天工程档案管理工作需要面对的重要问题。

1 航天工程档案的内容和作用

航天工程档案，是指航天发射场与航天测试发射相关设备设施在立项论证、勘察设计、性能试验等工作领域中形成的，作为历史记录整理留存的信息载体，包括实验数据、设计图纸、实验报告等技术资料。

就内容而言，航天工程档案包括项目行政文件，如上级指令或委托函、项目合同、项目保密相关要求文件等；项目管理文件，如可行性研究报告、项目批复、设计任务书、投资限额表等；项目技术文件，如测绘资料、岩土勘察资料、评审记录、计算书、图纸校审记录等；过程记录文件，如总体技术方案、初步设计（含概算）、施工图设计（含预算）成品文件等（见图 1）。航天工程项目的复杂性和严谨性对档案管理提出了很高的要求，而档案在航天工程项目的设计论证、制定方案、研制生产等各个阶段也发挥着重要的作用。

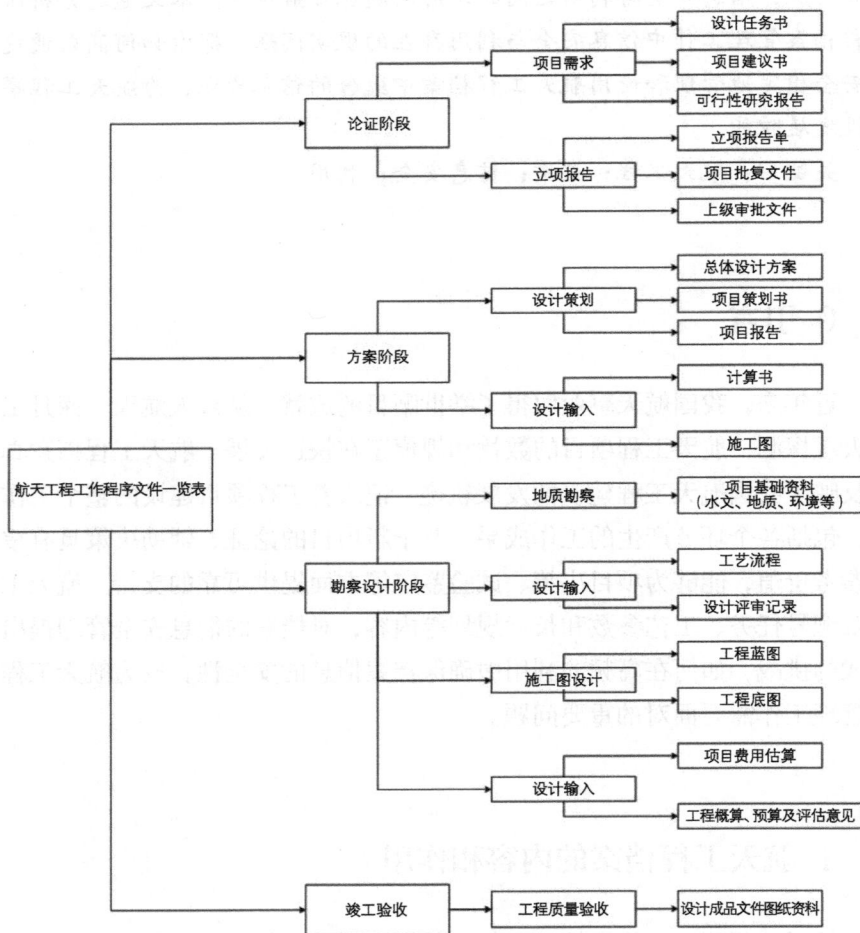

图 1　航天工程工作程序文件一览表

在方案论证阶段，项目负责人需要根据型号需求单位和建设使用单位的工艺要求对任务进行分解，拟定研制总体技术方案；同时，工艺、建筑、结构、自动控制等专业设计师则要将项目的各项要求转化为分系统方案和技术创新点进行落实，并具化为总体设计方案、计算书、施工图等技术文件。

在这个阶段，工程设计人员需要调阅档案来了解项目形成的技术要求、技术指标，以及同类型的科学技术进展等重要信息。同时，档案管理人员需要根据归档范围和保管期限，明确归档文件的质量要求，严格把关归档文件的质量，这对下一步勘察设计阶段工作的开展及项目验收都起到重要的作用。

勘察设计阶段的记录分为地质勘察、方案深化设计、初步设计、施工图设计、概预算编制等，一个工程的勘察设计研制过程复杂，而且周期较长，往往延续几年甚至十多年。在此阶段所产生的文件数量巨大、版本众多、更改频繁，严格的技术状态和文件控制要求都为航天工程档案管理带来空前的难度。

面对复杂的情况，档案人员应将技术文件、设计文件（施工图）载体、版本、技术更改、节点变更及接口信息沟通等各类文件进行有效的控制管理，这对项目的研制、问题故障的归零等无疑能起到事半功倍的效果。随着工程项目的实施推进，勘察设计和工程施工的各个环节不断细分，项目管理和文件控制要求也逐步深入，每个工作环节结束都需要遵守资料整理要求，及时生成技术文件，符合编码规则，并以该文件作为下一环节的工作依据，确保资料的真实性、完整性和有效性。

最后，工程档案的规范化管理可以为项目质量审查提供完整和准确的档案资料，以此证明项目实施过程合规。可见，严谨的档案工作不仅能让工程设计人员全面了解工程质量状态，也能为后期的工程质量验收等评估工作提供支撑。

2 航天工程档案信息安全与利用工作中存在的现实问题

结合工作实际，航天工程档案信息安全和利用工作主要存在以下几个问题：

2.1 观念上重藏轻用

为了做好档案的保密工作，相关单位对档案的管理一般遵循从严的原则，即"重安全、轻利用"，普遍存在查阅不便，借阅手续烦琐，不能支持多人同时使用等实际问题。再加上有些工程项目涉密程度较高，影响档案利用效率，不利于项目研究成果的借鉴使用和推广应用。

2.2 档案收集周期较长

和其他专业档案不同，航天工程项目实施周期短则三五年，长则十余年，归档工作贯穿整个工程项目的立项可行性研究、设计、招投标、施工、监理、验收等全过程。由于项目实施的周期较长，项目组成员经常会出现调整和变化，带来的问题就是项目组成员因工作变动没有及时将手里的文件资料或图纸归档，造成文件资料丢失，而且因时间久远很难找回，极易造成信息安全问题[1]。

2.3 信息安全管理标准不统一

在实际工作中，有的工程项目由多家单位联合研制或者设计，然而不同单位之间信息安全管理标准不一致。即便是具有国家承认的保密资质的单位，在密级制定、技术防护等问题上也不够规范，有的单位对离岗离职的员工应履行的保密义务以及违反保密规定应追究的法律责任落实不严格，存在安全风险。

3 推动航天工程档案信息安全与利用工作发展策略探析

3.1 积极发挥档案对中心工作的推动作用

任何工作的开展都需要在落实单位中心工作的基础上不断加强其他服务性工作体系建设，同时在强化各项服务性管理举措的前提下全力开展中心工作。档案虽然是一项服务性和辅助性的工作，但在航天工程建设中却发挥着重要的作用。

就工作体系而言，正确处理档案工作与各项中心工作的关系能够全面提升单位的工作体系建设，推动科研成果趋向现代化、科学化和智能化管理，为科研项目建设、研制论证、试验鉴定、指挥决策等提供服务保障。就对外交流而言，处理好档案工作与中心工作的关系可以为学术交流、新闻宣传等提供真实准确的信息支持[2]。因此，各单位开展科研中心工作建设时，应重视档案工作，为档案工作提供足够的经费和政策支持，推动档案工作与各项中心工作同步发展。

3.2 积极发挥档案对业务工作的支持作用

档案的信息安全工作必须以业务工作建设发展为核心，处理好"创新发展"与"信息安全"之间的关系[3]。保密是基础，利用是目的，片面注重其中任何一点，都不利于档案管理工作的有效开展。所以，档案管理部门需要思考二者的关系，坚持"在安全的前提下开展利用"，"在利用的基础上做好安全"的工作方针，按照档案管理条例规定，对档案进行整理、清查和密级划分，在处理涉密资料和外部交流的关系中，坚持档案的安全管理，对非密档案及时进行开放。既要发挥好档案的价值作用，为航天工程建设提供借鉴、补充和引用的材料，同时也要保护档案信息安全。

3.3 积极发挥档案管理部门与其他部门统筹协调作用

新形势下，档案信息安全与利用工作的开展需要依赖档案管理部门和其他各业务部门之间的协调合作。档案的归档收集是一个复杂的系统工作，整个过程离不开项目负责人、业务部门和业务主管机关的配合。各单位应明确档案管理部门和相关部门的职责分工和工作关系，相关领导也要加强职责管理，对档案工作给予高度重视，发挥带头作用组织好本单位的各项档案收集工作，按照时间节点移交给档案部门。而档案管理部门在业务机关的指导下，应自觉接受主管部门的监督与检查，不断加强档案业务水平，确保档案能够准确、完整和安全地保管，同时要积极主动为各单位提供档案利用服务。紧密围绕单位各项中心工作开展档案信息资源挖掘，不断优化信息资源服务能力。

4 做好航天工程档案信息安全管理的主要措施

做好航天工程档案信息安全工作，无论是档案业务主管部门、立档单位还是档案管理人员都必须牢固树立迎难而上、有所作为的思想，信息安全管理看起来难度很大，但实际上都贯穿在收集、整理、保管等工作流程中。只要坚持把提高人员档案意识与相关规章制度结合起来，制度创新与源头管控结合起来，检查督导与加大投入结合起来，宣传教育与人才培养结合起来，形成上下互动、综合实施的态势，档案信息安全工作就能有效地落实。

4.1 加大档案信息安全工作宣传力度

思想是行为的先导，认识到位才有可能落实到位。通过合理的宣传，让大家了解档案工作的相关规定，有意识地保存好平时工作中形成的重要文件资料，形成"党管人，人管档"的良好工作作风[4]。这里特别要突出两个重点，一是增强领导干部的档案意识。档案管理部门要经常向上级领导机关、领导干部反映档案工作建设情况、发展思路，可采取直接汇报、利用展板、展览或公众号等新媒体平台，使领导感受档案的力量，重视和支持档案工作，关注档案工作。二是提高工程设计负责人的档案意识。工程设计负责人是档案的直接形成者、归档者和利用者，提高他们的档案意识最为关键。档案管理部门要打通壁垒、加强互动，采取联合邀请专家讲课，组织座谈，开展档案宣传日等活动，让工程设计负责人掌握一定的档案知识，增强档案意识，自觉主动地收集和移交档案。

4.2 创新制度机制

思路决定出路，创新才能求变。首先，需要建立起完善的奖惩机制，对档案信息安全工作中表现突出的单位及个人给予奖励表彰，对违反信息安全规定，无所作为的档案单位和个人要追究责任，限时完成整改。再者，建立项目跟进收集制度，加强前端控制，变被动接收档案为主动收集，提高档案收集效果。各级档案管理部门要积极参加重大航天工程建设任务和重要活动，及时跟进指导和帮助有关部门建档归档。项目结束后，根据时间节点要求督促档案整理和移交，确保档案资料齐全完整，无丢失遗漏。最后，建立沟通协调制度。档案管理部门要充分履职尽责，利用工作例会协调工作，定期向档案主管机关汇报档案工作开展情况，明确工作重点，指导和帮助各部门做好档案材料的整理移交，建立规范和谐的协作机制[5]。

4.3 注重人才培养

人才是档案工作发展的关键，要做好档案工作，就必须紧紧抓住人这一核心要素，培养专业技术过硬，有强烈的创新意识和进取精神，且责任心强、肯钻研、能吃苦的档案人才。航天工程档案需要档案管理人员对航天工程业务有一定的了解，能够指导项目负责人完整准确地收集项目归档材料，并具备一定的档案信息挖掘和编研能力。可以采取多种手段加强人才队伍建设，一是让档案管理人员参与到航天工程项目中，及时了解工程项目建设发展的最新动态，掌握项目建设中的实际需要。打通档案管理与工程设计的业务壁垒。二是推行重大工程项目归档负责制，强化档案管理人员的责任意识和担当精神。三是广泛开展业务交流学习，提高工作能力水平。努力打造一支规模适宜、素质优良、结构合理、进出有序、充满活力，既精通档案管理，又了解航天工程的"复合型"人才队伍。

5 结语

当前，按照国家对于档案工作规范化建设的要求，航天工程档案正朝着数字化、信息化、网络化以及科技化的趋势快速发展。随着航天工程建设的加速推进，航天工程档案工作的地位作用越来越凸显，对档案利用和信息安全工作也提出了越来越高的要求。作为档案工作者，应该不断解放思想，突破传统思维定式，以更宽的视野、更远大的目光，为航天工程建设等方面提供高效便捷、安全可靠的信息支持和服务，有效支撑单位履行职能使命，赋能航天工程事业创新发展。

注释及参考文献

[1] 杨励颖. 档案数字化过程中的保密管理措施 [J]. 黑龙江档案 ,2020(4):62–63.

[2] 于莹莹. 档案信息化建设中保密管理刍议 [J]. 城建档案 ,2021(9):11–12.

[3] 王庆喜，张宇恒. 军工科研院所存量档案数字化加工信息安全工作实践 [J]. 机电兵船档案 ,2021(5):58–60.

[4] 杨淑梅，滕达，刘云丽. 军工科研院所数字化档案保密管理探讨 [J]. 办公室业务 ,2021(2):108,135.

[5] 董敏. 信息化档案管理的安全与保密研究 [J]. 科技视界 ,2021(25):68–69.

科技档案与科学数据管理篇

科研档案驱动科技现代化的
理论逻辑、作用机制与实现路径

虞香群

湘潭大学公共管理学院

摘要：梳理实现科技现代化对科研档案的需求与要求，分析科研档案驱动科技现代化的理论逻辑。探索科研档案驱动科技现代化的实现机制，主要包括资源配置机制、产业链与创新链融通机制和协同创新机制。要充分发挥科研档案对科技现代化的作用，需要加快构建支撑科技现代化的科研档案资源体系，加快新技术应用形成服务科技现代化的科研档案智囊库，构建服务科技现代化的科研档案开放共享创新管理平台，着力培养科研档案专业人才，加快推进科研档案嵌入科技现代化建设进程。

关键词：科研档案；科技现代化；创新能力

在全面建成社会主义现代化强国进程中，科学技术现代化是中国式现代化建设的重要有机组成部分，也是衡量现代化的重要标尺。国家档案局2020年9月公布新修订的《科学技术研究档案管理规定》（以下简称"《管理规定》"）中指出科研档案是指科研项目在立项论证、研究实施及过程管理、结题验收及绩效评价、成果管理等过程中形成的，具有保存价值的文字、图表、数据、图像、音频、视频等各种形式和载体的文件材料以及标本、样本等实物。[1] 因此，科研档案作为科学研究全过程原始记录材料，记录各类科研活动的路径、方法、过程以及成果，具有珍贵的科技、经济等价值，盘活科研档案资源可为核心技术攻关补短筑长，提供成果借鉴以及提供资源支撑，在构建科技创新新发展格局、国家重大科技决策咨询、关键核心技术攻关以及开展国际科技交流与合作等方面，发挥科研档案作为资源的多重作用。

科技现代化是国家强盛和民族复兴的战略基石，实现科技现代化是贯彻新发展理念、构建新发展格局、推动高质量发展的本质要求。[2] 钱三强认为科技现代化是指运用已知的科学规律和先进的实验手段解决发展国民经济中提出的关键性问题，研究各个学科发展中未曾解决的最重大的理论和试验方面的课题，包含研究课题、实验方法和实验手段的现代化。[3] 胡鞍钢认为科技现代化是指一系列现代化科技要素及组合不断现代化的过程，科技生产函数逐步占据支配地位[4]，科学技术是第一生产力。综合国家政策以及学者们对科技现代化的论述，本文将科技现代化的特征概括为：强化基础研究，提升核心技术攻关能力，实现科技自立自强；强化国家战略科技力量、提升国家创新整体效能；推进科技体制改革；构建开放创新生态，参与全球科技治理；激发各类创新人才，建设全球人才高地。

因此，在建设科技强国，实现科技现代化的过程中，要发挥科研档案作为资源的战略性基础作用，提升科技水平与能力、培育科技人才和完善科技治理等，从而驱动科技现代化。

1 科技现代化对科研档案的需求与要求

科研档案作为科学研究的全过程原始记录，与科技现代化具有紧密的逻辑关联，科技现代化建设对科研档案以及科研档案工作也提出了需求与要求（见图1）。一是科技现代化对科研档案资源具有需求。实现科技现代化需要大量科技资源作支撑，要求科研档案作为一种资源要素嵌入科技现代化的过程中。二是对科研档案共享利用具有需求与要求：第一，要求开放共享科研档案资源，为构建开放创新生态，参与全球科技治理提供战略基石；第二，要求利用新技术深入挖掘科研档案资源，为用户把握国际科技前沿态势、科技发展态势预测、实现科技创新国际接轨、促进国际科技合作提供科研档案数据产品。三是科技现代化要求培养优秀的科研档案数据管理人才，亟须将科研档案人才置于数字田野中，培养其的数据管理能力、数据分析能力、数据服务能力等，为建设全球人才高地提供保障。四是科技现代化对构建科研档案开放共享创新管理平台具有需求，该平台充分利用如大数据分析、人工智能等新智能化技术，搭建互联互通、高效协同、资源整合、服务创新的智慧化开放共享平台，对科技用户行为特征进行深度的分析，实现对不同用户的主动精准推送、嵌入服务。

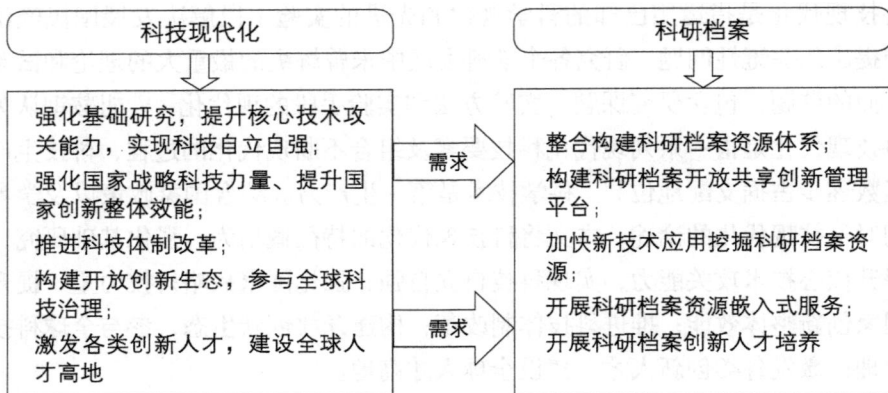

图 1　科技现代化对应的科研档案需求与要求示意图

2　科研档案驱动科技现代化的理论逻辑

科研档案驱动科技现代化的理论逻辑围绕科技现代化的内涵展开，根据科技现代化的特征总结归纳为四重内涵（见图 2）：一是科技水平的现代化，即中国拥有先进的、高效的和可持续的科技发展水平，具有较强的科技研发能力与科技成果转化能力等。二是科技能力的现代化，即中国拥有较强的科

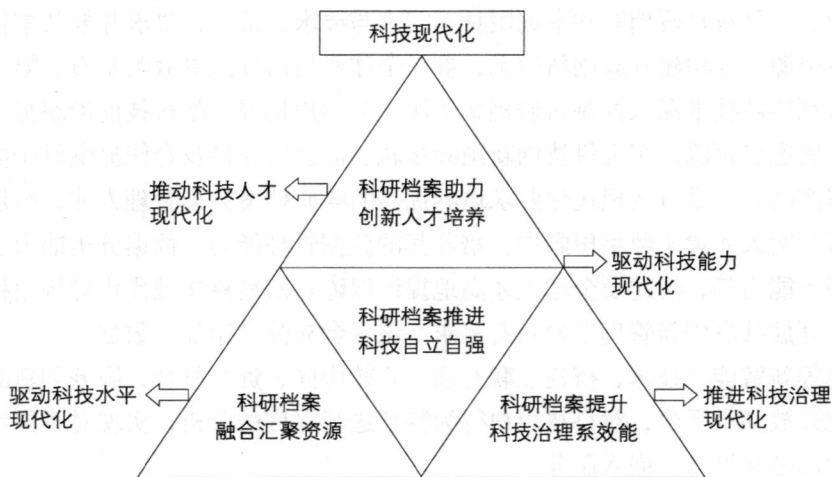

图 2　科研档案驱动科技现代化逻辑示意图

技创新能力，尤其在前沿科技和核心技术领域，能够实现科技自立自强，且在国际上拥有较强的核心竞争力。三是科技治理能力的现代化，即中国的科技治理能力要达到世界一流水平，实现科技治理体系和治理能力的现代化。四是科技人才的现代化，即中国需培养具有较强创新能力的科技创新人才，推进中国科技创新能力建设。

2.1 科研档案融合会聚资源驱动科技水平现代化的理论逻辑

科研档案记载着科学研究立项论证阶段、研究实施及过程管理阶段、结题验收及绩效评价、成果管理阶段的资料，在驱动科技水平现代化过程中，具有不可替代的作用。第一，在数智时代，数据作为一种投入要素，打破了科学知识生产中传统投入要素稀缺性的制约[5]，将科研档案资源作为一种数据要素嵌入科学研究中，创新了科学研究的范式，重构科学研究的流程，降低科学研究的成本，提升科技创新的效率。第二，在数智时代，科研档案资源可起到"桥梁"作用，沟通和促进其他科技创新要素之间的信息与知识流动，打破科技创新各环节的信息壁垒，促进科技创新业务重组，重塑形成新的科技创新模式。第三，对科研档案资源进行开发利用，使其能够开放共享，促进建设开放创新生态，助推融入全球科技创新体系，提升国际科技话语权，参与全球科技治理。

2.2 科研档案推进科技自立自强驱动科技能力现代化的理论逻辑

党的二十大报告提出，加快实施创新驱动发展战略，实现高水平科技自立自强。由此可见，科技自立自强在全面建设社会主义现代化以及科技现代化建设中具有举足轻重的作用，是我国迈向世界科技强国的重要战略决策。[6]

科研档案在助推科技自立自强具有重要作用，第一，科研档案资源作为一种优质的数据资源，为国家重大科技决策提供咨询，强化国家战略科技力量，提升快速研发攻关的创新动态能力。第二，科研档案资源助力形成关键核心技术攻关合力，对科研档案资源内容进行统计分析，如科研项目数量、主题、成果等内容进行分析与挖掘，寻找具有优势的关键技术和前沿技术为突破口，集聚力量进行原创性、引领性攻关。第三，科研档案资源作为一个富有营养的"资源池"，可为寻找交叉学科选题、跨学科研究方法、跨学科研究范式提供强而有力的支撑，提升科技创新能力。

2.3 科研档案提升科技治理效能推进科技治理现代化的理论逻辑

通过利用科研档案资源能够助推建设高质量的现代化科技治理体系，为国家科技创新体系建设和强化国家战略科技力量提供重要驱动力。一是对科研档案资源如过程数据、研究成果、研究报告等进行数字化，利用相关的信息技术对数字化科研档案资源进行实时采集分析，可实现对数字科研档案资源的精准监测和动态预警，提升对科研档案资源的管理效率，即提升科技资源管理效率。二是将科研档案数字资源嵌入国家科技创新体系中，可有效破解科技治理体系建设中的"数据孤岛"难题，有助于破解传统科技创新链中的数据资源壁垒，助力构建统一的科技大数据"资源池"，实现科技资源的深度共享和高效使用。三是通过开放共享科研档案数据资源，助力减轻科研人员负担，推动科技管理职能转变，发挥科研档案数据的作用，通过对数据的共享与重复利用，提升科技管理效率，减轻人员负担。

2.4 科研档案助力创新人才培养驱动科技人才现代化的理论逻辑

二十大报告中提出要实施科教兴国战略，教育、科技、人才是全面建设社会主义现代化国家的基础性、战略性支撑。开发利用科研档案资源有助于培养创新人才，提升科技人才的创新能力，驱动科技人才的现代化。第一，科研档案中记载了老一辈科学家科学研究的全过程，通过开发科研档案资源，深入挖掘、弘扬科学与科学家精神涵养优良学风。第二，利用和获取各类科研档案资源，对各类科研人员进行科学研究提供资源支撑，促进创新知识不断地产生与扩散，继而促进其创新能力的提升。如通过对科研档案资源的分析，为科研人员提供关键技术知识产权产出分析等。第三，利用科研档案数据资源，可搭建虚拟科研平台，整合全球范围内的优秀科学家以及科研资源，打破科研组织边界，提升科研人员国际科技创新能力。

3 科研档案驱动科技现代化的作用机制

3.1 科研档案驱动科技现代化的资源配置机制

数智环境下，科技资源作为实现科技现代化的战略基础，科技数据资源的流动和开放性，也成了科技现代化中重要的创新驱动要素，其是否被有效配置，直接影响科学研究的创新能力。将科研档案资源嵌入科技资源配置中，有助于推动前沿技术和原创技术成果重大突破，提升科技成果转化率，为科技现代化提供有力支撑。第一，有效配置科研档案资源，可优化存量资源配置，科研档案资源作为存量大且真实可靠的科学研究全过程的原始记录，对科研档案资源进行归集、整合、配置与开放共享，可极大程度上扩大科技创新优质资源增量供给。第二，有效配置科研档案资源，可促进基础研究和应用研究的有效衔接，科技现代化目标驱动下的科技资源配置需要从规模导向向能力导向转变，尤其是颠覆式创新能力的培育，在目标的引导下，注重协调科研档案资源投入的强度、规模与质量问题，为各类创新主体开展技术创新提供资源基础。

3.2 科研档案驱动科技现代化的产业链与创新链融通机制

从中观层面看，产业链的高质量发展是衡量实现科技现代化的重要指标之一。现代化产业体系的构建主要立足于创新驱动，我国产业要迈向全球高端价值链，必须形成产业链与创新链的双轮融合共促机制。科研档案资源可促进产业链与创新链的融通共促，一是通过科研档案资源的挖掘与利用促进科技创新和创新链发展，进而驱动产业链的升级。通过科研档案资源提升基础研究的有效性，从而形成重大科技创新成果，并依托企业进行重点科技成果转化，形成全新的产业链，将科研成果转化为现实的生产力。二是产业链拉动创新链，通过国际科研档案资源的共享，促进科学界的交流与合作，引入相关核心技术，进行技术学习、模仿等，继而实现自主创新，强化产业链的升级。三是发挥科研档案资源的"桥梁"作用，促进产业要素与创新要素的融通，同时也助推产业主体与创新知识主体的融通共促，例如搭建科研项目数据库、企业科技需求库等，形成产业与创新的融通集成。

3.3 科研档案驱动科技现代化的协同创新机制

"政、产、学、研"等各类科技创新主体，基于科研档案资源，依托科研档案开放共享平台，实现大协同、大合作、大共享。第一是研发环节的协同创新，主要是以科研档案资源协同，打破传统科研模式中资源支撑不充分、各研究类型割裂等问题，而科研档案资源协同可以加速一体化研究，促进研究主体的沟通和交流以及研究类型的转化，使新成果、新研究、新技术和新产业加速应用、迭代和扩张。其次是生产环节的协同创新，通过对科研档案资源进行数字化和数据化，实现科研档案数据的关联，将科研档案数据嵌入创新生产环节中，实现各类生要素的精准配置，也为各类生产创新提供重要数据，从而推动创新流程再造以及创新产品的优化。最后是使用环节的协同创新，将科研档案数据深度嵌入研究机构、企业与用户之间，将用户纳入创新流程中，形成了"产、学、研、户"相结合的科技创新能力。

4. 科研档案驱动科技现代化的实现路径

4.1 加快构建支撑科技现代化的科研档案资源体系

科研档案对科技现代化的驱动主要是以资源为核心的驱动，资源是支撑科技现代化的原料，科研档案作为国家战略性基础资源，其资源丰富程度直接影响对科技现代化的驱动效率。一是确保科研档案资源应归尽归，尤其是研究过程中形成的具有价值的资料与数据，如立项论证阶段、研究实施及过程管理阶段、结题验收及绩效评价、成果管理阶段的资料。二是加强对科研电子文件的接收，随着科研第四范式的盛行，在科学研究过程中产生的资料日益电子化，因此，加强科研电子文件的接收迫在眉睫。三是促进科研档案与科学数据的协同，《管理规定》中将科学数据纳入了归档的范围，需研究两者之间的有效衔接，探讨相关利益主体的协同，促进科研档案资源与科学数据的高效衔接。四是加强数字科研档案资源的创建、描述与组织，根据一定的标准对不同的科研档案资源进行结构化，根据科研档案资源特性制定资源标准体系。五是构建特色科研档案资源库或重大科研项目档案库，加大对科研档案资源的归集与整合，实现科研档案信息共享，促进科技创新。如长江中游城市群综合科技服务平台，通过集成长江中游城市群优势科技服务资源与特色科技资源等，提升长江中游城市群科技服务与典型产业融合发展能力。

4.2 加快新技术应用构建服务科技现代化的科研档案智囊库

在数智环境下，随着云计算、大数据、ChatGPT 等新一代人工智能技术的发展和应用，科研档案领域应积极探索利用各类新技术优化和创新业务流程，为科技现代化提供智力支撑。

利用人工智能技术如 ChatGPT 等，一是利用人工智能技术构建问答系统，便于用户查找相关的科研档案资料或解答用户提出的其他问题，譬如中新天津生态城图书档案馆积极探索应用人工智能技术，研发档案服务机器人，提供专业咨询智能服务[7]；二是利用人工智能技术对科研档案数据进行可视化和关联性分析，为用户建立一个可视化和交互式的数据分析平台，以便快速探索和理解科研档案数据，例如利用 ChatGPT 生成关键字云图表以展示科研档案文档中的主题和关键词，实现科研档案数据之间的关联；三是利用人工智能技术实现基于语义的科研档案检索，通过理解查询语句的含义来查找相关的科研档案记录，可提高用户检索的效率，避免漏检或误检等问题。

利用大数据挖掘技术，实现不同科研档案之间的关联与交叉参照，帮助用户更好地理解不同科研档案数据之间的关系。同时，利用数据挖掘技术对科研档案内容进行挖掘，实现对科研前沿研究进行预测分析，预测未来科学技术的发展方向。

4.3 加快构建支撑科技现代化的数字化科研档案开放共享创新管理平台

构建科研档案开放共享创新管理平台和服务体系是支撑科技现代化的重要基础。一是建立科研档案资源集成平台，在价值、利益以及科技创新的驱动下，科研档案管理机构应将分散的科研档案资源进行汇集，发挥科研档案大数据的作用。二是构建科研档案共享平台，做到管理规范、技术规范与数据接口规范统一，与国家、地方科技平台进行接轨，实现数据交换等，为国家科技创新服务。三是建立科研档案资源的在线管理和即时监测预警平台，提升科研档案资源统筹和配置能力，对各类科研档案资源进行数字化监测，如通过人工智能技术对科研档案资源进行分类分级，绘制可视化的科研档案资源数字地图，为科研档案资源的优化配置、即时匹配和统筹提供精准服务与决策依据。四是建立科研档案管理"一站式"平台，以科研档案资源为基础提升科技服务效能，在平台中，汇集专家人才以及科研立论阶段、研究实施阶段、成果管理阶段等全生命周期的数据，破解科技治理领域的"数据孤岛"难题。五是开展科研档案资源标准体系建设，搭建由基础标准、通用标准和专用标准组成的标准体系，并积极参与国际规则和标准的制定，积极融入全球创新网络，参与全球科技创新治理（见图 3）。

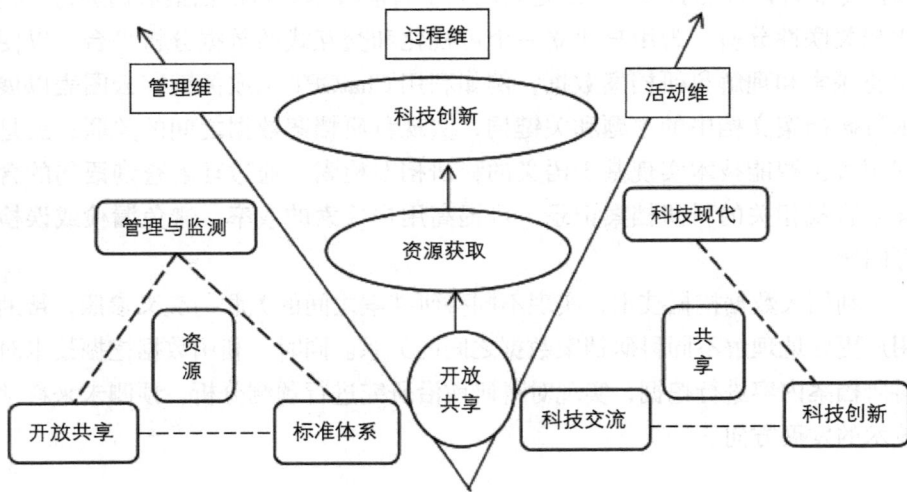

图 3　科研档案开放共享创新管理平台和服务体系

4.4 加快构建支撑科技现代化的科研档案人才培养

科技是第一生产力、人才是第一资源、创新是第一动力，国家科技创新力的根本源泉在于人。[8] 为更好地服务国家科技创新、服务科技人才的培养，建设科技现代化人才，淬炼科学界的"大工匠"，需加强科研档案专业人才的培养，创新人才队伍建设，以便更好地服务国家科技现代化建设，促进科技现代化人才的培养。科技现代化要求实现科技自立自强提升国家创新整体效能等，科研档案人才应紧密围绕资源特色，建立适应中国科技现代化建设的理论思维和实践路径。第一，推进科研档案资源管理人才与数字人文人才培养的结合，将科研档案专业人才的培养置于数字田野中，识别、发现、培养科研档案专业人才[9]，增强科研档案人员对信息技术的学习，使之具备相关的数字化思维，具备一定的科研档案数据治理与数据库管理能力。第二，重视科研档案人才服务能力的培养，塑造科研档案人才的主动服务意识，主动观察用户需求，主动嵌入科技现代化建设体系中，满足用户需求。第三，重视科研档案专业人才国际胜任力的培养，科研档案专业人才需立足全球视野，面向世界科技前沿，全面收集、整合、分析国际科技前沿资源，为我国科研人员开展国际研究以及进行国际科研合作提供信息支撑。

本文系2023年国家社科基金青年项目"科研档案数据共享的利益主体协同研究"（23CTQ034）、2022年湖南省社科基金"科研档案开放共享实现路径研究"（22YBQ055）的阶段性研究成果。

注释及参考文献

[1] 国家档案局 中华人民共和国科学技术部令.《科学技术研究档案管理规定》[EB/OL].[2023-05-15].http://www.gov.cn/gongbao/content/2020/content_5565834.htm.

[2] 王志刚：加快实现高水平自立自强 [EB/OL].[2023-04-21].http://www.gov.cn/xinwen/2022-12/23/content_5733302.htm.

[3] 钱三强.漫谈科学实验的重要性[M]//钱三强.科坛漫话.北京：知识出版社,1984:65.

[4] 胡鞍钢.科技现代化：从落伍国到科技强国 [J].北京工业大学学报（社会科学版）,2023(2):1-19.

[5]Barrett M, Davidson E, Prabhu J, et al. Service innovation in the digital age[J]. MIS quarterly, 2015(1): 135-154.

[6] 阳镇,贺俊.科技自立自强：逻辑解构、关键议题与实现路径 [J].改革,2023(3):15-31.

[7] 中新天津生态城图书档案馆"生态＋智慧"融合发展创建全国示范数字档案馆[EB/OL].[2023-04-28].https://www.saac.gov.cn/daj/c100170/202304/6bc635992aef44bb9369002300696b9a.shtml.

[8] 国家科技创新力的根本源泉在于人 [EB/OL].[2023-05-30].https://news.ynet.com/2023/05/30/3627331t2518.html.

[9] 张斌.中国式现代化发展进程中的档案学专业人才发展战略研究 [J].档案与建设,2023(2):4-7.

科技档案语料库构建路径研究

——以中国科学院档案馆为例

张静 [1,2,3]　潘亚男 [1,2,3]　席笑文 [1,2]

1 中国科学院档案馆

2 中国科学院文献情报中心

3 中国科学院大学经济与管理学院信息资源管理系

摘要：科技档案语料库能够应用于科技档案资源管理全生命周期，有助于提高档案数字资源质量、推动科技档案知识服务并助力科技创新。通过调研国内外语料库相关研究及实践进展，总结并借鉴不同类型语料库在构建路径、标注策略、应用研究上的经验；其次，分析中国科学院档案馆科技档案资源知识服务需求，确定科技档案语料库定位及功能模块；最后，从语料选取及预处理、语料标注及质量控制、语料存储与管理、语料应用四方面提出科技档案语料库总体框架及构建路径。

关键词：科技档案语料库；构建路径；知识服务

0 引言

科技档案作为科学研究活动中形成的具有保存价值的各种形式和载体记录，对于助力科技创新、支撑科技供给有着重要作用。开展科技档案知识服务必须以高质量资源为支撑基础；构建大规模、高质量的科技档案语料库，能够服务于科技档案资源的产生、组织、标注、检索、挖掘及可视化呈现全过程，有效提升资源文本化、数据化质量，助力科技档案知识服务。目前国内外关于语料库构建研究主要集中于语言学、计算机、人工智能、医学及地质学等学科领域，档案领域鲜少涉及语料库构建的研究及实践；基于语料库的重要价值作用，本文以中国科学院档案馆为例，提出科技档案语料库构建思路与路径。首先，选取国内外语料库相关研究进展及实践进行分析，梳理对比不同类型语料库构建路径、标注策略及应用现状，总结并借鉴相关经验；其次，结合中国科学院档案馆科技档案资源知识服务需求，提出科技档案语料库总体框架及构建路径。此研究填补了档案领域在语料库研究方面的空白，也为推进档案资源高质量建设及知识服务提供了新思路。

1 国内外语料库研究与实践调研

通过国内外文献调研发现，现有关于语料库的相关研究主要分为语料库构建路径、语料标注与质量控制以及语料库应用研究。

1.1 语料库构建路径

国内研究者通常根据语料库内容、定位与类型，针对性地提出语料库构建路径。在多模态语料库构建方面，代表性研究涉及老年语言学、情感表达、旅游翻译、口译教学等主题。构建流程主要分为数据收集及预处理、数据标注与对齐、数据存储与管理、数据分析与应用。如洪化清等[1]以讲好中国传统故事、传播中国文化为出发点，提出了收集数据、数据清洗和标注、数据集成和对齐、数据存储与管理、数据分析与应用的语料库构建流程。在平行语料库构建方面，主要涉及机器翻译等主题，标注粒度分为篇章级、句子对齐、衔接词对齐等。构建流程主要分为语料收集及预处理、数据标注与对齐、标注质量评估及结果分析。如刘妍等[2]从机器翻译实践者和研究者角度出发，形成了小语种到汉语平行语料库构建方案，具体包括组建译员团队、语料爬取、数据清洗、试译、译员翻译、初筛及人工质检、第三方抽检及评估语料质量。在专业领域语料库构建方面，研究主要涉及农业、医学、军事、地质学等，标注粒度通常为实体、属性及关系的识别。构建流程主要分为语料收集及预处理、标注体系构建、数据标注与模型训练、质量控制。如姜京池等[3]以农业领域为例，首次提出了基于主动学习与众包的农业知识标注流程和语料库构建，主要内容为数据与标注工具准备、标注规范制定、语料标注、知识抽取模型训练。

国外研究者主要聚焦于多模态语料库、平行语料库、医学领域语料库及社交媒体语料库构建路径及方法的研究[4][5][6]。与国内语料库研究相比，在语料库构建类型、数据标注、语料库应用、产权保护与数据获取许可方面稍有侧重与区别。在语料库构建类型方面，国外更加侧重于医学类及社交媒体类语料库的构建，面向社交媒体类数据的研究角度较为新颖。国内存在少许面向专业领域的语料库构建。在数据标注方面，国外语料标注以机器模型标注为主，较少涉及人工参与；较侧重模型与算法的优化及评估等。国内语料标注多以人工为主，机器为辅。在语料库应用方面，国外大多出于为自然语言处理模型、人工智能算法等提供训练集与评估数据集的角度创建相应语料库。此外，国外比较注重语料的产权保护、获取许可等，国内相关内容较少。

总体来说，语料库构建路径及具体内容大致分为以下几个方面：①数据收集及预处理。语料收集主要为具备高质量、代表性、规模性、价值性等特点的网页官方数据、数据库、书籍等。数据预处理主要涉及删除无用与重复数据两个步骤。②数据标注与模型训练。主要包括标注规范或标注体系制定、标注人员培训与筛选、标注工具复用或开发、标注模型训练及算法评估等内容。标注流程一般分为预标注、正式标注。③数据对齐。多模态语料库与平行语料库包含不同模态、不同语种间对应关系的匹配。④数据存储与管理。国内外关于此方面研究内容较少，实践项目有涉及。国家语委现代汉语通用平衡语料库、Semcor 语料库考虑了语料存储、语料扩充及语料标注管理等问题。⑤数据应用。语料库主要应用于语言学研究、自然语言处理及人工智能模型训练及优化中。⑥语料发布与获取。语料可根据内容选择在线发布或不发布；发布后的语料通常会根据用户角色划分来制约使用或下载权限。

1.2 语料标注与质量控制

语料标注及质量控制是语料库构建极其重要的环节，它决定了语料库质量及未来应用前景。学者们关于语料标注与质量控制问题的讨论主要集中在标注粒度、标注规范制定、标注策略三方面。在标注粒度方面，根据语料内容及应用，通常分为词语切分、词性标注、句法标注、语义标注、本体标注（实体、属性及关系）等。如英国国家语料库旨在创建大型的平衡语料库，标注粒度为词性及语法标注，且选取少部分语料进行了句法、语义标注。脑卒中电子病历语料库[7]以制定的症状、疾病、治疗实体及实体关系标注体系为指导，规范电子病历的标注。在标注规范制定方面，往往依据语料库标注粒度及功能模块，制定相应的语料标注规范或标注体系，统一标注认识，规范标注行为；且在标注过程中不断完善标注规范。如现代汉语词义标注语料库制定了《现代汉语语料库加工——词语切分与词性标注》，明确了词语切分、词性标注、切分与词性相结合标注、注音的相关规范，并给出标注示例数据。Semcor 语料库基于 WordNet 体系进行标注；WordNet 体系规定了词语切分、词性标注及词间语义关系标注的具体内容及标识符。在标注策略方面，主要包括人工标注、机器标注、人机结合标注三种。现有的一些小型语料库依靠人工标注与校对完成，如王敬等[8]通过分析领域词典和重点多义词，制定了适合实际标注的多义词标注规范和形式，采用人工标注与校对的方式，构建了面向汉语二语教学领域的词义标注语料库。考虑到标注成本和效率，更多学者倾向于采用人机结合的标注方式。如中日平行语料库以维基百科的中文版与日文版为语料来源，采用以机器自动标注为主，多人交叉迭代校对标注结果的方式自动构建平行语句。地质实体标注语料库[9]通过机器学习模型自动标注文本中的地质实体并结合人机交互方式校正，同时利用标注的语料扩充原始语料规模和优化地质实体识别模型的性能。

1.3 语料库应用研究

语料库在语言学研究、计算机科学与人工智能等领域发挥着重要的价值作用。学者们基于语料库收集、整理、分析大量的数据，开展各种类型的研究和应用。在语言学研究方面，语料库主要应用于语法结构分析、语言教学、语言对比、语言翻译、语义偏见研究中。韩露等[10]将中医汉英双语平行语料库应用于教学实践，证明双语平行语料库对提高学生专业词汇学习具有促进作用。于红[11]在利用平行语料库的基础上，对《世说新语》的原文与英语译本进行了对比，并深入分析了它们的异同。Michael Stubbs[12]通过使用计算机辅助的语料库分析方法，揭示了文本中的关键词和搭配模式，以及它们在语言学习和教学中的意义，并讨论了基于语料库的方法对语言教师的培训、课堂教学和教材设计的影响。Aylin Caliskan 等[13]基于语料库的自动语义分析中研究了新闻报道、维基百科和谷歌新闻等存在的人类偏见，如性别歧视和种族歧视等。在计算机科学与人工智能领域研究方面，语料库主要应用于信息检索和信息抽取自然语言处理各项任务模型的训练和优化（如命名实体识别、情感分析、语言模型、机器翻译、问答系统、语义检索等）、计算机辅助语言研究。如林丽[14]构建了具有一定规模的越南语新闻语料库，并形成了南海新闻领域框架语义知识库，以此应用于越南语新闻事件抽取中。张淑静[15]以批评话语分析为角度，基于语料库对《纽约时报》中的金正日逝世报道进行语篇分析，揭示在新闻语篇中意识形态对语言使用的影响。Marco Baroni 等[16]提出了一种基于语料库的语义表示框架，可用于处理不同类型的文本和语境中的语义信息，如搭配、向量空间模型和主成分分析等。Dragos Stefan Munteanu 等 [17] 提出了一种新的机器翻译方法，通过利用非平行语料库来提高翻译性能。

2 科技档案资源知识服务需求分析

科技档案是中国科学院档案馆馆藏档案重要组成部分；它作为科技成果的重要呈现形式，能够为科学决策、科技查考、成果报奖与维权举证等提供基础数据和佐证材料。为发挥科技档案资源价值作用，笔者分析了中国科学院档案馆科技档案资源现状，从资源和利用层面总结了科技档案知识服务需求。

2.1 资源层面

资源文本化、数据化水平有待提升。通过实地调研发现，一是由于早期科技档案版式及手写字体的复杂性给 OCR 识别带来挑战，使得早期科技档案全文识别准确率较低，难以满足全文检索、自然语言处理各项任务等实际应用需求。二是科技档案元数据著录侧重于资源的外部特征描述（如题名、责任者等），缺乏对资源内容的深层次描述。这均影响了科技档案开展深度内容挖掘的进程。因此，提升资源的文本化与数据化水平尤为关键。

资源关联化、知识化、可视化能力有待加强。通过调研分析，一是目前科技档案主要基于分类表、档案门类进行组织，对信息内容的关联组织粒度较粗；且未对资源深层次的内容语义进行揭示；二是科技档案资源通常以目录平铺式的形式展示，未对资源内容进行可视化分析，不便于用户快速且准确地获取档案内容。开展档案资源内容挖掘、知识关联及可视化呈现能够从海量资源中快速准确地分析和处理有效信息，挖掘档案潜在价值与功能，有助于提升服务效率和质量。因此，加强资源关联化、知识化、可视化是做好档案工作知识服务的关键因素。

2.2 利用层面

以机构为对象，开展科技档案知识挖掘。构建院属单位组织机构沿革专题库，形成分机构、分领域、分阶段的全院组织机构沿革内容可视化、重要职务任职变化可视化；形成各机构不同阶段研究热点、学科变化可视化图等。以项目为对象，进行内容挖掘与组织。实现各项目研究主题可视化；探索项目实体、学科实体、人员实体、机构实体间的各项关联关系；分析不同时段同学科研究项目间的关联关系等。以科学家为维度，生成科学家知识图谱。构建以科学家为核心的本体框架，生成科学家与项目、资源、荣誉奖励、重要事件等实体间的关系。基于本体框架，形成科学家人物关系、重要事件、项目合作等知识图谱；实现档案资源语义检索。

综上，科技档案资源知识服务对科技档案语料库定位、标注粒度提出要求。首先，科技档案语料库能够为提升资源质量、内容管理水平和自然语言模型训练提供丰富语料支持；其次，标注粒度应以词粒度、词间关系为主，尝试探索实体、属性及关系标注。

3 科技档案语料库构建路径探索

借鉴国内外语料库构建经验，结合中国科学院科技档案资源知识服务需求，形成了科技档案语料库构建路径框架，分为语料选取、语料预处理、数据标注与质量控制、数据存储与管理、数据应用。

3.1 语料选取及预处理

语料选择遵循典型性、代表性、全面性原则。结合科技档案资源特点、知识服务需求及标注成本，语料选取部分具备代表性、典型性的不同门类、不同类型档案资源为数据源；此外，选取部分权威性数据库及网站为数据源补充。

相比其他资源，历史纸质科技档案资源文本化水平较低，故需优先提升科技档案 OCR 识别准确率。一是引入人工智能、大模型技术，不断训练、优化 OCR 识别模型，提升识别准确率；二是以 OCR 校对规范为指导，校对工具为辅助，开展人工 OCR 识别结果校对。权威性数据库与网站以爬虫、接口读取方式获取，语料预处理主要包括去除无用数据（如标点符号、图片等）、删除重复数据。

3.2 语料标注及质量控制

此阶段主要分为标注体系或规范的制定、标注策略制定、标注工具开发、标注人员培训、标注流程制定等。在标注粒度确定方面，考虑到科技档案知识服务对语料库提出的要求，结合语料库应用场景，语料库加工与标注粒度分为两方面：一是以分词、词性标注作为语料加工粒度，用于提升自然语言处理模型等的训练效率；二是结合科学家知识图谱、院属单位组织机构沿革应用场景，构建以科学家、项目、机构等为实体的本体框架，开展实体、属性及关系标注。在标注规范制定方面，依据国家相关分词、词性标注规定、参考《现代汉语语料库加工规范——词语切分与词性标注》及 Wordnet 标注体系，制定了《科技档案语料标注规范》。该规范结合科技档案语料库特点及知识服务需求，明确了分词、词性标注、词间关系标注、句型关系标注相关规定，统一标注认识。在标注策略确立方面，采用人工与机器相结合的方式进行标注。一是针对实体、属性及关系的标注，前期以人工标注为主，待标注数量及类型达到一定水平时，训练机器模型；并进行人工标注抽检与校对，不断优化机器模型。二是针对分词与词性标注，以机器模型为主，辅以人工抽检与校对，不断迭代分词模型算法。在标注平台构建方面，主要考虑人工标注的方便性以及语料与标注模型间的互动性；一是满足不同标注粒度语料的标注需求，支持标注标签的增删改及批量标注；且可用不同颜色区分不同标注内容。二是支持分词、词性标注、实体、属性及关系的预标注，支持人工修改模型标注结果；并可将标注结果反馈至模型进行迭代升级。在标注流程建立方面，流程分为预标注与正式标注两个环节。首先，组织标注人员进行标注规范、标注平台使用培训；其次，标注人员根据前期培训内容，以 10 个文档为示例进行标注，并实时记录标注问题。接着，以标注示例数据为对象，与标注人员一一进行核验，并答疑解惑，规范标注示例，不断细化完善标注体系。此后，不断重复上述标注与核验过程。最后，待标注准确率达 95% 后，进行正式标注。在正式标注过程中，使用共享文档的形式不断记录问题，定期答疑解惑，并随机抽样检查；待标注内容及数量达到一定程度，训练模型并人工校对结果，待校对数量累计一定量时，继续优化模型。

3.3 语料存储与管理

根据标注粒度和语料用途不同，语料存储形式分为两类：一是将实体、属性及关系标注语料以图数据库形式进行存储，便于开展语义检索、知识挖掘，为知识图谱构建奠定语料基础。具体分为本体对象表、本体属性表、本体关系表、本体属性和关系说明表、本体属性映射表、本体关系映射表、本体对象属性关系层级管理表；二是将分词、词性标注语料以关系型数据库存储，便于后续用于自然语言处理各项任务中。具体分为语料表（包含实体名称、实体缩写、属性、同义词、上位词、下位词等）与语料所属学科关系表

（包含语料、所属学科、创建时间、更新时间等）。为实时统计科技档案语料标注情况，开发语料标注跟踪系统及语料查询系统，用于跟踪哪些档案已经完成预处理、哪些档案已进行了标注、哪些档案计划重新标注等。

3.4 语料应用

科技档案语料库应用贯穿于档案资源的全生命周期。一是可用于提升手写体、特殊版式的历史纸质档案 OCR 识别准确率，提高了资源文本化水平；二是可用于实现档案资源元数据自动著录及内容标注，从前端控制了元数据著录质量，提高了资源数据化水平；三是可用于训练、优化各类自然语言处理及机器学习模型，为开展科学家知识图谱项目、院属单位组织机构可视化等提供支持，也为后续科技档案资源进一步挖掘与可视化呈现奠定扎实语料基础。

4 结语

本文基于科技档案语料库在档案资源建设与内容管理等方面的重要作用，以构建科技档案语料库为目的，调研分析了国内外语料库相关研究进展，总结了不同类型语料库在构建路径、策略及相关应用等方面的经验；并从资源与利用层面梳理了中国科学院科技档案知识服务需求，提出科技档案语料库定位、功能建设及标注内容等相关要求。综上，从语料选取及预处理、语料标注及质量控制、语料存储与管理、语料应用四方面提出科技档案语料库总体框架及构建路径，并以中国科学院档案馆为例生成大规模科技档案语料库。丰富了档案学关于语料库的相关研究，也为推进档案资源高质量建设及服务开辟了新思路。下一步将尝试运用语料库开展实践研究。

注释及参考文献

[1] 洪化清,倪亦斌.中国传统故事多模态语料库的构建与应用——以瓷器上的故事画语料库为例 [J].外语界,2023(2):2-7.

[2] 刘妍,熊德意.面向小语种机器翻译的平行语料库构建方法 [J].计算机科学,2022(1):41-46.

[3] 姜京池, 关昌赫, 刘劼, 等. 基于主动学习与众包的农业知识标注体系及语料库构建 [J]. 中文信息学报, 2023(1):33-45.

[4]Castro S, Chiruzzo L, Rosa A, et al. A crowd-annotated Spanish corpus for humor analysis[C]//Proceedings of the Sixth International Workshop on Natural Language Processing for Social Media.2018.

[5]Cohn T, Callison-Burch C, Lapata M. Constructing corpora for the development and evaluation of paraphrase systems[J].Computational Linguistics, 2008(4):597-614.

[6]Leaman R, Lu Z. NCBI disease corpus: A resource for disease name recognition and concept normalization[J].Journal of Biomedical Informatics, 2014, 47:1.

[7] 常洪阳, 昝红英, 马玉团, 等. 脑卒中疾病电子病历实体及实体关系标注语料库构建 [J]. 中文信息学报, 2022(8):37-45.

[8] 王敬, 杨丽姣, 蒋宏飞, 等. 汉语二语教学领域词义标注语料库的研究及构建 [J]. 中文信息学报, 2017(1):221-229.

[9] 张春菊, 张磊, 陈玉冰, 等. 基于 BERT 的交互式地质实体标注语料库构建方法 [J]. 地理与地理信息科学, 2022(4):7-12.

[10] 韩露, 余静, 吴虹, 等. 汉英双语平行语料库在高职英语教学中的应用研究——以中医双语翻译人才培养为例 [J]. 职教论坛, 2017(8):75-79.

[11] 于红. 美国汉学家马瑞志《世说新语》的人名翻译研究 [J]. 国际汉学, 2020(3): 43-52,202.

[12]Mason Z J. CorMet: a computational, corpus-based conventional metaphor extraction system[J]. Computational linguistics, 2004(1): 23-44.

[13] Caliskan A, Bryson J J, Narayanan A. Semantics derived automatically from language corpora contain human-like biases[J]. Science, 2017(6334): 183-186.

[14] 林丽. 基于新闻语料库的越南语框架语义标注研究 [J]. 中文信息学报, 2013(06): 201-208.

[15] 张淑静. 语料库在批评话语分析中的应用 [J]. 郑州大学学报 (哲学社会科学版), 2014(3):130-133.

[16]Baroni M, Lenci A. Distributional memory: A general framework for corpus-based semantics[J]. Computational Linguistics, 2010(4): 673-721.

[17]Munteanu D S, Marcu D. Improving machine translation performance by exploiting non-parallel corpora[J]. Computational Linguistics, 2005(4): 477-504.

基于 FAIR 原则浅谈科学数据与科研档案协同管理

郝峥　张霄旭

中国核电工程有限公司

摘要：科学数据作为科技创新发展的基础性战略资源，蕴含丰富的潜在价值，而科学数据管理方式仍处于探索阶段。本文通过文献分析法，汲取国内外先进的科学数据管理经验，提出科学数据管理现状，基于 FAIR 原则分析科学数据与科研档案协同管理优势，围绕管理事项协同、管理流程协同、管理工具协同三个方面论述管理策略。研究表明，数据标识符与文件编码、数据管理计划与组卷规划、通用与特有元数据、归档与汇交环节、保管与利用环节、管理工具均可协同，以期构建协同管理路径，为科学数据与科研档案协同管理提供参考。

关键词：科学数据；协同管理；数据管理平台

0 引言

大数据时代，数据密集型的科研第四范式逐渐兴起，科学数据已成为科研活动的关键基础设施，受到科学界的广泛关注和高度重视。科学数据是国家科技创新和发展的基础性战略资源，蕴含着巨大的潜在价值和可开发价值。科学数据呈现体量大、类型多样、增长速度快、专业性强等特点，为使科学数据得到合规管理和有效利用，各研究组织纷纷探索数据管理和利用方案。其中欧洲开放科学云可发现、可访问、可互操作、可重用的科学数据治理 FAIR 原则为科学数据发展指明方向[1]。

而科学数据与科研档案都是在基础研究、应用研究、试验开发过程中产生的原始记录，二者同根同源，均是科研信息资源的一部分。如果将科学数据管理和科研档案管理形成两个相对独立的体系，造成科研信息资源的割裂，不利于信息资源的共享和利用，也不利于科技成果的创新[2]。

本文采用文献分析法，借鉴国外科学数据管理经验，分析国内科学数据管理现状，梳理科学数据管理存在问题，以 FAIR 原则为基础提出科研档案与科学数据协同管理优势及策略，以期为科学数据融合管理提供借鉴，确保科研信息资源完整，便于共享与利用。

1 科学数据研究现状

1.1 国外研究现状

从国外研究现状来看，已有不少学者提出协同管理相关论述，Geoffery 等 [3] 认为档案馆可确保科学数据安全性和可用性。S.Childs 等 [4] 认为档案工作者具备数据管理者的角色。C.Maday 等 [5] 认为，档案工作者可以在数据管理计划（Data Managemnt Plan，DMP）中定义数据的生成方式、元数据、格式，确保文件和数据存储在适当的电子保存平台上。在实践经验方面，国外部分领域已实现协同管理，国际档案理事会下设有科学与研究数据委员会，专门负责科学数据管理学术研究和业务交流；美国将科学数据归档纳入科研项目管理计划中，并根据管理要求对科学数据划定保管期限，并要求提供长期保存策略 [6]。

1.2 国内研究现状

我国科学数据管理起步较晚，但已形成较多关于科学数据管理的理论研究、实践研究，但尚处于研究阶段，相关研究缺乏实践验证，尚未形成基于管理理念、制度、组织管理、技术手段于一体的管理体系。蔡盈芳 [7] 认为应从建立业务协同监督指导机制，依托档案机构开展科学数据管理，实现机构业务互认，建立业务协同机制，建立协同管理平台几个方面开展协同管理。刘越男、何思源 [8] 提出科研档案和科学数据协同治理的构想，重点从三个层面分析协同治理的内部动力和外部推力。王芳 [9] 等认为档案机构应从提升数据管理意识，加强与科学数据管理机构的沟通协作，推进可行模式的探索等方面积极参与科学数据管理。2019 年 6 月，科技部、财政部公布国家科技资源共享服务平台优化调整名单，确定自然科学与工程技术领域的 20 个国家科学数据中心，仅明确数据汇交政策，并未提及科研原始记录。

1.3 科学数据管理存在问题

1.3.1 科学数据收集情况欠佳

在科研项目结题时，科研人员仅仅注重科研成果文件、过程管理文件等传统载体文件的收集，而忽视在试验、观测、案例、原理推导、分析总结出的原始数据。或片面认为试验数据体现在成果报告中，将成果报告归档视作数据归档。因此在科研活动过程中未及时收集原始科学数据，造成大量有价值的数据处于缺失状态。

1.3.2 科学数据未进行系统整理

科学数据与科研档案均是科研活动的原始产物，二者同根同源，且二者产生的时间不同，一般科学数据在先，而研究报告是依据试验结果形成结论而产生，二者产生的先后顺序也体现研究路线，反映同一科研事项，本身具有内在联系。而科学数据无论是汇交还是归档，其管理方式极少与相应科研档案建立关联，科研信息资源的有机联系被破坏。

1.3.3 科学数据长期保管尚不完善

科学数据是在不同领域的科研项目过程中采用专业化软件进行采集，呈现格式繁杂多样的特点。随着以数据密集型科研范式的兴起，科学数据量显著增长，以光盘、硬盘等传统离线存储介质保管势必造成存储空间压力过大。传统离线存储介质可用性、存储数据可读性的检测，以及光盘复刻、数据迁移等极大增加数据管理人员工作量，数据安全性也无法得到保证。

1.3.4 科学数据共享利用形式单一

科学数据归档后，受限于数据管理人员的专业性，对数据的管理侧重于保管，仅确保数据的安全、完整、可用，无法提供灵活多样、专业化的利用。另外，科学数据归档前，由于未规范归档要求，元数据的不完整、与科研档案未建立关联等问题造成科学数据不具备深度价值开发的条件，无法提供新型利用服务。

2 科研档案与科学数据协同管理优势

科研档案已形成成熟且完整的管理体系，科学数据可参照档案管理模式并发挥自身特点，与科研档案建立协同管理机制，确保科学数据的 FAIR 原则，如图 1 所示。

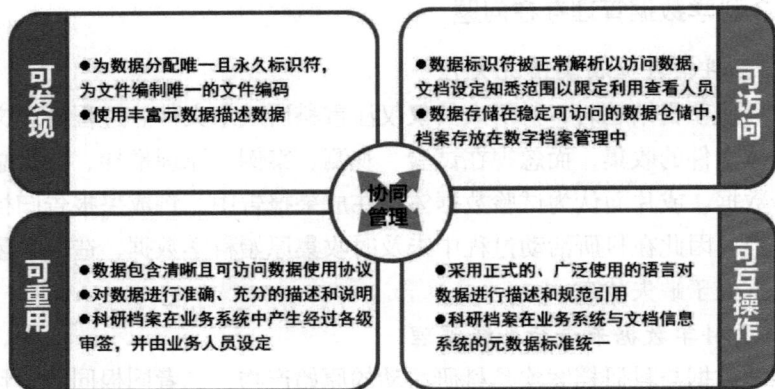

图 1　基于 FAIR 原则的协同管理示意图

2.1 科学数据的可发现

科学数据的可发现是实现科学数据共享与利用的前提，为后续的数据访问与互操作奠定基础，可发现是通过数字对象标识符和丰富的元数据所体现[10]。而科研档案在发布前也会依据项目来源、项目阶段、专业、责任单位编制文件编码，元数据是体现科研业务属性和档案属性，与科学数据管理有异曲同工之处。因此，数字对象标识符与元数据可参照科研档案管理方式，以实现数据的可发现。

2.2 科学数据的可访问

科学数据的可访问通过相关协议以获得科学数据资源的访问权限。赋予数据对象管理型元数据，则能使要访问的数据对象所处的数据管理平台通过开放通用网络协议进行访问[11]。科研档案同样可依据知悉范围通过数字档案馆设定权限进行检索、查看，不同科研档案实现分级管理，划定知悉范围。科学数据与科研档案同属科研信息资源，且两者相互关联，设定科学数据的访问权限可同科研档案保持一致；数据访问、获取权限、申请流程设置功能可参照数字档案馆的功能设置。

2.3 科学数据的可互操作

科学数据的可互操作旨在保障潜在的数据使用者之间能够方便、可靠地交换和整合数据资源[12]。采用正式的、广泛适用的语言和详细的数据资源描述框架对数据及其元数据进行描述以实现数据的互操作。科研档案在科研业务系统中产生、流转，通过接口向文档信息系统归档，在文档信息系统中保管、利用，业务系统与文档信息系统设置的科研业务元数据应规范统一，确保不同系统元数据的匹配性；同一科研项目不同门类档案可通过课题名称、课题编号等科研通用元数据调取，实现不同门类科研档案相互引用。科学数据可完全参照科研档案的管理模式，建立统一的词汇表以及著录规范，达到数据互操作的目的。

2.4 科学数据的可重用

科学数据可重用是规定数据及元数据被具有多个准确且相关属性丰富地描述，以规定发布数据的使用许可、详细的出处关联和符合相关领域的标准。可重用性体现数据本身具有被重复利用的内在价值，同时验证科学数据的权威性和可靠性[13]。科研档案在业务系统中产生经过各级审签，并由业务人员设定密级及知悉范围，限定档案利用权限，此种方式也可确保数据重用过程中知识产权的清晰明确。

3 科学数据与科研档案协同管理策略

科学数据与科研档案协同管理从管理事项、管理流程、管理工具角度，分析协同管理策略，以满足科学数据 FAIR 原则，如图 2 所示。

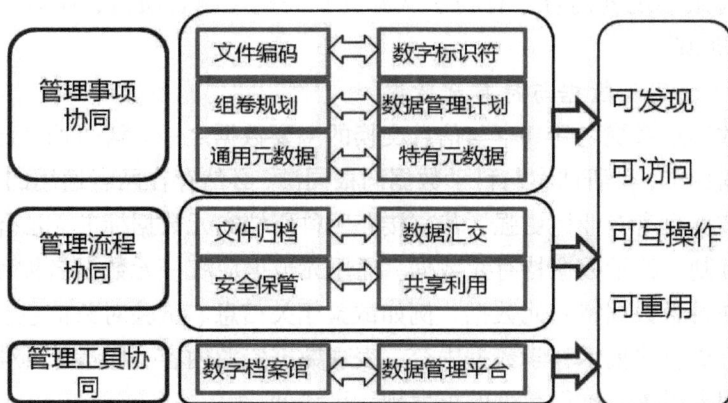

图 2　科学数据与科研档案协同管理示意图

3.1 管理事项协同

3.1.1 数字对象标识符与文件编码

数字对象标识符具有唯一性，确保数据与标识符的一一对应和强关联，提供数据资源全面开放的可能[14]。目前通用的数字标识符有数据对象标识符（DOI）、科技资源标志体系（CSTR），两者都具有唯一性、持久性、兼容性、互操作性[15]。各领域、学科也可在实现中形成专用标识符，凸显学科特征，以满足针对性需求。文件编码作为文件的唯一"身份信息"与文件一同产生，其规则反映文件的项目、年度、主要活动、文件类型等信息，一般由文件产生部门制定文件编码规则。科学数据标识符与科研文件编码可设置相似规则，例如均可反映出同一项目的同一科研活动，便于文件与数据相互关联、引用。数据标识符是数据持续传播与共享的前提，提高科学数据的显示度，确保数据的可发现性。

3.1.2 数据管理计划与组卷规划

数据管理计划是由科研人员编制用来描述科研项目数据的书面文件，其内容包括在项目研究过程中期望获得或生成的数据类型和资源，未来如何管理、描述、分析和存储这些数据，以及项目结束后数据的获取和共享方针、存档计划等[16]。虽然数据管理计划属于科学数据管理范畴，但其内容包含数据的归档和保管。组卷规划是在项目初期由科研人员编制的文件整理组卷的指导性文件，组卷规划明确科研文件分类、组卷方式，体现项目研发进展。两者均在项目初期形成，数据与文件均来源于科研活动，在组卷规划中纳入数据采集规划，再将数据的利用、共享策略纳入组卷规划中，扩充完善组卷规划内容，有利于从源头共同把控两者质量，明确科学数据的 FAIR 原则。

3.1.3 通用元数据与特有元数据

元数据是系统之间共享与信息交换的主要数据之一。科研档案已有成熟的元数据标准，科研档案与科学数据同根同源，必然存在两者通用的元数据，但科学数据自身专业性更强，若直接套用科研档案元数据标准无法体现其专业性，应制定科学数据特有元数据。通用元数据应统一元数据名称和定义，并且添加科学数据特有元数据，例如试验相关信息、试验对象信息。特有元数据信息更直接揭示科学数据内容，表现数据资源内容、质量等质化特征，满足利用者需求，确保数据的可发现、可访问。

3.2 管理流程协同

3.2.1 归档与汇交

科研档案与科学数据均属科研信息资源，但目前的管理方式使两者处于割裂状态。两者又归属于不同的单位、部门，致使科研人员需要兼顾不同的移交方式和要求，增加科研人员工作量。以笔者所在公司为例，档案管理与数据管理隶属于同一部门，便于制定统一的科研文件归档和科学数据汇交要求和标准，在科研人员进行文件归档的同时完成数据汇交。组织机构的优化布局为科研档案与科学数据的协同管理提供先决条件，便于两者统一接收标准，确保科学数据及时汇交。

3.2.2 保管与利用

保管与利用是科研信息资源全周期管理中的重要环节，体现科研档案与科学数据的价值。从组织机构业务特点来说，档案部门对于电子文件、电子档案的安全保管具备先天优势。而科学数据由于其自身特殊性，数据管理部门可提供更为专业、灵活、便捷的利用方式，因此就利用环节，数据管理部门要优于档案部门。而两个管理职能集中在一个部门，对于档案与数据的保管与利用可取长补短，发挥各自优势，在确保科研信息资源安全的前提下，建立两者的关联性，开发多元利用方式，便于数据的互操作和重用。

3.3 管理工具协同

数字档案馆目前主要功能为通过与科研管理系统建立接口，系统在线接收原生科研电子文件，在数字档案馆的预归档库进行电子文件检测、入库，电子档案进入馆藏后实现安全保管、线上利用、智能化统计等。数据管理平台则是将公司内各业务系统的结构化、半结构化、非结构化数据进行有效组织、统一管理，打通企业各业务数据壁垒，实现数据的高效流程、共享利用。

保管于数字档案馆的科研档案大多数为非结构化数据，提供利用也是以"文件"为单元。而科学数据是以专属软件形成的特有格式，或转化为通用格式，呈现结构化或半结构化形式。传统的归档方式是以光盘的形式，且仅以光盘内容元数据、科研文件通用元数据进行描述，不利于科学数据的共享利用。而科学数据存储于数据包容能力更强、可提供便捷利用的数据管理平台更利于价值最大化。且科学数据在数据管理平台与数字档案馆均保存一套，造成存储数据冗余，管理成本加大。因此科学数据及其元数据在数据管理平台进行保管利用，而相应的目录数据同时在数字档案馆保留一套，以实现与科研档案的相互关联，便于索引。两个系统实现互联互通，当利用者检索到所需科学数据目录，可直接跳转至数据管理平台查看数据集。

随着档案数据化管理的推进，管理对象的颗粒度正在逐步细化，数据态的档案价值日益凸显。以"文件"为单元提供利用的数字档案馆已不能满足档案资源价值的最大化，已无法提供细粒度的资源利用。因此具备数据组织管理能力，融合前沿技术应用与新管理理念的数据平台更能实现档案、数据资源价值的深度挖掘，并提供内容、语义检索以及数据资源可视化服务。

4 结论

以科技创新发展新质生产力已成为国家核心战略，科学研究所产生的各类数据已成为重点关注对象，建立科学合理的数据管理体制机制已然迫在眉睫。本文从源头管理事项、管理流程、管理工具方面，从微观角度阐述协同管理方式，对于涉及各利益相关方的数据管理仅是冰山一角。后续应着眼于宏观至微观，自上而下进一步思考协同管理策略，构建科技创新路径，为新质生产力发展提供创新路线。

注释及参考文献

[1][10][11][13][14] 李建霞，袁彬彬，王庆 . 基于 FAIR 原则的科学数据融合路径及实践进展研究 [J]. 情报资料工作 ,2023(1):103-112.

[2][8] 刘越男，何思源 . 科学数据与科研档案的管理协同：调查与思考 [J]. 图书情报工作 ,2022(1):96-105.

[3]ERIC.Starting the Conversation:University-Wide Research Data Management Policy[EB/OL].[2022-03-19].https://eric.ed.gov/?id=ED564819.

[4]CHILDS S,MCLEOD J,LOMASE,et al.Opening research data:issues and opportunities[J]. Records management journal,2014(2):144-162.

[5]BEAGRIE N,POTHEN P. Digital curation:digital archives,libraries and e-Scinence seminar[EB/OL].[2021-08-23].http://www.ariadne.ac.uk/issue/30/digital-curation/.

[6][7] 蔡盈芳 . 推进科学数据与科研档案的协同管理 [J]. 中国档案 ,2021(9):60-61.

[9] 王芳，韩家钰，卜昊昊 . 档案机构参与科学数据归档管理的模式、问题与对策 [J]. 科技情报研究 ,2022(3):1-14.

[12] 李骐安,孟宪飞,张书华,等.基于 FAIR 原则的中国科学数据资源现状分析及启示 [J]. 数字图书馆论坛,2023(1):50-57.

[15] 李楠楠,刘筱敏.我国国家科学数据中心 FAIR 原则的实践现状调查与分析 [J]. 情报工作与情报事业,2023(2):137-144.

[16] 陈恬,余亚荣,张照余,等.基于数据保全思想的科学数据全流程管理研究 [J]. 档案与建设,2020(12):4-9.

MBSE 研制模式下的
航天器模型数据归档思路初探

田红[1] 时光[1] 韩璐[1] 史依心[2]

1 北京空间飞行器总体设计部

2 航天档案馆

摘要：随着航天器研制任务需求的不断深化和数字化研制流程的不断推进，航天器研制模式逐渐由基于文档向基于模型的方式转变，模型数据已成为赋能航天器研制工作高效开展的重要支撑。本文基于 MBSE 研制模式，对航天器模型数据的归档必要性及特点进行了分析，从面向航天器研制全过程提供模型应用服务的视角提出了模型数据的归档管理思路。

关键词：基于模型的系统工程（MBSE）；模型数据；归档思路

0 引言

近年来，随着人工智能、数字孪生、智能制造、大数据为代表的数字技术向制造业的赋能，数字技术与制造技术不断融合，航天企业积极推动科研生产和经营管理数字化转型，构建模型和数据驱动的科研生产数字化体系，采用基于模型的系统工程（Model-Based Systems Engineering，MBSE）方法，不断完善航天器产品数字化协同研制环境，强化虚拟设计与仿真验证应用，提高设计效率，以满足航天器研制任务多、研制周期短、性能指标好、质量要求高的新要求。面对航天器研制模式由基于文档向基于模型的方式转变，模型数据逐渐成为一种新兴的信息传递载体，在此背景下，采用传统的档案管理模式已明显不适应当前的科研生产需求，迫切需要围绕 MBSE 航天器研制框架和工程方法下产生的模型数据开展研究，制定一套科学的模型数据归档管理方案。

1 MBSE 研制模式下的航天器模型数据归档必要性

1.1 适应航天器数字化研制模式，推动航天强国建设的必然要求

面对航天器系统复杂度不断提高、并行协同研制、智能化发展的需求，航天企业紧密围绕实施数字航天战略、支撑航天强国建设的目标，全面推进数字化转型探索与实践，启动了"管理信息化提升工程三年行动计划""宇航制造"等一系列重点工程，并采用基于模型的系统工程方法，加快数字化赋能航天型号产品科研生产模式转型，实现了研制信息由基于文档向基于模型的转变，形成了大量以模型数据为代表的新型数字资源。

对标航天强国建设的目标，档案管理作为航天器研制不可缺少的一环，传统的档案管理手段显然无法满足新型数字资源的管理要求，迫切需要围绕数字化研制模式转型需要，分析新研制模式下模型数据的特点，从档案管理的视角重构管理对象与范围，通过构建一套科学的模型数据管理方案，解决新的研制模式下数据"可用、好用、易用"的问题。

1.2 面对全周期研制数据利用需求，发挥模型数据潜在价值的迫切需要

基于 MBSE 的航天器研制模式下，航天器全生命周期研制以模型为核心、以数据为基础，研制过程中需要依托大量的模型数据作为支撑，如何开展模型数据的有效管理和应用，对于航天器研制意义重大，主要表现在：通过将数据转化为模型的结构化定义方式，可以将设计过程和设计结果显性化，有助于航天器研制全生命周期的追溯；研制过程中形成的各类模型数据，能够直观反映航天器各项性能指标、技术状态，有助于成熟产品的快速继承、设计重用；基于模型的试验测试数据，可有效支撑设计迭代优化过程，有助于实现更全面、更快速的方案优选。

当前，MBSE 研制模式下的航天器模型数据还处于离散保管状态，数据查阅、继承、可读性差，其中蕴含着的大量产品关键基础数据、性能数据、质量数据以及数据成果等尚未充分挖掘和有效利用，难以满足航天器全周期研制对数据快速、准确、全面的获取需求以及对以往型号产品的设计方案、设计知识的合理组织和重用需求，迫切需要加强模型数据的集中、有序管理，通过构建层级和关联关系使数据价值得到最大发挥。

1.3 适应新时期档案工作发展需要,实现档案工作转型升级的内在需求

在科技创新越来越依赖于大量、系统、高可信度科学数据的当下,国家陆续出台了有关科学数据管理的政策和标准规范,对新时期档案工作提出了新的要求,明确"具有保存价值的各种形式和载体的科研文件材料(含科学数据)均应纳入归档范围"。同时,集团公司在"十四五"档案工作规划中指出,"档案工作必须全面加快数字化转型和智能升级",提出了"加强数据全流程管理"的目标任务。

面对新时期档案工作发展要求,迫切需要航天企业档案部门把握档案管理数据化发展方向,树立以数据为导向的档案思维,通过管理模式转型,构建匹配航天器数字化研制模式、适应经营管理信息化需求、符合档案专业化管理要求的模型数据管理方案,突破模型数据归档难点,为精准服务科研生产和管理决策提供有力支撑。

2 航天器模型数据特点分析

MBSE 研制模式下,航天器全生命周期研制经历体系论证与需求分析、产品设计、仿真验证、总装集成、测试试验、在轨运行等多个阶段,各阶段通过统一数据来源的模型驱动信息无缝传递、研制协同与闭环验证,模型不断传递、迭代、优化,具有结构化分解和多维度关联等特点。

2.1 基于层次结构的模型传递

航天器研制是复杂的多系统耦合产品,包括总体、分系统、单机等多层级协同[1]。在以模型为载体进行信息传递时,依托于统一的模型体系和数据源,采用层次递进、逐步固化的结构形式,自顶向下逐层分解,设计状态逐步收敛、逐步细化,每一阶段每一层级的模型设计完成后,通过发布和送审的方式对模型及其模型说明文件固化,形成当前的模型版本号,总体通过对不同阶段的模型进行抽取、组合,形成航天器完整的模型数据体系。模型数据之间是基于层次结构的传递关系,并以结构视图的方式呈现。

2.2 基于数据的关联映射与验证

围绕航天器的需求、功能、全寿命飞行活动、技术指标和设计状态等,以统一的、具有内在关联的模型进行描述，通过模型虚拟仿真对方案设计进行综合闭环验证，提前暴露设计问题，避免研制过程的反复，实现"构造即正确"。在"设计—验证—迭代—设计"的模型修正过程中，模型数据逐步积累，模型的置信度不断提升，通过版本、基线等技术状态管理手段，确保各阶段模型技术状态的一致性。当产品设计数据或状态发生变化时，通过数据驱动、映射与验证，信息实时传递到相关模型，模型数据和版本同步迭代更新。

以产品模型为例，通过整星—舱段—舱板—产品四个层级进行结构化分解，通过对产品模型定义版本，明确基线，精确记录航天器产品的产品结构、产品模型的状态演变过程，设计人员可以掌握设计进度、回溯设计过程、检查设计状态、查找过程问题。模型数据关系及状态演变示例如图1所示。

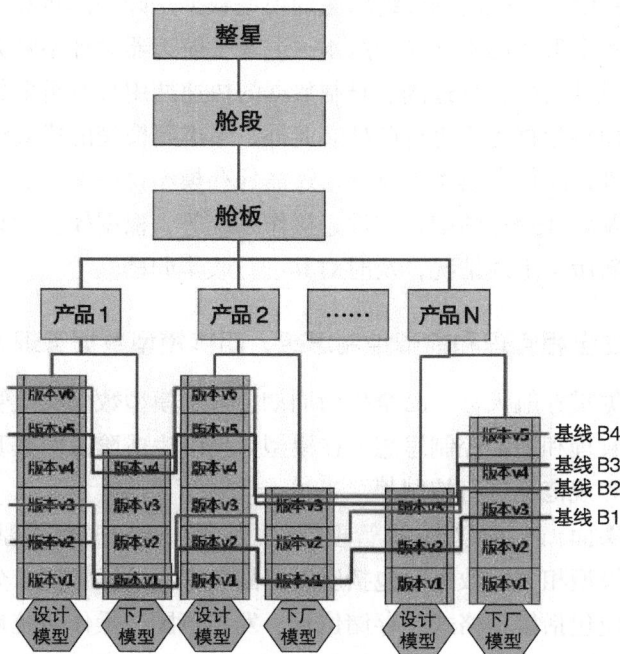

图 1　模型数据关系及状态演变示例

3 MBSE 研制模式下的航天器模型数据归档思路

从航天器模型数据的特点可以看出，其传递方式、数据关系与传统的电子文件相比更为复杂，模型版本不断迭代更新，模型对软硬件运行环境高度依赖，涉及的元数据要素更为多元，对此，档案部门必须立足模型数据特点，设计符合航天器模型数据利用需求的归档路径。

3.1 基于航天器复杂研制过程的模型价值，厘清模型数据归档范围

MBSE 研制模式下的模型数据应用主要是按照需求、设计、制造、运用四个过程域，以满足航天数字化需求和科研生产需求为牵引，通过模型的校验与设计优化，统筹推进航天器应用，实现模型交付和设计应用的良性循环。在航天器研制过程中，模型以条目化、结构化方式描述航天器研制关键指标和参数，是航天器研制和管理全过程数据，具有重要的参考利用价值，因此反映总体、分系统、单机研制最终状态的模型数据是归档的重点。同时，针对设计迭代过程中形成的不同模型版本，记录了航天器设计不断完善的过程，对于航天器设计演变过程追溯、研制数据的快速调用具有重要的支撑作用，因此多版本模型数据也应进行归档。此外，考虑到模型的成套性和对软硬件环境的依赖性，除保存模型本身外，还需保存模型说明文件、元数据、设计软件、工具及软件运行的配置文件、操作系统等，根据模型设计软件、工具及运行环境新版本上线情况，及时对其进行收集归档。

3.2 树立全程管理和前端控制思想，明确模型数据管理要求

模型数据贯穿航天器产品全生命周期，开展模型数据有效管理的前提就是树立全程管理和前端控制思想，在模型数据的生成阶段对其真实性、完整性、有效性和规范性进行控制 [2]。

在制度层面，建立模型数据管理规范，从源头规定模型管理流程和要求。例如，明确模型相关元数据除包括所属产品名称、阶段标记、分系统等基础信息外，还应包括模型格式、存储位置、发布范围、操作系统环境、模型版本等，为元数据捕获、存储、维护和利用提供依据；规范模型送审流程，明确送审时以"模型 + 模型说明文件"的形式成套送审，并在文件命名时标注模型版本号，模型保存格式统一为标准的通用格式，说明文件应描述模型的结构、建模过程，确保模型的有效性和可用性。

在操作层面，前置档案管理理念，按照电子文件真实、完整、可用、安

全的要求，将归档审查要素嵌入模型流转过程中，赋予模型档案的特性，明确归档模型数据的要求、捕获节点、捕获方式及捕获内容；同时，档案管理人员提前介入对模型签署、分发、更改等情况的审查把关，提升模型流转过程的规范性，确保归档的模型数据形式规范、内容准确、背景完整。

3.3 立足工程研制模式，建立"基于产品结构—模型类别—版本"的归档模式

航天器研制是一个需要充分迭代的过程，不同阶段及不同迭代轮次对数据重用的需求不同，因此在模型数据归档时，应基于模型数据价值，面向不同的业务场景利用需求，建立基于产品结构—模型类别—版本的多层级归档管理模式，即按照产品结构树，以总体、分系统、单机三个层级为纵向维度，以模型类别为横向维度、以模型版本为关联维度建立相应的归档模型库。其中，总体模型库归档的是描述系统级的需求、功能组成、产品详细设计和专业特征、产品实现过程、发射与运行应用过程的不同版本模型及模型配套文件。分系统模型库归档的是描述分系统级的需求、分系统功能组成和详细设计、分系统集成测试过程的不同版本模型及模型配套文件。单机模型库归档的是描述单机功能组成和详细设计、单机产品实现过程的不同版本模型及模型配套文件。各维度形成的不同模型构成了航天器完整的模型数据体系。模型数据归档结构树设计如图 2 所示。

3.4 面向航天器设计重用需求，加强模型配套文件和模型关系管理

反映航天器研制过程的数字模型包含了需求模型、系统模型、产品模型等，并在不同的研制阶段和应用场景提供全面的模型数据服务。为保证模型利用的全面性、准确性、有效性，在归档过程中应加强模型配套文件和模型关系管理。首先，建立模型及其配套文件的关联关系，将其按照一套数据进行整体管理，通过直观反映航天器各项性能指标、技术状态、版本和变更等信息，便于成熟产品的快速继承、设计重用。其次，以航天器配套结构为基础，建立各个阶段产生的模型之间的追溯关系，通过"追溯链"的方式对模型的上下游关系和影响关系进行管理，一旦研制中模型信息发生变化，能够通过模型之间的关联关系及时掌握变更影响情况并作出针对性调整，实现相关模型的实时感知和同步更新。

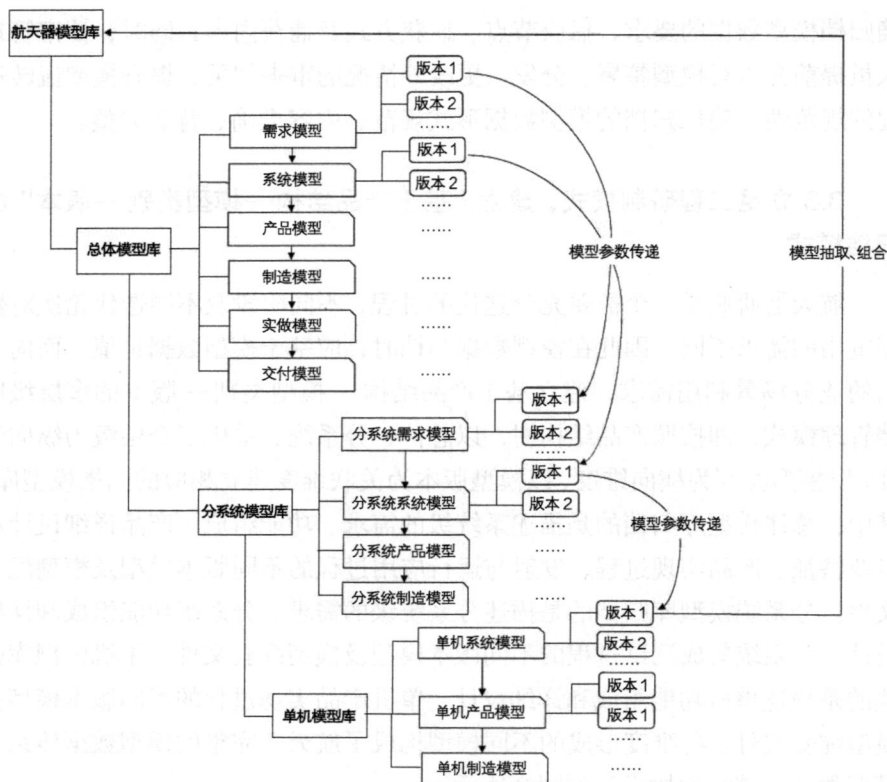

图 2　模型数据归档结构树设计

4　结语

　　面对 MBSE 研制模式在航天器研制中的深入开展和广泛应用，模型数据作为新的生产要素发挥的作用日益凸显，做好模型数据的有效管理将是航天企业档案工作转型发展面临的重要课题。在构建科学、明确的模型数据归档思路下，后续将进一步开展 MBSE 研制模式下的模型数据归档实践，通过依托多层级、多维度的归档模型库设计，实现不同研制阶段不同类型模型数据的集中、联动管理与快速调用，为航天器研制提供更全面、更立体、更高效的数据资源支撑。

注释及参考文献

[1] 王为 , 彭坤 .MBSE 技术在我国载人航天器研制中的应用 [J]. 航天器工程 ,2022(6):69-75.

[2] 王宁 , 刘越男 . 档案学视角下的科学数据管理——基于国际组织相关成果的研究 [J]. 图书情报工作 ,2021(5):88-97.

数智时代航天科技档案智慧服务探索

杨琴茹　韩璐　时光

北京空间飞行器总体设计部

摘要：科技档案作为航天企业的重要数据基础，在数智时代发展要求下，需要为航天企业创新发展提供更加主动、个性、智能的信息服务与知识支撑。本文立足航天企业发展全局，分析航天科技档案特点，从智联、智搜、智享三个方面设计智慧服务总体思路，通过打通数据链路，创建元数据链接，利用智能搜索、专家问答、知识引擎智能推送等举措，推动航天科技档案全景式管控、全域式获取、全维度共享，并结合型号研制、文化传承两类场景提出智慧服务应用实践，为航天企业档案工作的未来发展提供有益思路。

关键词：航天科技档案；智慧服务；智联；智搜；智享

0 引言

在人工智能、大数据、云计算、区块链等新技术推动下，社会逐步迈进数智化时代，表现出万物数据化、响应及时化、处理智慧化、持续成长化等特点。伴随技术驱动、航天企业高质量发展要求，科技档案作为航天企业的重要数据基础，既面临更高的管理要求，又获得了更好的管理基础。电子文件成为主要的档案形式，档案颗粒度逐渐细化，档案管理逐步向自动模式和虚拟模式推进；档案工作业务流程由基本层面的档案收集、管理与服务向更高层面的信息获取、信息分析、知识服务和智慧服务延伸[1]。档案工作在顺应数智化潮流中向智慧赋能迈进，要求为企业提供更加主动、个性、智能的信息服务。

航天企业作为航天器设计、研制的核心载体，担负着牵引航天行业发展和新领域突破的重任，具备创新性、系统工程性要求高，生产组织管理、供应链、制造过程复杂，兼具个性化、批量化等特点，属于高技术、高投入、高风险产业，其档案主要是面向产品或主业实现的科技档案，具有数据来源多元化、用户群体稳定化、服务场景个性化、安全保密要求高的特点。聚焦新技术环境下档案工作的生存与发展问题，从管理档案实体向管理档案数据、企业知识跃升，已经成为航天科技档案工作发展的必然选择，也是航天企业对新时代档案工作的迫切要求。

1 航天科技档案智慧服务总体思路

航天科技档案智慧服务是涉及航天企业发展全局的系统性工作，是支撑航天业务活动的基础性保障，是一个与型号研制流程、企业管理模式、业务信息系统等高度融合的复杂项目，需要以重大航天工程任务和航天数字化研制为牵引，聚焦航天器总体、分系统、单机的各层级研制任务，覆盖各领域航天产品从方案论证、初样设计、正样研制到在轨运行的全周期管理环节，涵盖科研生产、质量管理、经营财务、人力资源、设备物资等职能部门全业务管理要素，体系化构建"智联·智搜·智享"型档案智慧赋能模式，面向不同用户提供智能化信息检索、差异化数据推送等智慧共享服务，实现航天科技档案的全景式管控、全域式搜索、全维度共享，充分发挥航天科技档案在传承航天技术进步、记忆航天发展精神、助推航天企业建设等方面的价值和作用[2]。

2 智联：打通数据链路，推动航天科技档案全景式管控

2.1 打通数据流转链路，实现全域系统关联

航天企业业务系统众多，数据庞杂，需遵循"独立运行、流转畅通"的原则，通过打通不同系统间的数据流转链路，对有价值数据进行筛选、清洗，建立数据关联关系，形成结构化数据集，实现全域系统关联，基于统一的门户或管理平台提供数据检索、数据共享服务[3]。

从数据来源看，航天企业有价值数据主要分散在档案部门、信息化部门、职能部门、业务部门、服务保障部门等。从数据质量看，电子档案管理系统的数据一般分类规范、要求统一、流程完善，比较容易直接采集；信息化部门管理的各类数据体量大、内容全，但缺乏规范化整理，存在大量过程版本

和冗余数据。从利用需求看，对于航天科研任务而言，档案数据偏重于历史数据、经验总结等，对当前型号研制任务的服务价值较小；型号任务研制过程、在轨运行管理过程、产品研制与试验过程等形成的现行数据是对当前科研任务的动态呈现和实时更新，具有更强的现实应用价值。将现行数据纳入智慧关联范围，能够一定程度上弥补档案数据在实时性方面的不足，为用户提供更加完整的全景式服务。

2.2 创建元数据链接，实现航天科技档案内容关联

档案智慧服务的重要体现是能够"脱口而出""应对如流"，这就要求对数据进行预处理，以用户对信息的全局性、协调性、准确性获取为导向，将相对独立、不同形式的数据或信息进行重构、链接，组合成具有勾稽关系的数据体系，展现知识的内容关联性，提高信息服务能力，为科研生产、经营管理等活动提供更丰富的信息支撑。

2.2.1 构建内容标签

根据文档元数据项定义"静态标签"，体现文档自身特色，如题名、编号、主题词、人物、来源等信息，用于满足常规数据查询与分析需求。针对数据所反映的内容定义"关系标签"，基于航天企业各项业务活动相关流程顺序、数据逻辑关系等条件，利用技术手段深入挖掘数据内在关系，体现不同数据间的关联关系，满足用户多元化信息利用需求。例如，创建以研制流程、产保要求、经营控制为核心的数据关联规则，自动对型号总体、分系统、单机档案资源进行筛选、分类、聚合；从项目、产品、任务等维度建立档案之间的隶属关系、逻辑关系、耦合关系，将分散的文档组合成相互关联、有机协调的数据体系，满足各级用户对信息完整性、齐套性审查需求和数字化利用需求。

2.2.2 建立分类模型

结合内容标签，运用分词库和规则库，形成符合航天企业活动特点的数据分类模型。首先利用自动分类技术对各类数据做预处理，然后通过 ETL（Extrace-Transform-Load）处理服务体系开展数据的抽取、转换、加载等特征抽取，最后智能提取摘要，建立文档标签信息。

2.2.3 智能分类排序

运用 RabbitMQ、PDFJS、Apache POI、Solr/lucene 等处理技术，实施航天资源智能分类排序功能，主要包括：自动分类功能，对航天产品相关文件进行查重、"四性"检测处理，根据研制阶段自动创建产品结构，以文件所

属专业为判定条件自动分类，并支持数据挂接、关联与标引等；智能排序功能，按照档案类型、文件类别、研制流程、文件编号等规则，实现航天产品各类资源的自动排序，形成结构化科技档案体系。

3 智搜：基于智能搜索，推动航天科技档案全域式获取

3.1 构建航天智能搜索训练库

智能搜索在航天企业的应用效果很大程度上取决于本地化训练效果，为此根据航天企业知识资源情况，建设大模型智能搜索训练库，主要包括以下资源：

（1）外部资源：航天专业术语、行业用语、航天相关图书出版物。

（2）内部资源：档案资源、规章制度、业务指南、安全管理体系文件、情报课题报告、简报内刊、保密保卫要求、产品保证要求（可靠性模板及手册、产品保证表格等）、质量管理体系（程序文件、质量手册、三层次文件、内外审要求等）、标准规范、通知要求、宣传报道等。

利用以上资源，对搜索引擎进行本地化训练，可有力增强行业适配性。搜索引擎通过对用户提供的查询语句进行分析和理解，能够更好地理解用户的意图和需求，并在对话过程中不断修正、聚集、锁定，根据查询语句和数据之间的相似度，匹配最佳的信息资源给用户利用。

3.2 专家问答

按不同领域／专业建立专家库、知识集，面对用户以自然语言形式提出的问题，通过语义解析、实体识别等技术，能够准确理解用户意图和问题的具体内容，基于知识集和专家经验，运用逻辑推理、模糊推理、概率推理等方法，对问题进行分析。利用生成式人工智能技术，将搜索到的资源进行整合并生成结果，视内容的涉密程度经审批后，向用户给出合理的结论或建议。通过人机交互方式，用户能够便捷地输入问题、查看解答、给出反馈与评价、与专家在线互动等。同时，系统能够自动识别错误数据，以确保推理结果的准确性和可靠性，支持专家基本信息维护和管理，支持按照领域、专业、层级等的属性设置。

4 智享：建设知识引擎，推动航天科技档案全维度共享

4.1 构筑知识引擎

航天企业知识管理目标是从众多信息中发现知识，实现对多源异构知识资源的统一自动化采集和整合；组织知识，实现知识的有效积累和共享，通过标识和滤镜的方式对信息进行自动分类；搜索知识，利用智能搜索系统实现对知识资源的统一自动关联、抽取、聚合分析；推送知识，支持将知识嵌入业务流程中，实现知识的即时推送和有效应用。

基于智能搜索系统构筑知识引擎，支持全部主流的结构化、半结构化、非结构化数据（关系型数据库、Office 文件、HTML、XML、PDF、图纸等）的知识索引，并提供一站式检索服务；基于语义分析技术，支持对文档全文进行索引，能够自动识别概念定义、因果关系、作用关系等语言逻辑，支持采用自然语言提问的方式进行文档检索；基于语义分析技术，支持对文档智能地抽取和形成摘要；内置 Windchill、Sharepoint、ODBC 等标准连接器，将异构系统内存储的文档定时送往知识引擎并进行知识索引、语义搜索和智能摘要，支持将索引与摘要与源系统建立链接且源文件浏览受源系统的权限控制；支持将智能搜索引擎集成到任意其他系统页面中，并通过定制开发实现条件搜索和显示。

4.2 智能推送

收集用户的属性信息和个性化需求，基于航天企业组织架构、职责分工、型号研制流程等设计推送规则，从事同类岗位、同类任务，或具有相同个人属性特征的不同用户对信息极大可能拥有相似偏好。混合推荐算法首先收集用户的个人属性特征，例如年龄、性别、职位、部门等结构化数据，将个人属性特征抽象成标签，通过标注的过程对用户进行聚类，从而使用户画像清晰化、规范化和精准化，进一步根据人口统计信息算法为用户生成一个初步的推荐列表。然后随着用户在系统中不断地产生行为数据，利用协同过滤算法找到和当前用户兴趣偏好相差尽量小的用户合集，并根据相似用户对信息的浏览次数或借阅次数为条件，找到当前用户没有查看过的信息，对初步列表进行优化和调整，最终推荐给当前用户查看，以提升推荐结果的准确性，并确保具有一定个性化程度。

5 航天科技档案智慧服务应用实践

5.1 面向型号研制的精准化信息推送

在同类型新型号研制过程中，通过协同过滤推荐算法，比对两支研制队伍人员信息，面向型号计划调度推送项目全周期计划、总装计划、综合测试计划等信息，面向质量助理推送产品保证要求与计划、评审节点等，面向总体设计师推送设计方案、协同工作程序、载荷说明、总装与试验要求、数据接口、研制总结等信息，面向分系统设计师推送所负责分系统的技术要求、设计报告、参数系数、联调联试等信息，面向单机产品设计师推送技术要求、技术状态更改单、投产要求、设计图纸等信息，有助于借鉴历史型号成果经验，提高研制效率，有效规避质量问题，为航天产品研制提供精准的知识投送。

5.2 面向航天精神文化传承的可视化呈现

科技档案智慧服务能够以可视化方式统一展示多源异构的档案数据，如时间维、人物维、不同领域航天产品、技术发展路径等，促进航天企业资源的价值发现，更直观、生动地弘扬航天精神[4]。

建立航天名人档案库，针对为航天事业做出突出贡献的前辈们，利用 AI 生成技术撰写传记、图册，举办展览、讲座、学术交流等活动，弘扬老一辈航天人不畏艰难、顽强拼搏、无私奉献、勇攀科学高峰的精神，传承航天文化，引导公众价值取向。

构建航天器知识图谱，以空间站为例，对神舟飞船、货运飞船、实验舱研制过程中形成的技术资料，专利、软著、科技成果等知识产权资料，与上级用户、合作企业之间的公文与传真往来，互联网宣传文稿、照片、视频，纪念封、邮票、模型、袖章等衍生文创产品，关键研制节点等多类型、多载体、多形式的记录建立共现关联关系，利用智能搜索、知识引擎等工具，引入可视化、AR、VR、数字孪生等技术，全景式、多层级、可视化绘制空间站一路从无到有、由小到大的发展路径。

开展航天科普教育，利用社交媒体和短视频平台发布航天知识图册、科普视频、航天展馆，融入太空实景体验游戏、VR 互动游戏、剧本杀等故事化、沉浸式的交互体验产品；构建虚拟的航天器场景和运行环境，可佩戴 VR 装备身临其境地感觉航天魅力；制作航天主题在线课程、教学课件，帮助学生生动了解航天历史和航天精神，培养科学兴趣和创新精神；面向公众开展航天精神宣讲、爱国教育、文化宣传服务，生动展示航天事业发展历程和取得的辉煌成就，激发科技报国热情。

6 结语

本文通过分析航天科技档案特点，从打通数据链路、智能搜索、知识共享三个方面，探索构建"智联·智搜·智享"型档案智慧服务模式，面向不同用户提供智能化信息检索、差异化数据推送等智慧共享服务，赋能科研生产，赋能质量管控，赋能企业管理，充分发挥航天档案在传承航天技术进步、记忆航天发展精神、助推航天企业建设等方面的价值和作用。同时，是对人工智能、大数据时代企业档案工作何去何从的努力尝试，期待为企业档案工作发展提供有益思路。

注释及参考文献

[1] 刘瑛，朱青梅.数智时代的档案知识管理实践应用 [J].兰台世界,2024(5):99-102.

[2] 张慧颖.国家综合档案馆智慧服务实现路径研究 [D].天津：天津师范大学,2023.

[3] 陈亮，秦玉婷，费鸿虹，等.GPT 赋能档案馆智慧服务：技术特征、应用场景与实现路径 [J].档案与建设,2023(12):35-38.

[4] 李卓妮.企业档案部门职能定位优化研究——基于航天科技档案部门机构设置与职能发挥基本情况调查 [J].浙江档案,2021(2):58-59.

档案治理现代化：探索大数据与人工智能技术在核电档案管理中的实践

张元科

中广核工程有限公司

摘要：随着信息技术的不断发展，人们对档案治理体系的要求也越来越高。本文通过对新时代档案治理体系和治理能力的现代化研究，探讨了大数据、物联网、AI人工智能等技术在档案管理领域的应用，并通过案例分析，深入剖析了这些新技术对档案治理体系和治理能力现代化带来的积极影响和挑战。

关键词：档案治理体系；治理能力现代化；大数据；物联网；AI人工智能

0 引言

新时代档案治理，档案是关键，档案是人类历史的重要载体，也是国家和社会重要的数据资源。档案治理是数据管理的重要组成部分。探讨和研究新兴信息技术在档案管理领域的应用，助力档案的管理效能和保障档案信息的安全性和完整性。

1 档案治理体系的基本概念

档案治理体系[1]是一套在法律框架下管理档案的系统，包括档案的获取、整理、保存、利用和销毁等环节，目的是确保档案安全、完整、有效，服务于国家和公众。体系由立法、机构、制度、经费和技术保障构成，目标是档案资源的充分利用、公开透明、服务社会，并促进历史文化研究和决策参考。档案管理的安全和可靠性对防范机密泄露、社会犯罪、历史篡改和文化传承非常重要。档案是公众了解政治、经济、社会和文化的重要渠道，对促进公民参与决策、维护公正和监督政府具有重要作用。档案治理体系的建设和信息公开对保障公众知情权和参与权至关重要。档案是历史的证明和人类活动的见证，有助于公众了解历史和文化，加强文化认同。档案管理为政府决策提供支持，促进科学、规范、透明的政务和公共服务。档案对历史研究、文化传承、创新和知识产权保护具有重要作用。档案资源的开放共享 [2] 对推动历史研究、文化传承和创新具有重要意义。

2 档案数据治理的基本概念

档案数据治理是指对档案领域中所涉及的信息、数据的整合、管理、加工和应用等一系列活动。创新档案数据治理 [3] 的主要任务是将不同类型的数据进行整合、分析和发布，以便用户可以利用这些数据进行业务分析、决策和评估等操作。档案数据治理的核心是数据质量，包括数据的完整性、准确性、一致性和可靠性等方面。档案数据治理的目标是通过科学构建 [4] 合理的管理和运用，提升档案管理的水平和效率，为提高管理质量和效果、推动产业升级和增加社会效益等方面做出贡献。

3 档案治理体系现代化的必要性

档案管理治理体系，是指为规范和统一档案管理工作，确保档案实现最大价值潜能 [5]、最优利用和最佳保管的制度保障 [6]。现代化技术革新的背景下，改革和完善档案管理治理体系，尤其是对其进行现代化改造，已成为推动档案事业持续发展的重要任务。

3.1 整合档案资源，提升管理效率

随着档案数量的增长和档案种类的不断增加，如何整合各类档案资源，提升档案管理效率，成了档案工作亟需解决的难题。随着现代化技术的发展，数据库和信息管理系统的建立和应用，档案管理的工作效率大大提高，为档案治理体系现代化建设提供了有力保障。

3.2 保障档案信息的安全性和完整性

档案信息管理对数据的保密性、完整性和可用性要求较高，因此，对档案信息进行分类和密级管理，保障档案信息的安全性和完整性是保证档案质量和服务质量的基础。利用现代化技术提高档案的管理水平，不仅可以在档案管理过程中实现对档案信息的管理，还可以从技术上提高档案的安全性和完整性。

4 新技术在档案治理体系中的应用

4.1 大数据在档案管理中的应用

随着数据的爆炸式增长，档案管理需要运用大数据技术，分析和处理档案信息。大数据分析技术为档案管理提供了一种更精确、高效的数据收集、分析和处理手段，有效减轻了档案管理人员的工作量，提升了档案管理的效率。同时，通过大数据技术的应用，可以发现档案管理过程中的不足之处，进一步提升档案管理水平，为记录和保护我国重要档案提供了强有力的技术支撑。

4.2 物联网技术在档案管理中的应用

物联网技术的运用，能够将物品信息与网络进行互联，并进行数据交换。将物联网技术运用到档案管理中，可以得到更为准确的档案信息。同时，利用物联网技术，可以通过远程监测或自动化控制档案环境的温度、湿度、光照等，更好地保护档案。此外，通过物联网技术实现档案载体的无线传输，提高了档案的存储和流通效率。

4.3 AI 在档案管理中的应用

AI 人工智能技术可以根据档案信息的特点和需要进行定制处理，快速提取所需的信息，大大降低了档案管理的难度和人力成本。AI 技术不断发展和完善，可以让档案管理人员更为便捷地管理和处理档案信息。与此同时，利用 AI 技术还可以防范篡改、误删等风险，为档案管理人员提供了更为便捷、高效和智能化的管理和服务优化[7]手段。

5 核电档案治理体系构建

5.1 核电设计文档特征分析

核电工程是一种建设周期长、投资金额大、参建单位多、安全质量要求高的建设项目。反映在核电设计领域，设计文件具有数量大、类型广、版次多、关系复杂、保存时间长、保管介质多的显著特点（见图 1）。

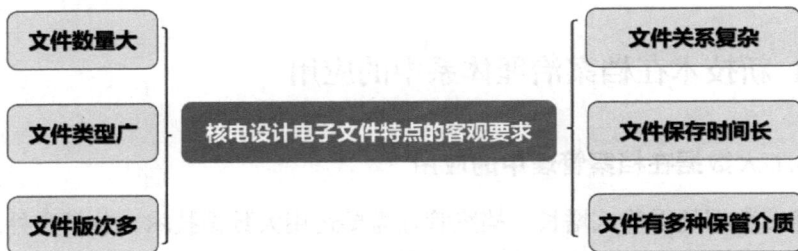

图 1　核电设计电子文件特点的客观要求

5.1.1 文件数量大

核电设计较为复杂，涵盖了绝大多数自然学科。核电站一台机组的设计文件及其衍生文件数量十分庞大，常常是几十万卷数百万份文件。深圳中广核工程设计有限公司作为国内领先的核电工程设计单位，承接着大量的核电工程设计服务合同，每年产生或接收大量的设计文件，主要类型包括工程技术文件、工程函件、设计过程文件、商务文件等。

5.1.2 文件类型广

设计院需要出版一系列的设计文件，包括设计说明书、计算书、各阶段报告、技术规格书、施工图纸等。下游单位在使用这些设计文件时，还会衍生出更多类型的文件。不同类型文件具有不同的作用和受众，管理方式也有所区别。

5.1.3 文件版次多

核电站质量保证要求文件有任何形式的变更都必须及时修改升版，以确保使用最新版本文件。而且，由于设计输入的变化或审查机构的意见，也要对文件进行升版，因此工程文件的版次相对较多。

5.1.4 文件关系复杂

核电工程设计涉及的专业多，各专业间的接口复杂，一个专业出版的图纸经常需要多个专业进行会签。此外，各个工程文件和工程函件之间也存在着复杂的关联关系，海量的工程技术文件和函件间频繁往来，使得这种相互关系错综复杂。

5.1.5 文件保存时间长

核电站寿期长达 40—60 年，核电站从选址决策到工程结束，长达十几年，设计院同时开展核电退役服务能力建设，因此，一个核电站从选址到最终退役可能长达一百年，根据质量管理体系要求，核电工程设计文件都需要良好保存，以备查阅。因此，核电工程设计档案保管期限为永久。

5.1.6 文件有多种保管介质

设计院目前产生的工程设计文件绝大多数为电子版文件和图纸，电子文件分为可编辑版和不可编辑版，设计分包文件多为纸质文件和光盘。发送项目现场还会产生白图、底图等形式的文件，不同介质的文件管理方式和要求也不一样。

5.2 核电档案治理体系构建

结合上述核电设计文档特征的分析，在单套制条件下核电设计全过程中的核电设计文档数据治理进行研究。核电设计全过程是按照核电设计生产逻辑，从"设计策划—设计输入—设计评审—设计输出—设计验证—设计确认—设计变更"的设计全过程。在核电设计全过程中，设计环节多、流程长、数据类型复杂。同时，核电设计事关核安全，对安全质量的要求远高于一般的民用设施设计。要在高安全质量要求的核电设计全过程中实现文档数据治理原则[8]，法律法规、工作程序、业务规范与技术保障缺一不可。在此前提下，从制度体系牵引[9]、文档业务规范、技术保障和系统平台四个维度[10] 开展了核电设计文档数据治理实施条件的研究（见图2）。

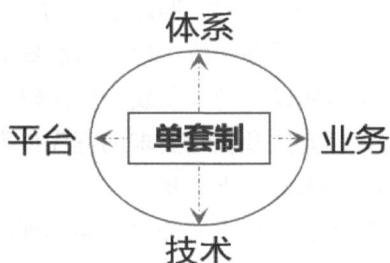

图2　设计院文档单套制管理模型

5.2.1 核电设计文档数据治理法律法规依据

随着核电设计工作的信息化变迁，智能化办公、OA 办公自动化系统、档案信息管理系统的投用，核电设计电子文档大量产生，传统[11]的纸质档案管理手段已不能适应企业发展的需要，电子文件双套制管理模式也已无法适应现有的工作情况，加速过渡到电子文件单套制管理阶段是核电文档工作者需要解决的首道难题。

在核电设计全过程（见图 3）中，核电设计文档管理工作贯穿于核电设计的 6 个阶段，分别是厂址普选、初可研、可研、初步设计、施工图设计以及竣工设计，主要设计活动以及相应的设计管控 38 个方面，共计 116 项管控活动。

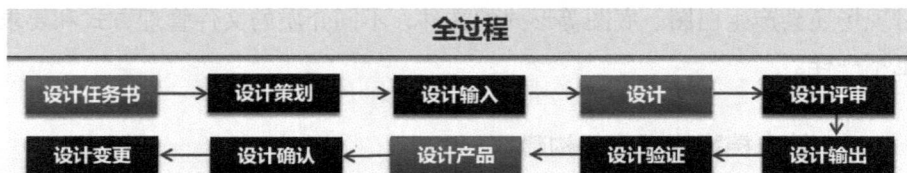

图 3　核电设计全过程

在如此复杂设计活动过程中，基于电子文件的设计流程平台化、设计内容模板化、设计信息标准化、设计数据结构化是实现核电设计全过程内容管理的关键方法与路径，也是实现设计全专业、设计全过程的标准化、统一化管理应用的基底。

5.2.2 核电设计文档治理工作程序体系

在核电设计文档治理技术实施法律法规条件已具备的基础上，构建设计院文档单套制管理的工作程序体系是促进档案治理技术落地的首要目标。

根据核电工程设计文档的主要类别和业务流程，参照国家档案法律法规、行业标准规范，遵照公司管理手册，梳理当前核电工程设计文档主要类别，从公司经营管理、项目建设管理两条线，全面建立涉及核电设计电子文档的流程、管理细则、管理方法及质量要求的程序体系（见图 4）。

5.2.3 核电设计文档治理文档业务规范

在完成上述工作的基础上，基于文件生命周期理论、文档一体化理论，按照核电设计文档治理技术应用条件以及核电工程建设"事前有依据，事中有记录，事后有证明"的质量保证理念和要求对核电设计文档工作进行了规范，对整个文档业务流程进行了优化，确保核电设计文档的完整、准确、规范，确保核电设计文档工作质量可控。

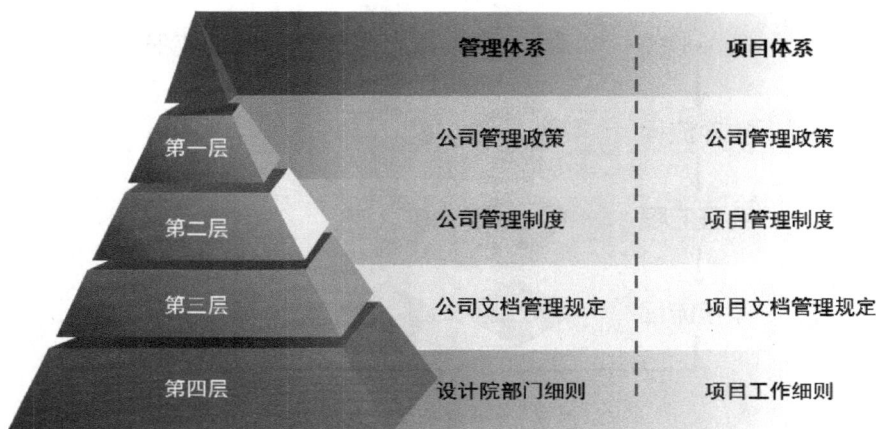

图4　经营管理、项目建设管理两类程序体系和框架图

　　根据设计院文档单套制管理模型，重塑了文件接收流程、设计成品处理流程、函件处理流程、电子文件归档与保管利用流程、出版交付服务流程，将电子文件生成、流转、归档与利用有机整合在一起，确保设计文件从形成到归档处理各阶段均采用电子形式。

　　文件形成生效阶段，设计院形成的所有核电工程设计电子文件，按照相应资质要求，完成文件的编写、校核、会签、审核和批准。通过建立有效的文档过程控制体系，贯彻前端控制理念，通过统一编码、统一格式、统一标识和统一接收手段，建立文件接收检查标准，确保电子文件的完整性和准确性，控制文件质量（见图5）。

　　文件生效后，文档工作人员按照业务规范对设计文件进行内部分发和外部交付工作。文件在使用过程中发现的问题及时通过文件升版、设计变更、文件删除、文件作废等方式进行处理，其中已内部分发和外部交付的文件，发生升版、删除、作废时，需要进行二次分发和交付。根据规定，确定电子文件对应的编辑、校核、会签、审核、批准人资质要求；对电子文件的版本、状态、编码、标题等进行有效控制，避免文件版本错乱；根据保密管理要求，结合文件的类型和用途，对文件流转安全进行有效监控；根据不同人员的资格和权限，确保电子文件处理流程有效。

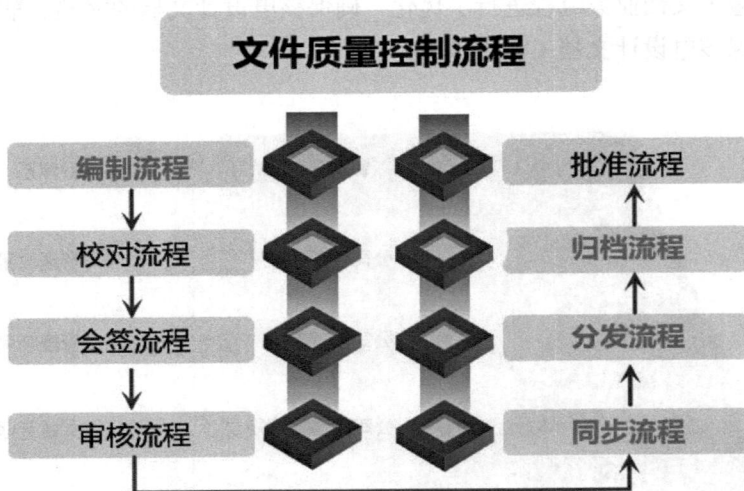

图 5　文件质量控制流程

　　对于已生效并在流转使用过程中的电子文件，实时开展在线归档，并按照《电子文件归档与电子档案管理规范》（GB/T18894-2016）要求，开展档案化整理、鉴定、存储、保管和利用工作，对光盘等形式的电子文件，及时合规存入电子档案库房，做好核电工程设计电子档案组卷。业务系统中办理完毕的文件，包括出版的核电工程设计文件和接收的分包单位设计文件，通过 WebService 在线归档到 AED 系统中；界定电子文件归档范围及保管期限，明确归档办法、时间；在电子文件归档时，对真实性、可靠性、完整性和可用性进行系统检测；归档的电子文件在线存储在系统中。

6　结论

　　本文针对新时代下档案管理治理体系现代化的实践，探讨了大数据、物联网、人工智能等技术在档案管理中的应用及其带来的积极影响和挑战。可以看出，新技术的应用必然会给档案管理工作带来更多的便利与效益，为整个档案事业的发展和推进起到积极的促进作用。同时，也需要应对新技术遇到的问题，加强相关法律法规和标准的制定和完善，为档案管理治理体系现代化的不断完善和发展提供更加有力的保障。

注释及参考文献

[1] 周林兴, 谢林蓉. 国内外档案数据治理研究综述 [J]. 档案与建设, 2022(3):17-20.

[2] 金波, 杨鹏. 大数据时代档案数据安全治理能力成熟度模型构建 [J]. 档案学通讯, 2022(1):29-36.

[3] 常大伟, 潘娜. 档案数据治理能力的结构体系与建设路径 [J]. 浙江档案, 2020(2):27-29.

[4] 周毅. 档案数据治理的认识维度及其价值 [J]. 档案与建设, 2023(2):8-12.

[5] 张金峰. 新形势下档案数据协同治理实现路径探析 [J]. 档案与建设, 2022(8):25-29.

[6] 杨智勇, 谢雨欣. 面向善治的档案数据治理能力体系构建 [J]. 档案与建设, 2022(2):9-13.

[7] 谢国强, 黄新荣, 马云, 等. 基于档案数据观的企业档案治理创新 [J]. 档案与建设, 2020(8):49-52.

[8] 胡晓庆. 档案数据治理框架构建研究 [J]. 山东档案, 2021(5):16-19.

[9] 杨晶晶. 设计企业档案数据治理体系研究 [J]. 北京档案, 2020(2):26-28.

[10] 孙向阳, 杨智勇. 大数据时代档案数据安全治理模型构建 [J]. 山西档案, 2022(2):98-105.

[11] 展情慧. 协同治理视域下档案数据开发模式探究 [J]. 档案与建设, 2020(4):33-37.

21 世纪以来国内外科学数据开放共享研究热点与趋势分析

端木飞雪

上海师范大学人文学院

摘要：本文以中国知网、维普、万方中文数据库收录的中文文献 1311 篇及 Web of science、Scopus 收录的外文文献 2794 篇为样本，运用 VOSviewer 和 CiteSpace 梳理其年度发文量、核心作者情况，并通过绘制关键词共现图、聚类图、时区图来探究 21 世纪以来国内外科学数据开放共享研究发展趋势与前沿。发现国内外研究成果主题均具有强烈的学科领域情境和交叉融合性。本文通过揭示热点变迁和研究趋势，以期为后续科学数据开放共享研究方向提供参考。

关键词：科学数据；数据开放共享；VOSviewer；CiteSpace

0 引言

科学数据是科研活动的输出，是证实、证伪科学发现、科学观点的事实或者证据，是论证推理的基础。[1]科学数据开放共享已经成为开放科学时代的"主旋律"，因此受到了国内外学者的积极关注。

国外方面，1966 年美国颁布实施《信息自由法》开创了联邦政府信息公开化的先河。[2]德国成立联邦数据保护与信息自由专员。[3]2022 年，欧委会发布《数据法》提案。[4]国内方面，《科学数据管理办法》明确"科学数据开放为常态，不开放为例外"的共享原则。[5]《关于构建更加完善的要素市场化配置体制机制的意见》要求加快培育数据要素市场，推进政府数据开放共享、社会数据资源价值提升。[6]《中共中央关于制定国民经济和社会发展第十四个五年规划和二○三五年远景目标的建议》指出，推动数据资源开发利用、扩大基础公共信息数据有序开放，建设国家数据统一共享开放平台。[7]北京、上海、广州等在数据资源开放共享时间上相继做出表率，先后推出了政府数据资源开放平台以及一系列指导性文件。[8]

国内外开展科学数据开放共享的相关研究有一定基础，但是未来该如何拓展和深化呢？基于此，本文拟通过可视化工具，解读科学数据开放共享研究现状，以期较为全面地呈现 21 世纪以来国内外科学数据开放共享的可视化图谱，为未来该领域研究与实践提供借鉴与参考。

1 数据来源、数据处理

本文中文文献数据来源是中国知网、维普、万方中文期刊库；外文文献来源是 web of science 核心合集和 Scopus。中文文献检索式为 {（主题 = 开放共享 + 开放获取）AND（主题 = 科学数据）}；外文文献检索式为 ((TS=("open sharing"OR"open-share"OR"open and share"OR"openness and sharing"OR"open access and sharing"OR"opening and sharing")) AND TS=（"scientific data" OR" science data" OR" research data" OR" sciences data" OR" science datum"))。检索时设置文献时间跨度为 2000.01.01—2023.12.31，检索时间为 2024.05.15。最终，剔除报纸、国际会议、社论材料、会议摘要、信函等无效记录后，得到 1311 篇中文文献和 2794 篇外文文献。

本文所使用的数据处理工具是 VOSviewer 和 CiteSpace。VOSviewer 在生成聚类图谱时，可以有效避免标签覆盖，图谱清晰易读 [9]；CiteSpace 则能更好地展示某一特定领域在时间上的演变趋势进而分析热点变迁 [10]。

2 研究现状统计分析

2.1 文献年度发文量分析

国外方面，2004 年 1 月，世界经济合作与发展组织成员国签署发布了《开放获取公共资助研究数据的宣言》，并于 2006 年 12 月颁布了《开放获取公共资助研究数据的原则和指南》。[11]2006 年至 2010 年，国内外相关研究数量差距开始拉大。2011 年至 2017 年，国外相关研究处于低速增长期。2018 年至 2023 年，增长势头较猛。2023 年达至峰值 348 篇。

国内方面，科学数据共享工程自 2001 年底启动气象科学数据共享试点以来，在资源环境、农业等领域共 24 个部门开展了科学数据共享工作，已经初具规模。[12]2005 年科学数据共享工程技术标准征求意见稿出台。2005—2013 年，相关研究有所增长，但增速缓慢。2014—2018 年，相关研究成果数递增，2023 年达至峰值 177 篇。

图 1 是根据前文统计的文献数量所绘制的文献年度发文量图。

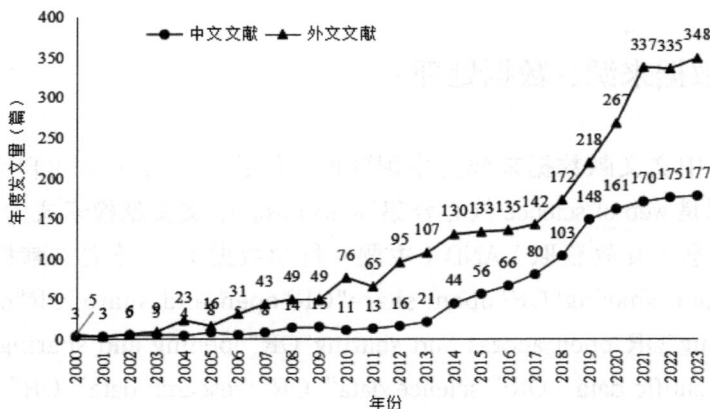

图 1 年度发文量

2.2 发文作者分析

对作者发文量进行可视化分析，析出发文量排名前十的作者，如表 1 所示。

表 1 2000—2023 年发文量前十作者

序号	中文		外文	
	发文量	作者	发文量	作者
1	14	盛小平	16	Björk，Bc
2	10	顾立平	11	Abadal，E
3	9	孔丽华	9	Schöpfel,J
4	9	邱春艳	9	Zhang,Y
5	8	刑文明	7	Wang,Y
6	7	刘桂锋	7	hang,J
7	7	温亮明	6	Rodrigues，Rs
8	7	高孟绪	6	Wang，J
9	7	胡良霖	5	Appeltans,W
10	7	姜晓轶	5	Liu，S

上海大学盛小平国内发文量排名第一，其著作《科学数据开放共享中的数据安全治理研究》《国内外科学数据开放共享研究综述》等在业界有巨大影响力。中国科学院大学顾立平致力于研究数据权益管理、科研数据重用、数据政策等，形成了独特的研究风格。Bjork,Bc 作为国外相关领域发文量第一人，其专注于开放获取科学期刊出版 [13]、科学期刊门户网站研究 [14]、并研究科学政策的出台要求减少科学出版的障碍等。[15]

利用 CiteSpace 分析作者合作网络，如图 2、图 3 所示。节点越大，发文量越多；连线越多，合作越紧密。

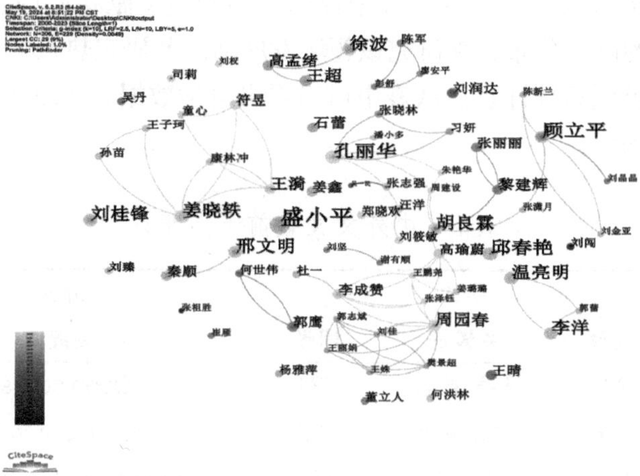

图 2　国内作者合作网络

图 3　国外作者合作网络

总体来看，发文量排名前十的高产作者构成了国内外科学数据开放共享研究领域的核心作者群。以上作者为科学数据领域专家，其研究方向代表了目前科学数据开放共享研究领域的热点方向与发展趋势。

3 研究热点与趋势分析

3.1 研究热点分析

词频分析方法是在书目文件中提取能够表达文献核心内容的关键词并通过其频次的高低分布，来研究该领域发展动向和研究热点的方法。[16] 表 2 是中外文文献词频统计表。从表中可以看出科学数据、open access（开放获取）是研究热点。

表 2　中外文文献前十高频词

序号	中文		外文	
	词频	关键词	词频	关键词
1	221	科学数据	724	Open access
2	136	数据共享	208	scientific literature
3	125	大数据	174	open access publishing
4	108	开放共享	166	peer review
5	75	开放科学	155	access to information
6	51	数据管理	155	open science
7	44	开放获取	147	periodicals as topic
8	42	开放数据	133	medical research
9	32	科学数据管理	114	controlled study
10	29	数据出版	109	information dissemination

3.1.1 国内研究热点分析

为了进一步探究国内外研究热点，使用 VOSviewer 强大的聚类算法生成关键词共现网络图，见图 4、图 5，便于发现更多富有价值的研究热点与研究方向。

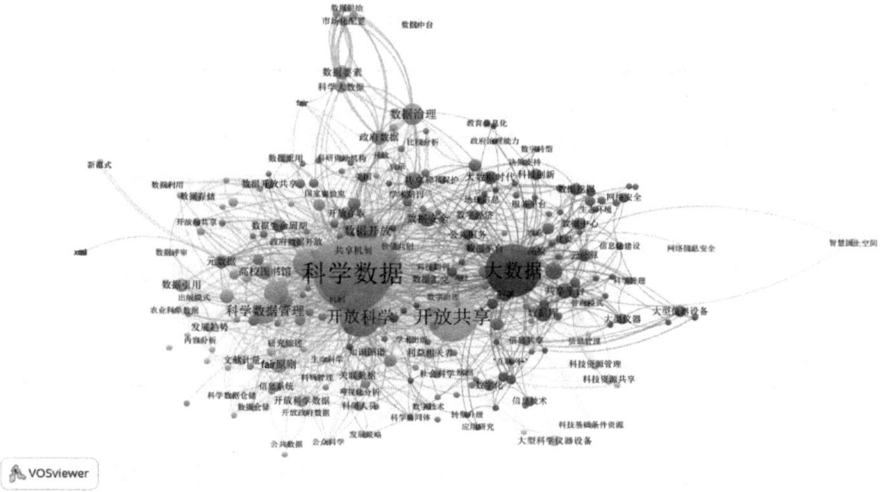

图 4　关键词共现图

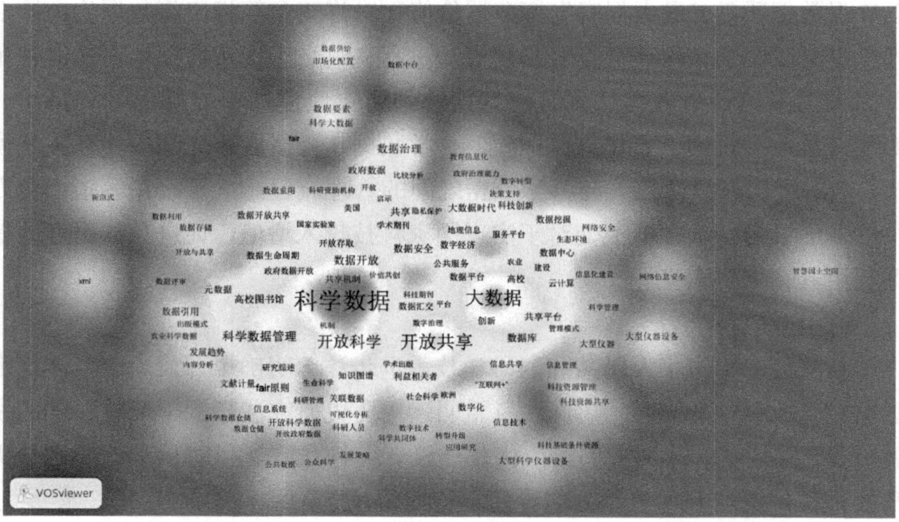

图 5　关键词密度视图

为了便于分析，将类簇及关键词整理为表 3。

表 3 关键词类簇

聚类编号	热点词汇
0	开放共享；治理对策；数据共享；科学数据管理
1	数据共享；区块链；知识图谱；数据安全
2	开放获取；开放科学；数据管理
3	数据出版；数据共享；数据引用；出版模式
4	政策；科普教育；天文科学数据
5	文本分析；nvivo 12

结合图 4、图 5 与表 3，可看出国内学者对于科学数据开放共享研究主要集中于以下几个层面：

（1）数据开放共享

科学数据开放共享是拓展科学数据价值的重要环节。盛小平等指出在数据生命周期内，对项目研究过程中产生、收集和使用的数据进行规划管理，以确保数据质量，最大程度发挥数据价值。[17]许正鑫等指出将数据生命周期理论贯穿于图书馆科研数据管理建设全过程，致力于构建数据生态连链视角下高校图书馆科研数据"多链交互"的创新管理模式。[18]邵畅畅等指出，实现科学数据管理，要建立课题库、科学数据、科研成果之间的相互关联模式，进一步协调科研档案与科学数据之间的管理流程。[19]丁晓芹等指出全方位、多层级的科学数据汇交对于实现国家科技投入增值、促进数据更好地挖掘利用具有重要意义。[20]

（2）开放科学

新修订的《中华人民共和国科学技术进步法》明确了开放力度，体现出国家对开放科学的重视。唐义、肖希明运用历史研究法理顺了开放科学的发展历程，并从主客体两方面给出优化建议。[21]谷秀洁等利用 Panton 原则分析开放科学数据的利用机制，倡导建立通用协议下的"科学共同体"。[22]吴建中借鉴全球知识开放运动经验，对我国推动知识开放与共享提出建议。[23]盛小平等指出科学数据开放力度有限，仍然分布在课题组、科研人员、科学家手中，因此要采取有效措施激励利益相关者参与科学数据开放共享中。[24]

（3）数据出版、数据引用

数据出版是促进数据共享的重要手段。科学数据出版核心内容是为数据引用提供标准的数据引用格式和永久访问地址[25]，能够保证数据的完整性、防止科学造假、减少跨学科研究障碍。王丹丹指出在科学数据出版中要注重解决元数据格式不统一、隐私保护问题、知识产权保护问题等问题。[26] 屈宝强、王凯指出数据同行评议是科学数据出版的重要方面，并从知识储备、投入时间、数据获取等方面为同行评议和质量控制提供参考。[27]

（4）政策文本分析

近年来国内科学数据政策体系逐渐丰满，科学数据管理政策调查分析、《科学数据管理办法》解读与科学数据政策评估等研究主题应运而生。我国学者通过调查、比较分析国际组织[28]、国家[29]或科研机构[30]、世界一流大学[31]等不同组织，及人文社科[32]、医学[33]等不同学科的科学数据政策，赋能我国科学数据政策体系建设。

3.1.2 国外研究热点分析

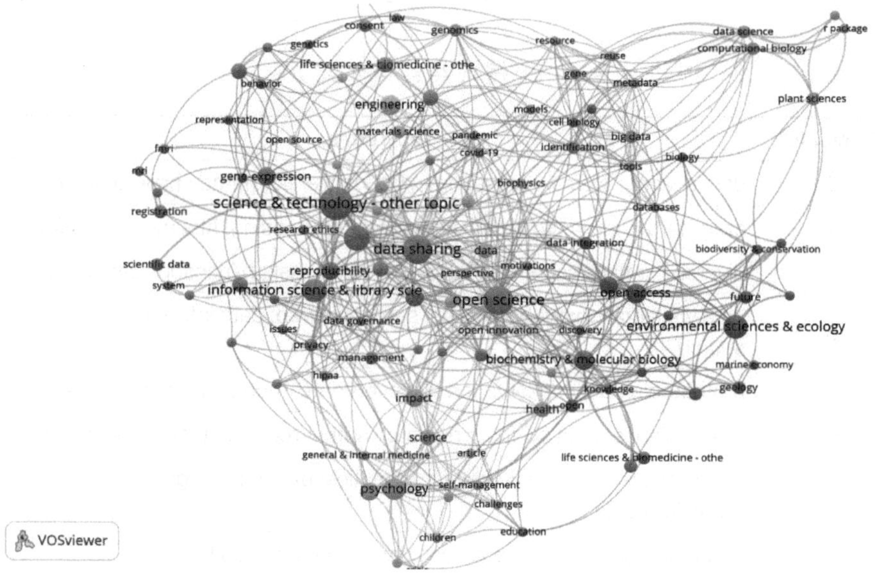

图 6　国外科学数据开放共享关键词共现图

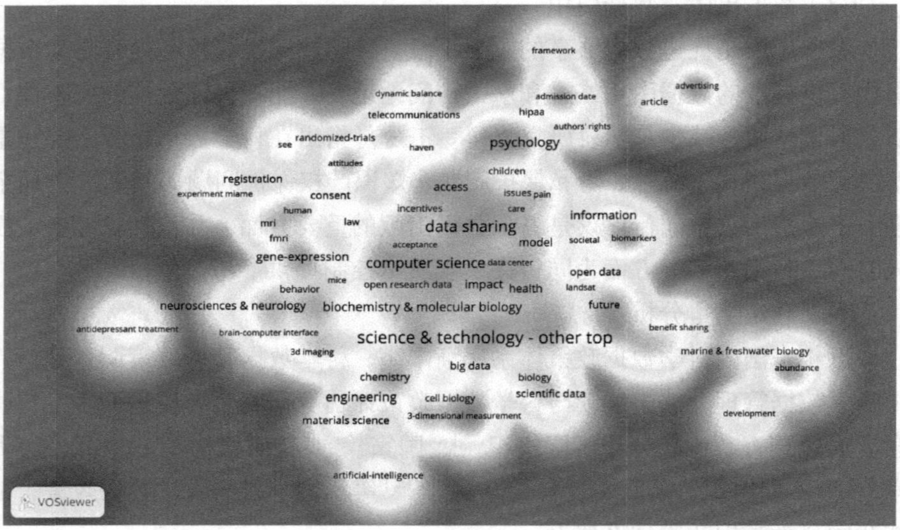

图 7　关键词共现密度视图

为了便于分析，将类簇及关键词整理为表 4。

表 4　关键词类簇（外文）

Cluster ID	Top Terms
0	data sharing; brain initiative; open neuroscience; human brain project
1	drug-target interactome analysis; drug repurposing; biotinylated dextran
2	diversity; inflammation; alzheimers disease; risk; parkinsons disease
3	data visualization; web services; semantic web; data integration; open source
4	protected areas; conservation achievements; monitoring and evalation
5	open science; data science; research software; structural connectivity
6	open access data; biodiversity informatics; data mimning; online herbarium data
7	open-source tools; open access data sources; deep learning performance comparison
8	geospatial data; energy conservation measures; urban building energy modeling
9	xml vocabulary:machinevision:cyber infrastructure;cheminformatics

结合图 6、图 7 与表 4，可看出国内学者对于科学数据开放共享研究主要集中于以下几个层面：

（1）Data sharing（数据共享）

对于数据共享研究，类簇显示其在精神卫生服务、脑神经、基因学、生态学、生物医药等领域都有广泛应用。Ashwood,KL 鼓励欧洲自闭症谱系障碍研究和临床中心统一临床特征测量方法，以促进大规模的共享与合作，利好于临床与科研。[34] 在生物医学领域，P.Kim,N 开发 DiMag 开放访问资源平台促进新型纳米磁体研究，促进新型生物药剂开发。[35]Kim J 等认为执行一个精简数据传输过程和提供适当的补偿可能会促进数据共享。[36]Wang Yanyu 等指出要"分摊数据共享成本"，签订数据共享协议能够发挥更大作用。[37]

（2）Open science（开放科学）

开放科学是一种基于学术间合作和各研究阶段的开放性和透明度的新科学模式。[38]Molloy J C 指出开放科学的共同目标是根据 panton 原则实现一个科学默认开放的世界，提升数据透明度、可重复性、效率会为社会带来更大利益，从而实现"更好的科学"。[39]Umbach 指出开放科学是一个具有知识共同创造和社会创新潜力的复杂生态系统，其理念围绕公开发表研究数据的信用和认可、数据共享的意义与标准、信息知识资源的民主化获取。[40]Friesike Sascha 提出了开放科学的第四种新视角的研究范式，并指出开放科学运动未来发展的五大趋势。[41]Levin 从英国生物医学研究人员视角出发，理解探讨其对开放科学理念的理解，并通过总结半结构化访谈内容得出未来关于开放科学和科学中的开放性的发展趋势。[42]

（3）Open access data（开放获取数据）

在开放获取数据类簇，主要研究内容包括生物医药、数据开源、深度学习、地理空间数据等。例如 Paul 指出开放获取不限制信息的使用的特性在药品开发领域加速新药物的开发。[43]Kevin 提出利用"基于 web 交互式计算实验笔记本"的形式实现开放科学资源共享，例如利用 Jupyter notebook 为科研人员提供一个中心平台来合作开发方法并执行数据分析，从而实现开放协作。[44]Ramachandran 等则指出从制定开放数据软件政策、重新改造数据系统等手段让数据走出孤岛走向共享。[45]

3.2 研究趋势分析

Timezone 从时间维度上演示了知识演进的视图、展示出文献的更新和相互影响。[46] 而突发性检测则是探测具有突发性特征的节点，即未来的研究方向。

3.2.1 国内研究趋势分析

图8是国内研究趋势时区分布图。

在早期阶段（2000—2008），国内研究主要以管理信息系统、元数据、数字化为主题。这一阶段的研究较为基础，侧重于系统的建设和初步应用。且节点数量较少，颜色偏灰暗，表明这些研究主题的影响力和活跃度较低。

在中期阶段（2009—2015），主要研究主题有云计算、数据平台、科学数据等。随着技术的进步和应用场景的扩展，研究主题开始多样化。这一阶段节点数量增多，颜色逐渐变亮，尤其是科学数据、开放共享等节点较大且颜色鲜艳，表明这些领域研究活跃度高且影响力大。

在近期阶段（2016—2023），主要研究主题有数字政府、数据共享、知识图谱、科学数据中心等。这一阶段研究逐渐趋向于具体应用，如知识图谱和数字技术的发展。节点密集且颜色亮丽，特别是开放科学等节点，显示出强大的研究热度和影响力。

从早期到近期，研究主题逐渐从基础的计算机应用和管理信息系统，发展到云计算、大数据、知识图谱等新兴技术的应用，反映了科技和信息技术在社会各个领域中的深度融合和广泛应用。

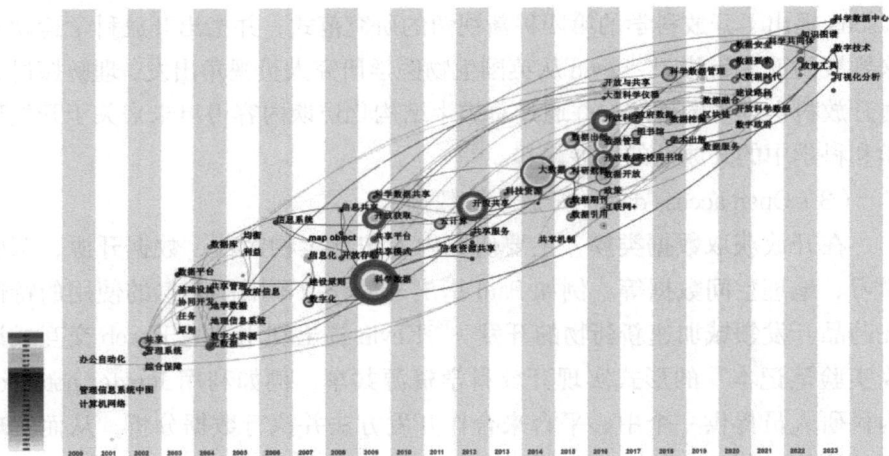

图8　国内研究趋势时区分布

表5是具有突发性特征的关键词列表。从表中可以看到，新兴热点有数据安全、数据经济等；持久热点有政府数据、开放科学、数据管理，这些词出现时间较早，但研究热度持续不减，尤其是"开放科学"一词，突现强度

达到了 9.18，说明了其在国内科学数据开放共享研究中的重要地位。

表 5 国内关键词突发性探测

序号	关键词	首次出现年份	强度	集中爆发开始年份	集中爆发结束年份	2000—2023
1	政府数据	2017	2.17	2020	2023	
2	大数据时代	2020	2.07	2020	2023	
3	数据汇交	2020	2.07	2020	2023	
4	开放科学	2016	9.18	2021	2023	
5	fair 原则	2021	5.5	2021	2023	
6	数据安全	2020	2.79	2021	2023	
7	数字经济	2021	2.25	2021	2023	
8	数字化转型	2021	2.22	2021	2023	
9	数据生命周期	2019	1.91	2021	2023	
10	数据管理	2016	1.81	2021	2023	

3.2.2 国外研究趋势分析

图 9 是国外研究趋势时区分布图。

在早期阶段（2000—2005 年），研究主要集中在 data analysis、open access publishing 等，这一阶段的研究主题相对集中在数据处理、开放获取等方面，研究较为基础。节点数量适中，颜色较为鲜艳，表明节点研究活跃度高，热度不减。

在中期阶段（2006—2015 年），研究热点逐渐转向 controlled study、data mining、bibliometric analysis 等方面，研究广度加深，涉及控制学习、数据挖掘、文献计量学等，学科交叉特征明显。这一阶段节点较为分散，数量不如前一阶段。

在近期阶段（2016—2023 年），研究热点进一步转向 open science、risk assessment、COVID-19 等开放科学、风险评估、新冠疫情相关的研究。节点较多，且颜色鲜艳，表明这些研究主题的影响力显著且研究活动非常活跃。尤其是 open science 节点，研究影响力和热度不减。

从早期到近期，研究热点逐渐从基础的数据处理、信息获取，转向更具体的生物医学研究和开放获取，然后再转向更加前沿的开放科学、应对全球卫生事件的新冠疫情等研究。

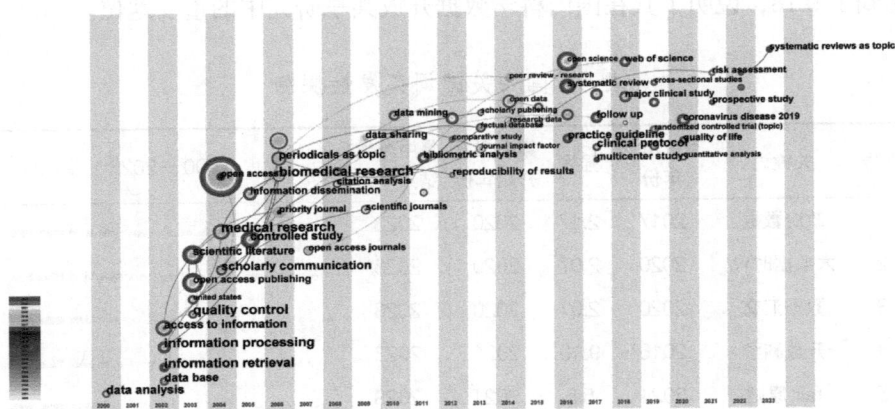

图 9　国外研究趋势时区分布

表 6 是具有突发性特征的关键词列表。由表可知，新兴热点如 risk assessment、machine learning、health care policy，这与社会热点例如欧盟颁布的《通用数据保护条例》的实施生效、机器学习的进展、新冠疫情发展密切相关。持久热点如 controlled study、bibliometric analysis，这两个词在很长一段时间内都有持续的研究热度。此外，与机器学习和深度学习相关的关键词表明，近年来人工智能在科学研究中的重要性日益增加。

表 6　国外关键词突发性探测

序号	关键词	首次出现年份	强度	集中爆发开始年份	集中爆发结束年份	2000—2023
1	risk assessment	2021	5.91	2021	2023	
2	machine learning	2019	5.88	2021	2023	
3	bibliometric analysis	2011	5.5	2021	2023	
4	deep learning	2021	4.57	2021	2023	
5	randomized controlled trial	2016	4.51	2021	2023	
6	controlled study	2005	4.22	2021	2023	
7	clinical article	2019	3.86	2021	2023	

（续表）

序号	关键词	首次出现年份	强度	集中爆发开始年份	集中爆发结束年份	2000—2023
8	search engine	2021	3.73	2021	2023	
9	health care policy	2021	3.41	2021	2023	
10	fair principles	2018	3.4	2021	2023	

4 结论与研究展望

自国内外首次展开科学数据开放共享研究以来，相关的研究理论和实践应用取得了大量成果。从计量分析结果来看，科学数据开放共享的文献发表量在 2010—2017 年呈缓慢增长趋势，2018 年后飞速增长。科学数据开放共享的核心作者群已经基本形成。科学数据开放共享涉及各学科门类，例如地理、生物医药等，学科门类多元化多样化。

基于上述分析，作者认为在后期研究中应当着重关注以下研究重点：

在宏观层面，持续推进科学数据开放共享政策、制度研究。识别研究新范式，分析各国政策的实施效果，评估其对科学数据开放共享的影响，并通过国际会议和研讨会获取最新的信息和动态，以便及时调整优化研究方向和策略。

在中观层面，关注科学数据开放共享中涉及的具体问题，如开放科学、数据出版、数据安全以及跨专业融合等方面。开放科学强调科学研究的透明度和可重复性，数据出版则是保障科学数据有效利用的关键。而数据安全则是确保数据在开放共享过程中不被滥用或泄露的重要环节。跨专业融合则要求研究过程中结合多学科的知识和方法，提出更具综合性的解决方案。

在微观层面，注重研究相关利益主体在科学数据开放共享中的意愿和阻力因素。通过调查和分析数据中心、科研机构、科研人员、高校和相关领域的专家等的态度和行为，理解其需求和顾虑，从而制定切实可行的对策促进开放共享。例如，科研人员可能担心数据开放后会失去对数据的控制权，而高校则可能在数据管理和共享的能力上存在不足等。

注释及参考文献

[1] 黎建辉, 沈志宏, 孟小峰. 科学大数据管理: 概念、技术与系统 [J]. 计算机研究与发展, 2017(2):235-247.

[2] 美国联邦政府科学数据管理政策及实践 [EB/OL].[2018-11-28].https://www.secrss.com/articles/10550.

[3] 张耀南, 吴亚敏, 张彩荷, 等. 欧盟科学数据发展政策与规划 [J]. 中国科学数据 (中英文网络版),2024(1):6-20.

[4] 中华人民共和国驻欧盟使团经济商务处. 欧委会发布《数据法》提案 [EB/OL].[2022-03-15].http://eu.mofcom.gov.cn/article/jmxw/202203/20220303285341.shtml.

[5] 国务院办公厅. 科学数据管理办法 [EB/OL].[2018-04-04].https://www.most.gov.cn/xxgk/xinxifenlei/fdzdgknr/fgzc/gfxwj/gfxwj2018/201804/t20180404_139023.html.

[6] 中共中央、国务院. 关于构建更加完善的要素市场化配置体制机制的意见 [EB/OL].[2020-04-09].https://www.gov.cn/zhengce/2020-04/09/content_5500622.htm.

[7] 中共中央关于制定国民经济和社会发展第十四个五年规划和二〇三五年远景目标的建议 [EB/OL].[2020-11-05].https://suihua.dbw.cn/system/2020/11/05/058533726.shtml.

[8] 国家发展和改革委员会. 关于进一步加强政务部门信息共享建设管理的指导意见 [EB/OL].[2015-07-09].https://www.gov.cn/zwgk/2013-05/06/content_2396416.htm.

[9] 廖胜姣. 科学知识图谱绘制工具 VOSviewer 与 Citespace 的比较研究 [J]. 科技情报开发与经济, 2011(7):137-139.

[10] 张力, 赵星, 叶鹰. 信息可视化软件 CiteSpace 与 VOSviewer 的应用比较 [J]. 信息资源管理学报, 2011(1):95-98.

[11] 刘细文, 熊瑞. 国外科学数据开放获取政策特点分析 [J]. 情报理论与实践, 2009(9):5-9,18.

[12] 中华人民共和国科学技术部. 科学数据共享工程 [EB/OL].[2009-09-11].https://www.most.gov.cn/ztzl/kjzg60/kjzg60hhcj/kjzg60jcyj/200909/t20090911_72832.html.

[13]Björk B C, Welling P, Laakso M, et al. Open access to the scientific journal literature: situation 2009[J].PloS one, 2010(6): e11273.

[14]Björk B C. Journal portals - an important infrastructure for non-commercial scholarly open access publishing[J].Online information review, 2017(5): 643-654.

[15]Laakso M, Björk B C. Hybrid open access—A longitudinal study[J].Journal of informetrics, 2016(4): 919-932.

[16] 张勤. 词频分析法在学科发展动态研究中的应用综述 [J]. 图书情报知识, 2011(2):95-98,128.

[17] 盛小平,田婧,向桂林.科学数据开放共享中的数据质量治理研究[J].图书情报工作,2020(22):11-24.

[18] 许正鑫,王齐.开放科学背景下高校图书馆科研数据管理模式探究[J].图书馆界,2023(6):1-6.

[19] 邵畅畅,刘园园.科研档案视角下的科学数据管理实践研究[J].办公室业务,2024(6):66-69.

[20] 丁晓芹,汤怡洁,徐雯.我国科学数据汇交管理现状及面临的问题[J].科技管理研究,2023(23):63-69.

[21] 唐义,肖希明.开放科学发展历程及存在的问题与对策[J].情报资料工作,2013(5):20-24.

[22] 谷秀洁,李华伟.从Panton原则看科学数据的法律属性与开放利用机制[J].图书情报知识,2012(4):88-94,102.

[23] 吴建中.推进开放数据 助力开放科学[J].图书馆杂志,2018(2):4-10.

[24] 盛小平,吴红.科学数据开放共享活动中不同利益相关者动力分析[J].图书情报工作,2019(17):40-50.

[25] 吴立宗,王亮绪,南卓铜,等.科学数据出版现状及其体系框架[J].遥感技术与应用,2013(3):383-390.

[26] 王丹丹.科学数据规范引用关键问题探析[J].图书情报工作,2015(8):42-47,53.

[27] 屈宝强,王凯.数据出版视角下的科学数据同行评议[J].图书馆杂志,2017(10):71-77.

[28] 张耀南,吴亚敏,张彩荷,等.欧盟科学数据发展政策与规划[J].中国科学数据(中英文网络版),2024(1):6-20.

[29] 张耀南,任泽瑶,康建芳,等.英国科学数据发展政策与规划[J].中国科学数据(中英文网络版),2024(1):21-35.

[30] 彭导琦,江洪.国家科研机构推进开放科学发展的实践经验与启示——以美国航空航天局为例[J].科技管理研究,2024(3):28-36.

[31] 姜鑫.世界一流大学开放科学数据政策体系框架及内容要素研究[J].现代情报,2024(5):153-165.

[32] 戚筠,何琳.人文社科科学数据管理与共享平台的现状研究——基于国内外对比视角[J].图书馆杂志,2023(8):110-123.

[33] 钟明,钱庆,吴思竹.国外医学科学数据隐私保护实践及启示[J].图书情报工作,2022(24):128-139.

[34]Ashwood K L, Buitelaar J, Murphy D, et al. European clinical network: autism spectrum

disorder assessments and patient characterisation[J].European child & adolescent psychiatry, 2015,24: 985−995.

[35]Kim P, Serov N, Falchevskaya A, et al. Quantifying the efficacy of magnetic nanoparticles for MRI and hyperthermia applications via machine learning methods[J].Small, 2023(48): 2303522.

[36]Kim J, Im E, Kim H. From intention to action: The factors affecting health data sharing intention and action[J].International Journal of Medical Informatics, 2023, 175: 105071.

[37]Wang Y, Tang P, Liu K, et al. Characterizing data sharing in civil infrastructure engineering: Current practice, future vision, barriers, and promotion strategies[J].Journal of Computing in Civil Engineering, 2023(2): 04023001.

[38]Wulder A M ,Loveland R T ,Roy P D , et al.Current status of Landsat program, science, and applications[J].Remote Sensing of Environment,2019,225127−147.

[39]Molloy J C. The open knowledge foundation: open data means better science[J].PLoS biology, 2011(12): e1001195.

[40]Umbach G. Open Science and the impact of Open Access, Open Data, and FAIR publishing principles on data−driven academic research: Towards ever more transparent, accessible, and reproducible academic output?[J].Statistical Journal of the IAOS, 2024 (Preprint): 1−11.

[41]Friesike S, Widenmayer B, Gassmann O, et al. Opening science: towards an agenda of open science in academia and industry[J].The journal of technology transfer, 2015,40: 581−601.

[42]Levin N, Leonelli S, Weckowska D, et al. How do scientists define openness? Exploring the relationship between open science policies and research practice[J].Bulletin of science, technology & society, 2016(2): 128−141.

[43]Workman P, Antolin A A, Al−Lazikani B. Transforming cancer drug discovery with Big Data and AI[J].Expert opinion on drug discovery, 2019(11): 1089−1095.

[44]Mendez K M, Pritchard L, Reinke S N, et al. Toward collaborative open data science in metabolomics using Jupyter Notebooks and cloud computing[J].Metabolomics, 2019,15: 1−16.

[45]Ramachandran R, Bugbee K, Murphy K. From open data to open science[J].Earth and Space Science, 2021(5): e2020EA001562.

[46]陈悦,陈超美,刘则渊,等.CiteSpace 知识图谱的方法论功能 [J].科学学研究,2015(2):242−253.

人口健康领域数据集标准建设现状分析与建议

胡拯涌　段一凡　胡万飞　吴思竹

中国医学科学院医学信息研究所

摘要：数据标准化对于提高人口健康领域数据整合、共享质量有着重要意义。本研究旨在收集人口健康领域数据集标准并进行结构化处理，从而细致分析建设现状并针对现存问题进行思考和提出建议。参考分析结果，我国人口健康领域数据集标准在取得较多建设成果的同时，也需要提高数据元素语义标准化水平、增强标准建设质量并减小标准间异质性，从而推动其更广泛的开发应用。

关键词：数据集标准；数据标准化；数据管理

0 引言

人口健康领域数据是推动医学科技发展和医疗健康事业发展的关键因素，是形成新质生产力的优质生产要素[1]，但其来源广泛、类型多样且异质性高，不同数据集间字段的标识、语义不同，使得数据集间缺乏直接可比性[2]，影响数据的整合和共享质量。因此，亟须通过数据集标准实现人口健康领域数据的规范化和标准化。数据集标准是我国数据标准体系中重要组成部分，是特定领域和范围内所构建数据集的官方规范文件，在人口健康领域它对数据集的最小数据收集单元，即数据元素进行规范，能够有效实现医疗、科研等特定范围内数据的类型、格式和语义等内容的标准化[3]。目前，我国已在国家、行业、地方和团体等不同层面制定和发布了较多的人口健康领域的数据集标准，如《电子病历基本数据集》《妇女保健基本数据集》《乳腺癌临床科学研究通用数据元标准》等标准[4]。本研究对相关标准文档进行收集、结构化处理并系统分析现有数据集标准的建设现状，针对现存问题提出思考和建议，旨在推动人口健康领域数据集标准开发和应用，提高该领域高质量数据集建设，促进数据要素价值释放。

1 数据集标准结构

人口健康领域的数据集标准也有相关编制标准，行标遵循如《卫生健康信息基本数据集编制标准 WS/T 370—2022》编制，其他层次的标准进行参考并结合各发布机构的标准文档要求[5]。人口健康数据集标准一般由标准封面、前言、规范性引用文件等标准信息，以及数据元属性表、数据集元数据表格和值域代码表等数据元素相关内容构成，其基本结构如图 1 所示。

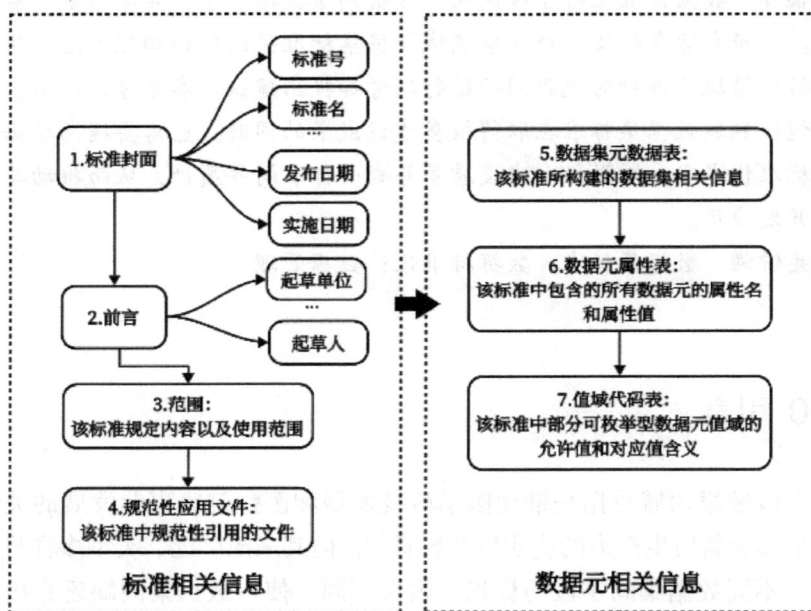

图 1　人口健康数据集标准基本结构

标准中的数据集元数据表是在数据集层面的规范，包括数据集名称、标识和发布单位等信息。一个数据集标准包含多个数据元素，数据元素（Data Element）是数据收集、组织和管理的基本单位[6]。一个数据集可以包括多个数据元素，如患者姓名、性别、抽烟总年份等。每个标准可能包含多个数据元素属性表，其可将数据元素分类，如《基因组学数据集》标准包括 3 个元素属性表，分别为建库测序信息属性表、生物信息分析属性表和指控信息属性表，包含不同类型的数据元素。每个数据元素属性表中定义了数据元素的中英文名称、缩写、内外部标识符、允许值、数据类型、表示格式、单位等数据元素的属性信息，其是对数据元素的详细说明。在部分团体标准中还对数据元素的概念进行了扩展注释。值域是一个或多个允许值的集合，是对数据元素允许值的规范。例如数据元素"性别"的允许值可取值域标准《个人基本信息分类与代码－第1部分：人的性别代码 GB/T2261.1》中规定的内容。在部分标准中也定义了值域代码表，用于定义数据元素的允许值的信息，其包括允许值名称、值、值定义等信息。

2 数据和方法

2.1 数据收集和纳排

本研究使用"数据集""数据元素"以及"数据元"作为关键词，分别在全国标准信息公共服务平台、国家卫生健康委员会卫生标准服务、卫生健康标准网进行检索，随后在第三方网站（如标准网等）再次检索进行补充。所有检索标准状态限定现行标准，不包括废止版本和即将实施版本。截至2023年10月，最终检索得到286条标准，其中国家标准1条，地方标准39条，行业标准94条，团体标准146条，其他标准5条。

完成检索后按如下纳排标准进行筛选：（1）可预览或获取标准原文；（2）标准中包含结构化的数据元素。首先从以上检索来源中查阅标准源文件，对于无法预览或获取标准源文件的标准，再使用标准名和标准号在百度、谷歌等搜索引擎进行检索，筛除仍无法获取原文内容的标准。随后阅读标准原文，筛除不包含具体数据元素的标准，如数据集规范类的标准，最终本研究纳入了263条标准。

本研究将人口健康数据集标准碎片化并抽取其中内容，包括封面、前言、范围、规范性引用文件、数据集元数据、数据元属性表和值域代码表等。本研究主要通过格式转换、OCR 文字识别等方式，将 PDF、扫描件等非结构化标准文件碎片化并转化为结构化 EXCEL 文件，最后整合所有数据并进行整合和清洗。

2.2 分析方法

参考数据集标准结构和内容特点，本文的分析框架由3个维度组成，包括标准概况、数据元素和数据集以及代码表和数据元素值域，依次从标准、数据元素和值域三个层面进行分析。标准概况旨在综合描述现有人口健康数据集标准的标准信息概况，包括标准类型、发布者、覆盖领域、时间趋势和规范性引用等参数。数据元素和数据集维度则从各个标准中数据集的基本信息以及碎片化并整合的数据元素出发，分析其在编码、语义等方面的建设概况。最后代码表和数据元素值域维度分析了数据集标准的值域和其所属表的数量、引用等建设情况。

3 结果

3.1 标准概况

本研究最终纳入的 263 条标准中，包括行业标准（93 条）、地方标准（37 条）、团体标准（128）和其他类型标准（5 条）四类，团体标准和行业标准占比分别占标准总数的 49% 和 35%（如图 2）。目前还没有该领域数据集的国家标准，其他类型标准为国家药品监督管理局发布的药品管理相关标准。行业标准的发布者为国家卫生健康委员会，而地方标准的主要发布者是各省市的市场监督管理局和质量技术监督局，团体标准中主要发布者为中国中医药信息学会、中国卫生信息和健康医疗大数据学会等（如图 3）。

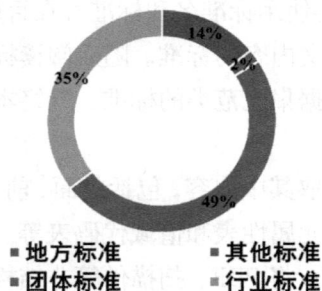

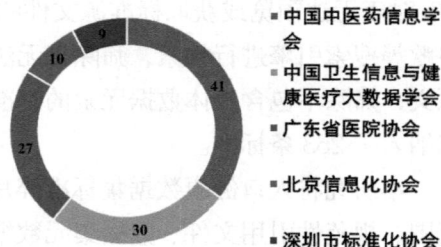

图 2　四种类型标准占比　　　　图 3　团体标准发布数量前五位的发布者

发布年份最早的人口健康数据集标准为 2011 年卫生部发布的卫生信息数据元目录以及值域目录，该系列行业标准确定了人口健康领域的基础数据元素，后续六年中发布的标准也主要为行业标准和少量地方标准，相继对疾病控制、电子病历等关键领域和信息化系统数据集进行了规范。而随着国家对发展培育团体标准的支持，2017年起，行业标准发布数量逐渐减少，逐渐变为人口健康数据集团体标准的大量制定，地方标准的数量也逐渐增多（如图4）。

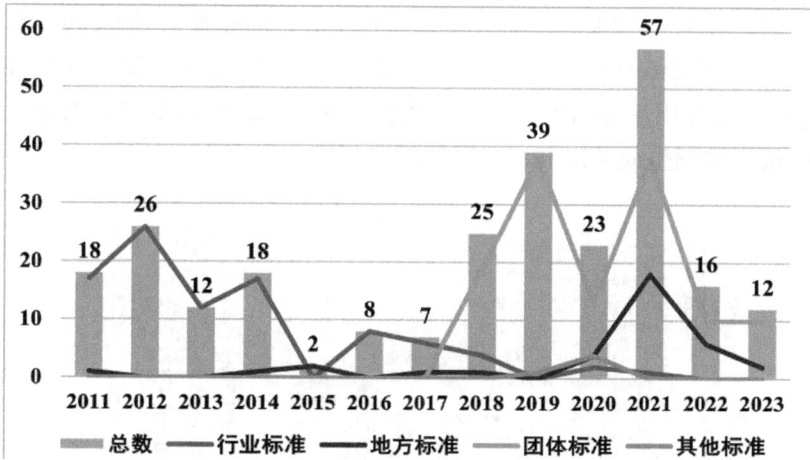

图 4　卫生健康数据集标准时间趋势图

参照全民健康信息标准化体系建设规划，本研究将标准业务领域划分为以下7类：公共卫生、人口健康、医疗服务、药品供应保障、综合管理、信息平台和生物医学研究。人口健康数据集标准的具体覆盖领域如表1所示。标准数量较多的领域为医疗服务、信息平台和生物医学研究的相关标准。

表 1　卫生健康信息数据集标准覆盖业务领域

业务领域	公共卫生	人口健康	医疗服务	药品供应保障	综合管理	信息平台	生物医学研究
总计	34	10	76	10	32	61	40
行业标准	26	6	27	1	16	17	0
地方标准	3	3	9	2	3	17	0
团体标准	5	1	40	2	13	27	40
其他标准	0	0	0	5	0	0	0

注：表中使用热图来表示数量间的差别，越接近红色数据元素数量越多，越接近黄色数量越少，总计行单独根据分布进行了绘制，四个标准行则一同进行比较。

涉及疾病的数据集标准有 129 个，覆盖超过 40 种具体疾病，主要集中在癌症（如乳腺癌、肝癌等）、糖尿病和慢性阻塞性肺病等慢性非传染性疾病，以及精神疾病（抑郁症、焦虑症等）、传染病（艾滋病、结核病等）和骨科疾病。其中 60 个标准为通用类型（传染病、癌症等），如《肿瘤登记随访数据集》《传染病防治数据集》，69 个为专病类型（肝癌、抑郁症等各个具体疾病）。标准用途包括疾病登记、数据共享交换、疾病基因检测等，将这些标准根据词频生成关键词词云图如图 5 所示。

图 5　标准名关键词词云图

数据集标准的制定中会引用不同类型的文献用于指导标准建设。本研究通过对数据集标准的引用文件部分的分析，发现纳入的 263 条标准引用了 2696 条规范化引用文件，文件类型包括国内标准、国际标准（如 ICD-9 和 ICD-10 等）、临床指南和政策规范等，其中行业标准、国家标准被引用次数显著高于其他类型文件，见图 6 和图 7。

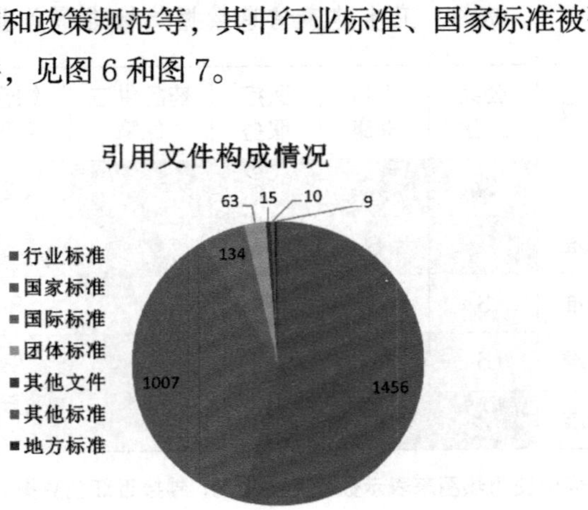

图 6　规范性引用文件类型占比

卫生信息数据元值域代码
个人基本信息分类与代码
电子病历基本数据集
卫生信息基本数据集编制规范
卫生信息数据元目录
中国各民族名称的罗马字母拼写法和代码
国际疾病分类标准编码
学历代码
城乡居民健康档案基本数据集
国际疾病分类第9版临床修订第3卷

0   100   200   300   400   500   600

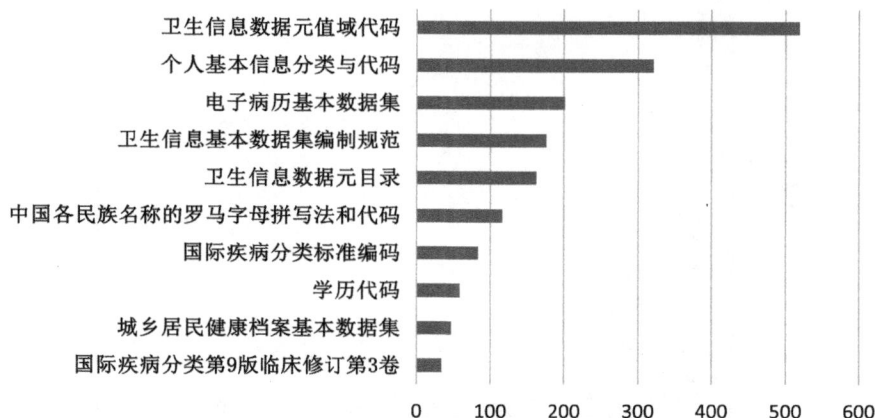

图 7　被引量最高的 10 份文件

3.2 数据元素和数据集

3.2.1 数据集基本概况

由于各数据集标准的规范性问题，只有 200 份标准中提供了数据集层面的基本信息描述，包括数据集名称、标识符、发布方单位、关键词、语种、分类、摘要以及特征数据元素。其中，每个标准数据集均有唯一标识符，如 HDSD00.A3_V1.0，是以 HDS 即卫生健康信息作为起始编码，依次添加其他业务编码和版本编码。此外，在数据集层面的团体标准数据集发布方单位与标准层面的发布者基本相同，但行标和地标则存在一定区别，如部分行标数据集发布单位为国家卫生标准委员会信息标准专业委员会，而部分地标数据集发布单位为省卫健委、公共卫生的信息中心。

本研究将纳入的数据集标准包含的数据元素进行整合，共得到 54916 个数据元素。在数据元素分布上，多数数据集标准所包含的数据元素数量在 100 个左右。63% 的数据集标准对数据元素进行了分类，根据功能或特性划分了多个属性表，便于元素查找和分类划分，划分表格数通常为 3—7 个（占比 49%），但也有 98 份标准未对包含的数据元素进行属性划分，如《慢性阻塞性肺疾病临床研究通用标准数据集》中的 662 个数据元素均集中在同一属性表中（如图 8）。

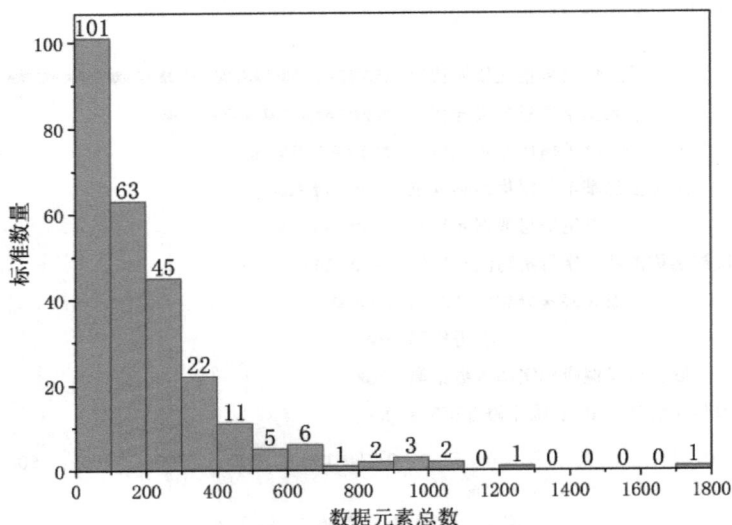

图 8　数据元素数量分布图

3.2.2 数据元素分析

由于数据元素的数量较大，本研究对人口健康领域数据集标准中的数据元素词频进行排序，并选择最高频的 200 个数据元素进行分类和分析。该 200 个数据元素的总频数为 11650 个，占据数据元素总数的 21%，结合元素语义可归为 10 类主题（如图 9），包括基本信息、医疗记录、医疗操作、检查检验、临床研究、中医诊疗、医疗评估、护理与观察、药品与材料、不良反应。其中数据元素出现频次最多的前三类为医疗记录、基本信息和检验检查，分别包含了 46、43 和 42 个数据元素，数据元素的频数分别为 2701、3895 和 2377 个。

数据元素属性可划分为公用和专用属性，80% 的标准对数据元素属性进行了分类，公用属性包括数据元素版本、注册机构、主管机构、提交机构等，在提供版本信息的 212 个标准中，仅有居民健康卡数据集标准中的数据元素更迭到 V1.1 版本，其他数据集中数据元素均为 V1.0 版本。而数据元素专用属性是对数据元素特征的细致约定，在梳理后所有标准涉及的专用属性近 21 个，但并不是在各标准中均涉及，因此，本研究仅重点对各标准中均涉及且可计量的属性的内容完整性（即有无缺失项）进行统计和分析。如图 10 所示。除数据元素名称，其他属性项都存在一定程度的内容缺失。其中作为唯一标识的数据元素内部标识符和外部标识符的缺失率达到 33% 和 29%，元素定义缺失率达11%，而表示格式和数据类型也有少部分缺失。这些内容的缺失会导致数据元素的冲突和标准约束性的降低。

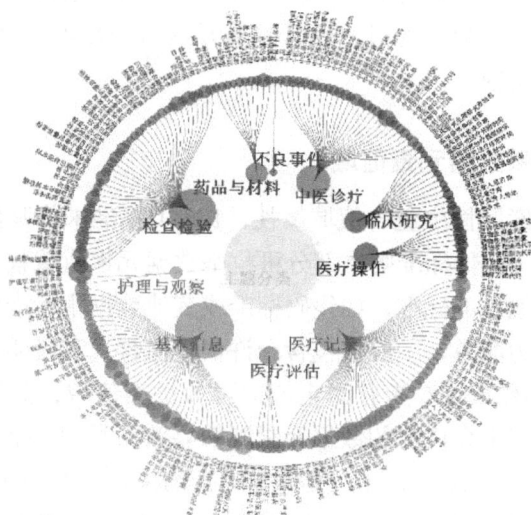

图9　词频排序前200的数据元素分类及分布

注：图中节点大小表示对应的数据元素数量，中间主题分类为根节点，表示所有数据元总和，最外圈的叶节点为数据元素，与叶节点相连的为主题分类。

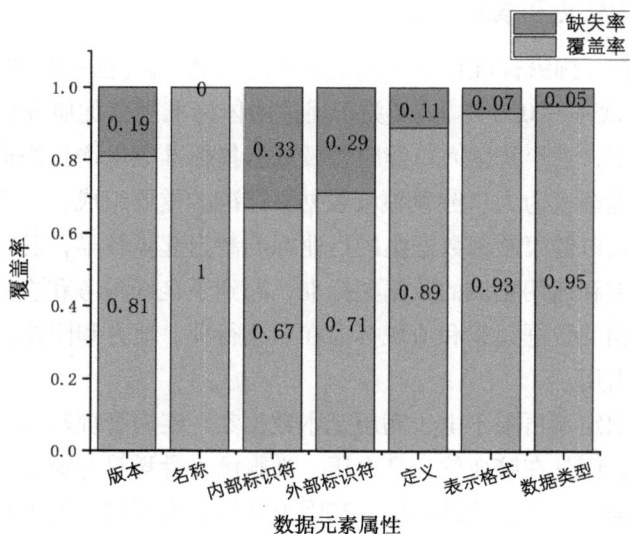

图10　数据元素基础属性覆盖

数据元素还包括一些扩展属性，如语义类扩展属性（如 UMLS 映射值）、分类扩展属性（如约束、是否必填等）、值域扩展属性（如单位）以及其他属性。目前仅有中山大学起草的专病临床研究系列数据集标准对数据元素的概念进行了语义标准化，通过将所含数据元素与 LOINC、SNOMED CT 等权威术语资源映射实现。

3.3 代码表和数据元素值域

由于数据元素属性中包含值域属性，105 个标准未将其数据元素值域整理为值域代码表，其他标准则将部分可枚举数据元素值域整理为内部值域代码表，或引用其他外部标准，如代码标准或其他数据集标准中的值域表。值域代码表结构较为简单，一般仅包含允许值、值含义和说明三个属性。纳入的数据元素中约有 65.2% 为有固定值的可枚举类值域，其他 19113 个如姓名、地址等无法列举允许值的数据元素则依靠数据类型（字符型、数值型和日期型等）和表示格式（字符长度等）进行约束，但其中 1559 个缺失了该类约束。在纳入标准整合的 2549 个值域代码表中，最多的为户籍、学历等人口学值域代码表，与标准层面的较多引用了学历代码等国标的情况相应。41% 的内部代码表未进行编码，仅有表名和对应编号，不利于值域表的内部和外部引用。

3.4 建设优点和成果总结

首先，在《国家标准化发展纲要》[7]《贯彻实施〈国家标准化发展纲要〉行动计划（2024—2025 年）》《关于促进团体标准规范优质发展的意见》等政策的推动下，近年我国人口健康领域数据集标准数量增长快速。特别是团体标准，其逐渐成为人口健康领域数据集标准的重要组成。

其次，人口健康领域数据集的行业标准制定起步较早，发布的基础数据集的编制标准和通用领域的数据集标准，起到了良好参考和规范作用，可以看到发布的相关数据元素和值域标准在后续行业、地方和团体数据集标准制定中被广泛引用。

标准的制定不再限于电子病历基本数据集、疾病管理基本数据集等通用领域数据集，而是在脑血管、高血压、乳腺癌、骨科等专病领域不断细化，同时也在中医、药学、公共卫生、基因组学等方面开展了不少数据集标准制定，这有助于细分领域数据集的标准化和数据集质量的提升。

最后，在数据集标准内容上，部分数据元素不仅定义了名称、定义、标识符和值域等基本属性信息，并且补充了多来源的元素概念和分类（如数据等级、临床业务类型等），提高了数据元素可理解性和可用性。数据元素值域中的大部分可枚举类型的值域都以专用属性表或值域代码附表的形式列出，加强了数据元素允许值的受控程度。

3.5 现存不足及建议

3.5.1 加强数据集标准统筹规划

通过分析发现人口健康领域数据集标准发展尚不够平衡和充分，子领域的数据集标准存在空白或不足，因此，需要标准制定机构进行统筹规划，分类施策、结合国家战略重大需求、业务系统建设、学科领域数据库建设等方面，立足国情，急用先行，及时填补子领域数据集标准缺失的空白和发展不足等问题。

3.5.2 加强数据集标准质量建设

在对人口健康领域数据集标准进行处理和结构化过程中，发现标准存在质量参差和管理不规范等问题。在数据元专用属性表和值域代码表编制过程中出现标识符缺失及重复、属性内容缺失及错误、属性表编号引用错误、值域附表和允许值不对应、允许值缺失、数据类型表示格式错误等诸多问题。因此亟须加强数据集标准编制的指导、检核和监督，避免标准本身是错误的情况，提升数据集标准质量。

3.5.3 减少数据集标准的重复建设及异质性

尽管数据集标准发挥了较好的规范和参考作用，但各级各类数据集标准在内容和结构上存在交叉重复、相互矛盾、不全面等问题，主要集中在唯一标识符重复、同一数据元属性构成、名称和内容存在重复或冲突性差异等问题。在人口健康领域数据集标准制定中应协调好各发布机构制定标准间的层次关系，加强在标准标识符编码规则等属性内容层面的一致性和协调性，避免建立新的标准孤岛，加强标准之间的交叉引用，避免重复制定。

3.5.4 提高数据元素语义标准化程度

数据元素概念作为数据元素的重要构成，起到规范、清晰数据元素语义的作用，但现有数据元素中只有少部分标准将数据元素与外部权威术语词表进行了映射，实现数据元素概念的标准化，多数数据元素属性并未考虑该部分内容。尽管存在中文权威术语资源有限等客观问题，但仍应重视数据元的语义标准化，通过英文名称和缩写、翻译等引用国外权威术语资源，实现数据元素和值域与 UMLS、LOINC 和 NCIT 等资源的映射和关联，提高标准数据的语义一致性和可互操作性。

3.5.5 提升标准管理数字化技术能力

当前数据集标准制定和获取还是以非结构化文档形式，对于细粒度数据元素和值域查询存在困难，这也是导致数据集标准建设质量水平不高，存在交叉重复和错误的重要原因之一。国际标准化组织 ISO 提出 SMART[8] 原则推动标准的数字化，实现标准的机器可读、可用、可理解、可解析。因此，应积极推动人口健康领域数据集标准的数字化转型，通过开发数据集标准智能编制和开发平台，实现标准的结构化、机器可读和质量控制，减少开发过程中的表格内容格式等错误，提高标准质量、可用性及标准等资源间的关联。

4 结语

经过 20 余年的建设发展，我国人口健康领域数据集标准取得了较多建设成果，已成为实现全民健康信息标准化以及推动数据要素释放乘数效应的重要支撑。本研究系统分析了现有人口健康领域的数据集标准，在总结建设成果的同时发现仍存在语义标准化不足、建设质量参差和一致性差等问题，针对性提出相关建议，希望能够推动领域数据集标准建设，提升数据标准制定和应用实施，进而促进数据质量的提升。下一步也将继续针对人口健康领域数据标准存在的问题进行深化研究和开展相关标准数据的整合系统研制。

注释及参考文献

[1] 张国庆, 赵国屏, 李亦学. 生物医学大数据生产要素价值的实现: 从数据元素起步 [J]. 生命科学, 2023(12): 1545–1552.

[2] Dugas M, Neuhaus P, Meidt A, et al. Portal of medical data models: information infrastructure for medical research and healthcare[J]. Database, 2016, 2016: bav121.

[3] Kush R D, Warzel D, Kush M A, et al. FAIR data sharing: The roles of common data elements and harmonization [J]. Journal of Biomedical Informatics, 2020, 107: 103421.

[4] 李岳峰, 胡建平, 庹兵兵, 等. 我国卫生健康信息标准建设成效与思考 [J]. 中国卫生信息管理杂志, 2021(3): 324–329.

[5] 董方杰, 李岳峰, 张学高, 等. 中国健康医疗大数据资源目录管理系统框架设计 [J]. 中国卫生信息管理杂志, 2019(3): 276–279.

[6]Pahuja G. Comparative study of metadata standards and metadata repositories[C]//AIP Conference Proceedings. American Institute of Physics, 2011(1): 72–76.

[7]国务院办公厅. 关于印发贯彻实施《国家标准化发展纲要》行动计划的通知: 国市监标技发〔2022〕64号 [EB/OL].[2024–03–15].https://www.gov.cn/zhengce/zhengceku/2022–07/09/content_5700171.htm.

[8]刘曦泽, 牛娜娜, 王益谊. SMART 标准用例分析与启示 [J]. 标准科学, 2022(12): 63–67.

基于智能技术的核电运行档案数据资源
深度开发应用研究

余新锋　查凤华

江苏核电有限公司

摘要：核电运行档案数据资源丰富，种类繁多，当前存在线下编制耗费人力、纸质电子双套管理、开发利用智能化较低的问题，基于"云大物移智"等新技术，探索核电运行档案资源开发应用，其一，以生命周期为源构建档案数据智能应用，实现智能编写、分发、归档、鉴定。其二，以生产运行为目挖掘核电档案资源利用，实现电子运行操作、电子值班日志、电子隔离边界、设备电子巡检，贯穿核电运行全过程。其三，以知识应用为纲扩展运行数据应用场景，搭建设备故障知识图谱、运行知识共享服务、个性知识主动推送、一键文档智能搜索，覆盖运行多场景智能应用。

关键词：核电档案；运行；档案数据资源；智能；开发

0 引言

核电安全稳定运行是核安全的生命线。核电运行档案数据作为核电安全稳定运行的资源保障，在机组全年24小时不停歇的运行中，发挥着重要作用。核电厂运行档案对于核电厂的安全、可靠、经济运行具有重要意义。随着"云大物移智"等新技术发展[1]，借助OCR、移动、知识图谱、全文检索等技术实现百万份电子文件的结构化解析及全文检索应用，核电运行方式从传统管理向数智化转变。

1 核电运行文件概述

核电运行档案数据资源包括核电厂在运行过程中所产生的不同载体的文件、资料、记录、数据等，如运行规程、运行操作单、运行值班日志、运行操作记录、安全检查记录、运行曲线数据等。以文件性质和用途划分，核电运行文件包括运行执行文件、技术支持文件、管理性文件。

一是运行执行文件，指直接作为操作依据使用的文件，包括已批准生效的运行规程（操作单、在线文件、临时运行指令）、定期试验大纲和规程、事故处理规程、运行日志和巡检日志、系统流程图等。二是技术支持文件，指电站生产运行的指导性文件，是运行执行文件的来源和基础。三是管理性文件，是指和运行相关管理规定和管理活动支持性文件。

2 存在问题

2.1 线下编制耗费人力

文件准备是核电机组建设和安全稳定运行重要组成部分。以两台百万千瓦级压水堆核电机组为例，机组商运后需要在较短时间内编制完成数万份运行文件，如运行规程、运行操作单、事故规程、系统流程图等，每年更新频繁，花费较多人力和时间。

2.2 纸质电子双套管理

通过不同业务系统产生运行文件，缺乏与文档管理系统互联互通，需要人工下载业务系统原生电子文件，输出纸质文件，进行纸质和电子双套归档，文件归档流程烦琐，占用较多人力资源。

2.3 开发利用智能化较低

核电企业用户自行在海量文档资源中查找所需文件，若不了解核电文件档案分类和编码规则，通过传统查询方式，难以快速满足用户智能化查询利用需求。

3 解决措施

3.1 以生命周期为源构建档案数据智能应用

3.1.1 智能编写

以运行操作单结构化编制和执行为例，对其进行技术可行性验证，某核电企业一年内完成了近万份运行操作单结构化转换、存储、执行和归档。结构化转换包括提取运行操作单元数据和基本内容，元数据包括运行操作单名称、编码、编制人、版次，基本内容包括文字、图片、表格等，建立结构化条目信息，将内容存储到后台数据库。运行操作单执行时，支持执行记录在线填报，对每个执行步骤，勾选确认，流程结束可输出版式文件，以便后期电子文件归档利用。

3.1.2 智能分发

核电运行规程、事故规程、运行操作单等是核电安全稳定运行的根本遵循，需要及时将相关运行文件分发到主控室、模拟机房等不同岗位的工作文件站。当运行文件编制生效后，根据核电机组、岗位、工作场所不同，设置标准化分发清单，当运行文件生效后，通过文档管理系统直接自动分发到不同工作文件站，授权用户点击接收工作文件站中文件，自动接收相关文件，当授权用户选择"执行文件"打印时，打印后文件封面右上角自动添加打印人、打印时间，左上角添加标记文件唯一性的条形码，用于追踪和回收此文件。

3.1.3 智能归档

核电运行领域建立智慧运行平台，实现运行业务流程全覆盖、数据全贯通，产生了大量待归档的原生电子文件。运行业务系统原生电子文件归档需要满足以下条件：一是离开运行业务系统，二是开展电子文件鉴定并明确保管期限，三是按照规则进行整理和编写档号，四是存储格式符合长期保存要求，五是元数据项完整。为了实现上述归档要求，需要提前制定运行系统向数字档案馆系统对接方案，包括元数据对接、四性检测、长期保存格式、同步时间、权限管理等。核电运行业务系统自动归档接口模型如图 1 所示。

运行业务系统	中间平台	数字档案馆系统	
文件库 →	中间库 →	档案库 →	长期保存库
运行值班日志系统 电子操作单系统 电子运行规程系统 临时运行指令系统 临时变更/临时特殊装置系统 小神探设备管理信息平台 大修日报系统 ……	从运行业务系统读取 数据向中间库暂存， 以便向档案库传输	整编 归档 利用 鉴定 销毁 统计 ……	数据包封装保存， 与档案库物理隔离

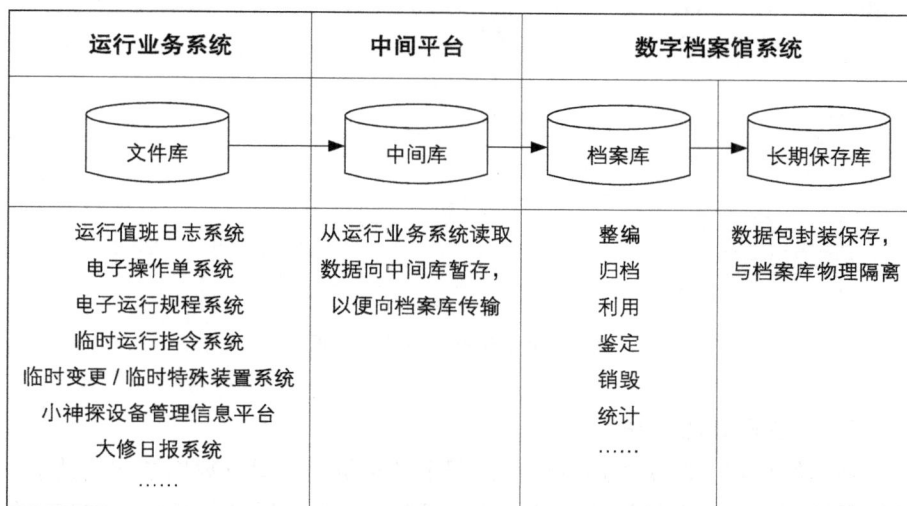

图 1　核电运行业务系统自动归档接口模型

3.1.4 智能鉴定

档案鉴定处置包含待鉴定文件、鉴定审批、鉴定结果和档案销毁，通过在线发起鉴定申请，实现相关处室共同对需要鉴定档案进行线上审核，支持鉴定结果查看，销毁流程的发起、审批，文件销毁记录的查看。智能统计保管期限即将到期的档案清单，以便提前制定档案到期处置方案。

3.2 以生产运行为目挖掘档案数据资源利用

3.2.1 电子运行操作

运行规程和运行操作单作为运行人员工作指令文件，由于编制人员知识、技能、阅历不同，文件编制内容和深度存在较大差异，将运行规程及操作单按照固定模板编制后，文档管理系统自动拆解成相对固定的结构，通过结构化解析，对不同章节内容进行关联，形成知识图谱，为运行规程智能化应用建立基础，实现运行文件及时更新、快速利用、统计分析。

借助文件结构化、语音解析、人工智能等技术，建立数字化运行操作平台（如图2），作业人员采用移动终端与主控室协同开展现场作业，系统自动推送状态报告的经验反馈，提升运行人员工作效率，减少人因失误发生概率。通过线上派发、在线执行、自行归档，用网络传输代替人力传送，提高运行工作效率。

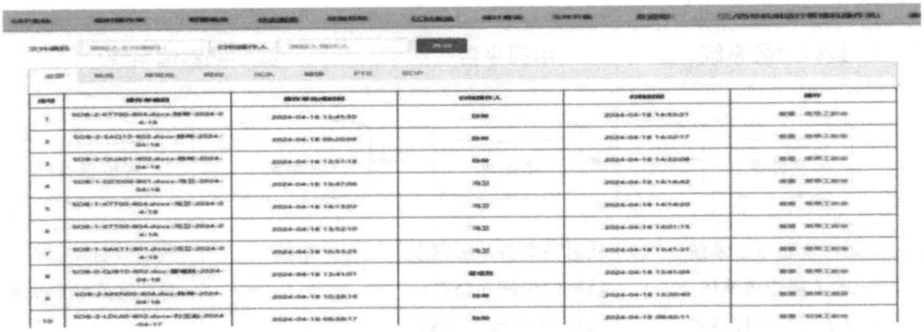

图 2 电子运行操作平台截图

3.2.2 值班日志系统

基于信息化手段实现运行操作流程全链路贯通，运行数据结构化共享，运行现场操作人员手持智能终端，执行挂牌、摘牌、隔离等操作，将相关信息同步工作负责人，实时查看最新版本运行规程和关联行动，为现场工作执行带来便捷性，执行结束，记录同步上传到指定服务器，减少运行文件后期手工整理归档时间，提升了运行文件流转效率。

以江苏核电为例，每台机组设置约 11 个岗位，早中晚三班倒，每日形成 33 份值班日志，6 台机组运行 40 年，将形成 289 万份值班日志。纸质填写值班日志，不同机组间值班信息难以共享，值班日志整理归档及查阅利用耗时耗力。通过开发电子值班日志系统（如图 3），关联临时运行指令系统、临时控制变更系统，实现不同机组、不同岗位间值班信息共享，方便管理层高效决策，保障机组安全稳定运行。

图 3 值班日志系统截图

3.2.3 电子隔离边界

建立准确的隔离边界保障核电企业安全稳定运行，核电企业运行隔离经理每日花费大量精力识别机组隔离边界，保障运行、维修工作有序进行和员工人身安全。以前通过人工在系统流程图上画出隔离边界，需要运行人员自身掌握大量的知识和经验。借助 OCR、结构化解析、AI 算法等技术，实现了流程图的矢量化、结构化，系统自动解析图纸内容，自动梳理电气开关下游设备，实现系统、设备及部件在图纸上的快速定位，智能化生成安全可靠的隔离边界，用平台自动生成替代人工梳理绘制，节省人工绘图时间，降低人因失误，运行隔离经理集中精力审核隔离边界的可靠性，保障机组安全和维修人员安全（如图 4）。

图 4　隔离操作平台截图

3.2.4 设备电子巡检

设备巡检记录是设备安全稳定运行的真实写照。以前运行人员一边拿着纸质巡检记录本，一边查看设备参数，边看边填写。通过电子巡检，运行人员手持小神探电子点检仪，对现场设备状态数据进行自动采集并返回小神探设备管理信息平台进行存档，该平台包含基础信息、计划管理、考核管理、点检报告、可靠性管理、绩效管理、设备状态、报表管理、导出打印等 13 个业务模块（如图 5）。6 台机组每天产生巡检数据 4.7 万余条，巡检完成后自动上传，经运行管理人员对异常记录进行审查确认，每周清理漏检数据，巡检发现结果经核实，与运行人员绩效考核挂钩，确保设备电子巡检数据质量。当遇到设备和系统不可用，以纸质填写作为备用措施。

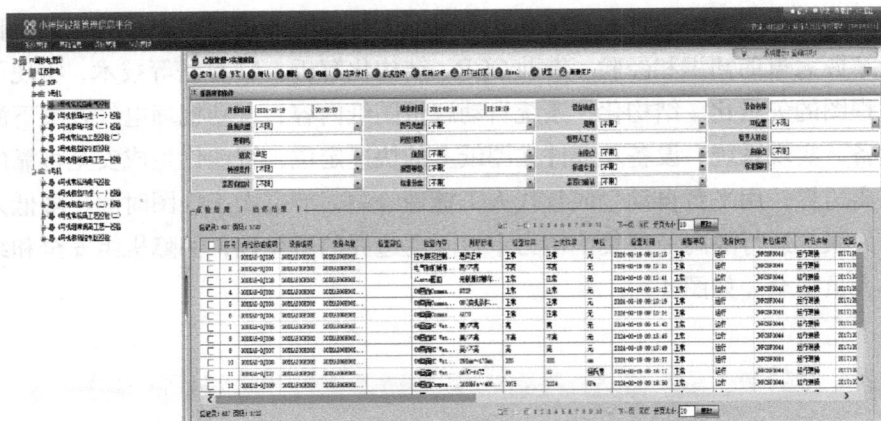

图 5　小神探设备管理信息平台截图

3.3 以知识应用为纲扩展运行数据应用场景

3.3.1 设备故障知识图谱

设备故障知识图谱通过收集和分析设备的运行数据、维修记录、专家经验和技术文献等信息，构建起一个包含设备、故障、维修措施等实体及其相互关系的知识体系，支持故障诊断和维修工作，提高故障处理的效率和准确性。打造核电专用的设备故障模型、知识图谱、图像语音解析、机器学习等智能服务能力，构筑统一的技术基座，借助各领域数字化应用场景的不断学习迭代，逐步形成拥有自主知识产权、具有核电行业特色的 AI 算法和模型。

构建设备故障知识图谱的关键步骤如下：（1）数据采集：收集设备运行数据、维修记录、专家经验和技术文献等。（2）数据预处理：对采集的数据进行清洗、去重、格式转换等，以确保数据质量。（3）图谱构建：利用本体论和语义网技术，将预处理后的数据构建成图谱，包括设备、故障、维修措施等实体，以及实体间的关系。（4）查询推荐：通过自然语言处理技术实现用户查询的自动分析，快速定位故障原因并提供维修建议，将查询结果通过可视化技术直观呈现给用户（如图 6）。

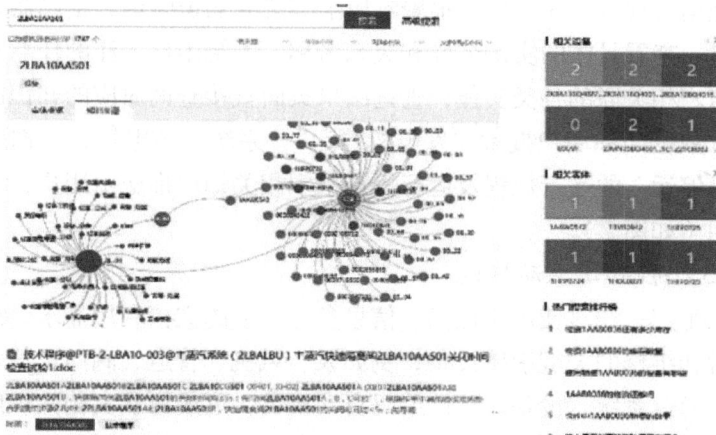

图 6　设备故障知识图谱示例

3.3.2 运行知识共享服务

建立核电特有技术知识库，构建支持文本、图片和表格等多模态的知识存储和应答模型，支持自然语言方式从知识库中查询检索答案，在给出答案的同时还能给出相应的依据，实现定向和发散提问，帮助运行人员查询、学习及辅助运行决策。开发核电技术文档关键词挖掘、抽取和知识图谱存储新模式，实现了数据的智能化应用。构建"人工智能＋核电文档知识服务"的新方法，搭建包括前台应用服务、AI算法中台、后台文档知识库三层架构的核电运行文档知识智能应用平台，提高了查询利用效率[2]。

图 7　运行规程大数据解析与检索定位平台截图

围绕运行规程、操作单、报警响应卡等建立知识图谱，定制需要显示的节点数量、查看具体的实例名称和关系名称。围绕用户关注的任意实体，自动展现与之相关联的各类实体，查询结果页面直接查询对应的知识图谱，直观地获取数据。如用户搜索"发电机停运"，系统将核电档案数据库中带有"发电机停运"的运行规程及运行操作单中相关知识推送给用户，减少用户查阅时间（如图 7）。

3.3.3 个性知识主动推送

聚焦生产一线对使用价值高、信息参考性强的文档利用需求，针对影响电站运行和维修的关键敏感设备，例如泵、风机、管道、阀门、仪表、电气等设备，通过系统、设备、部件编码自动聚类，形成树状文档知识库，满足用户对设备相关文档智能利用需求，通过点击设备位号，查看该设备基本信息、设备图片信息、预防性和纠正性维修信息、运行规程、运行操作单、接线图等，通过对不同系统业务数据围绕系统设备编号自动聚集，为运行人员提供知识导航和主动推送服务（如图 8）。

图 8　设备文件智能推荐截图

3.3.4 一键文档智能搜索

人工智能与信息检索技术结合是知识获取的有益尝试，通过优化计算模式，将用户从原始的基于元数据检索转化为基于内容的一键式检索。一键搜索窗口默认状态下对文件题名和文件编码进行查询，允许输入多个关键词进行模糊查询、二次查询，在检索结果中将关联内容高亮显示。支持快速模糊查询、智能搜索和全文检索功能，实时推荐和多字段模糊搜索，并提供常用文件类型的数据展示，保留用户检索历史和浏览历史，通过文档智能搜索平台，用户可以更简便、快速地搜索到所需文档信息，变被动为主动，实现文档资源快速获取和关联检索（如图9）。

图9 文档智能搜索界面

4 结论

核电运行中产生丰富的档案数据资源，随着运行操作单结构化、运行规程电子化、运行隔离和工单执行移动化，运行操作从传统模式向数智化模式转变，核电运行现代化管理为运行档案数字资源管理带来机遇和挑战，运行文件在线结构化编制、自动归档、智能利用，提升运行人员知识和技能，提高运行文件流转效率，辅助领导决策，助力核电智慧运行建设。

注释及参考文献

[1] 岳振兴,傅旭东 . 利用"云计算"技术加强核电企业文档管理的若干策略 [J]. 浙江档案 ,2021(8):62-63.

[2] 杨强,查凤华,胡心宇 . 基于知识图谱的核电技术文档挖掘与应用实践 [J]. 中国档案 ,2022(12):54-55.

双系统工程试验数据数字化归档建设方法

黄科　杨静　罗钊航

中国核动力研究设计院

摘要：本文详细分析了工程试验数据的数字化归档需求，针对单系统归档建设方法存在的弊端，本文提出了一套双系统工程试验数据归档建设方法，通过数据管理系统与文档归档系统的接口化交互协同完成数据归档，可降低系统建设的技术风险，降低建设成本和周期，同时提升归档效率和数据质量，是一种具有推广价值的数字化归档建设方法。

关键词：工程试验数据；数字化归档；数据管理系统；文档归档系统

1 研究背景

工程试验数据归档是将工程试验中产生的试验数据以档案形式长期保存和管理的过程，是支持数据价值长期挖掘释放的必要方法[1]。试验数据数字化归档是指以数据库存储和线上流程为基础的归档方法，具有数据入库效率高、存储量大的优点，是解决大规模工程试验数据归档的主流方案[2]。线上应用系统功能开发是试验数据数字化归档的主要建设内容[3]。

在档案数字化建设中，许多企业和单位已开发了面向传统档案数据归档需求的文档归档系统[4]，以单个文档归档系统为基础的数字化归档建设是这类场景下解决试验数据归档需求的常用方法（简称单系统建设方法）。然而相较于传统档案，工程试验数据在数据存储、数据质量、数据管理等方面具有更复杂的功能需求[5][6][7]，新功能开发所需技术栈存在与系统原有技术栈无法兼容的风险，并衍生出系统稳定性差、系统维护困难、开发成本高等问题[8]，极大限制了单系统建设方法的归档质量和效率。

为了在已有文档归档系统的场景下高效开展工程试验数据归档建设，本文提出了一套基于数据管理系统与文档归档系统协同的双系统工程试验数据归档方法，可实现大规模试验数据的高质量归档和高效管理，同时可根据已有建设条件灵活调整建设内容，以适应不同的建设场景。在技术、质量、成本和周期等方面的显著优势证明了本文方法具有较高的推广价值。

2 问题分析

2.1 工程试验数据数字化归档需求

工程试验数据由结构化数据和非结构化文本构成，其中：结构化数据通常为多维时间序列或图结构数据等具有时空信息的数据，是承载试验过程信息的主要对象；非结构化文本则用于记录试验时间地点、主要参数等数据背景信息，对于辅助还原试验过程至关重要。工程试验数据的构成特点使其在数据存储、数据质量和数据管理方面具有不同于传统文档数据的归档需求：

2.1.1 大规模试验数据存储需求

工程试验数据具有大容量、结构化、关联化的归档存储需求：工程试验的试验周期可达数月甚至数年，测量频率可达每秒 50—100 次，测量参数可达数百个，单次试验数据量可达 TB 级别，具有显著高于文本档案 MB 级别的大容量存储需求；工程试验数据通常为结构化数据，数据中同时包含了参数数值信息和试验结构信息，需要对数据进行结构化存储，确保数据结构信息的完整性和一致性 [9]；此外，还需要对结构化数据与非结构文本进行关联存储，以确保用户能准确理解数据内容并还原试验过程。

2.1.2 归档数据质量控制需求

工程试验数据在归档时具有更高的质量控制需求：数据格式方面，需要将数据文件转换为统一的、通用的二进制文件格式，以确保工程试验数据文件可用性 [10]；数据内容方面，需要同时对结构化和非结构化信息进行完整性检查，以保障数据信息完整性 [11]。

2.1.3 归档数据管理需求

工程试验数据档案在数据安全、数据维护和数据访问等方面具有更高的数据管理需求：首先需要对归档数据的访问、操作和传播范围进行控制，以保护数据安全和数据知识产权 [12]；在此基础上，需要对数据资源定期更新和维护，以保证数据的时效性和可用性；数据访问方面，需要对结构化数据和非结构化文本进行协同管理，并提供统一的数据访问接口。

2.2 单系统试验数据归档建设方法问题分析

通过上述分析可知，工程试验数据的归档需求相较于传统档案数据更加复杂，传统文档归档系统无法满足，因此最直接方法是对文档归档系统进行功能开发升级。然而由于是在已有技术框架上进行二次开发，这种方法在技术、质量、成本、周期、维护等方面存在诸多显著的问题和风险[13]：

2.2.1 技术兼容性问题

新功能代码使用的编码语言、开发框架、开发库等技术组件可能无法与系统现有的技术栈等保持兼容，这将直接影响系统稳定性。此外，在现有系统架构基础上进行开发可能导致系统功能更加臃肿，从而降低系统运行效率，甚至会影响系统原有功能的可用性。

2.2.2 建设质量问题

二次开发存在更多潜在的质量问题：一方面新开发功能与原系统功能可能无法很好地耦合；另一方面，开发中对技术栈和系统架构的修改可能影响系统原有功能的可用性，因此其质量控制难度更高。

2.2.3 额外成本问题

二次开发具有潜在的额外支出项：由于技术方案更加复杂，开发过程容易发生技术方案变更并产生额外开发成本；另一方面，开发团队需要花费大量时间学习和熟悉系统原有架构和技术栈，这会带来额外的时间和金钱成本。

2.2.4 建设周期问题

二次开发涉及对现有系统的深入理解、修改和测试，从需求分析到最终部署的每一步都可能比初次开发更为复杂和耗时。此外，技术方案的变动也可能导致开发周期延长。

2.2.5 后期维护问题

系统在后期维护时需要维护两套技术栈，具有更高的维护难度和成本。此外，如果二次开发团队是第三方团队，那么长期的维护和支持可能难以保障，脱离维护后系统问题将逐渐积累并最终导致系统可用性下降。

由此可见，单系统建设方法并不能完全满足工程试验数据数字化归档需求，有必要探索更加合理的建设模式。

3 双系统工程试验数据归档方法

工程试验数据归档时的存储、质量和安全需求本质上是数据治理需求，由于试验数据的治理往往依托于独立的数据管理系统，以这一思路为基础，本文设计了一种基于双系统工程试验数据归档方法（简称双系统归档方法），双系统的功能架构如图 1 所示：

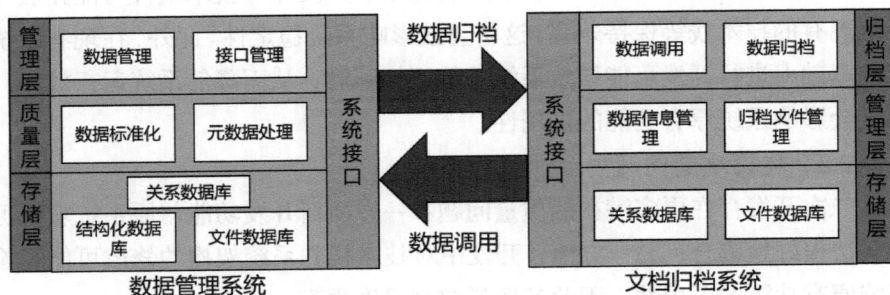

图 1   工程试验数据归档双系统功能架构

双系统由数据管理系统与文档归档系统构成，其中：数据管理系统主要提供试验数据管理功能，包括数据存储、质量控制、安全控制等；文档归档系统则提供文档管理和归档管理功能，包括文档存储、归档信息管理、出库审核等；两个系统之间通过系统接口实现信息传输共享，协同完成工程试验数据的在线归档。下面从系统功能设计、核心功能逻辑、建设内容和建设方法三个方面详细介绍该方法。

3.1 系统功能设计

双系统的整体设计遵循抽象解耦的设计模式[14]：即根据功能类别将系统分解为相互独立可复用的模块，每个模块完成特定的一种或一类功能，模块之间只通过接口来完成信息交换和任务协同，从而降低模块之间的耦合度。在系统功能层面，将数据治理需求与数据归档需求解耦，分别由数据管理系统和文档归档系统满足。在此基础上，将每个系统功能进一步解耦以下多个层级：

3.1.1 数据存储层

提供数据存储支持：对于数据管理系统，主要提供存储数据信息、数据文件和结构化数据存储支持；对于文档归档系统，则提供档案信息和文本文档存储支持。数据层提供数据传输接口，以支持档案数据的出入库。

3.1.2 数据质量层

提供数据质量优化支持，仅数据管理系统有该功能层，可提升数据质量相关功能，以支持对试验数据质量的检查和提升，包括：数据格式标准化处理、元数据信息标准化处理、数据内容完整性检查等。

3.1.3 数据管理层

提供数据资源信息的管理和维护支持：对于数据管理系统，其主要功能包括数据访问权限管理、数据资源信息管理、数据接口管理等；对于文档归档系统，主要功能包括归档文档管理、数据信息管理、数据信息同步等。管理层主要提供数据信息接口，以支持数据资源查询、获取和数据信息的同步。

3.1.4 数据归档层

仅文档归档系统具有该层，通过调用其他层的功能和资源，提供流程化数据归档和数据获取支持，包括数据归档流程和数据调用流程。归档层提供流程访问接口，以供发起和处理数据入库或数据调用请求。

3.1.5 系统接口层

将每个系统所有功能层的接口整合到一起，以供信息传输交互，可进一步提升系统间信息交互效率，同时降低系统间的接口耦合度。

3.2 核心功能逻辑

双系统的核心功能为数据归档流程和数据调用流程，下面以流程图为基础来详细说明核心功能的实现逻辑。

3.2.1 数据归档功能逻辑

如图 2 所示，基于双系统的工程试验数据归档可分为数据入库和数据归档两个阶段：

（1）数据入库

将工程试验数据通过数据接口上传到数据管理系统，并进行数据质量处理，然后保存到试验数据库中。

（2）数据归档

数据管理系统发起归档请求，将数据信息通过系统接口发送到文档归档系统，并完成归档流程审核，形成归档信息，并保存到文档归档系统数据库中。最后，将归档完成消息返回到数据管理系统，对试验数据进行压缩处理后保存。

归档数据压缩存储

| 试验数据上传 | 数据质量处理 | 数据入库 | 发起归档请求 | | 归档流程审核 | 归档信息保存 | 完成归档 |

数据管理系统　　　　　　　　　　文档归档系统

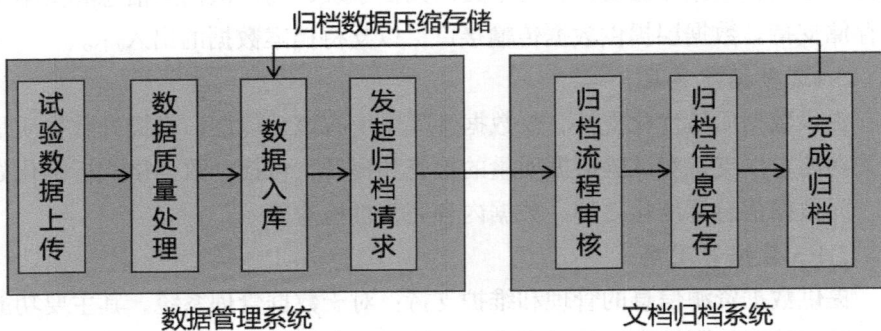

图 2　双系统数据归档流程图

3.2.2 数据调用功能逻辑

如图 3 所示，数据的调用流程主要包括发起申请和数据访问两个阶段：

（1）发起申请

需求方首先通过数据信息检索确定需要调用的数据，并发起调用申请。完成数据调用权限和访问资格的流程审核后，通过系统接口发起数据调用请求，并将待调用的数据信息发送到数据管理系统。

（2）数据访问

数据管理系统根据待调用数据信息生成对应的数据访问接口：对于个人用户，提供下载链接，对于应用系统，则提供系统接口。需求方通过数据接口访问对应的数据资源。数据管理系统对接口进行维护并在有效时间结束后销毁。

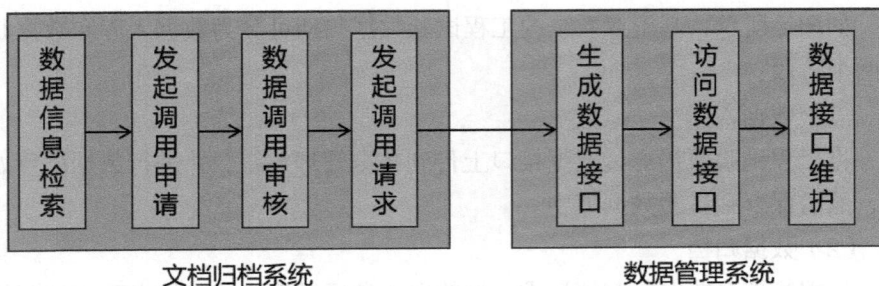

| 数据信息检索 | 发起调用申请 | 数据调用审核 | 发起调用请求 | | 生成数据接口 | 访问数据接口 | 数据接口维护 |

文档归档系统　　　　　　　　　　数据管理系统

图 3　双系统数据调用流程图

3.3 建设内容配置

双系统归档方法的建设内容可根据建设场景现有系统功能条件灵活配置，主要分为以下三种情况，如表1所示：

表1 不同基础下的建设内容和建设方法

基础建设条件		建设内容
数据管理系统	文档归档系统	
功能完整	功能完整	系统接口开发
缺乏非必要功能	缺乏非必要功能	系统功能升级
无	缺乏非必要功能	独立系统开发

3.3.1 系统接口开发

如果已有数据管理系统和文档归档系统，且每个系统的功能完善，则只需要对每个系统新增数据信息接口，用于系统间的信息交互，以支持跨系统数据归档和数据调用功能。

3.3.2 系统功能升级

许多正推行数字化转型的工程单位或企业已通过数据治理工作建设了数据管理系统，但系统的数据质量、数据管理等功能并不完善，因此可对系统功能进行升级开发，使其进一步满足数据归档需求。

3.3.3 独立系统开发

当前建设场景下只有文档归档系统，则需要独立开发数据管理系统。数据管理系统的开发可采用模块化开发方式，首先开发数据存储、数据管理等必要功能模块，形成一定成效后再逐步开发数据质量管理等模块，从而在实现系统快速上线并分摊开发成本。数据管理系统的开发应在数据治理建设框架下开展，而不只是为了满足归档需求。

4 优势分析

本文所提出的双系统工程试验数据归档方法采用了更加合理的系统设计模式，具有系统间的技术独立性和系统内的技术一致性，因此相较于单系统建设方法，在技术、质量、成本、周期、维护方面具有诸多显著优势：

4.1 技术独立性更强

数据管理系统和文档归档系统各自拥有一套独立的技术栈和系统架构，完全实现技术解耦，不存在二次开发技术兼容性问题。任何一个系统的开发和升级都完全基于该系统现有技术栈，因此不会影响系统稳定性和原有功能可用性。

4.2 质量风险更低

无论双系统在建设过程中采用哪种建设内容配置，均不涉及系统架构和技术栈的变更，因此只需进行常规质量控制，在质量控制方面的难度和风险更低。

4.3 综合建设成本更低

由于不涉及技术栈的变更，因此建设时不存在技术栈的学习和耦合成本，当建设内容为系统接口开发或功能升级时，明显具有更低的建设成本。但需要独立系统开发时，虽然初期建设成本可能更高，但后期升级和维护成本更低，且数据管理系统还可用于其他数据治理工作，因此综合建设成本更低。

4.4 建设周期更短

一方面，数据管理系统和文档归档系统可同时开展建设，从而缩短建设周期；另一方面，任何建设内容都不涉及对原有系统架构的修改，因此技术方案更加简单，建设周期更短。

4.5 系统维护难度更低

每个系统的维护和升级独立进行，在后期维护升级中始终保持系统内技术一致性和系统间技术独立性，分层功能设计使得单个功能的维护不会影响其他功能，因此系统维护难度更低。

5 总结

本文提出了一种基于双系统协同的工程试验数据数字化归档方法：双系

统采用了抽象解耦的设计模式，由数据管理系统和文档归档系统分别通过系统接口交互，协同完成试验数据入库、处理和归档。相较于基于单个文档归档系统的建设方法，双系统方法在技术、质量、成本、周期、维护等方面均有显著优势，且可根据建设场景条件灵活配置建设内容，是一种具有良好应用价值和推广价值的数字化归档建设方法。

本文所提出的方法主要适用于已有文档归档系统的建设场景，后续应针对基础条件不足的建设场景进一步优化，以解决更广泛场景下的工程试验数据归档需求。

注释及参考文献

[1] 房果，李浅语，杨静，等．科研试验数据跨域归档研究 [J]. 档案与建设，2024(3): 42-48.

[2][6] 齐敏华，李婉月，吴江，等.基于数字化实现科学数据高效归档研究 [J]. 兰台世界，2024(3):57-62.

[3] 丁德胜．构建数字档案管理新体系——信息系统 [J]. 中国档案，2024(4):56-57.

[4] 徐灏．企业工程项目电子文件归档与电子档案管理研究 [J]. 机电兵船档案，2024(1):59-62.

[5] 郝峥，张霄旭．数字环境下科学数据归档管理探究 [J]. 档案与建设，2024(4):42-46.

[7] 张莉．关于工业企业数字化转型过程中数据归档的探索 [J]. 山东档案，2023(4): 58-59.

[8] 黄存信．企业信息系统二次开发风险管控研究 [D]. 福州：福州大学，2016.

[9] 王志宇，郭士华．基于文档型非关系型数据库档案数据存储研究 [J]. 档案学研究，2021(5):79-84.

[10] 周祺，张照余．电子档案文件格式登记与管控系统构建 [J]. 档案与建设，2023(2): 58-61.

[11][13] 董婷婷．大数据背景下数字化档案的完整性研究 [J]. 兰台内外，2024(12):10-12.

[12] 金波，添志鹏，杨鹏．大数据时代档案数据治理运行机制建构 [J]. 档案学研究，2023(4):65-73.

[14] 赵艳辉，邓颖．企业 ERP 系统二次开发问题的探讨分析 [J]. 科技创新导报，2013(5):230.

基于指标驱动的核电工程
文档数据质量控制路径研究和实施

张振雄　金晶　胡娟

深圳中广核工程设计有限公司

摘要：核电设计具有多专业、巨系统、周期长等显著特征，目前核电工程文档数据已达千万数量级，但数据质量面临诸多难题。数据质量管理是一项持续性工作，应基于指标驱动，建设一套完善的核电工程文档数据质量控制体系，研究全面、及时、客观、准确的数据质量指标体系，同时基于 AI 等前沿技术开发先进质量管理工具以实现核电工程文档数据质量全面可持续提升。

关键词：指标驱动；数据质量；质量维度集；稽核规则

0 引言

数据质量是指定条件下使用时，数据的特性满足明确的和隐含的要求的程度[1]。数据质量影响的不仅是信息化建设的成败，更是影响企业业务协同、管理创新、决策支持的核心要素[2]。随着新时代数据爆发式增长，数据质量要求不断升级，业务管理要求不断迭代，各行各业的数据质量也面临着风险和挑战。

目前，国内外大型企业几乎都有开展针对性的数据质量管理研究，部分企业已在业务和技术层面有研究和实施，但数据质量管理不是一蹴而就的工作，需自上而下和自下而上结合开展。目前在档案行业尚未有一套科学、完整、指导性的数据质量控制体系。

核电是中国走向世界的"国家名片"，是国之重器。作为档案工作者，立足专业，从核电档案中最具有代表性的核电工程文档入手，建设一套完善的核电工程文档数据质量控制体系，研究全面、及时、客观、准确的数据质量指标体系，同时基于 AI 等前沿技术开发先进质量管理工具以实现数据质量全面可持续提升，对核电建设高质量发展至关重要。

1 核电工程文档数据指标驱动的内涵

数据指标是指通过对数据进行分析得到一个汇总分析结果，对成果进行量化，使得业务目标可描述可度量。数据指标是衡量数据质量的重要手段，可以打通信息壁垒，加大信息共享力度[3]。指标驱动是指通过定义业务目标和衡量标准，来评估数据质量水平。

依靠信息化手段，以指标为驱动，可以实现"将隐蔽的核电工程文档数据质量显性化"。同时，基于一套全面、及时、客观、准确的数据质量指标体系，通过量化评价办法，研究事前控制预防、事中检测监控、事后分析评价，循环及时对核电工程文档数据质量进行管理，实现质量评估数字化，可对质量改进和溯源提供依据，为管理决策提供支持。

2 核电工程文档数据质量控制的现状

核电设计具有多专业、巨系统、周期长等显著特征，目前核电工程文档数据已达千万数量级，但数据质量面临以下难题：

未能准确识别核电工程文档关键数据范围：不同人员对于数据的理解存在偏差，导致核电工程文档关键数据质量监控缺位；

未能清晰制定核电工程文档数据质量稽核规则：对于业务规则描述、数据录入规范格式要求不清晰，导致数据在输入、监控等环节无法准确识别数据质量；

缺乏完善的质量指标和评价体系：数据规范性、完整性、准确性、一致性、时效性和可访问性不断受到新挑战，导致数据质量成果价值可信度低；

缺乏基于 AI 等前沿技术开发先进质量管理工具：无法保证数据质量的持续提升与智能化管理。

为实现核电工程建设高质量发展，同时实现核电工程建设全过程数字化管控，迫切需要结合超复杂场景核电工程文档数据质量要求，加强对管理策略、业务需求、业务规范、数据标准等方面的研究，建设一套完整的核电工程文档数据质量指标控制体系，以实现数据质量的全面可持续提升。

3 基于指标驱动的核电工程文档数据质量控制路径

数据质量管理不是一个项目，而是一项持续性工作[4]，应首先采纳或者开发一个框架进行指导。根据核电工程文档数据业务现状，需研究基本的核电工程文档数据质量管理策略和实施步骤，主要包括识别电工程文档关键数据、构建核电工程文档数据质量维度集、明确核电工程文档数据质量稽核规则、搭建核电工程文档数据质量指标和评价体系、开展核电工程文档数据质量监控，实施核电工程文档数据盘点和清洗、编制数据质量报告以持续改进（见图 1）。

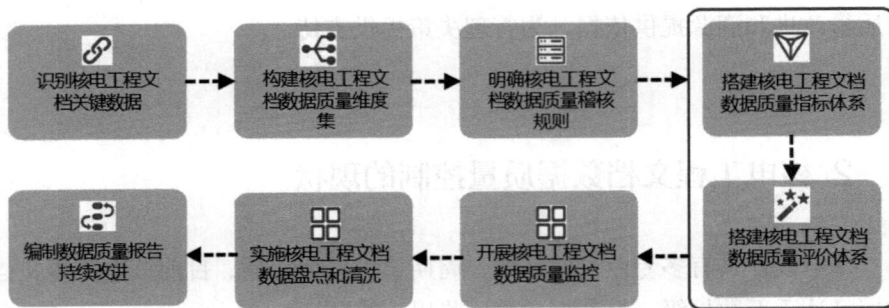

图 1　核电工程文档数据质量管理策略和实施步骤

4 基于指标驱动的核电工程文档数据质量控制实施

4.1 核电工程文档数据指标体系的创建

4.1.1 识别核电工程文档关键数据和质量维度集

数据质量管理应首先关注最重要的数据，通常，主数据是各个企业最重要的数据之一。保证主数据质量，对于解决数字档案数据长期以来难以解决的质量问题，充分发挥档案数据价值具有重要意义[5]。结合档案行业特殊管理要求和核电工程文档管理的业务特点，需首先明确核电工程文档关键数据和数据质量治理的优先顺序。

依据档案法四性（真实性、完整性、可用性和安全性）检测规定、国家标准 GB/T 36344-2018《信息技术 数据质量评价指标》、DAMA UK 白皮书有关数据质量的核心维度等，构建核电工程文档数据质量维度集，主要包括确保数据规范性（数据符合数据标准、数据模型、业务规则、元数据或权威参考数据的程度）、完整性（按照数据规则要求，数据元素被赋予数值的程度）、准确性（数据准确表达其所描述的真实实体真实值的程度）、一致性（数据与其他特定上下文中使用的数据无矛盾的程度）、时效性（数据在时间变化中的正确程度）和可访问性（数据能被访问的程度）。

4.1.2 明确核电工程文档数据质量稽核规则

明确核电工程文档数据质量稽核规则，主要从管理制度和稽核规则开展。

首先从管理政策、管理制度、管理规定、业务细则和工作指引五个层级研究有关核电工程文档数据质量要求，梳理明确管理标准和执行标准。

其次，明确核电工程文档数据质量稽核规则，主要包括：

（1）核电工程文档数据的准入规则

如核电工程文档当前版本著录时，需校核文档是否重复，如没有重复，需判断是否存在高低版本；如存在高版本，需判断当前版本日期是否满足逻辑要求，如存在低版本，需判断低版本是否已经工作就绪或使用等。

（2）核电工程文档数据的著录规则

针对关键数据，制定数据的著录规则，不满足规则的数据需通过技术手段或人工手段进行干预和处理（见表1）。

表1 部分核电工程文档的著录规则和要求示例

属性名称	含义	是否必录	录入说明
公司代码	文档所属公司的标识	是	按各家公司代码进行著录
项目代码	文档所属项目的标识	是	按文档所属项目进行著录
保管期限	文档的保管期限	是	工程技术文档著录为永久
密级	根据《公司保密管理制度》定密	是	与文档保持一致
解密日期	密级文档的解密日期	否	

（续表）

属性名称	含义	是否必录	录入说明
语种	文档内容表述所用的语言	是	根据文档正文判定
文件编码	文档的编码	是	与文档保持一致
卷标	文档的卷标	是	与文档保持一致
版本	文档的版本	是	与文档保持一致
状态	文档的状态	是	与文档保持一致
标题	文档的题目	是	与文档保持一致
传递渠道号	传递工程技术文档渠道号	否	设计分包文档的传递渠道号与传递单保持一致
文档尺寸	文档的幅面尺寸	是	按实际图幅尺寸著录
页数	文档的页数	是	从封面页起，正文部分最后一页纸的有效页面
生效日期	文档的出版日期	是	即批准日期，文档必须有出版日期
参考文档编码	该文档所参考的电站编码	否	与文档保持一致
设计阶段	文档所属的设计阶段	是	与文档保持一致
专业代码	文档所属的相关专业	是	设计分包文档根据项目设总批示进行判断
编制单位	文档出版单位	是	根据文档出版单位或部门填写
……………			

4.1.3 制定核电工程文档数据指标和评价体系

通过梳理指标、定义指标、管理指标、利用指标的思路，对核电工程文档领域各项指标进行梳理，按照一级主题、二级主题、指标名称、对应评价维度、评价标准、业务定义、计算公式、计量单位、数据类型、精度长度、上报频率、数据需求提出者、数据使用者、数据负责人、报表名称、报表展示形式等方面，对指标体系进行初步的搭建。目前，数据质量指标和评价体系已在核电工程文档领域开展了部分探索（见表2）。

表2 部分核电工程文档数据指标和评价体系示例

一级主题	文档管理				
二级主题	设计分包文档档案管理				
指标名称	文档一次提交合格率	问题文档按期处理率	通过函件替换文档数量	设计分包文档提交数量	设计分包文档处理及时率
对应评价维度	规范性/完整性/准确性/一致性	时效性	规范性	时效性	时效性
评价标准	> XXX%	> XXX%	每季度 ≤ XXX	XXXX	XXX%
业务定义	设计分包单位初次提交文档的质量满足归档格式要求，一次通过	设计分包提交文档被退回后，2个工作日内完成修改再次提交并通过	设计分包单位通过函件形式替换文档数量	设计分包单位提交的工程技术文档数量	设计分包单位提交文档后，1.5个工作日内处理完成
计算公式	（文档归档提交总量－初次检查退回量）/文档归档提交总量	按期处理问题文档数量/问题文档总数量	替换函件中需要替换的文档数量	通过审核的设计分包文档数量	1.5个工作日内处理完结的设计分包文档数量/年度设计分包文档总量
计量单位	%	%	个	个	%
数据类型	百分比	百分比	数字	数字	百分比
精度长度	0.01	0.01	1	1	0.01
统计维度	项目/分包单位	项目/分包单位	项目/分包单位	项目/分包单位	项目/分包单位
上报频率	每月/每季度/每年	每月/每季度/每年	每月/每季度/每年	每周/每月/每季度/每年	每周/每月/每季度/每年
数据需求提出者	DID/DMD	DID/DMD	DID/DMD	DID	DID
数据使用者	DID/DMD	DID/DMD	DID/DMD	DID	DID
数据负责人	DID	DID	DID	DID	DID
报表名称	XXX设计分包文档一次提交合格率	XXX设计分包文档问题按期处理率	XXX通过函件替换文档数量	XXX设计分包文档提交数量	XXX设计分包文档处理及时率
报表展示形式	EXCEL/大屏	EXCEL/大屏	EXCEL	EXCEL/大屏	EXCEL/大屏

4.2 核电工程文档数据指标监控工具的开发

4.2.1 开发核电工程文档数据质量自动检查平台

基于上述规则的制定和指标体系的搭建，应用人工智能和大数据技术，从核电工程文档的准确性、规范性、一致性、合理性等多方面开展质量检查，在部分领域适用后，有效提升核电工程文档数据质量，对提高设计产品安全性、可靠性有明显作用。

同时，依托 RPA（Robotic Process Automation）技术开展核电设计数据智能检查。通过以流程图、低代码方式，模拟人工操作形态，建立智能数据处理平台，实现设计数据的 AI 识别、要素提取、流程自检、智能纠错，快速指挥官式的自动运行和管理流程，全面提升设计数据质量校核的准确性和效率。通过自主研发协同编辑系统，在核电工程文档编制阶段即提高核电大型文档格式校验效率 81%，降低差错率 27%，有效提升数据格式校验质效。

4.2.2 开发核电工程文档数据指标实时监控平台

通过核电工程文档数据质量监控平台，基于数据中心及业务流实现预置式全程监控，提前对各类监控节点进行归纳分类并统一预置监控参数，在技术层面通过对既定的监控业务流程及节点进行监控，并对核电工程文档各项属性数据进行全程自动监控，实时反馈监控结果，以便数据操作人员和管理人员对错误数据进行及时修正，确保核电工程文档数据交互、流转的准确性和及时性，为项目建设的开展提供更为充足的时间裕量，规避人因失误。

4.3 核电工程文档数据质量的持续改进

4.3.1 实施核电工程文档数据清洗和盘点

核电工程文档数据清洗和盘点是一项复杂而关键的任务，通过聚焦用户实际的应用场景及数据需求，以指标驱动明确核电工程文档数据清洗和盘点的重点和方向，确定清洗和盘点范围、工具、规则和方法，根据敏感度和权重度调动权责方开展全面数据清洗和盘点，为数据标准制定提供有效输入。

4.3.2 编制核电工程文档数据质量改进报告

编制质量改进报告旨在对核电工程文档数据的质量进行全面评估，提出针对性的改进措施，并明确改进后的预期效果。通过数据质量评分卡、数据质量趋势、数据质量问题管理方式、数据质量改善的积极作用等，对数据质量控制方案进行总结和分享，分析为企业带来的正面和负面影响，为后续核电工程文档数据质量的持续改进提供依据和指导。

5 结语

数据作为五大生产要素之一，已经逐步成为企业发展的核心资产，数据资产价值很大程度取决于数据质量，数据质量控制是一项长期且艰难的工作，也是数据治理的关键环节。基于指标驱动的核电工程文档数据质量控制方法与实施路径，结合创新管理思路与应用先进技术，有效提升文档数据的准确性、完整性和一致性，不仅为核电安全提供了重要保障，也为企业管理降本增效、智慧决策、数据资产价值提升奠定了坚实基础。

注释及参考文献

[1]GB/T 36344-2018,《信息技术 数据质量评价指标》[S].

[2] 用友平台与数据智能团队. 一本书讲透数据治理：战略、方法、工具与实践 [M]. 北京：机械工业出版社,2023:285.

[3]祝守宇, 蔡春久, 等. 数据治理工业企业数字化转型之道[M]. 北京：电子工业出版社, 2020:126.

[4]DAMA 国际. DAMA 数据管理知识体系指南 [M]. 北京：机械工业出版社,2022:346.

[5] 张宁. 主数据驱动视角下的企业档案数据资产管理 [J]. 档案学研究,2019(6):47-52.

建设项目档案空间数提取和定位研究

王文治

天津市城市建设档案馆

摘要：本文以天津城建档案馆馆藏管理类档案和建筑工程类档案为例，探索历史建设项目档案地图定位的新途径：采用矢量数据处理技术，提取项目位置空间信息和单位建筑空间信息，实现建设项目档案位置准确落图；采用自然语言处理技术，构建地名关联映射表、提取和生成项目经纬度数据，实现档案落图。

关键词：建设项目档案；空间数据；矢量数据转换；自然语言处理

0 引言

建设项目档案是项目建设、管理过程中形成的具有保存价值的各种形式的历史记录，包括在土地审批、项目规划和建设、竣工、运维、改造更新等阶段产生的各类档案，形成部门包括建设、规划等管理部门和建设单位、施工单位等参建单位。

项目建设各阶段，档案的不同形成主体对项目的命名不统一，项目竣工后的地名命名和社会俗称也不同，这导致城市规划、建设管理部门和参建单位归档的同一个项目的项目名称不同。这些档案在利用中只根据项目名称和案卷题名很难精确查找[1]。随着城市的发展，建筑、道路和地名都会变动，历史建设项目档案的题名和地址却没有更新，无法与城市现状关联，"休眠"在档案馆。

各地城建档案馆使用 GIS 可视化的方式进行管理，解决以上问题。其项目空间定位数据一般采用人工的方式提取档案中的项目位置信息并在电子地图上查找和定位。

本文以天津市城市建设档案馆（以下简称天津市城建档案馆）馆藏建设

项目档案为例，根据管理类和建设工程类档案的信息特点，尝试通过矢量数据处理、自然语言处理等技术，探索建设项目档案地图定位的新方法。

1 馆藏建设项目档案情况和传统档案地图定位方法

1.1 天津市城建档案馆馆藏档案情况

天津市城建档案馆馆藏建设项目档案最早形成于 60 年代初，主要是管理部门移交的管理类档案和建设单位移交的建设工程类档案。

目前所有管理类档案和建设工程类档案均已编制电子目录并对"项目名称""建设地址""建设单位""规划许可证号""项目总编号"等主要信息进行了著录。

建设工程类档案著录信息比较完善。"项目名称"和"建设地址"填写比较准确，可以提取地址信息；通过"项目总编号""规划许可证号"可以与同一个项目的建设管理类档案关联。

建设管理类档案由于业务流程原因，档案形成时"项目名称"和"建设地址"与标准地名、城市现状不符，难以有效提取地址信息。如：办理规划业务时 "项目名称"为规划名称而非标准地名，"建设地址"记录的街道和门牌号未命名或因地名命名原因已变更等，导致项目地址无法与城市现状关联。

1.2 传统档案数据地图定位的方法

传统的档案地图定位根据著录信息和档案记录内容采取人工手动方式在地图底图上查找，判断位置与档案相符后手动标注档案地图位置信息[2]。

采取以上方式，不仅需要较长时间查找和比对，效率较低，且非常依赖操作者的经验。遇到地名重名、一地多名、门牌变更等情况容易造成混淆影响定位精度。手动方式对工作人员的要求很高，除了解档案内容和地图软件操作以外，工作人员还需要熟悉城市发展脉络和文献研究，需要一定时间的培训。

2 基于 SHP 矢量数据处理的档案地图定位

2.1 SHP 文件格式

SHP（esri shapefile）是一种二进制空间数据开放格式，主要用于表示矢量数据的点、线、面要素，记录位置及属性数据，具有易于读取和使用的优点（如图 1）。

图 1　SHP 数据文件目录及属性信息

2.2 基于 SHP 矢量数据处理的档案地图定位

天津市城市规划管理部门从 2006 年起开始要求建设单位在进行项目用地审核、规划许可、规划验收时须提交对应业务的 SHP 数据（如图 2、图 3）。数据文件组成一般是 shape、shape index、dBase 和 projection 文件。其中 projection 文件记录了项目的地图投影信息，dBase 文件记录了项目的属性信息。这些文件以光盘的形式与管理类档案一同归档。

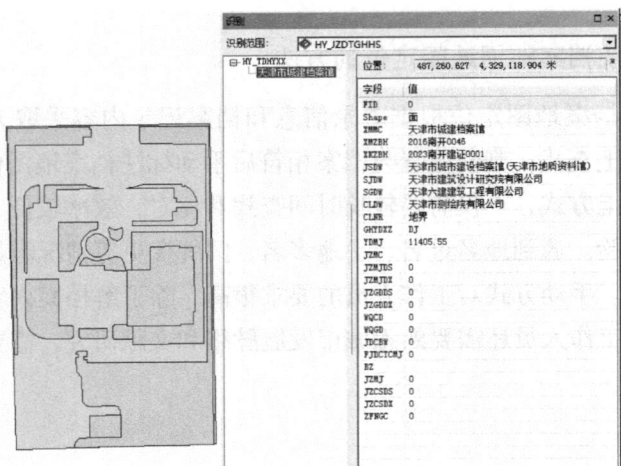

图 2　用地规划业务归档 SHP 文件图像信息

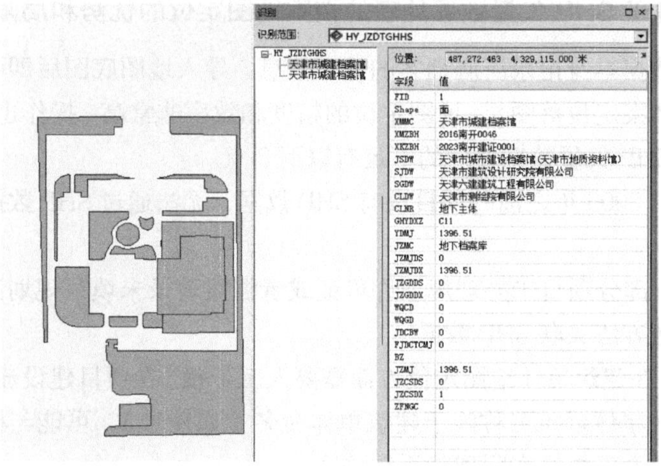

图 3　规划验收业务归档 SHP 文件图像信息

　　SHP 文件位置信息采用 TIANJIN2000 坐标系，也可以根据底图需要转换成天地图的 CGCS2000 坐标系数据或商业地图使用的 BD-09、GCJ-02 等坐标系数据。

　　建筑工程档案著录信息中的"项目总编号"和"规划许可证号"与管理类档案归档 SHP 文件中的 XMZBH 字段（项目总编号）和 XKZBH 字段（规划许可证号）关联，获取项目面要素信息和单位建筑空间信息，实现建设工程档案位置准确落图，见图 4。

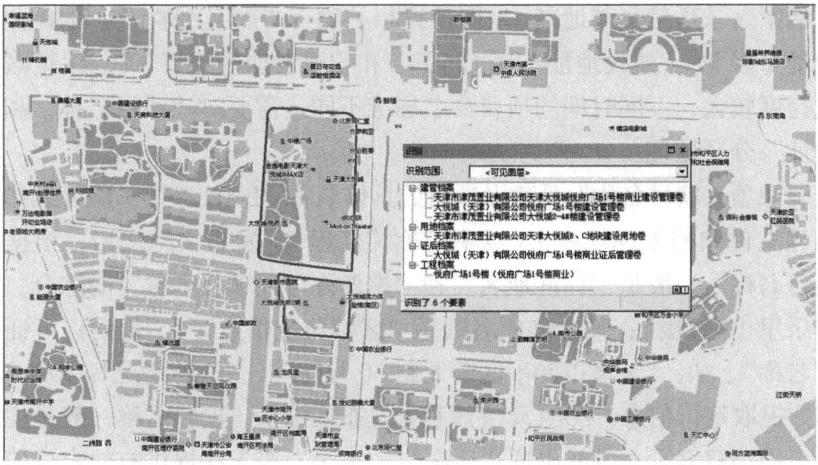

图 4　建设项目档案落图效果（整合建管、用地、建设工程类）

2.3 基于 SHP 矢量数据处理的档案地图定位的优势和局限性

SHP 数据本身记录所属档案的地理信息，导入地图底图后即可以图层的形式完成档案定位落图 [3]，地图定位的精度和效率非常高，操作也非常简单。

基于 SHP 矢量数据处理的不足有以下 3 点。

一是，2006 年之前的项目没有 SHP 数据，无法通过 SHP 数据处理进行地图定位。

二是，部分项目未办理规划许可证或者档案著录未填写规划许可证号，需要用其他方法关联 SHP 数据。

三是，在建筑单体地图定位方面需要人工干预。在项目建设流程上，SHP 数据记录的单体建筑名称晚于建筑单体命名（如楼号），可能与标准地名不一致，需要人工根据实际现状手动关联。

3 基于自然语言处理的地图定位

建设工程档案和管理类档案著录信息包含"项目名称""建设地址"等项，描述了项目的位置，通过自然语言处理对文字标准化处理，结合第三方地图应用，可以实现地图定位。

3.1 工程档案著录信息项信息内容

档案著录项信息与地名、地图位置相关项有"项目名称""建设单位""建设地址（区）""建设地址（道 / 路）"和"建设地址（街）"。因馆藏档案年代跨度较大，不同时期的项目命名标准不同，需要对"项目名称"和"建设地址"分开处理。

著录项"项目名称"是建设项目的具体名称。2004 年第一版《天津市建设工程文件归档整理规程》（以下简称《规程》）发布实施之后，根据要求"项目名称"一般是"标准地名"和"规划许可证项目名称"的综合，如："宁乐里 19 号楼"；无标准地名则是"区域位置信息"+"规划许可证上的项目名称"，如："天津市和平区河北路 50 号住宅"，这种情况可以从"项目名称"提取定位信息。2004 年《规程》发布实施前，项目名称一般是规划许可证上的项目名称，可能出现"厂房"、"宿舍"等无法提供有效定位信息的情况，这种情况需要从"建设地址"中提取关键词。

著录项"建设地址（区）""建设地址（道/路）"和"建设地址（街）"，用于描述项目所在行政区以及对应的道路门牌号或者所在道路的方位和范围，样例见表1。

表1 著录信息样表

工程名称	建设单位	建设地址（区）	建设地址（道/路）	建设地址（街）
天津市河北区海河东路55-56（A座）57-58（B座）55-56（C座）（奥式风情区一期）	天津开发区天厦房地产开发有限公司	河北区	海河东路与进步道交口	
天津公交枢纽站工程太阳城站	天津城市快速公交场站建设投资有限公司	河东区	天山北路与龙山道交口	
通达尚城30#、31#、32增1号楼	天津市建苑房地产开发有限公司	河西区	太湖路	17号
天津公交枢纽站万科新城站	天津城市快速公交场站建设投资有限公司	东丽区	新宜白大道与汀江路	交口
铜锣湾商业广场B区	天津隆侨房地产开发有限公司	南开区	铜锣湾	商业广场

3.2 基于自然语言的项目位置信息处理

根据工程档案著录信息项信息特点，采用自然语言处理（NLP）技术，对"项目名称"和"建设地址"分别进行语义分析和信息抽取，提取地址、地名关键词等处理，生成标准化地址。调用第三方地图API自动搜索标准化地址获取经纬度数据。通过对比2次处理得到的经纬度数据可以快速获得项目对应的地图坐标数据。

"项目名称"和"项目地址"信息包括标准地名和区域位置信息，在数据处理上需要进行中文分词、中文词性标注、命名实体识别三个步骤[4]。

分词是按照特定需求把文本切分成一个字符串序列的操作，因为项目信息中的标准地名和位置表述比较规范和统一，为了提高数据处理的效率，"项目名称"和"项目地址"均采用基于词典的方法（双向最大匹配算法）进行中文分词。

中文词性标注是单词的词性按照其含义和上下文内容进行标记的文本数据处理技术，在"项目名称"数据处理中主要用于标注地名词性，如城市名（天津市）、行政区名（和平区）、街道名（河北路）、地区名（住宅）等。

命名实体识别将文本中的命名实体定位并分类为预先定义的类别，如行政区名（和平区）、街道名（河北路）、地区名（住宅）等。"项目名称"数据结构简单、规则较为固定，采用基于规则的方法。

此外，"项目名称"和"项目地址"数据还可以采用第三方地址要素解析算法处理，如 ArcGIS 和天地图的第三方工具。

处理后的"项目名称"和"项目地址"分别生成 2 组标准化地址，见表 2、表 3。

表 2 "工程名称"标准化处理结果

工程名称原始数据	标准化处理数据
天津市河北区海河东路 55-56（A 座）57-58（B 座）55-56（C 座）（奥式风情区一期）	天津市河北区海河东路 55 号
天津公交枢纽站工程太阳城站	天津公交枢纽站工程太阳城站
通达尚城 30#、31#、32 增 1 号楼	通达尚城
天津公交枢纽站万科新城站	天津公交枢纽站万科新城站
铜锣湾商业广场 B 区	铜锣湾商业广场

表 3 "项目地址"标准化处理结果

项目地址 - 原始数据			标准化处理数据		
建设地址（区）	建设地址（道/路）	建设地址（街）	建设地址（区）	建设地址（道/路）	建设地址（街）
河北区	海河东路与进步道交口		河北区	海河东路|进步道	交口
河东区	天山北路与龙山道交口		河东区	天山北路|龙山道	交口
河西区	太湖路	17 号	河西区	太湖路	17 号
东丽区	新宜白大道与汀江路	交口	东丽区	新宜白大道|汀江路	交口
南开区	铜锣湾	商业广场	南开区	铜锣湾	商业广场

3.3 地址落图

经过处理的"项目名称"和"项目地址"标准化地址分别接入地名经纬度工具或第三方地图 API，如 Map Location、百度地图搜索或者天地图地名搜索 API，使用其地理信息坐标落位算法将标准化地址转换为经纬度坐标数据，来实现对经纬度坐标的有效提取。转换工具和转换结果见图 5、表 4 和表 5。

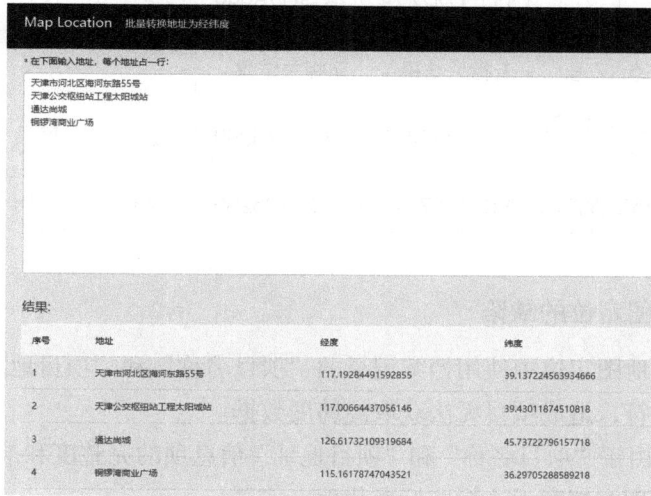

图 5　Map Location 的经纬度转换输入输出

表 4　Map Location 的项目名称经纬度转换结果

序号	地址	经度	纬度	可信度	地址类型	坐标系
1	天津市河北区海河东路 55 号	117.1928449	39.13722456	80	门址	wgs84
2	天津公交枢纽站工程太阳城站	117.0066444	39.43011875	30	道路	wgs84
3	通达尚城	126.6173211	45.73722796	25	乡镇	wgs84
4	天津公交枢纽站万科新城站	116.4296487	39.94052276	50	NoClass	wgs84
5	铜锣湾商业广场	115.1617875	36.29705289	75	购物	wgs84

表 5 Map Location 的项目地址经纬度转换结果

序号	地址	经度	纬度	可信度	地址类型	坐标系
1	海河东路|进步道交口	111.1747478	36.98175999	20	区县	wgs84
2	天山北路|龙山道交口	111.1747478	36.98175999	20	区县	wgs84
3	太湖路 17 号	无相关结果	无相关结果			
4	新宜白大道|汀路交口	111.1747478	36.98175999	20	区县	wgs84
5	铜锣湾商业广场	115.1617875	36.29705289	75	购物	wgs84

3.4 地图定位的缺陷

一是，地图定位中使用档案记录的"项目名称"和"项目地址"数据与城市现状不符，造成项目无法获取经纬度数据。

二是，由于"项目名称"和"项目地址"信息项的完整度和准确度问题，很多建设管理类档案无法提取标准化地名信息。

4 基于自然语言处理的历史地名数据处理

为了解决档案记录的"项目名称"和"项目地址"信息与城市现状不符而无法关联的问题，建立档案地名—历史地名—现状地名关联映射，将档案记录的地名信息转换为城市现状地名。

历史地名—现状地名转换数据来自《天津市地名志》。以南开区和河东区为例，通过提取《天津市地名志 04 南开区》《天津市地名志 02 河东区》（1998 年天津人民出版社出版）历史地名和标准地名对比数据，采用自然语言处理的文本挖掘，形成地名关联映射数据，见图 6、表 6。

南开区历史地名一览表

历史地名	标准地名(参见)	历史地名	标准地名(参见)
公议胡同	东门凤公议胡同	万字实胡同	万字胡同
王家实胡同	王实胡同	广善里	万字胡同
大楼胡同	旧津道十二条	六吉里	福神街
万家胡同	龙亭东前道	展家花园后	三叉庙街
吉祥胡同	菜市吉祥胡同	东门外大街	天齐庙大街
孙家胡同	崇义胡同	官南里	林子胡同
孙家胡同	崇志胡同	祥鑫里	林子胡同
傅家胡同	富民胡同	津道前小实胡同	东门内大街
靳家胡同	锦住胡同	小大院	小康巷
夏家典场	华昌胡同	三聚里	山菊里
东新街	多吉胡同	福安里	天安里
牛家胡同	戏院西胡同	永康里	双泰里
天顺实胡同	丽日胡同	乐安里	北马路乐安里
菜市街	官银号菜市街	德家胡同	至祥里
狮子胡同	金树胡同	赵家大院	兆佳巷
二道街	宫前二道街	谦益里	武安里
工业里	民居里	通德里	通明里
毛贾伙巷	老铁桥大街	千家大院	彩虹里
新河沿	老铁桥大街	德春里	维静里
马家小实胡同	户部胡同	福禄里	福远里
李家胡同	宁康胡同	东门外横街	天齐庙大街
宫前街	古文化街	天福元胡同	张自息路
宫北大街	古文化街	油铺胡同	老油铺胡同

废名、旧名　403

造时拆除,原名废。今东德厚里南部。

丰业里[Fēngyè Lǐ]　在河东区西部,大王庄街道办事处界内,八经路中段北侧。形成于1932年。1987年10月平房改造时拆除,原名废。今丰业里居民区南部。

信安里[Xìn'ān Lǐ]　在河东区西部,大王庄街道办事处界内,八经路中段西北侧。形成于1923年。1987年10月平房改造时拆除,原名废。今丰业里居民区南部。

中江里[Zhōngjiāng Lǐ]　在河东区西部,大王庄街道办事处界内,八经路西北段西南侧。形成于1912年。初名忠厚里,1984年3月更名中江里。1985年5月平房改造时拆除,原名废。今丰业里居民区中部。

文成里[Wénchéng Lǐ]　在河东区西部,大王庄街道办事处界内,八纬路北段西南侧。形成于1927年。初名文兴里。1984年3月定名文成里。1985年5月平房改造时拆除,原名废。今丰业里居民区西北部。

集仁里[Jírén Lǐ]　在河东区西部,大王庄街道办事处界内,八经路与八纬路交会处。形成于1923年。1987年10月平房改造时拆除,原名废。今丰业里居民区东部。

宝和里[Bǎohé Lǐ]　在河东区西部,大王庄街道办事处界内,九经路中段东南隅。始建于1935年,1976年受唐山地震影响房屋震损,原名废。今德元里居民区。

三友里[Sānyǒu Lǐ]　在河东区西

部,大王庄街道办事处界内,九经路中段东南隅。始建于1935年,1983年平房改造时拆除,原名废。今德元里居民区。

德元里[Déyuán Lǐ]　在河东区西部,大王庄街道办事处界内,九经路中段东南隅,始建于1935年,1983年平房改造时拆除,原名废。今德元里居民区。

德厚里一条[Déhòulǐ 1 Tiáo]　在河东区西部,大王庄街道办事处界内,七经路西南段东南侧。始建于1933年。1984年平房改造时拆除,原名废。今东德厚里居民区。

德厚里二条[Déhòulǐ 2 Tiáo]　在河东区西部,大王庄街道办事处界内,七经路西南段东南侧。始建于1933年。1984年平房改造时拆除,原名废。今东德厚里居民区。

德厚里三条[Déhòulǐ 3 Tiáo]　在河东区西部,大王庄街道办事处界内,七经路西南段东南侧。始建于1933年。1984年平房改造时拆除,原名废。今东德厚里居民区。

德厚里四条[Déhòulǐ 4 Tiáo]　在河东区西部,大王庄街道办事处界内,七经路西南段东南侧。始建于1933年。1984年平房改造时拆除,原名废。今东德厚里居民区。

胜利巷十三条[Shènglìxiàng 13 Tiáo]　在河东区东南部,中山门街道办事处界内,与胜利巷七条西北端眦楼的里段。形成于1952年,1986年建中环线东兴路立交桥时拆除,原名废。今东兴路东北段西侧。

胜利巷十四条[Shènglìxiàng 14 Tiáo]　在河东区西

图 6　《天津市地名志》历史地名对照

表 6　处理后的地名关联映射表（样例）

历史地名	标准地名（参见）	行政区
东门外大街	天齐庙大街	南开区
小大院	小康巷	南开区
三聚里	山菊里	南开区
福安里	天安里	南开区
永康里	双泰里	南开区
前进楼	前进新里	河东区
石油宿舍	丰源里	河东区
大马路六条	滨河里六条	河东区
马场营房	乐东里	河东区

关联映射数据中的现状地名接入地名经纬度工具或第三方地图 API，获取的经纬度数据直接与档案关联，实现档案数据的地图定位。

5 结语

本文尝试使用 SHP 数据处理提取档案空间数据，使用自然语言处理和文本处理技术生成历史地名关联映射表和档案空间数据，实现建设项目档案的地图定位。对比传统人工模式，空间数据和自然语言处理技术大幅提高了工作效率和数据质量，有利于提升档案管理部门的资源整合能力，为社会提供更加优质的档案服务。

注释及参考文献

[1] 王广霞 . 面向知识服务的档案资源深度开发与利用 [J]. 互联网周刊 ,2024(8):38-40.

[2] 李颖 , 沈保栋 . 数字人文视域下的历史档案开发路径——以"跟着档案观上海"为例 [J]. 档案与建设 ,2024(3):56-62.

[3] 陈茜月 . 基于地理信息技术的智慧基建档案管理研究 [J]. 档案学刊 .2022(4):79-88.

[4] 韩少云 , 裴广战 , 吴飞 , 等 . 自然语言处理应用与实战 [M]. 电子工业出版社 ,2023.

区块链技术在军工科研院所电子文件归档和电子档案管理中的应用研究

林庆霖　杨玉颖

中国航发控制系统研究所

摘要："十四五"全国档案事业发展规划中指出，加大重点科研任务攻关力度，重点开展新一代信息技术在档案管理中的应用，加大电子档案凭证价值保障、结构化数据归档、档案内容信息深度开发等。中国航发动控所（以下简称"动控所"）通过将区块链技术应用到军工型号／项目电子文件归档和电子档案管理中，为保障型号／项目电子档案凭证价值、提高电子档案管理与利用效率，拓展电子档案应用场景发挥了举足轻重的作用。

关键词：区块链；军工科研院所；电子文件归档；电子档案利用

1 研究概述

1.1 研究背景

"十四五"全国档案事业发展规划明确提出，加大重点科研任务攻关力度，重点开展新一代信息技术在档案管理中的应用，加大在电子档案凭证价值保障、结构化数据归档、档案内容信息深度开发。区块链技术作为新一代信息技术，具有溯源存证等防篡改作用，在电子档案管理和数据安全管理中具有广阔的应用场景。

1.2 现状与目标

科研院所是大量科研数据和关键技术保存与利用的重要场所，档案数据的真实性、安全性及可用性至关重要，而实际业务中由于档案数据包在传输和利用过程中缺少可信的监管环境，现场利用电子档案存在如版本失控、状态失效等真实性隐患。

通过区块链技术与电子档案管理的融合，基于军工科研院所科研、生产、制造等关键流程节点，对技术文件、设计图样等归档电子文件关键元数据进行上链管理，有效解决电子档案在利用环节真实性、安全性无法保障的问题，确保现场文件有效、受控，为军工科研项目研制提供有力支撑和保障。

2 区块链在电子文件归档和电子档案管理中的应用价值

区块链是由一系列存储区块组成的，通过哈希值将各区块构建成链式结构实现防篡改。区块链具有数据可信及验证去中心化、过程可追溯、多点协作、高可靠性的特点。

2.1 区块链技术能保证电子档案的真实性

区块链技术采取哈希算法、共识机制等技术手段促使网络中的所有节点共同维护同一个分布式数据，可保证电子文件及电子档案在流转过程和保管过程中不被篡改和删除。

2.2 区块链技术能保证电子档案的安全性

区块链链上的任何操作记录、攻击行为都将被记录，具有可追溯性。电子档案在异构系统中传播时，使用非对称加密算法和数字时间戳等技术，可以保证电子档案传输过程的安全性。

2.3 区块链技术应用实现电子档案全生命周期管理

区块链技术可以从电子文件形成、归档到电子档案管理、利用各个环节的业务部门连成一个分布式网络，将电子档案所有的操作数据和元数据融合成一个整体，维护电子档案的完整性，解决现有档案管理系统元数据和电子档案分离的问题。

3 基于私有区块链平台的电子文件上链归档和电子档案验证应用

3.1 区块链的选择与架构设计

在区块链类型的选择上，基于军工科研院所的涉密涉敏情况，单位局域网与互联网实施物理隔离，确定选用的区块链类型为私有链，同时对私有链提出了要"更加高效和更好的安全隐私防护"的要求，私有链具备完善的权限管理体系，用户在使用时需要提交身份验证。

如表1所示，区块链的数据方式分类有三种。在上链方式的选择上，基于效率、保密和成本等角度的考虑，明确了选择"哈希值和部分关键元数据上链"的上链方式。

表1　区块链的数据方式分类

数据方式	上链方式	目的
方式一：仅哈希值上链	哈希值	真实性保障
方式二：哈希值和部分元数据上链	哈希值、部分元数据	真实性保障，管理协作
方式三：全文数据和全部元数据上链	全文数据和元数据	真实性保障，共享利用

从层次架构上来看，如图1所示，区块链应用于电子文件归档和电子档案管理领域的技术架构可以分为五层：基础设施层、数据层、业务层，应用层、呈现层。

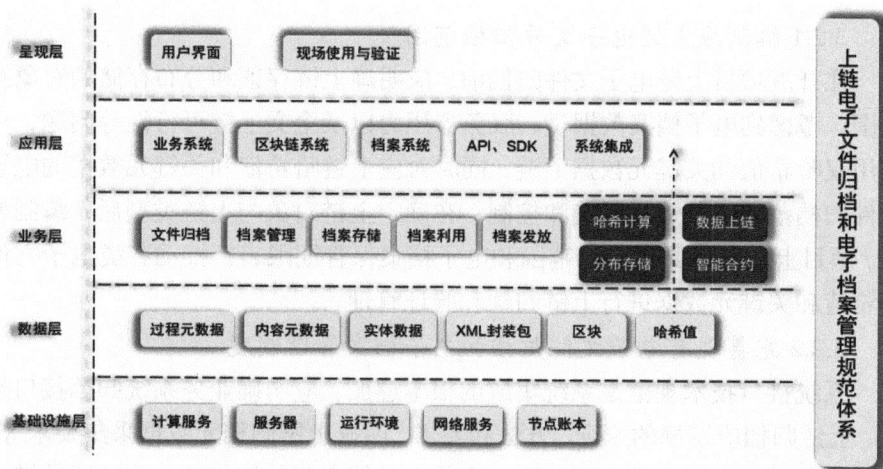

图1　区块链系统建设架构

3.2 建立上链电子文件归档和电子档案管理标准规范体系

在上链电子文件归档和电子档案管理标准规范建设方面，要立足于 GB/T42571-2023《信息安全技术区块链信息服务安全规范》、DA/T92-2022《电子档案单套管理一般要求》等国家及行业标准要求，建立区块链管理平台应用规范、系统集成接口技术规范等标准，梳理上链电子文件归档和电子档案管理利用流程，建立基于全生命周期的电子文件形成、流转、归档和电子档案移交、保管、利用的上链管理标准规范体系（见图 2）。

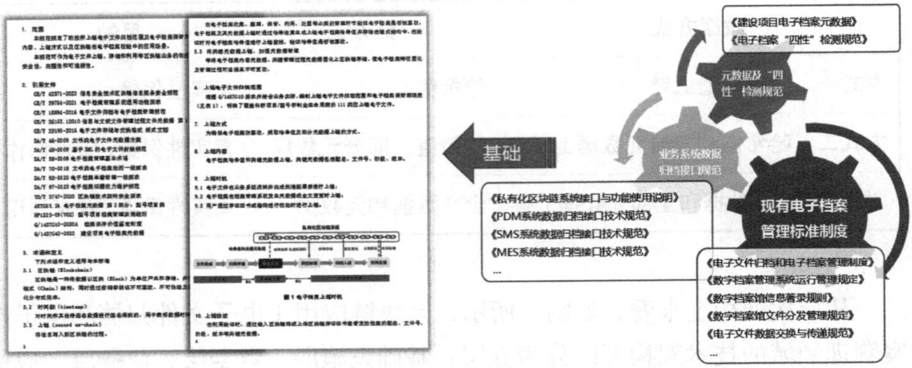

图 2　上链电子文件归档和电子档案管理标准规范体系

3.2.1 编制应上链电子文件归档范围

在开展项目上链电子文件归档前，应明确上链存证和分布存储的对象及范围；考虑到电子档案数据量、服务器压力以及全文上链可行性等问题，可采用仅哈希值和关键元数据上链，同时对应上链哈希值和关键元数据的电子文件归档范围进行适当明确和控制；在确定上链对象与上链类型后，编制型号/项目上链电子文件归档范围和电子档案保管期限表，推动各类电子文件哈希值和关键元数据进行上链归档和验证管理。

3.2.2 完善现有电子文件归档和电子档案管理制度

系统接口技术规范是系统集成的根本遵循，应明确业务系统归档接口开发、上链归档应遵循的原则、方法和要求，明确上链归档元数据采集要求等，保证业务数据实时上链归档；同时完善电子档案元数据规范，明确区块链上链过程中涉及的关键元数据信息（见图 3）。

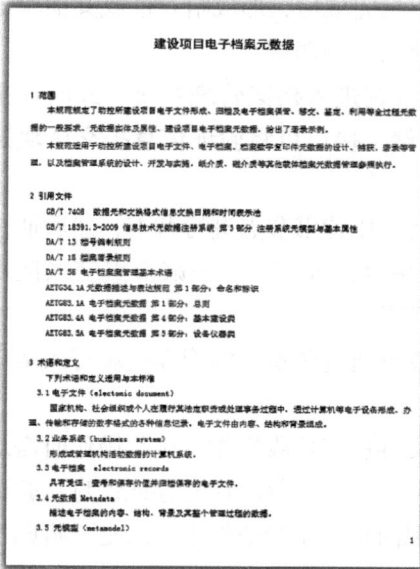

图 3　电子档案元数据规范

为强化电子文件归档和电子档案管理过程中的"四性"检测工作，还应在"四性"检测元数据中增加区块链哈希码真实性检测、区块链存证包一致性检测和存证历史数据完整性检测等检测项等（见图 4）。

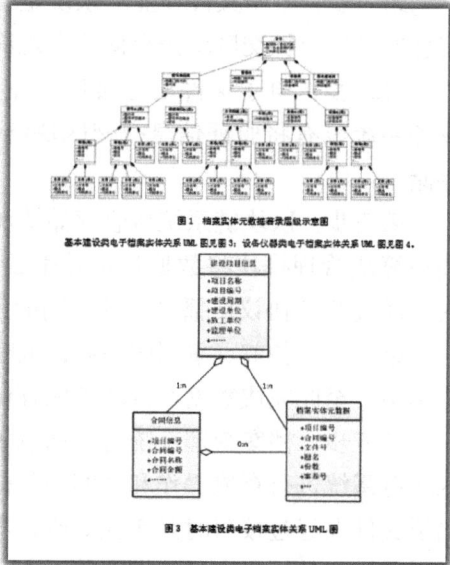

图 4　完善"四性"检测元数据

3.2.3 梳理上链电子文件归档和电子档案管理流程

第一步：电子文件在业务系统签署审批完成后，形成哈希值或其他验证信息通过接口提交区块链存储，实现固化信息的功能。

第二步：电子文件通过接口由业务系统进入档案管理系统。此时如果业务系统没有将验证信息提交区块链存储，接口可将验证信息提交区块链存储。

第三步：区块链系统接收存储请示后调用背书节点进行背书，然后通过共识算法管理模块将数据打包并生成区块存证证书，主记账节点获取区块后，通过 P2P 协议广播区块到不同的记账节点。

第四步：各节点拿到区块后，记账节点通过账本存储管理模块写入本地账本中，至此完成数据在区块链的存储。

第五步：档案管理系统对归档电子文件进行接收操作，接收操作时需对区块链系统进行存取操作和"四性"检测。一是读取区块链存证信息，验证电子文件在经过接口时是否被更改，实现固化信息验证作用；二是要将归档过程关键元数据提交区块链存储，实现加强元数据管理功能；三是接收前进行归档电子文件的"四性"检测，强化真实性保障。

第六步：档案管理系统进行后续整理、鉴定等操作，直至进入保存环节，并在保存环节进行"四性"检测。

第七步：在档案发放利用过程中，区块链系统可根据利用者需求，随时上传和读取区块链上的存证信息，对电子档案进行验证操作。

电子档案上链存证及验证流程如图 5 所示。

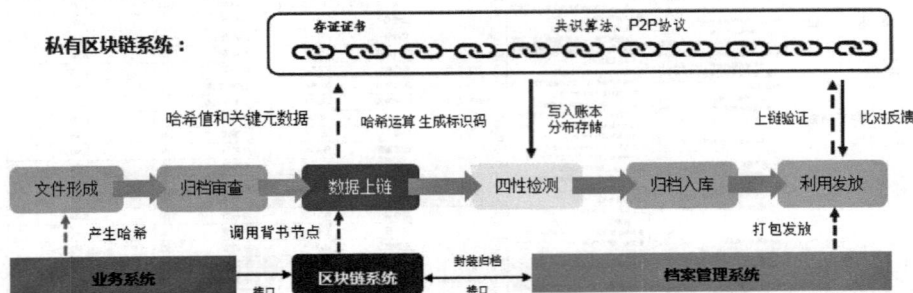

图 5　电子档案上链存证及验证流程

3.2.4 编制区块链业务应用规范

根据电子档案管理要求及业务实际，编制《电子档案管理区块链业务应用规范》，明确区块链的选择、上链电子文件归档范围、上链方式、上链内容、上链时机和上链验证的操作方法等（见图6）。

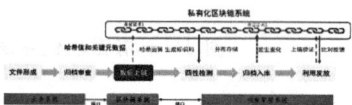

图6　编制区块链业务应用规范

3.2.5 编制区块链管理平台接口与功能说明

为推进区块链管理平台和TC协同平台平台、档案管理系统的集成，项目组编制了私有区块链管理平台使用手册、私有区块链管理平台接口与功能使用说明，明确系统集成后应上链的元数据、上链时机、返回结果等要求，为开展系统集成接口开发与适配提供了技术指南。

《私有区块链系统使用手册》对私有区块链安装说明、配置说明及启动说明进行了详细描述；《私有区块链系统接口与功能说明》描述了与TC协同研制平台和档案管理系统的六个接口功能及使用说明，分别是档案数据上链存证接口、数据更新接口、数据检索和溯源接口、数据移除接口、交易申请接口和交易申请记录的检索和溯源接口等（见图7）。

一、私有化区块链系统安装说明

20.7.5.157（0号机器）：

1、将文件包"0号.tar.gz"复制到20.7.5.157机器的$HOME/go/src/github.com/目录下，并进入该目录。$HOME是用户目录，可在终端输入$HOME查看，一般为/root。

2、运行命令 sudo tar -zxvf 0号.tar.gz，解压到当前目录。

3、运行命令 cd /education，进入education目录。

4、运行命令 sudo psql -d test -h 127.0.0.1 -p 5432 -U postgres -f applicantrecordnew.sql，等待数据库导入完成。若需要口令则输入123456。

5、运行命令./start.sh，执行启动脚本。

20.7.5.151（1号机器）：

1、将文件包"1号.tar.gz"复制到20.7.5.151机器的$HOME/go/src/github.com/目录下，并进入该目录。$HOME是用户主目录，可在终端输入$HOME查看，一般为/root。

2、使用命令 sudo tar -zxvf 1号.tar.gz 解压到当前目录。

3、运行命令 cd 614blockchain/education，进入education目录。

6、运行命令 sudo psql -d test -h 127.0.0.1 -p 5432 -U postgres -f applicantrecordnew.sql，等待数据库导入完成。若需要口令则输入123456。

4、运行命令./start.sh，执行启动脚本。

20.7.19.21（2号机器）：

1、将文件包"2号.tar.gz"复制到20.7.19.21机器的$HOME/go/src/github.com/目录下，并进入该目录。$HOME是用户主目录，

一、私有化区块链系统接口与功能使用说明

档案数据分布式 XML 标签信息基本测试

验证工具可使用 Apifox 或 Postman 等工具，本文使用 Apifox 工具进行验证。返回的响应中均默认 data 字段为0时表示失败，为1时表示成功，-1表示目标连接失败，msg字段表示返回结果的具体情况。

1 xml 档案上链验证

该接口提供了 XX1E 项目 XML 档案数据上链存证的功能，访问方式为 POST，接口 url 为/addinfo，为了支持批量导入，我们将接口传递的参数设计为一个名为 xmlinfo 的数组，类型为 string，数组中每个元素都是一个 string 类型的 json 字符串，json 字符串的字段含义和示例如下所示。

字段含义：
```
{   "hashvalue"：哈希值，
    "desc"：标签信息，
    "operator"：操作者（用户），
    "operator"：操作者（用户），
    "ProjectName"：项目名称，
    "ownerorg"：拥有者（组织），   }
```

示例：
```
{   "hashvalue"："HashValue5",
```

图7 私有区块链系统使用手册及接口与功能说明

3.3 搭建军工特色私有区块链平台

如图 8 所示，以下为私有区块链管理平台业务架构：

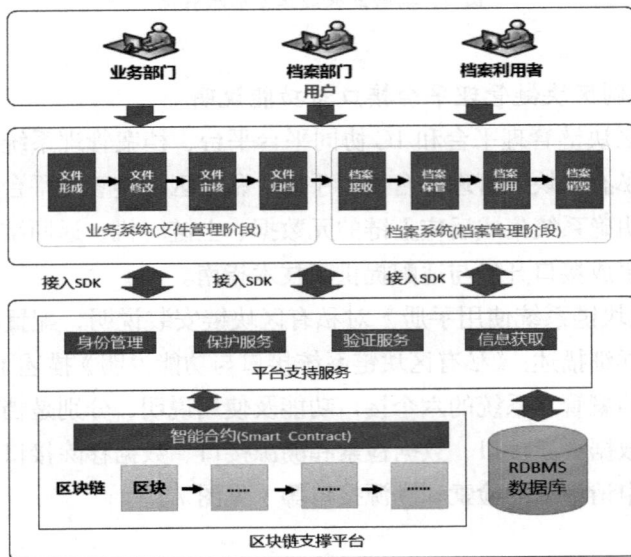

图8 私有区块链管理平台业务架构

3.3.1 具备身份验证的私有区块链平台

搭建具有军工特色的私有区块链管理平台有两大突出特点：更加高效和更好的安全隐私防护。同时动控所私有区块链平台还具备完善的权限管理体系，用户在使用、调取和跳转时均时需要提交身份验证（见图 9）。

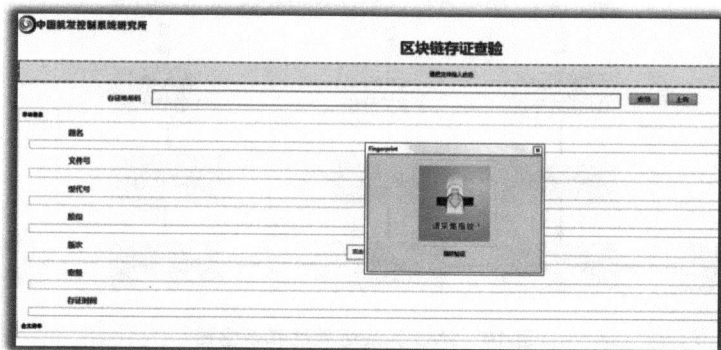

图 9　集成身份验证

3.3.2 账本可扩展

区块网络中的账本数据需要相互进行交易组织，本系统设计时考虑到了未来扩展性和灵活性，推进全文上链、厂所间数据协同等更深层次的应用，支持网络管理员为网络增加创建新的联盟，并允许不同联盟创建单独的交易账本，同时开放自定义接口，支持 API、SDK 多种方式数据集成。

3.3.3 通过 SM3 算法保证数据信息不可篡改

SM3 算法是一种由国家密码管理局发布的密码散列函数标准，其安全性与 SHA-256 算法相当，适用于数字签名和验证、消息认证码的生成与验证等。SM3 算法加密过程无需密钥，且加密后无法还原为明文，具有加密不可逆的特点，从而保证了数据信息的完整性和不可篡改性满足如下安全性质：

单向性：必须很容易计算给定输入的输出，但不可能计算给定输出的输入，即结果不可逆。

抗修改性：对原数据进行任何改动，哪怕只修改 1 个字节，所得到的摘要都有很大区别。

抗碰撞：已知原数据和其摘要，想找到一个具有相同摘要的数据（即伪造数据），在计算上是困难的。

确定性：相同的输入总是需要产生相同的输出（用于验证的根本性质）。

SM3 算法的基本原理是将输入的消息分成 215 位的分组，并对每个分组进行填充、分组、扩展、迭代压缩等运算操作，最后输出 256 位的摘要值（见图 10）。

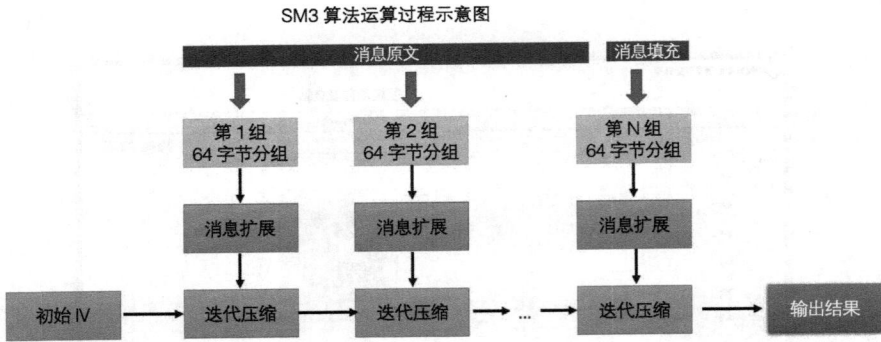

图 10　SM3 算法运算过程示意图

3.3.4 基于分布式账本的归档数据溯源、存证

通过分布式账本，利用共识机制实现安全不可篡改的归档数据溯源、分析结果存证。具体来说数据存证通过智能合约技术实现，在智能合约中制定了事务规则，来执行如何查看、操作归档数据的上链操作。通过与应用 SDK 调用部署在节点上的智能合约，由该节点签名并产生事件执行相应的功能，如数据录入、形成信息录入、过程信息录入、结果信息录入等。智能合约存证流程图如图 11 所示。

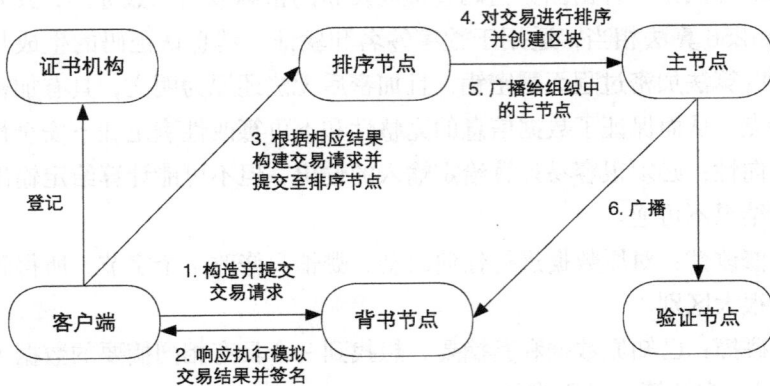

图 11　基于智能合约的存证过程

3.3.5 归档数据安全保护

归档数据存在大量商业机密、国家安全的重要信息。人工智能中的数据隐私和安全问题也受到世界各国的广泛重视。而联邦学习的提出为人工智能现阶段面临的数据挑战提供了一种可行性解决方案。联邦学习是一种分布式机器学习技术，其核心思想如图 12 所示。

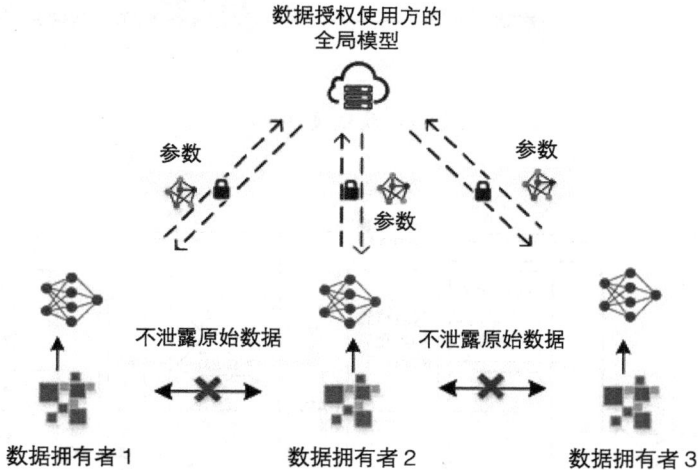

图 12　联邦学习流程图

其通过在多个拥有本地数据的数据源之间进行分布式模型训练，在不需要交换本地个体或样本数据的前提下，仅通过交换模型参数或中间结果的方式，构建基于虚拟融合数据下的全局模型，从而实现数据隐私保护和数据共享计算的平衡，即"数据可用不可见""数据不动模型动"的应用新范式。

3.4 推进私有区块链平台三方系统集成

为确保航空发动机控制系统科研、生产、管理实施全过程的各类电子文件真实、有效，项目组推进私有区块链管理平台与 TC 协同平台、档案管理系统集成。

区块链作为一个标准服务为其进行存证保护并提供 Restful API 接口，供 TC 协同平台及档案管理系统调用（见图 13）。项目组开发了 6 个集成接口：与档案数据上链存证接口、数据更新接口、数据检索和追溯接口、档案数据移除接口、交易申请上链存证接口、交易申请记录检索和溯源接口等（见图 14）。

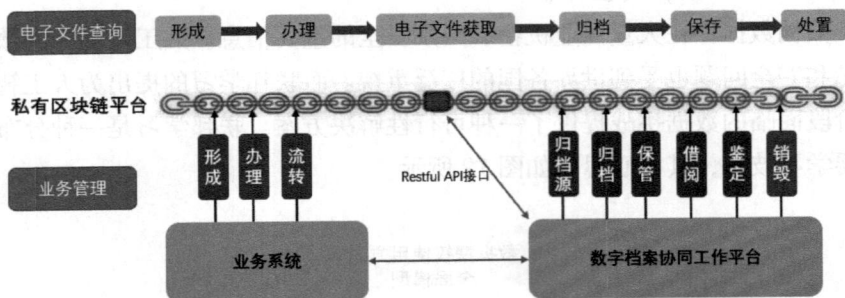

图 13　区块链接口调用

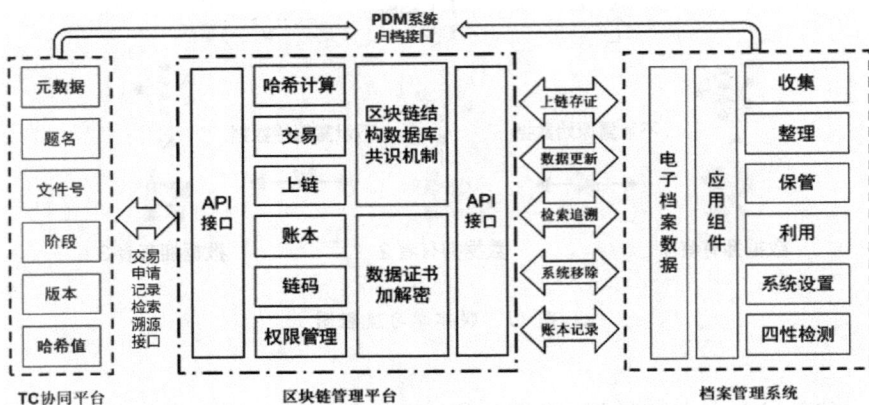

图 14　私有区块链管理平台系统集成架构

区块链数据上链存证接口：提供了区块链数据上链存证的功能，以 Form-Data 的方式提交存证信息并获得唯一的存证哈希码以及存证文件数据。

区块链数据更新接口：根据存证时获得的存证哈希码，更新原有的存证数据，并获得更新后的存证文件数据。

区块链数据检索和溯源接口：根据存证时获得存证哈希码，查询存证数据，进行存证信息的溯源。

区块链数据移除接口：根据存证时获得的存证哈希码，检索并移除该存证哈希码下的存证数据。

区块链交易申请接口：提供了发起申请并将申请信息上链存证的功能。

区块链交易申请记录的检索和溯源接口：提供查询申请记录功能，能够根据条件，查询订单的历史操作记录，实现订单交易记录的溯源查询。

3.5 探索了电子文件归档和电子档案管理全过程上链管理模式

在业务系统电子文件归档环节，通过区块链管理平台与 TC 协同平台集成，实现了电子文件哈希值和关键元数据上链存证，区块链管理平台生成上链存证证书并随电子文件实体一同归档到档案管理系统（见图 15）；在长期保存环节，通过"四性"检测确保电子档案不被篡改，并在"四性"检测工具中增加了对区块链存证信息、存证包完整性等方面的检测，进一步强化电子档案的真实性、安全性；在电子档案发放利用环节，用户通过区块链管理平台上传区块链码或存证证书，实时展示关键元数据并跳转全文或在线下载，保证了档案利用时版本信息准确（见图 16）。区块链管理平台基本满足了电子文件形成、流转、归档、利用全过程的上链存证与校验利用，探索了上链电子文件及电子档案全生命周期的管理模式。

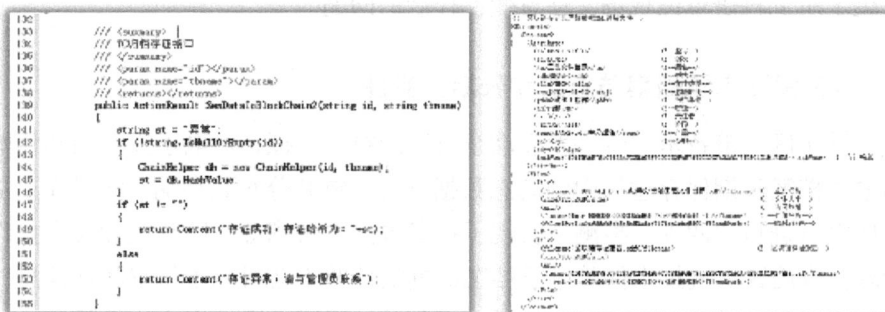

图 15　接口数据上链存证与原始数据封装

图 16　区块链管理平台存证查验

通过区块链技术在电子文件归档和电子档案管理利用环节的应用，探索了新技术手段在保障电子档案真实性、提高档案服务利用效能的新尝试，后续还可以通过全文上链等形式，探索全生命周期的上链电子文件归档和电子档案管理模式，推进跨厂所电子档案的共享利用。

4 研究意义

4.1 解决了军工科研单位现场文件有效性控制问题

通过对归档电子文件哈希值及关键元数据上链存证，明确上链的关键元数据包括文件号、题名、阶段、版本等关键信息。电子档案发放后，现场人员在使用前通过上传链码到区块链管理平台进行校验，平台展示关键元数据并提供全文跳转链接，在线进行版本、阶段等关键元数据一致性比对，有效解决了军工科研单位现场文件有效性控制的问题。

4.2 保证电子档案防篡改和长期真实性

基于区块链技术"牵一发而动全身"的技术特征，对电子文件归档传输和电子档案长期保存过程中的动态数据进行上链和分布式存储，同时在上链完成之后进行"四性"检测，实现了档案数据的可溯源、防篡改和安全操作管理。应用区块链技术保障电子档案的真实性并不会对电子档案附加信息，其技术依赖性低、存证使用成本低，简化并加强了电子档案真实性管理中的长期性管理工作。

4.3 降低了研究所数据存储成本

得益于区块链技术采用分布式数据存储的特点，区块链对去除数据重复率的问题有良好的解决能力，通过数据去重能将使得存储相同的数据占据的硬盘空间减少 5 至 10 倍，从而实现成本降低；同时区块链每个存储节点的建设成本也较低，在降低数据冗余率方面也能够实现降低成本；区块链所采用的边缘节点架构，对硬件的需求度较低，相比于以往建立集中管理的数据存储系统，存储和维护成本大大降低。

4.4 在军工行业区块链技术应用和单套制管理方面具有推广意义

本项目作为军工行业首次将区块链技术应用到电子文件归档和电子档案管理的探索，在分布式数据存储与档案集中统一管理关系论证、军工特色区块链管理平台搭建、区块链管理平台系统集成以及电子文件上链应用等方面积累了理论基础和实践经验。通过搭建区块链管理平台，满足了电子文件形成、流转、归档、利用全过程的上链存证与校验利用，解决了军工科研院所现场利用文件版本有效性问题，保障了档案数据的可溯源、防篡改和安全管理，在军工科研院所文件有效性控制方面具有广泛的借鉴和推广意义。

同时，智能合约技术为厂所间档案数据确权、交易奠定了技术基础，在厂所间数据协同、推动跨机构协作与共享利用，推进企业档案数字化向数据化转型等方面具有广阔的应用前景。

美国 NOAA 科学数据管理
政策、框架、实践和启示

孙晓燕　陈佰川
中国海洋档案馆
国家海洋信息中心

摘要：以美国国家海洋和大气管理局（NOAA）科学数据管理流程和实践为研究案例，深入分析美国联邦政府和机构层面制定的有关科学数据管理的政策和指令，概念化描绘 NOAA 数据管理的目标状态，分层次介绍科学数据管理概念框架，从原则、治理、资源、标准、架构、评估和数据生命周期等方面对与 NOAA 科学数据管理相关的政策、要求和技术考虑进行定义和分类，描述 NOAA 开展的数据公开目录集活动、数据集标识符项目、与服务商合作开展大数据项目等实施活动和项目，以期为国内相关机构改进科学数据管理实践和流程提供指导。

关键词：科学数据；数据管理；数据治理；美国 NOAA

0 引言

美国国家海洋和大气管理局（NOAA）是隶属于美国商务部的科技部门，运营着 100 多个环境观测系统，负责全部海洋、大气、空间环境、太阳和固体地球的物理、化学、生物、地质和地球物理数据记录和衍生数据的管理和利用，从百万年前的沉积物记录到近实时的卫星图像。国家环境信息中心（NCEI）是 NOAA 的数据管理部门，也是美国环境信息的权威机构，运行国家气候数据中心、国家地球物理数据中心和国家海洋数据中心三个国家级数据中心。良好的数据管理是 NOAA 重要的核心业务之一，其成立环境科学数据管理委员会（EDMC），制定环境科学数据管理框架文件，发布有关数据管理规划、原则、标准、数据访问、数据评估、生命周期、可用性和元数据等相关指令。

1 NOAA 科学数据管理政策

1.1 联邦政策和法令

NOAA 作为美国联邦政府的一个机构，首先要遵守联邦政府数据管理有关政策和法令。联邦政府 2013 年发布两份政策文件对 NOAA 数据管理发挥关键作用，分别是美国管理和预算办公室（OMB）备忘录 M-13-13 "美国开放数据政策"，科学技术政策办公室（OSTP）备忘录 "增加联邦资助的科学研究成果的获取途径"。M-13-13 指出 "信息资源管理必须在规划过程的最早阶段开始，要在信息收集或创建之前"，要求联邦机构使用开放数据格式标准，设计具有互操作性和可访问性的系统，建立公共数据库[1]。NOAA 建立数据管理框架正是落实 OMB 备忘录要求。OSTP 备忘录规定政府预算机构必须制定数据公开获取计划，公开范围包括全部机构内部和外部资金支持获取的数据。OSTP 备忘录还要求联邦经费支持的已发表文章和引用数据必须在一年后免费开放。在联邦政策要求下，NOAA 制定发布研究成果公共获取计划，推动 "数据公开目录库" 和数据规范引用项目 "数据集标识符项目" 的实施[2]。

此外，美国总统行政办公室（EOP）2012 年发布数字政府战略指导各机构设计互操作性和开放性系统，实现公开获取数据兼容和统一，实现以更低成本提供与设备无关的更好的数据服务[3]。美国首席信息官（CIO）2010 年出台 "改革联邦政府的 25 点实施计划" 提出建立 "云优先" 政策以获取新的计算能力。

1.2 NOAA 发布的政策指令

NOAA 在联邦政策的指导下发布数据管理指令，2008 年其发布科学记录评估和档案批准程序，定义科学数据中心用于批准档案提交请求的流程。2011年 NOAA 发布数据文件编制程序指令规定，所有数据集合及衍生产品以及提供数据和产品的服务都应被记录，建立元数据内容标准（ISO19115）和推荐标准（ISO19139），用于记录环境科学数据。2012 年 NOAA 发布赠款数据共享程序指令规定，所有 NOAA 资助人必须及时共享赠款和合作协议产生的数据，受赠方须在不超过两年时间内共享项目所有数据。2014 年数据管理规划程序指令发布，所有数据生产项目要提前规划数据管理。2015 年数据访问程序指令和数据引用程序指令发布，规定所有环境科学数据应可通过互联网发现和访问，要求 NCEI 存档的数据集要分配一个持久数字对象标识符（DOI），并给出推荐引用格式，要求在文章、决策和其他产品中规范引用数据。

2 NOAA 科学数据管理框架

2.1 数据管理目标状态

通过对 NOAA 科学数据管理政策和指定文件分析，通过数据管理目标状态（见图 1）可概括了解 NOAA 数据管理关键环节。领导层决策管理哪些观测系统形成的数据；符合范围的观测数据由相关部门采集；数据生产者形成数据、根据数据文件指令创建元数据，该过程包括质量控制和产品生成；数据近乎实时传输给数据运营用户；其他用户根据数据访问指令通过标准化在线服务访问数据；根据科学记录评估和档案批准程序，数据和元数据发送 NCEI 长期保存；根据数据引用指令每个数据集分配一个永久标识符（ID）；NCEI 提供存档数据访问与数据生产者提供的服务相兼容；数据管理面板自动显示元数据记录和目录统计，领导层能及时观察数据访问和保存状态；全部数据用户都可通过软件工具检索和解码数据；用户利用数据制作信息产品、学术文章，制定政策、决策或事件响应等；用户通过永久标识符引用数据，机构可跟踪使用情况并反馈数据形成者；用户可反馈数据质量，帮助改善观测数据获取。

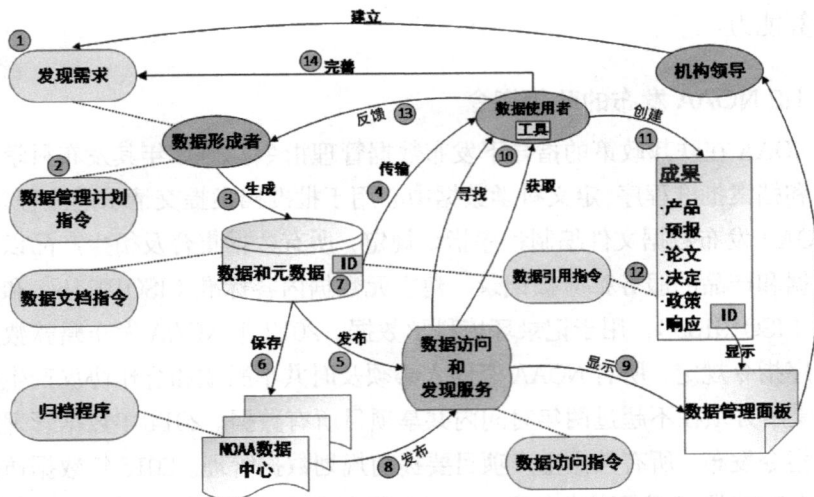

图 1　NOAA 数据管理活动目标状态

2.2 数据管理框架

2013 年 NOAA 发布数据管理框架文件，明确 NOAA 收集和制作的科学数据和衍生产品管理相关政策、要求、活动和技术考虑因素，阐明了对参与资助、收集、处理、管理和传播科学数据的项目和人员的职责和要求。数据管理框架的基本要素如图 2 所示，包括广泛适用于许多数据类别的原则、治理、资源、标准、体系结构和评估，及特定数据集的数据生命周期[4]。

图 2　EDM 框架

2.2.1 原则

NOAA 数据管理原则包括完全和公开访问、长期保存、信息质量和易用性。完全和公开访问表现为使用公共经费获取的数据应尽快通过网络或其他在线服务、以不歧视和免费方式向公众开放。长期保存表现为地球观测等数据不可再现且通常使用昂贵技术获取，观察结果应作为国家资产管理，防止恶意修改。数据不仅以原始形式保存，且应积极管理以确保持续可用。信息质量表现为数据和元数据应包括质量控制过程和评估。易用性表现为鼓励科学数据广泛使用，用户能通过搜索引擎、目录、门户网站等方式容易找到数据及衍生产品，用户规范引用数据集，为数据形成者提供可追溯性。

2.2.2 治理

NOAA 数据管理需要全机构协调，EDMC 是机构行政领导和数据治理活动的纽带，由各部门代表组成，负责数据长期保存。EDMC 向 CIO 委员会和 NOAA 观测系统委员会报告，被授权制定和批准数据管理程序指令，以实现数据治理。此外，为最大限度提高数据兼容性，NOAA 注重与其他机构之间的标准协调，相关外部机构包括世界气象组织（WMO）、地球观测卫星委员会（CEOS）、地球观测组织（GEO）、美国地球观测组织（USGEO）、联邦地理数据委员会（FGDC）和开放地理空间联盟（OGC）等。

2.2.3 资源

资源包括人员、预算和其他支持元素，资源缺乏就无法充分管理数据，导致记录不可访问或保存不当等。NOAA 成立跨部门数据管理小组，由 Web 服务、元数据、存档和其他领域技术专家组成，职责包括创建和维护元数据、使数据可用、确保数据正确传输到档案机构等活动。数据管理规划程序指令指出，数据生产项目需要考虑如何存储、传输、记录和归档，项目经理负责管理项目形成数据。卫星、雷达、船舶和飞机以及野外活动形成的数据成本很高，没有适当的数据管理规划可能消耗项目预算，NOAA 提出在预算有限情况下，建议数据系统开发人员和数据管理员首次就构建正确的系统，并利用技术更新改进系统。

2.2.4 标准

数据生命周期不同阶段适用不同标准，包括通用术语、数据质量标准、元数据标准、数据格式标准和服务接口标准，并尽可能采用国际标准和通用标准，降低数据使用成本，提高数据效用，避免重复技术开发。数据文档指令明确采用 ISO 19115 标准系列，数据访问指令使用 OPeNDAP 和 OGC 网络服务协议。NOAA 还建议国际数据管理协调组适当参考 NOAA 做法，以促进数据管理的兼容性。

2.2.5 体系结构

NOAA 数据管理基础设施组件包括：观测平台和系统本身、数据收集和处理系统、NCEI 及其数据接收、存储和管理系统、专用数据链路（如世界气象组织全球电信系统和卫星广播网络）、通用网络基础设施和高性能计算系统等资源和设施。NOAA 逐步更多采用商用硬件和软件，建立为多个项目或整个机构提供功能的企业系统。互操作标准将支持和简化 NOAA 系统之间以及和外部数据提供者之间的信息交换，还通过使用云服务来降低存储和管理成本。

2.2.6 评估

EDMC建立了一个数据管理面板,仅供内部用户和机构领导访问,面板显示元数据质量和政策执行情况,主要显示四项指标:数字对象永久标识符累积数量的时间分布图;元数据记录数量及其整体完整性比例的时间分布图;数据管理评估条形图、拥有数据管理计划、数据发送档案库、拥有元数据和公共数据访问点的系统数量;各部门根据数据管理指令提交的数据管理计划的数量。

2.2.7 数据生命周期

数据生命周期包括在之前和期间影响数据集的所有活动,为3个阶段:规划和制作阶段包括观测系统或项目收集到数据的所有活动;数据管理阶段包括处理、验证、记录、发布、分发和保存数据的所有活动;使用阶段包括数据消费者的所有活动。数据生命周期是一个动态过程而非线性序列,各步骤依赖并影响其他步骤操作。例如,早期阶段不充分的文档记录会妨碍以后使用;从原始数据生成产品可能会产生新的派生数据,这些数据也必须收集和管理。同样,数据可能会经历不同实体不同目的使用和重复使用的多个周期,因此需要对生命周期中的每个步骤进行有效管理和跨步骤协调,以确保数据得到可靠保存和使用。

3 NOAA 科学数据管理实施和实践

3.1 数据集标识符项目

NOAA 于 2013 年开始成立一个专门工作组管理和分配 NCEI 存档数据集。这些 DOI 是描述数据及其访问登录页面的位置,一旦被分配就永远不会被删除或重新分配,标识符允许在研究文章或其他工作中明确引用数据集。NOAA 仅将 DOI 分配给 NCEI 长期保存的数据,使用数据的 ISO 元数据记录自动生成登录页面。对于正在不断形成的时间序列数据,为整个序列分配一个单一的 DOI,而不是为各个部分分配单独的 DOI。NOAA 利用加州大学数字图书馆制作 DOI。所有的 DOI 开始都是通过用户界面手动创建,随着实施经验积累,通过应用程序编程界面自动创建的程度逐渐提高[5]。

3.2 NOAA 数据目录集

根据 2013 年美国 OMB 开放数据政策要求，每个联邦机构都有公共数据清单，NOAA 于 2013 年 11 月建立数据目录集，从数据中心和其他项目中收集元数据，并提供整合视图。用户可以通过基于网络的用户查询界面来搜索数据，搜索结果包括每个数据集的摘要信息以及指向完整元数据记录和可用数据访问点的链接。NOAA 数据目录采用开源软件 CKAN 实现，在亚马逊联邦地理云上运行，从 NOAA 数据中心获取标准格式的元数据。NOAA 数据目录公布了 60000 多个数据集。根据开放数据政策要求，通过美国 data.gov 项目提供的扩展，每天都会生成一个新的数据集列表。

3.3 NOAA 大数据项目

NOAA 于 2015 年与亚马逊、谷歌、IBM、微软和开放云联盟五家基于"云"存储的服务商签署合作研发协议，目的是确定是否将选定的 NOAA 数据副本放在云存储中，服务商提供可扩展的计算能力，可为环境科学数据创造新的增值产品和服务，形成可持续商业模式。NOAA 数据继续免费提供访问，但合作服务商家可以根据这些数据创造和销售新产品，合作概念架构见图 3。

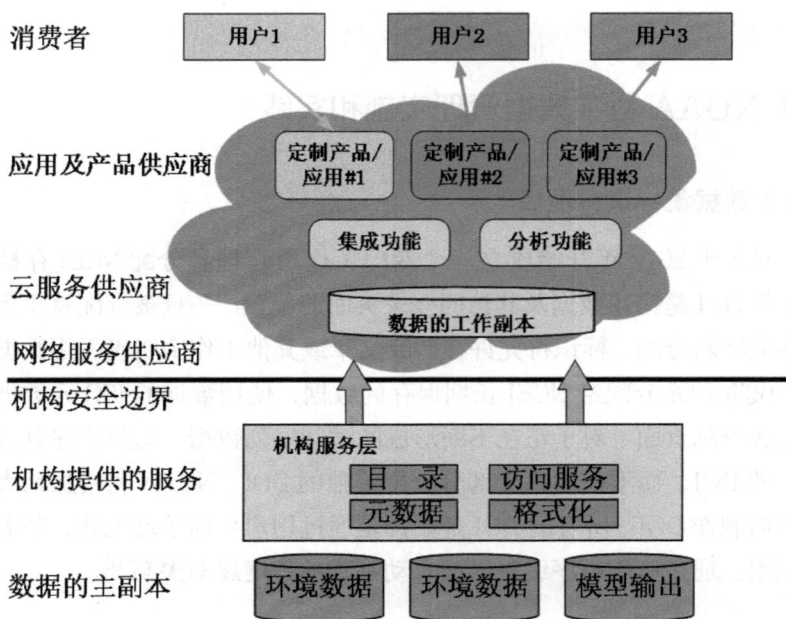

图 3 NOAA 伙伴关系概念架构

首先 NOAA 制作并保留环境观测和模型输出科学数据的主拷贝。NOAA 继续建立和运营服务，以便能够发现和访问标准格式的数据和元数据，这些服务在 NOAA 服务网络范围内运行。环境科学数据的副本被发送存储到服务商的"云"中，执行数据分析和集成功能软件可被安装或开发在云中直接对存储在那里的数据运行。服务商可以为特定的行业或市场创造定制的产品和服务。NOAA 创建新服务不需要购置硬件存储设备，运行成本很低。

4 NOAA 科学数据管理启示

4.1 以政策制定入手推进国内科学数据管理

NOAA 科学数据管理框架从原则、治理、资源、标准、架构、评估和数据生命周期等方面对与数据管理相关政策、要求和技术考虑进行定义和分类。国内更注重数据汇交、保存和共享，对收集和利用规范较少。国外在数据形成之前就要制定数据规划值得借鉴。科学数据生命周期是连续整体，我国科学数据管理策制定者应全面规范科学数据生命周期各流程，形成全流程覆盖的数据管理活动。

4.2 明确技术标准为抓手推进国内科学数据管理

建立覆盖全部领域科学数据管理的技术标准体系，可借鉴 NOAA 数据管理尽可能采用国际标准、通用标准和相关协议等，统一术语描述、元数据标准、数据格式、系统设计和处理流程等，支持和简化各系统数据之间的信息兼容和互操作性。

4.3 以实施科学数据公开目录和数据规范引用为切入点推进科学数据管理

借鉴 NOAA 科学数据实施活动，促进各领域各机构建立科学数据公开目录，并要求财政经费支持的科学数据第一时间提交公开目录，并尽可能免费提供访问。促进科学数据引用规范，加强《信息技术 科学数据引用》（GB/T 35294-2017）国家标准的执行力度，以提高学术交流的互通性。

注释及参考文献

[1]US OMB.Memorandum M-13-13: Open data policy—Managing information as an asset[EB/OL].[2023-12-25].http://www.whitehouse.gov/sites/default/files/omb/memoranda/ 2013/ m-13-13.pdf.

[2]US OSTP.Increasing access to the results of federally funded scientific research[EB/OL]. [2023-12-15].http://www.whitehouse.gov/sites/default/files/microsites/ostp/ostp_public_access_ memo_2013.pdf.

[3]US EOP.Digital government: Building a 21st century platform to better serve the American people[EB/OL].[2023-12-28].http://www.whitehouse.gov/sites/default/files/omb/egov/digital- government/digital-government.html.

[4]NOAA EDMC.NOAA environmental data management framework[EB/OL].[2023-12-15]. https://www.nosc.noaa.gov/EDMC/framework.php.

[5]NOAA EDMC.Data citation procedural directive[EB/OL].[2023-12-25].https://www.nosc. noaa.gov/EDMC/PD.DC.php.

数据保全角度下的科学数据归档策略研究

梁丽坚

中山火炬高技术产业开发区自然资源局

摘要：科学数据是研究领域的重要学术资源，伴随大数据时代的来临，科学数据的数据量爆炸式增长，由此对其归档工作带来了巨大的阻碍。庞大的科学数据需要合理的归档机制予以数据归纳和保存，以避免数据库臃肿化，数据格式凌乱化，因此从数据保全的角度出发，对科学数据归档的策略进行研究，结合归档工作中的各类挑战，提出相应的归档策略，旨在为科研机构、数据保有者提供有效的数据归档方案。

关键词：数据保全；科学数据；归档策略

0 引言

科学数据是科研活动有效开展和长期执行的基础依据，数据的安全、完整、可靠将会影响科研工作的进行过程顺利与否。在当下，数据技术的高速发展让数据量不断膨胀，数据的归档工作也变得更加困难，所面临的丢失、损坏、篡改等风险也更高，为了避免这些问题的发生，就需要从保全数据的角度出发，将数据从原始使用环境中转移到安全、稳定的存储环境中，以保障数据的长久保存和有效利用。所以基于数据保全的角度，对科学数据归档的策略进行研究，为科研机构、数据保有者提供有效的数据归档方案，是当前学术研究中的重要一环。

1 科学数据归档的意义

1.1 对数据安全的充分保障

科学数据归档属于系统化的管理策略，是将科研数据从原始的、特定的使用环境中抽离出来，用标准化的流程和安全的存储方式，将其放入更有保障性的环境中，从而实现数据的长期保存和高效管理。在科研活动中，数据多是在特定的实验环境或研究背景下被创造出来，即这类数据的原始使用环境，原始使用环境本身不具备保障性和记录性，所以科学数据出现之初就面临着多种安全风险，比如数据传输过程中的泄露、设备故障导致的数据丢失以及不当操作引发的数据损坏等[1]。为了避免这类问题发生，需要将这些数据从原始环境中提取出来，并存储在专门设计的、安全可靠的归档系统中。

在归档过程中，数据会经过严格的格式转换和标准化处理，以确保其兼容性和可访问性。同时，归档系统还会采用多种安全措施，如对数据进行加密，对数据的访问进行权限划分和访问方式控制，将录入的数据进行备份，以便在数据遗失的情况下进行恢复等，以最大程度地保障数据的安全。

依靠数据归档，不仅可以防止数据在传输过程中被非法截获或篡改，还能有效应对设备故障和自然灾害等不可抗力因素对数据造成的威胁。

1.2 提高数据利用效率

科学数据是支撑整个科研工作开展的重要基石，但如果数据过多，大量的数据堆积，就会形成数据冗余是指在数据库中，即因为数据量过大，整理不当，导致相同的字段或者信息在多个表中重复出现，数据冗余会严重降低数据的利用效率，甚至导致数据异常和损坏，一般来说设计上应该被避免，但因为科研工作的严谨性，设计者一般会保留冗余数据，以减少研究数据遗失的风险。这种情况下若无有效的归档管理，将导致数据难以被快速检索，增加数据的利用难度[2]。

所以，出于提高数据利用效率的需要，要使用科学数据归档实现对数据的有序组织。通过对数据进行分类、整合、编码等处理，使数据在形式和内容上具有一定的结构，形成系统化的信息资源。这种有序组织有利于研究人员快速地找到所需数据，提高工作效率。归档后的数据也可以方便地被其他研究人员获取和利用，促进科学研究的交流与合作。同时，数据归档也有助于提高科研工作的透明度，为成果的验证和引用提供基础。

1.3 支持数据共享与传承

科学数据归档可以实现数据资源的整合与标准化，使其更加易于检索和使用。归档过程通常包括数据的清洗、整理、分类以及存储等步骤，确保数据的完整性和准确性。这样，其他科研人员可以方便地获取和利用这些数据，进行更深入的研究或开展新的科研项目。科学数据归档对于后续科研活动的支持作用尤为显著。它不仅可以为科研人员提供必要的数据参考，避免重复劳动和浪费资源，还可以为科研项目的延续和发展提供有力支撑[3]。通过利用已有数据，科研人员可以更加高效地开展研究工作，探索新的科研领域，推动科研工作的不断进步。科学数据归档还有助于实现数据的传承，许多科研数据和成果容易因为各种原因而逐渐消失或被遗忘，因此需要不断归档，让珍贵的数据得以保存，供后人研究和利用。这样，科研工作就能够在前人的基础上不断发展和创新，形成良性的学术传承。

2 科学数据归档的挑战

2.1 数据量大

科学数据的数据量是一个不断递增的过程，随着科研活动的持续深入和不断拓展，产生的科学数据量呈现出爆炸性增长的态势，根据 USC（南加州大学）发布的研究数据显示，全球数据存储总量已经达到 295EB，庞大的数据信息无疑给数据归档工作带来了前所未有的巨大挑战。科学数据作为科研活动的重要产物，其完整性和可追溯性对于确保科研成果的可靠性、推动学科发展具有至关重要的意义，因此不能轻易丢弃或者篡改数据内容，必须基于数据保全的需求，最大限度保留数据在原始使用环境中的状态。但是，科学数据的快速增长对存储空间的需求提出了更高要求，传统的数据存储方式已经难以满足日益增长的数据量，需要不断升级存储设备、扩大存储容量，以适应数据规模的不断扩大。同时，数据量的增加也意味着数据备份和恢复的难度加大，数据量的增加，备份大量数据需要更多的时间，占用更多的网络带宽和系统资源，且当数据量较大时，恢复特定时间段或部分数据变得更加复杂和耗时，大量数据需要更复杂的数据管理和维护策略，需要确保备份数据的完整性和一致性，同时还要监控数据的质量，以确保数据的安全性和可靠性。

2.2 数据种类繁多

从数据的存储形式来看，科学数据不仅包括传统的数值型数据，还包括文本、图像、视频等多种类型的数据，这些数据在格式、结构和处理方式上存在显著差异，这也对数据归档造成了巨大的阻碍，不同格式的数据有不同的存储条件及方式，如果在归档时不注意数据甄别，会导致数据损坏，进而无法读取，比如部分学术网站在早期的计算机系统中使用的字符编码标准和最新的系统字符编码有所不同，导致现在的阅读系统或浏览器不支持这些编码，进而无法读取其网站中的早期学术论文，当使用者用现在的系统打开这些学术论文的电子文件时，就会显示乱码。这种情况即是因为数据的不兼容造成的科学数据信息丢失[4]。

2.3 数据安全风险

大数据环境下，科学数据的安全风险增高，在归档过程中，由于技术漏洞、人为失误或恶意攻击，数据被未经授权的第三方篡改。这种篡改一般发生在数据传输、存储或处理的任何环节，导致数据失去原始的真实性和准确性。篡改后的数据如果用于决策分析或业务操作，还会引发一系列错误和误导，进而造成企业经济损失或声誉损害。除了人为因素外，由于存储介质损坏、系统故障等原因，也容易造成数据无法完整保存或丢失。损坏的数据可能表现为乱码、无法读取或无法正常使用等形式，严重影响数据的可用性和价值。对于需要长期保存的数据而言，数据损坏的风险更加突出，因为长时间的存储可能导致存储介质老化、性能下降，进而增加数据损坏的可能性，这种丢失既有可能是部分性的，也有可能是完全性的，无论哪一种，对科研活动而言意味着重要信息的缺失和活动流程的中断。此外，如果归档数据没有得到及时备份和恢复，一旦丢失将难以找回，给科研活动会带来不可估量的损失。

3 数据保全下的科学数据归档策略

3.1 存储设备与技术升级保证数据完整

升级存储设备与技术，以应对科学数据量大且快速增长的挑战，是当前科研数据管理领域亟待解决的关键问题。固态硬盘（SSD）和分布式存储系统是两种值得考虑的存储解决方案。SSD 具有读写速度快、耐震抗摔、低功耗等特点，能够显著提升数据存储和访问的效率。而分布式存储系统则通过将数据分散存储在多个节点上，实现了数据的高可用性和可扩展性，能够应对海量数据的存储需求。利用云计算技术来存储和管理科研数据，是一种具有前瞻性的解决方案。云计算技术通过弹性扩展的方式，可以根据实际需求动态调整存储资源，避免了因存储空间不足而导致的数据丢失或无法存储的问题。同时，云存储还提供了数据备份、恢复和灾难恢复等高级功能，进一步增强了数据的安全性和可靠性。引入自动化存储分层技术也是提升存储效率和成本效益的重要手段。该技术能够根据数据的访问频率和重要性，自动将数据分布在不同的存储介质上，如将经常访问的数据存储在高性能的存储设备上，而将不常访问的数据存储在成本较低的存储设备上。这样不仅可以提高数据的访问速度，还可以降低存储成本，具体见表1所示。

表1　存储设备设计思路

方案	描述	技术 / 设备	预期效果
高性能存储	提升数据存储和访问的速度	固态硬盘（SSD）	高读写速度，减少数据访问延迟
		高性能磁盘阵列	提供大规模数据存储和高并发访问能力
弹性存储扩展	应对数据量的快速增长，实现动态扩展	分布式存储系统	数据高可用性和自动负载均衡
		云计算存储服务	弹性扩展存储资源，根据需求调整容量
智能数据管理	根据数据访问频率和重要性进行智能存储管理	自动化存储分层技术	数据按重要性自动分层，优化存储成本
		数据分类与分级管理	数据有序化，便于查找和使用
数据安全保障	保护数据的完整性和安全性	数据加密技术	数据在存储和传输过程中的安全性得到保障
		访问控制机制	限制数据访问权限，防止数据泄露
		数据备份与恢复策略	快速恢复丢失或损坏的数据

3.2 利用向下兼容减少数据遗失

统一数据存储标准是解决数据种类繁多和格式不统一问题的基础。通过制定一套广泛接受的数据存储标准，可以确保所有数据在存储时都遵循这一标准。这有助于减少数据不一致性，提高数据质量和互操作性。统一标准还可以简化数据管理和查询过程，因为所有数据都有统一的结构和格式。建立数据转换机制是实现向下兼容的关键。随着技术的发展，新系统可能会采用不同的数据格式。为了确保新系统能够读取和理解旧的数据，需要设计一个数据转换机制。这个机制可以根据详细的数据字典，自动将旧的数据格式转换为新的数据格式。数据转换机制可以灵活应对系统升级和数据迁移的需求，保证数据的连续性和可访问性。使用中间件也是一种有效的向下兼容设计策略。中间件作为独立的软件层，专门负责不同数据格式之间的转换和沟通。它可以在新系统和旧系统之间架起一座桥梁，使得两者能够无缝地进行数据交互。中间件可以提供统一的接口和数据处理能力，简化系统集成和维护工作。在设计系统时，预留扩展性也非常重要。通过使用插件、模块化设计等方法，可以为新数据格式提供灵活的集成方式。这种设计方式使得系统能够轻松地支持新的数据格式，而无须对整个系统进行大规模的修改。预留扩展性有助于适应未来数据格式的发展变化，确保系统的长期可用性。版本控制是实现向下兼容的另一个关键策略。对于数据的每次更新，都应该记录详细的版本信息。这样，即使数据发生了变化，也可以通过版本信息回溯到旧的数据格式。版本控制有助于确保数据的完整性和可追溯性，对于数据管理和审计具有重要意义。

3.3 科研数据安全防护与应急响应策略

为了有效保护科研数据，应当加强安全防护措施。数据加密技术是保障数据安全的重要手段。通过对科研数据进行加密处理，可以防止未授权访问和数据篡改，确保数据的机密性和完整性。同时，防火墙与入侵检测系统的部署也是必不可少的。这些系统能够实时监控网络流量，检测并拦截潜在的安全威胁，保护数据存储和处理系统免受外部攻击。

除了日常的安全防护措施，还应制定应急响应计划，以应对可能发生的数据安全事件。首先，制定详细的数据安全应急预案是至关重要的。预案中应明确各部门的职责和协作方式，确保在发生数据安全事件时能够迅速响应并采取有效措施。同时，对相关人员进行数据安全培训也是必不可少的。

4 结语

研究从数据保全的角度出发，对科学数据归档的策略进行了深入研究。在大数据时代背景下，科学数据的爆炸式增长给数据归档工作带来了巨大的挑战。面对庞大的数据量、多样化的数据种类和数据安全风险，需要采取有效的策略来保障科学数据的安全、完整和可靠性。故提出利用存储设备与技术升级以保证数据完整，利用向下兼容减少数据遗失，以及科研数据安全防护与应急响应的思路，为科研机构、数据保有者提供有效的数据归档方案，确保数据能够在长期的使用过程中保持其价值和可用性。

注释及参考文献

[1] 陶冶.担当责任 抓实抓细 发挥好电子公文归档管理的示范作用 [J]. 云南档案，2023(6):39-40.

[2] 闫晶亮.新标准指导下的档案数据管理规范与建设路径 [J]. 大众标准化,2024(4):4-6.

[3] 马千贺.大数据环境下档案数据保全的体系架构研究 [J]. 山西档案,2022(2):106-113.

[4] 陈恬,余亚荣,张照余,等.基于数据保全思想的科学数据全流程管理研究 [J]. 档案与建设,2020(12):4-9.

基于决策支持系统的
型号产品文件归档完整率提升路径研究

王璞珉　董智文　范好为

北京无线电测量研究所

摘要：本文深入分析了当前企业型号产品技术文件归档现状及问题，进一步研究实现完整率提升的路径，根据单位实际情况，通过建设档案驾驶舱进行归档数据实时监测、统计分析、预警推送，对未按时归档文件进行考核等方法，能使技术文件做到形成规范、运转及时、归档齐套，是提高型号产品技术文件归档完整率的有效措施，为企业档案精细化管理形成了可复用经验。

关键词：技术文件；归档完整率；档案驾驶舱；流程预警

0 引言

航天产品结构层次复杂、技术高度综合、研制周期长，过程中形成了大量技术文件，能全面真实地反映产品状态，是产品成果积累的体现，这些文件归档是否完整，直接关系到产品研制进度、周期、成本和质量[1]。为促进文件归档完整，需深入分析当前企业型号产品技术文件的归档现状和问题，采取有效措施提高文件的归档完整率。

1 型号产品技术文件与归档完整率概述

作为科研体系的重要组成部分，型号产品技术文件是用以规定产品的组成、技术要求、原理以及制造、调试、试验、验收、使用、维护、贮存和运输时所需的技术数据和说明，并在产品设计、试验、生产过程中反映任务由来、方案论证、试验状况、研制总结和技术管理及预先研究、技术基础研究的技术文件。本单位型号产品技术文件均在 PDM 系统进行归档管理。归档完整率是文件归档完整与否的直观数据体现，计算公式为：

文件归档完整率＝实际完成归档的文件数量／应归档全部文件数量 ×100%

要提高归档完整率，就要保证应归档全部文件的数量完整无缺的同时，实际完成归档的文件数量无限趋近于应归档全部文件的数量。但实际工作中，各方面因素导致技术文件难以实现 100% 归档。

2 现状和存在的问题

型号产品会形成哪些技术文件通常遵循航天行业标准与型号标准化大纲中规定的文件完整性要求，但不同型号研制生产特点、全生命周期管理及产品结构不同，文件的形成还需根据实际情况而定，航天行业标准与型号标准化大纲对技术文件成套性、完整性的要求通用性较强，不能体现型号具体有哪些产品，从而无法确定产品技术文件具体有哪些，因此，档案部门无法准确确定不同型号在每一年度会形成哪些具备归档条件的技术文件。同时，相关涉档部门未充分做好技术文件在产品全生命周期同步归档，尤其是以研试文件为首的文件归档发布率较难提高，而档案部门没有考核权，依靠档案人员对文件进行催收的效果并不理想。

3 驾驶舱赋能档案管理提升归档完整率

3.1 档案驾驶舱建设需求

随着信息技术的进步，社会已进入数智时代，信息化建设应用和档案业务融合进入了快车道，档案部门要想解决工作中的难题，可依托信息化手段赋能档案管理，提升技术文件归档完整率和归档效率，进一步提高企业档案管理能力。

决策支持系统最早是由美国 M.S.Scott Morton 于 20 世纪 70 年代中期在《管理决策系统》中提出，并在管理信息系统和管理科学的基础上发展起来的。决策支持系统是将大量数据与多个模型组合起来，形成决策方案，通过人机交互达到支持决策的作用。

本单位决策支持系统于 2020 年上线运行，以数据为核心，全面梳理综合企业经营和科研生产 KPI 指标体系，基于数据仓库进行综合数据分析及可视化展示。该系统围绕单位"企业运营驾驶舱"和"生产运营驾驶舱"展开，主要对经营收款、资产运行、市场管理、库存管理等业务主题进行分析。

可基于决策支持系统建设档案驾驶舱，在线提取 PDM 系统型号产品技术文件归档数据进行分析，针对性展示，使管理层、决策层人员及时掌握技术文件归档进度，通过数据分析驱动业务改进，解决归档拖期、归档完整率待提高等问题。

3.2 档案驾驶舱建设指标

基于决策支持系统建立档案驾驶舱，驾驶舱从 PDM 系统提取采集所有型号产品技术文件归档数据，通过分析计算，对文件归档完成率实时数据与文件数量进行展示及实时数据分析并及时有效传递预警信息。这里使用的是归档完成率而非归档完整率，两者有一定区别。虽然本文旨在提高型号产品技术文件归档完整率，但实际工作中，由于 PDM 系统中文件数量是随型号进度不断递增的，并非从型号刚建立时就全部检入系统的，因此，档案驾驶舱展示的应为技术文件的归档完成率，它代表当前完成发布的文件总数 / 当前系统中存在的所有状态文件总数 ×100%。

档案驾驶舱文件归档指标体系围绕型号产品技术文件归档范围而定，按技术文件类别分为任务书归档完成率、报告类文件归档完成率、图档类文件归档完成率、非图档类文件归档完成率和更改单归档完成率，共 5 部分内容，作为驾驶舱功能菜单供展示和选择。驾驶舱指标需求规划如表 1 所示：

表 1　档案驾驶舱指标需求列表

序号	一级指标	二级指标	三级指标	数据来源	面向对象
1	任务书归档完成率	各部门、型号调度、档案人员涉及的各型号任务书总数和归档完成率	状态为"设计中、签审中、修改中"的任务书清单并推送预警	PDM 系统	部门领导、型号调度、档案人员
2	报告类文件归档完成率	各部门、型号调度、档案人员涉及的各型号研试文件总数和归档完成率	状态为"设计中、签审中、修改中"的研试文件清单并推送预警	PDM 系统	部门领导、型号调度、档案人员

序号	一级指标	二级指标	三级指标	数据来源	面向对象
3	图档类文件归档完成率	各部门、型号调度、档案人员涉及的各型号图档文件总数和归档完成率	状态为"设计中、签审中、修改中"的图档文件清单并推送预警	PDM系统	部门领导、型号调度、档案人员
4	非图档类文件归档完成率	各部门、型号调度、档案人员涉及的各型号非图档文件总数和归档完成率	状态为"设计中、签审中、修改中"的非图档文件清单并推送预警	PDM系统	部门领导、型号调度、档案人员
5	更改单归档完成率	各部门、型号调度、档案人员涉及的各型号更改单总数和归档完成率	状态为"设计中、签审中、修改中"的更改单清单并推送预警	PDM系统	部门领导、型号调度、档案人员

其中，归档完成率的计算公式为：每类文件的归档完成率 =PDM 系统该种类所有已发布状态文件的数量 /PDM 系统该种类所有文件的数量 ×100%

公式中文件数量的数据来源：

任务书类文件来源于 PDM 系统任务书文件夹的所有文档；

报告类文件来源于 PDM 系统研试文件夹的所有文档；

图档类文件来源于 PDM 系统图档设计文件和技术通知单文件夹的所有文档；

非图档类文件来源于 PDM 系统非图档设计文件夹的所有文档；

更改单来源于 PDM 系统更改单文件夹的所有文档。

3.3 文件预归档

为保证业务部门能跟随型号进度使应归档文件都检入 PDM 系统并完成归档发布，使驾驶舱从 PDM 系统提取到的所有文件数量完整准确，还需有规则的约束，本单位科研管理部门同档案部门制订了技术文件归档管理考核细则。由于型号全生命周期各类评审会对过程活动中形成的所有技术文件进行评审，因此要求各类评审前，被评审文件编写人在 PDM 系统检入文件，与部件关联，检入后禁止删除，以该文件作为日后正式归档之依据。文件检入系统形成文件编号后方可参与评审，完成评审后一个月内，根据评审意见完成修改，用准确的新版文件替换旧版文件并启动归档流程，经各级审签后发布成为有效文件，文件后续如发生更改，文件编写人提更改单归档新版文件。有了规则约束，业务部门就会高度重视归档工作，合理组织安排，确保全年技术文件及时准确地归档。这样可以避免型号全生命周期结束时应归档文件未全部检入 PDM 系统，造成驾驶舱最终呈现的归档完整率不准确；或型号进行中业务部门未做好文件同步归档，造成驾驶舱呈现的实时归档完成率不准确。

3.4 档案驾驶舱内容及实现

档案部门整理了档案驾驶舱建设需求，与科研管理部门、系统建设部门梳理了建设内容及分析指标，依托决策支持系统底层架构，完成了档案驾驶舱的分块建设并逐步上线运行，实现了 PDM 系统文件数据实时在线提取，通过统计分析，以看板、图形等形式精准、直观地展示，不仅能按各维度查询统计，精确反映文件归档动态，数据层层透视下钻，拿来即用，精准向各部门领导、型号调度提供数据支持服务，还对归档流程进行实时监控，精确定位问题主体，预警逐级推送，能解决归档不及时、管控难的问题，确保归档流程周期可控。

档案驾驶舱界面左侧为功能菜单区，右侧为展示区。功能菜单区展示型号技术文件的分类。展示区分为按部门展示、按型号调度展示和按档案人员展示 3 个页签，分别从三个维度展示 PDM 系统型号各类技术文件的总数和归档完成率。页面提供的全部功能操作也均在展示区完成。科研管理部门领导及调度、型号产品领导、业务部门领导、档案部门领导及档案人员具有查看及查询权限。

档案驾驶舱可按业务部门、型号调度、档案人员三个维度展示各类技术文件归档完成率。以按业务部门展示为例进行说明，页面布局如图 1 所示，分为 3 个区域。

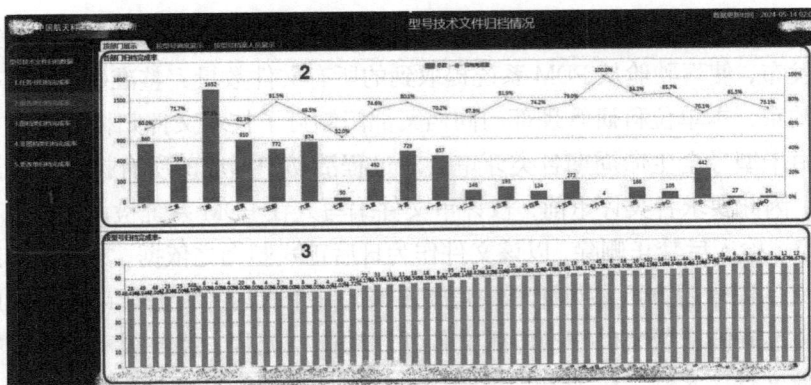

图 1　按业务部门展示归档完成率页面布局

区域1：按文件类型查看归档完成率

区域2：按业务部门查看文件归档完成率和 PDM 系统文件总数

区域3：按型号查看归档完成率与 PDM 系统文件总数

点击区域1菜单栏中任一菜单目录，可在区域2的柱形图查看各业务部门在 PDM 系统中该类文件的总数和归档完成率。例如，点击菜单栏中报告类归档完成率，区域2中则会显示各业务部门在 PDM 系统中研试文件的总数和归档完成率。

点击区域2中任一部门柱形图，都可在区域3中查看该部门涉及的各型号文件总数和归档完成率，型号从左至右按归档完成率由低到高排列，点击区域3中任一型号柱形图，可下钻查看对应维度的未完成归档文件具体信息，以表格形式呈现，如图2所示：

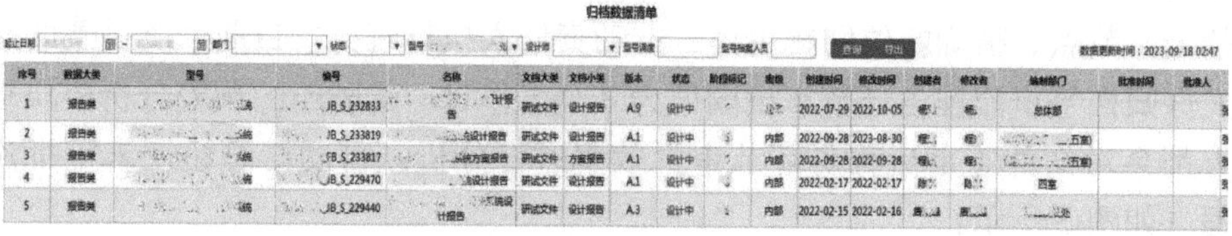

图 2　未完成归文件档数据清单

表头明细如表2所示：

表 2　未完成归档文件数据清单表头

序号	数据大类	型号	编号	名称	文档大类	文档小类	版本	状态	阶段标记	密级	创建时间	创建者	编制部门	批准时间	批准人	型号调度	档案人员	关联更改单号

未完成归档文件数据清单上方有起止日期、部门、状态、型号、设计师、型号调度、档案人员等查询条件，状态分为设计中、签审中、提交审阅、修改中和已发布。选择不同条件，可按不同维度查询结果，支持结果 EXCEL 数据导出。

如选择按型号调度或档案人员展示，则点击驾驶舱页面上方相应页签，切换到按型号调度或档案人员展示的页面，两者页面布局与按业务部门展示的页面布局相同。点击页面左侧任一菜单目录，都可在右侧上方柱形图查看各型号调度或档案人员负责的型号在 PDM 系统中该类文件总数和归档完成率。点击任一型号调度或档案人员的柱形图，都可在页面下方查看该名调度或档案人员负责的各型号文件总数和归档完成率，点击任一型号柱形图，可下钻查看对应维度的未完成归档文件具体信息。

3.5 实时监控和预警推送

驾驶舱能追踪每份文件从检入 PDM 系统开始到归档发布的全过程，准确反映文件状态变化，通过信息化规则对相关责任人进行制约，给 PDM 系统文件归档签审环节设置阈值和逐级推送机制，就能发现归档流程中的"卡脖子"节点、精确定位问题主体、推动责任人执行解决。目前系统设置的是文件归档签审流程各环节审批阈值为 3 个工作日。驾驶舱的预警分析模块每天都会对文件签审流程各环节审批效率进行分析，自动汇总超期未审批流程，如图 3 所示：

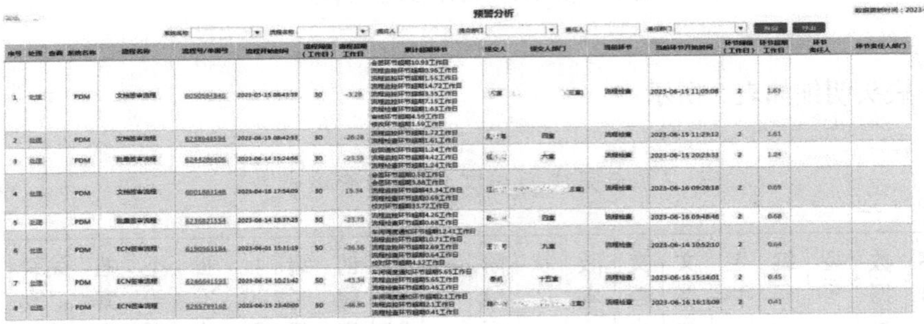

图 3　驾驶舱自动汇总审批超期流程

驾驶舱自动触发对责任人的预警推送，系统给此环节责任人实时推送预警信息，该人员在主页门户桌面的待办消息通知中就能看预警推送，该人员即会主动尽快完成流程审批。预警一旦推送即为每天提醒，如经预警提醒后仍未处理，超过设置的阈值，预警信息将同步推送至其部门领导门户桌面，并重点预警标红显示，直到流程处理完弹窗才会消失。科研管理部门根据驾驶舱归档完成率等指标数据对业务部门进行考核。驾驶舱实时监测归档流程运行、动态分析审批效率、预警逐级推送，比档案人员人工查询统计再协调归档的方法，省时高效，优化了工作流程，提高了管控能力。

4 结束语

本文通过建设档案驾驶舱进行归档数据实时监测、统计分析，动态获取文件实时状态和未按时完成发布文件具体信息，系统预警推送敦促责任人归档，以归档完成率为主要依据对未归档文件责任主体实施考核，能使技术文件做到形成规范、运转及时、归档齐套，文件归档精准性和成效性提升显著，为企业提供管理基础数据支撑，进一步提高了企业档案管理的质量和水平。

注释及参考文献

[1] 赵芳 . 浅谈提高企业档案管理归档率的措施方法 [J]. 兰台世界 ,2017(S1): 103.

信创背景下基于 PDCA 理念的
档案系统数据迁移研究

王木亮　吕晶晶　蒋君仁

中国商飞上海飞机设计研究院

摘要： 在信创背景下，各单位档案系统都面临数据迁移难题，本文从档案数据迁移面临的风险入手，分析了学术研究和标准制度方面的已有成果，借鉴 PDCA 质量管理理念，提出了迁移工作策划、迁移实施与验证阶段两大阶段包括的工作环节和工作要求，希望能给相关单位档案系统数据迁移工作提供有益借鉴。

关键词： 迁移；PDCA；方案

0 引言

"信创"即信息技术应用创新，旨在针对硬件及云等基础设施、基础软件、应用软件、网络安全等 IT 产业链核心技术产品进行自主研发，为我国经济发展、社会运转构建安全可控的信息技术支撑，避免核心技术受制于人[1]。信创建设从局部起步，在应用实践中迭代产品性能，逐步扩展至关键业务系统，基础产品从可用提升至好用。随着信创工作向纵深领域推进，档案系统首当其冲，需要逐步搭建基于国产软、硬件环境的新档案系统，同时将历史数据迁入新系统，在新旧系统切换和迁移过程中，会面临各种各样无法回避的问题，需要档案部门去解决。

PDCA 循环的含义是将质量管理分为四个阶段，即计划（plan）、执行（do）、检查（check）、处理（action）。PDCA 循环是美国质量管理专家戴明博士首先提出的，所以又称戴明环。全面质量管理的思想基础和方法依据就是 PDCA 循环。在质量管理活动中，要求把各项工作围绕目标作出计划、计划实施、检查实施效果，然后将成功的纳入标准，不成功的留待下一循环去解决的工作方法，这是质量管理的基本方法，也是企业管理各项工作的一般规律。

在档案系统数据迁移过程中，能够应用 PDCA 循环理念，指导迁移工作开展，本文将进行探讨。

1 档案系统数据迁移面临的风险

1.1 业务连续性风险

数据迁移可能会导致基于档案系统开展的档案业务工作中断，比如档案著录、档案在线利用工作无法开展。如果历史数据量大，迁移周期可能会增至数周，甚至数月，在此期间如果档案基础工作无法开展，严重影响档案部门作用的发挥，对组织机构主要业务的正常运转也会产生重大负面影响。

1.2 数据完整性风险

数据完整性是指在数据迁移过程中完整性受到损害，数据与元数据产生不一致的情况，这包括源数据文档数量不一致，比如一件源数据有两个电子文档，其中包括审签单和主文件，迁移后只有主文件，审签单丢失；还包括元数据完整性，比如源数据中责任者著录了内容，迁移后责任者字段值为空。

1.3 数据可用性风险

数据可用性问题是指在数据迁移完成后，从形式上可以看到电子文件元数据和文档是完整的，但全文无法浏览、下载，或者下载后无法打开浏览。

1.4 数据安全性风险

数据迁移过程中产生的安全风险包括数据泄露风险、数据篡改风险等。在数据迁移过程中，如果没有采取适当的安全措施，可能会导致敏感数据被未授权的人员访问或泄露，也可能会导致数据被恶意篡改。

基于档案系统数据迁移过程中面临的风险，笔者认为有必要开展相关研究，提出有价值的迁移工作开展思路。

2 相关研究情况

2.1 学术研究层面

王绯等在《电子档案数据迁移工作的原则与实施步骤》步骤中阐述了电子档案数据迁移工作的原则和具体实施步骤，其中将实施步骤分为制定迁移规划、进行风险评测、做好迁移准备、实施迁移，以及迁移校验五个环节 [2]。毛海帆在《电子档案转换与迁移活动的内涵与实施》一文中分析了相关标准，提出了电子档案转换、迁移的对象与原则，以及"四性"保障措施和迁移工作程序 [3]。其中将工作程序分为确认转换或迁移需求、评估转换或迁移风险、制定转换或迁移方案、审批转换或迁移方案、转换或迁移测试、实施转换或迁移、评估转换或迁移结果、报告转换或迁移结果等八个环节。苏珊珊在《风险管理视角下的电子档案数据迁移探究》一文中提出了风险管理视角下如何审视数据迁移，包括风险因素识别、风险分析，以及预控措施 [4]。王彩莲在《关于档案数据迁移过程中数据审核问题的探讨》一文中提出了数据审核过程而存在的主要问题，数据校验工具的应用，以及数据校验工具的优化设计 [5]。刘倩在《浅析数字时代下档案管理数据迁移模式的规范化》一文中对档案管理数据迁移规范化管理进行了探析，提出了档案管理数据迁移的规范化路径 [6]。程妍妍在《数字档案馆元数据迁移研究》一文中对数字档案馆元数据迁移的功能、内容和流程进行了深入分析，提出应重点对内容、背景、结构和系统元数据进行迁移，并在迁移计划中纳入元数据迁移万案，迁移流程中采取元数据质量控制等实施万案，以完善我国数字档案馆迁移机制，提高电子档案长久保管质量 [7]。

2.2 在标准制度层面

2001 年以来，国内外相继发布和实施了多个涉及电子档案迁移的重要标准，定义了转换与迁移术语，并对转换和迁移活动的实施给出了原则性要求，主要包括 1 项国家、1 项行业标准、1 项国际标准。分别是《电子文件归档与电子档案管理规范》（GB/T18894-2016）[8]、《电子档案管理基本术语》（DA/T 58-2014）[9]、《数字档案转换和迁移过程》（ISO 13008: 2022）[10]。

根据标准适用范围的不同，定义的转换、迁移术语涵盖面有大小之分，转换与迁移活动应遵循的原则或实施前提有所不同。DA/T 58-2014 明确了电子档案迁移的定义，即"在不改变文件格式的前提下，将电子档案由一种软硬件配置转移到另一种软硬件配置的过程"。

GB/T 18894-2016 第 10.2 章节，明确了迁移工作原则与要求，但仅有 6 条，而且将转换和迁移放在一起描述，可操作性不足。ISO 13008: 2022 (E) 是关于电子档案转换和迁移的专门标准，提出了转换和迁移组织和业务框架、转换和迁移要求、技术方案、工作程序和监控等内容，但由于是国际标准，且目前只有英文版，在操作层面仍有不具体、难以落实等问题。同时，上述标准都将转换和迁移在一个文件中作为同一主语进行描述，而实际上转换和迁移是两件完全不同的事务，这决定了相关标准所规范的对象更为宽泛，如果不加区分完全按其要求开展电子档案转换、迁移活动，恐有不严谨之处。

通过以上分析，笔者认为档案系统数据迁移工作策划、迁移实施与验证两大阶段，中间穿插检查和纠正环节。

3 迁移工作策划

3.1 迁移需求和目标

确定迁移的目的和预期结果，了解当前系统的架构、数据和业务流程。

3.2 迁移可行性评估

迁移前置条件评估主要是评估迁移对象和范围、双方系统、技术要素、组织要素和结果确认方法，以确定是否具备迁移工作启动的条件。

3.2.1 迁移对象和范围评估

明确数据迁移对象和范围。迁移数据范围除了包括目录元数据和全文数据，是否需要迁移利用数据、日志数据、关联数据等。明确只迁移档案长期保管库中的数据，还是同步迁移处于待整理状态，尚未进入长期保管库的数据[11]。迁移前数据是否达到确认状态，以及确认记录。

3.2.2 迁移双方系统评估

明确迁移双方系统是否按照迁移的具体要求完成适度开发和调整。目标系统是否已达到上线状态，试运行状态是否正常，是否具备承接原档案系统数据的能力，数据存储架构是否能够完全接收源数据，存储资源是否能够承接，迁移后系统响应时间是否延长，是否影响用户体验。源档案系统是否具备迁移条件，是否能够完整获取源档案系统目录数据和电子文件实体数据存储架构，是否能够对源档案系统目录数据库和全文数据库数据读取操作等。

3.2.3 迁移技术要素评估

迁移数据所用到的技术是否可行，是否能够完整获取源档案系统中的数据，并迁移至新系统，所用到的技术是否能够在对应的网络环境中部署运行，技术路线的效率是否可行。迁移所用到的技术路线是否能够确保迁移前后数据的完整性、可用性，是否在迁移过程中防范安全风险。迁移周期是否在可接受范围之内。

3.2.4 迁移组织要素评估

迁移活动的主责部门、人员、职责是否明确，迁移过程利益相关方的部门、人员、职责是否明确。迁移活动由本单位人员完成，还是借助外部力量。迁移所需的经费，以及软、硬件资源是否具备。迁移过程中业务连续性如何保证。迁移过程中源档案系统中数据是否需需要冻结，迁移周期范围内源档案系统新增数据如何补迁移。迁移周期范围内档案检索依托于什么平台，档案在线利用怎么处理。迁移过程如何通知相关方，将对用户的影响降到最低。

3.2.5 迁移结果确认方法评估

迁移完成后目标系统中数据完整性、可用性如何检查，是否需要借助软件工具，是否需要人工抽样确认。

在上述评估均已完成，且具备迁移条件之后，可启动迁移方案编制。

3.3 迁移方案

3.3.1 迁移方案编制

在完成以上评估内容，确认具备迁移条件之后，应编制实施层面的迁移方案，迁移方案内容应包括：

——迁移活动要达到的目标；

——启动迁移的驱动因素或理由；

——迁移对象；

——源系统中数据的当前状态，以及需要采取何种措施使其具备迁移条件；

——目标系统中数据的预计状态；

——源数据和目标数据的对应关系；

——用于迁移的方法和技术；

——负责执行迁移的人员、部门 / 组织，以及相关方；

——用于测试迁移技术方法的方法；

——用于验证迁移结果的方法以及责任方；

——对源文件的处置；

——完成迁移所需的授权；

——与迁移过程有关的应予以保留的文件或记录，以及保管期限；

——关键转换过程交付成果的时间安排（例如过程的开始、结束日期）；

——迁移所需经费预算，以及迁移任务的执行主体；

——迁移所需新增的软件、硬件设备；

——迁移面临的风险；

——迁移期间确保档案业务连续性的措施；

——相关人员培训要求，使其知悉以上内容，并按方案执行；

——迁移过程突发情况报告和处置机制。

3.3.2 迁移方案测试

在正式开始转换或迁移前，在目标系统中或按照预定的方法，采用不同数量级的电子档案及元数据进行操作、验证，直到确认可行性。

测试的目的是为了在不丢失数据，不影响利用，不损害真实性、可靠性、完整性和可用性情况下，选取源档案系统中一定数量的数据迁移到目标系统，以确定迁移方法和技术的适用性，明确迁移结果的可接受标准，以及迁移所需的资源[12]。

在测试过程中如发现问题，应及时采取措施，优化迁移方案，并针对优化后的方案再次进行测试，直至达到预期状态。

（1）设计测试方法

测试方法如下：

——通过记录 CAD 电子文件文件现有状态为测试建立基准。

——实施转换，并记录操作步骤。

——通过记录转换的期望结果来描述测试的目标状态。

——说明检查测试结果的方法。

（2）配置测试环境

确保对具体操作人员开展培训，并准备好进行测试所需的设施、设备和工具。创建测试文件，并在该文件上进行测试。

（3）选取测试数据

测试数据应覆盖转换目标范围内的所有数据类型，每一种数据类型不少于 2 个样本。

（4）进行测试

按方案执行迁移测试。测试应基于源文件副本。

如果迁移结果偏离方案，应记录这些偏离情况。在报告中记录测试结果和对结果的分析。

（5）评估测试结果

结果评估应重点衡量测试是否达到方案预期结果。检查是否有客观因素影响了转换的预期结果。

（6）报告结果

无论测试结果是否符合方案预期，都应准确记录测试结果。如果测试结果为成功，则证明转换方案可行；如果测试结果为失败，需查找原因，或修订迁移方案，直至测试成功。

3.3.3 迁移方案批准

在完成迁移方案编制后，应组织相关专家或利益相关方对迁移方案进行评审，并针对评审内容提出有针对性的修改意见。迁移主责部门完成迁移方案修改后，最终迁移方案应获得管理层批准。

4 迁移实施与验证确认

4.1 数据整理

通过质量评估，在源系统中删除重复、失效或不合规的数据。

4.2 迁移实施

通过测试后，正式实施电子档案、元数据的转换或迁移，并紧密监控。

4.3 过程检查

在迁移工作按迁移方案启动之后，应安排人员对迁移任务执行过程进行检查，看是否符合计划的预期结果，以确保迁移工作是按经批准的方案和计划在稳步推进。在检查过程中，如发现与迁移目标偏离的情况，应进行记录，并报告，同时由责任方制定纠正和预防措施。

4.4 元数据更新

迁移工作完成后，应在对应档案业务操作元数据中对应增加何时由何人从何系统将数据迁移至何系统的元数据，以确保档案数据可追溯性和可审计性。

4.5 验证确认

迁移过程完成后，可对结果进行评估，形成评估报告，如有必要可进行第三方检测与评估。应依据方案、采购需求等，对目标系统中的电子档案及元数据进行评估，包括电子档案及元数据数量，电子档案及元数据内容信息真实性与完整性，计算机文件格式，正确呈现与检索、利用，电子档案内在的历史联系，电子档案与元数据的一一对应，管理过程元数据采集，计算机病毒，信息泄露等 [13]。

4.6 源系统中数据处置要求

数据迁移完成后，明确源数据的处置和策略，是继续保留或销毁，应在迁移方案中予以明确。

4.7 补充迁移

在迁移实施完成，以及验证确认一段时间后，如发现有遗漏或缺失，应组织相关方补充迁移。

综上所述，在"信创"大背景下，档案系统迁移工作将逐步展开，借助PDCA 质量管理理念，开展迁移工作策划、迁移实施与验证工作，对档案部门和档案工作人员来讲，不失为一种选择。通过借助质量管理方法理念，在档案工作中也要逐步形成重视质量、提升质量的自觉。

注释及参考文献

[1]2023 年中国信创产业研究报告 [C]//2023 艾瑞咨询 7 月研究报告会论文集 . 2023:103-157.

[2] 王绯 , 关辉 . 电子档案数据迁移工作的原则与实施步骤 [J]. 兰台世界 ,2013(26): 86-87.

[3][13] 毛海帆 . 电子档案转换与迁移活动的内涵与实施 [J]. 浙江档案 ,2019(1):33-35.

[4] 苏珊珊 . 风险管理视角下的电子档案数据迁移探究 [J]. 办公室业务 ,2016(15): 31-32,36.

[5] 王彩莲 . 关于档案数据迁移过程中数据审核问题的探讨 [J]. 黑龙江档案 ,2013(3):34.

[6] 刘倩. 浅析数字时代下档案管理数据迁移模式的规范化 [J]. 绥化学院学报, 2020(3):135-138.

[7] 程妍妍. 数字档案馆元数据迁移研究 [J]. 档案管理,2016(4):17-19.

[8] 电子文件归档与电子档案管理规范 (GB/T18894-2016)[S].

[9] 电子档案管理基本术语 (DA/T58-2014)[S].

[10] 数字档案转换和迁移过程 [ISO13008:2022(E)][S].

[11] 沈柳法. 交通办公自动系统中的数据迁移研究 [J]. 硅谷,2009(19):51-52.

[12] 田黏.ERP 系统集中部署模式下的历史数据迁移方案研究 [J]. 电力信息与通信技术,2014(8):77-81.

工程数据归档管理中元数据的应用论析

邱媛[1]　张珺博[1]　彭源新[2]

1 深圳市城市建设档案馆

2 广州市微柏软件股份有限公司

摘要：回顾我国现行的元数据标准，指出这些标准在具体业务应用中存在的局限性。通过文献调研和案例分析，总结元数据在工程数据归档管理中的几个关键应用方面，包括元数据方案及封装、可视化自定义、存量数字化应用以及 BIM 技术与元数据的结合。探讨当前元数据管理面临的挑战，如应用场景的多样性、元数据方案的概括性、精细化方案的推广难度以及用户主动性的缺乏。提出提升元数据管理效率的策略，包括提高对元数据的认识、警惕惯性思维、积极参与元数据定义等，以期为工程数据归档管理提供更有效的支持。

关键词：工程数据归档；元数据；建设项目

0 引言

随着信息化的快速发展，元数据在工程数据归档管理中扮演着越来越重要的角色。我国已有的元数据标准虽为电子文件管理提供了基础指导，但在具体业务场景中仍显不足。本文旨在通过文献调研和案例分析，探讨元数据在工程数据归档管理中的应用现状，分析存在的问题，并提出相应的解决策略。

1 所循标准

我国现行的《信息与文献 文件管理过程 文件元数据》（GB/T 261631-2010）为电子文件的全程管理提供了元数据指南，涵盖了文件的生成、流转审批、归档、查询利用至长期保存等环节。尽管此标准对元数据管理具有重要指导意义，但鉴于不同业务特点和需求细粒度差异，并未明确限定具体的必须元数据项。

针对不同类型的电子文件或电子档案，如文书类、建设类、照片及录音录像类等，相关标准如《文书类电子文件元数据方案》（DA/T 46-2009）、《建设电子档案元数据标准》（CJJ/T 187-2012）、《照片类电子档案元数据方案》（DA/T 54-2014）及《录音录像类电子档案元数据方案》（DA/T 63-2017）等，均包含了多项元素的元数据集合，并对这些元数据元素进行了分类和描述。

除上述标准外，还有其他工程数据归档管理中元数据可借鉴的标准，本文不逐一展开论述。尽管这些现行标准为电子档案元数据的基础管理提供了依据，但目前在工程建设领域，元数据的统筹管理仍然是一个普遍存在的挑战。经过十余年的发展，在元数据标准的兼容性、完整性及适应性等方面，仍需更多的关注和持续的优化。

2 案例经验

2.1 文献调研分析

通过对近年来工程数据归档管理中元数据的应用及文献的综合梳理分析，笔者提炼出以下几个关键方面：

2.1.1 元数据方案及封装

典型建设项目针对自身实际制定专门的元数据方案[1]，并根据用途对元数据进行分类[2]，涵盖工程建设过程中的质量、进度等关键业务[3]。定义所有类型的元数据元素，并使用 XML 对元数据进行封装[4]，同时明确封装包的结构。在前端系统调用后台接口时，可以自动获取元数据，并进行整理和逐级封装[5]。

2.1.2 元数据可视化自定义

有的建设项目难以预先将元数据定义完善。若采用前端技术（如 Vue.js）和后端技术（如 Spring Boot）开发专门的组件，实现元数据的可视化配置，用户即可动态地定义元数据，并通过列表形式直观地展示元数据的属性和值。通过自定义匹配方式，可实现元数据的精确匹配。此外，以元数据集为单位，进行多级分类管理[6]。元数据存储在关系型数据库中，并通过 Redis 进行缓存备份，以提高数据处理效率和保障数据安全[7]。

2.1.3 存量数字化中的元数据应用

利用OCR技术识别出扫描件中的各项字符内容,再借助自然语言技术进行语义标注,从中抽取关键要素,人工补充著录档案所需的其他元数据,维护件与件之间、件与卷之间的数据联系[8]。

2.1.4 BIM（Building Information Modeling）与元数据应用

采用文件解析、API等方法方式提取并转化BIM元数据[9],包括构件名称、构件信息等关键信息。在关系模型的指导下,利用关系型数据库将BIM构件的唯一标识码与对应的BIM元数据有效地关联起来[10]。

综上所述,工程数据归档管理中元数据的定义和管理是一个复杂的过程,需要考虑到不同项目的具体需求和应用场景。

2.2 深中通道

深中通道连接广东深圳与中山,是由桥、岛、隧、水下互通组成的规模宏大的重要工程。在国家档案局2022年科技项目中,深中通道项目团队开展了元数据方案的研究与应用,分别针对业务系统、电子档案系统以及文书类、声像类电子文件制定了多个元数据方案。深中通道定义了元数据元素约280项,涵盖5个前端业务系统和电子档案管理系统在电子文件形成及归档时所需封装的元数据,并应用XML技术进行多层级封装;在此基础上,深中通道还进一步开发建设数据接口、封装工具、四性检测工具[11],这些工具的开发和应用可以团队人员更好地收集、加工和利用元数据,提高工作效率和数据质量。尽管深中通道在元数据方面做出了先进尝试,并且已经产生了明显效果,积累了大量元数据,在国内属于领先水平,但仍需要进一步探索解决元数据的长期保存、深化利用及信息匹配等问题。这将有助于提高团队人员在元数据管理和利用方面的水平,为深中通道档案资源的长期管理提供更强有力的支持。

2.3 深圳建设项目电子档案试点

2023年,深圳市住房和建设局和深圳市档案局联合组织开展了建设项目电子文件归档和电子档案管理试点项目工作,研究确定了十余个试点项目,涵盖了房建、轨道、市政等不同行业、不同类型的建设项目。在前期指导过程中,试点项目对需归档的元数据提出了许多疑问,亟须一套统一、明确的元数据标准来指导工作。然而,仅基于归档要求定义的元数据只能达到最低标准,通常关注文件的合法性、完整性和可追溯性,虽然这些元数据是管理电子档案的必要条件，但它们不足以满足建设项目在执行过程中对于信息深度、实时性和关联性的更高层次需求，难以支撑建设项目自身提质增效。这就需要更为详尽和深入的元数据信息，以便于项目管理者做出更精准的决策和更高效的资源调配。因此，建设单位和参建单位都需要依据自身特性和需求，积极探索更全面的元数据方案，以更好地满足建设项目对质量和效率的要求。

3 问题总结

工程数据归档管理中元数据的定义和管理是一个复杂的过程，需要考虑到不同项目的具体需求和应用场景。基于现行标准、近期相关文献梳理分析、广东省典型案例应用情况，从以下四个方面分析现状问题。

3.1 应用场景多维，标准作用有限

工程数据归档管理存在多个应用场景，包括工程建设过程中的质量、进度把控等关键业务。然而，现有的元数据标准作用有限，对于不同业务的具体要求并未明确要求必备的元数据项。这使得在实际应用中，很难根据标准来指导元数据的定义和管理，影响了元数据的有效应用。

3.2 概括性元数据方案指导应用难度高

现有的元数据方案往往是概括性的，难以完全符合工程数据归档的具体需求。由于项目的业务特点和需求细粒度的差异，通用的概括性元数据方案无法直接应用于实际场景。因此，对于建设项目来说，根据实际情况制定适合自身的元数据方案，并进行封装和管理，是一项困难的任务。

3.3 精细化元数据方案推广应用门槛高

由于建设项目的复杂性和多样性，推广精细化的元数据方案面临着较高的门槛。精细化的元数据方案需要囊括更多的元素和细节，并对这些元数据元素进行分类和描述。这需要项目组织和参与单位具备较高水平的技术和业务能力，并进行专门的培训和指导。在实际项目中，由于各种原因，推广和应用精细化的元数据方案显然存在困难。

3.4 建设项目用户对元数据缺乏主动性

在建设项目中，很多用户缺乏对元数据的主动性，对元数据的管理和应用并不积极。这可能是由于对元数据的认识不足，或者认为元数据管理不重要。然而，缺乏用户的主动参与和配合，会使得元数据的有效应用受到限制，影响建设项目及其电子档案的效率和质量。

4 应对策略

4.1 认识元数据是大前提

首先，由于元数据的广泛性，不同领域或相同领域的不同主体在元数据的表现形式和管理方式上存在差异，元数据元素的数量不同，相同语义元素的表示形式也不完全相同。以"Date 日期"描述为例，就有"DD/MM/YYYY""YYYY-MM-DD"和"DD-MM-YYYY"等多种形式存在[12]，没有唯一正确答案。

其次，目前的元数据标准通常只专注于数据管理的某一阶段，难以实现对整个数据生命周期的揭示和记录，无法充分支持后期数据管理的完整性和流畅性。

因此，对于工程数据归档过程中的档案工作者而言，具备对元数据的基本认知至关重要，他们需要了解元数据在电子档案管理中的作用和意义。只有对元数据有清晰的认知，才能制定合理的元数据策略并推动其有效应用。

4.2 需警惕惯性循规蹈矩

工程数据归档过程中的档案工作者需要具备高效沟通、独立工作和协作能力，以及对不断变化的需求和优先事项的识别能力。这些工作能力应在合适的工作环境中逐渐培养，以应对多任务工作的主动性和灵活性要求[13]。在工作中需要警惕惯性思维和墨守成规的现象，以免过于受限于传统的电子档案管理方式和规定，导致元数据的创新和灵活应用受阻。

为了实现元数据标准的建立与实践的紧密结合，工程数据归档过程中的档案工作者应考虑采取急用先行的策略，推进业务结合，兼顾开放性和动态性，预留变化空间，并兼顾历史的继承性和未来的前瞻性[14]。因此，工程数据归档过程中的档案工作者应不断调整思维，适应时代的发展和需求的变化，拥抱新技术和新思维。

只有拥有开放思维，敢于变革传统做法，才能为工程数据归档中元数据的高效管理和应用提供更好的支持。有一点始终需要被明确：元数据不仅仅是技术问题，更是思维方式和态度的问题。档案工作者需要适应并拥抱变化，才能为工程数据归档管理提供更好的支持。

4.3 积极参与定义元数据

工程数据归档过程中的档案工作者应当积极参与到元数据的定义过程中，包括主动参与元数据的确定、分类和描述。当前，我国的元数据相关规范主要面向制定方内部，没有充分考虑到数据流动的业务部门和档案部门，这导致了标准的兼容性较差，推广应用也面临一定的困难，同时也可能引发新的数据壁垒[15]。

为了解决这些问题，工程数据归档过程中的档案工作者应主动承担数据管理者的角色[16]。他们需要深入了解项目的具体需求和特点，并根据实际情况准确定义和划分元数据。此外，他们还需与各参建方、相关专家和技术人员积极交流和协作，共同制定适合项目的元数据策略。

通过积极参与定义元数据，工程数据归档过程中的档案工作者可以更好地理解和掌握元数据，从而实现对电子档案元数据的高效管理和应用。这样做不仅可以提高电子档案管理的效率，也有助于提升项目的整体实施效果和价值。

5 结语

本文深入探讨了元数据在工程数据归档管理中的应用及其面临的问题，并提出了针对性的解决策略。通过提升档案工作者对元数据的认识、鼓励主动参与和积极拥抱新技术，可以有效提高元数据管理的效率和质量，为工程档案的数字化转型提供强有力的支持。未来，随着技术的不断进步，元数据管理将发挥更加关键的作用，档案工作者需持续学习与创新，以适应时代的发展需求。

注释及参考文献

[1] 段元振,周灿,仇壮丽,等.水运建设工程项目电子文件单套制管理路径探索 [J].中国档案,2023(2):60-61.

[2] 王喆.铁路大数据治理体系研究 [J].网络安全与数据治理,2022(11):30-35.

[3] 邱志雄,林宪春,张益焜,等.大型高速公路建设项目电子档案管理应用实践 [J].广东公路交通,2023(5):68-72.

[4] 胡丹丹,刘慧琳.面向知识集成的企业电子文档单轨制管理模式 [J].山西档案,2023(3):147-155,146.

[5] 曹迪凡,杨微,杨磊,等.海塘智慧建管系统电子档案管理技术研究与应用 [J].水利水电快报,2023(12):117-122.

[6] 杨梦梅,黄波,谢三五,等.基础地理信息元数据批量制作方法研究 [J].地理空间信息,2022(11):147-149.

[7] 郑响萍.基于可视化元数据配置的大数据治理方案 [J].软件工程,2023(2):20-23.

[8] 吴继红,陈正友,郑芷怡.南水北调中线水源工程档案数据化方法与实践 [J].档案记忆,2023(11):58-60.

[9] 陆铭,杨剑,范孟超,等.BIM 融合物联网技术在深基坑自动监测中的应用 [J].四川建材,2023(11):71-73.

[10] 王木亮.三维电子文件单套归档和电子档案单套管理 [J].中国档案,2023(1):64-65.

[11] 巫建文,赖香舟,刘晓芬,等.深中通道项目电子档案全域元数据方案 [J].兰台世界,2023(11):51-54.

[12] 邱春艳,陈可睿.科学元数据标准的现状、特点与改进建议 [J].数字图书馆论坛,2022(12):10-18.

[13] 贾君枝,张贵香.国外元数据馆员岗位职责及能力研究 [J].国家图书馆学刊,2023(5):3-13.

[14] 严红,穆志勇,李明哲,等.元数据标准化发展研究 [J].信息技术与标准化,2023(9):25-29.

[15] 蒋甜,许哲平,陈学娟,等.科学数据服务标准化与规范化研究 [J].中国科技资源导刊,2023(3):1-8.

[16] 孙庆楠.省级示范数字档案室建设实践探析与思考——以陕煤集团小保当矿业公司为例 [J].陕西档案,2023(5):34-35.

数字化转型下建设项目档案数据治理模式研究

尹雪梅　　瞿轶　　张俊　　陈晏平　　姚乐嫣

上海空间电源研究所

摘要：数字化转型给建设项目档案管理工作带来了全新的变革，建设项目档案资源从管理理念、管理对象、管理手段、管理效果都面临着向档案数据转变的趋势。企业在建设项目档案管理中如何突破缺乏前期规划、标准不统一、数据质量不高、数据安全保障不足等诸多难点问题，在立足实践的基础上不断探索建设项目档案的数据治理模式，通过建立管理责任体系、进行数据分级分类、提升数据质量、开展数据安全保障研究。

关键词：数字化转型；建设项目；档案；数据治理

0 引言

数字化转型已经成为全球趋势。随着城市数字化治理的不断推进，数据作为一种新的生产要素已经融入了建设项目的各个业务流程和全部建设内容。开展档案资源的数据治理模式研究对数字化转型背景下建设项目档案管理工作至关重要。

1 数字化转型下建设项目档案数据管理现状及趋势

1.1 管理理念：从业务驱动到数据双驱动

建设项目具有一次性、单件性等本质属性，侧重于过程管理，是一个动态的概念。经过长期的探索发展，建设项目档案管理形成了基于业务驱动理念的前端控制与全程管理的项目档案管理理念和方法。前端控制与全程管理的管理理念是基于业务活动过程为中心，采用符合性控制为特点的前馈控制和过程管理是符合建设项目特点的管理手段。业务驱动理念是指档案管理部门根据业务需求设计和实施文件管理活动，用文件管理支持业务活动的高效运行。业务驱动理念下，建设项目档案管理更强调过程管理，借助信息技术对建设项目各个业务过程进行信息收集、保存、管理，以全面、真实、完整反映建设项目的全过程。

随着建设项目数字化转型的推进，建设项目档案管理理念也从业务驱动逐步转入数据驱动与业务驱动相结合的双驱动模式。数据驱动理念是指基于数据治理的理念建立建设项目信息集成管理系统，通过科学的信息采集体系、管理体系和保存体系，最终形成建设项目各种信息流的有效集成。数据治理理念下，建设项目档案管理工作则是在业务驱动的基础上借助数据治理的管理理念，推动建设项目档案管理业务流程的优化和完善，使得建设项目档案管理工作与业务管理交叉融合的程度更高、更全面。

1.2 管理对象：从项目档案到项目大数据

"十四五"期间新基建对经济增长和发展起到了重要作用。建设项目档案是培植新基建数据的土壤，以数据治理为核心的新基建项目档案、档案工作以及档案事业等各方面也随着新基建时代的到来发生了巨大变化，这些变化促使基建项目档案工作的环境、对象、内容也发生了巨大变化。档案作为基础性、战略性数据资源的价值日益凸显，档案工作的支撑作用更加突出。

建设项目档案工作管理对象发生的变化表现为，在文件的形成领域，即信息的记录从传统纸质载体向数字信号转变，在文件的管理领域，管理对象也从传统载体向电子文件和数据存储转变。档案，作为文件的归宿，它所包含的业务流程——"收管用存"，也在被重新构建。在档案管理对象的描述方面，传统载体档案采用重在内容和形式特征为主的著录，电子文件重在多元特征的元数据描述。在保管对象领域，也从档案实体管理向电子文件管理转变。在利用领域，也从提供文件信息向智能推送文件内容转变。内容管控在建设项目档案资源体系中的权重也越来越多。

1.3 管理手段：从流程管控到数据治理

大数据、云计算、人工智能、数据挖掘等技术把档案管理工作的模式代入全新的智能化时代，电子文件逐渐代替纸质档案成为档案馆（室）库藏档案的主体。建设项目档案管理手段也从最初的流程管控转变到数据治理。数据治理是对数据的获取、处理、使用进行监管的过程，主要通过以下五个方面的执行力来保证——发现、监督、控制、沟通、整合[1]。对建设项目档案资源体系来说，数据治理体现在档案收集、整理、保管、提供利用各个环节。

将数据治理融入建设项目档案工作的业务流程中，从而提升建设项目档案工作全流程数据的一致性，也为建设项目审计、竣工验收、维修利用等环节带来明显的业务价值。从范围来讲，数据治理涵盖了从建设项目前端事务处理系统、后端业务数据库到终端的档案管理系统数据分析，从源头到终端再回到源头形成一个闭环负反馈系统。数据治理的最终目标是提升数据的价值，是企业实现数字战略的基础，包括组织、制度、流程、工具，对建设项目档案数据管理来说是有效手段。

1.4 管理效果：从开放利用到数据挖掘

大数据背景下，数字技术的广泛应用不仅改变了信息的记录载体和人们的记录方式，更是改变着人们看待世界的思维和视角。档案利用的效果也从开放利用逐步转向数据挖掘。数字治理背景下，建设项目档案管理从以纸质文件信息管理为主导的模式全面转向以数字文件信息管理为主导的模式，其范围覆盖文件的形成、捕获、利用、处置及保存的整个生命周期。建设项目档案管理对象的文件形态会是多态性、混合性的，传统纸质文件不会完全消失，电子文件会是文件存在的基本形态。冯惠玲教授就曾指出电子文件和纸质文件管理的共存并不是消极、被动的，它们在互相学习、互相借鉴、互补长短，两种管理方法在合理叠加、混合、功能替代中动态确定着共存状态和形式，并逐渐融合为一套综合管理机构各类载体文件的管理方法和管理系统。建设项目档案归档的审核要点也从人工识别文件签署盖章来辨别文件的真实性到信息系统自动进行"四性检测"来识别文件的真实性。

2 数字化转型下建设项目档案数据治理的难点问题

2.1 缺乏建设项目档案数据治理规划

企业在建设项目管理的业务系统建设过程中，由于信息化规划和对建设项目档案数据的管理及重视不足，容易导致建设项目档案数据管理工作缺乏顶层规划和设计，产生一系列设计问题。建设项目管理业务系统电子文件归档涉及两个层面的活动，一是宏观规划层面，档案部门要制定建设项目电子文件归档的工作规划，构建相应的规章制度和标准规范。以便统筹推进建设项目电子文件归档。二是微观实施层面。主要解决建设项目业务系统与档案管理系统归档集成的业务性问题与技术性问题。加强建设项目业务系统电子文件归档工作的顶层设计，以系统、全面的视角审视业务系统归档的参与主体、归档对象和实施要素之间的关系，实现建设项目业务系统电子文件归档工作的整体谋划和统筹推进。

2.2 缺乏统一的建设项目档案数据标准

建设项目档案数据来源存在多头管理现象，不同的建设主体在项目管理过程中对数据管理都有不同的业务系统，不同的业务系统缺乏统一的数据管理组织，权责不清晰，不明确。各建设主体自建业务系统，就是同一建设主体也存在同一建设项目的数据存在于多个业务系统，无法形成可信的单一数据源，产生数据混乱，数据多源，结构不一致，无法集成应用及分析，需要手动调整等诸多问题。企业在各个业务系统建设时往往缺少顶层数据标准体系的设计与全面规划，未将电子文件的归档要求纳入业务系统设计协议，缺少不同系统之间对接的统一数据标准，这种情况一方面致使企业在不同业务系统集成和数据共享时存在困难，另一方面也为业务系统数据向档案系统归档后档案数据的整合和信息挖掘、档案信息的共享和利用造成了极大的障碍。

2.3 缺乏完善的项目档案数据质量管理

建设项目档案数据除了原始性这一档案本质特点外，还具有"海量"和"多样"的特征。项目档案数据来源于多个不同的业务系统，数据流转、处理环节多，数据类型多样，既有业务类结构化数据又有文档、图片、视频等非结构化数据。项目档案数据存在信息异构、安全性差和管理利用效率不高等问题，具体表现为建设项目档案管理体系的资源体系、保管体系、利用体系等多个方面。从源头把控数据质量已成为建设项目档案管理工作者的共识。

2.4 缺乏系统的项目档案数据安全管理

大量新技术所带来的数据安全风险也在急剧上升，数字化更是加速了泄露的便捷性。对军工企业来说，数据安全更是企业管理的底线和红线。档案安全包括档案实体安全和信息安全。在大数据时代和新信息技术环境下，数字档案资源中档案信息安全有了更多新风险、新挑战，其中档案信息系统的安全更加突出。数字档案资源的数据保护不仅包括数字档案资源本身，还包括档案的产生背景、标识描述、字段信息等元数据信息，包括档案信息系统的权限控制策略等，降低数字档案资源遗失或被截取的风险。数字档案资源建设需要安全、有效的数据长期保存保障机制，需要从档案数据安全治理的角度去思考，才能避免头痛医头、脚痛医脚的情况出现。

3 数字化转型下建设项目档案的数据治理模式

3.1 建立项目档案数据管理责任体系

建设项目的实施过程是一项非常复杂的工程，涉及很多个业务对象、业务流程和协作配套单位的协同。建立业务负责制的数据管理责任体系，按照"谁形成、谁归档"的原则，由项目文件形成的业务部门承担相应项目文件的管理责任，作为项目档案的数据责任人。项目管理责任人作为项目文件归档的第一负责人，负责项目管理过程中各部门的归档。项目档案管理部门负责制定项目档案数据管理相关的政策、流程、方法和支撑系统，制定项目档案数据管理的年度计划并监控落实，提升项目档案数据管理能力，推动企业档案数据体系的建立和应用。具体如图 1 所示。

3.1.1 项目管理部门

负责项目文件归档、项目档案验收的管理工作以及项目前期、实施、验收阶段的管理性文件收集、积累、整理、配套与归档工作，应会同档案部门进行形成文件的检查。

3.1.2 基建实施部门

负责基建项目在工程准备阶段、施工阶段和竣工验收阶段形成的各类文件的收集、积累与归档工作，并对形成文件的准确性和有效性负责，应会同档案部门进行文件的检查。

3.1.3 设施实施部门

负责工艺设备在计划购置、设计研制、开箱 验收、安装调试、验收、使用维修和更新改造等过程中形成文件的收集、积累与归档工作，并对形成文件的准确性和有效性负责，应会同档案部门进行形成文件的检查。

3.1.4 档案管理部门

负责本单位项目档案工作的业务归口管理。负责制定项目文件归档与档案验收工作计划，开展项目建设过程中文件积累的检查和业务指导，并对归档文件的规范性负责，负责项目档案的整理与保管工作以及项目档案验收的组织工作。

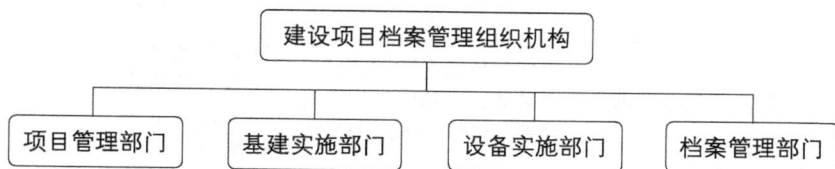

图1　建设项目档案管理组织机构图

3.2 开展项目档案数据分类框架研究

对建设项目数据进行识别与分析是搭建建设项目数据分类管理框架的基础，数据作为建设项目形成的资产之一，通过对建设项目档案数据资产进行盘点，开展基于建设项目业务过程，以凭证价值为核心的建设项目档案数据框架研究，将项目档案数据转化为具有商业价值的信息资产，从而推动建设单位在项目设计与施工、造价等领域的效率和竞争力的提升，为建设单位业务发展提供有力支持。

项目文件指建设项目在立项、审批、招投标、勘察、设计、施工、监理及竣工验收全过程中形成的文字、图表、声像等形式的全部文件。包括项目前期文件、项目竣工文件和项目竣工验收文件。具体数据分类详见表1。

表1　建设项目档案数据分类表

序号	阶段	文件类型	文件内容	文件范围
1	立项	行政管理类	项目建设的综合管理性文件	① 项目从立项、实施及竣工的全过程的批复性文件 ② 组织机构成立 ③ 会议纪要
2	实施	会计类	项目实施过程中经济往来形成的文件	① 会计凭证 ② 会计账簿 ③ 财务决算报告

序号	阶段	文件类型	文件内容	文件范围
3	实施	科技研究类	项目实施自行研制或委托外部研制的课题、标准等工作中形成的文件	① 任务书或合同 ② 研究报告 ③ 课题或项目评审文件 ④ 项目验收文件
4	实施	设备仪器类	设备、仪器在计划购置、安装调试、验收和使用维修等全过程中形成的文件	① 设备购置申请 ② 设备开箱验收 ③ 安装调试 ④ 验收
5	实施	基建工程类	项目从论证、立项到建成投入使用全过程中形成的基本建设项目文件	① 基建管理文件 ② 施工文件 ③ 监理文件 ④ 竣工验收文件
6	实施	声像类	项目在设备购置、基建实施和项目管理过程中的声像记录	① 照片 ② 录像片

3.3 开展项目档案数据质量研究

从数据治理的角度，数据质量是数据适合使用的程度、满足特定用户期望的程度。数据质量有六个维度进行描述，及完整性、及时性、准确性、一致性、唯一性、有效性[2]。这与项目档案归档的五性质量要求是相契合的，即项目档案的完整性、准确性、系统性、规范性、安全性。项目档案归档的五性要求与数据质量的六个维度，都是从项目档案数据的产生、收集、整理、归档、利用的全环节、全过程进行质量规则的描述。建设项目档案人员在项目实施的全过程中要全面参与数据质量的监控环节，通过制定通用建设项目文件审核要点、梳理项目档案常见问题汇集、建设项目档案问题整改简报等方法提高数据质量。围绕提升数据质量是建设项目档案数据治理的核心目标，通过确保项目档案数据完整、一致、便于共享；统一管理结构化、非结构化数据；打通业务系统数据通道；保障数据安全可控，合规利用，进行建设项目档案管理体系优化，进而最大限度发挥建设项目档案数据价值。

3.4 开展项目档案数据安全保障研究

建设项目数据安全保障体系就是项目数据在内外部合规的基础上，确保企业业务部门能够迅速获得所需数据，可控共享。数据资产作为企业的核心战略资产，作为生产要素，将其锁在独立服务器中是发挥不了价值的，如何让数据在安全合规的前提下最大限度地发挥价值是建设项目数字化转型中的关键问题，如果数据的安全保障问题得不到妥善解决，那么宁愿数字化转型推迟或者减速，也不能在错误的方向上渐行渐远。

建设项目安全治理不是一套 IT 工具组合的产品级解决方案，而是从决策到技术、从管理制度到工具支撑，自上而下贯穿整个组织的完整体系[3]。主要包括两个方面：一是以元数据为基础的数据治理。在项目建设的整个生命周期，建设单位需要面对多个操作系统，不同的网络系统使用数据库元数据设置规则不同，建立面向互操作能力构建的元数据设置则是建设项目在数据安全治理中首要核心要素。它涉及元数据的标准化、企业核心元数据存储库建设、元数据的有效交换的保障等方面。二是数据安全分层分级管控策略。根据建设项目的建设内容及数据特性，企业在数据安全管理政策制定上应结合数据信息密级及数据资产的内容特性两个维度进行分层管控，共同管理。

4　总结

大数据、云计算、人工智能、数据挖掘等技术把建设项目档案管理工作的模式代入全新的智能化时代，建设项目的档案管理也在向数据治理转型。建设项目档案数据治理要实现建设项目档案的全程管理和流程管控，提升项目涉及部门之间信息交互的时效性，实现建设项目档案数据质量的协同管理，需要用顶层设计的理念对建设项目档案数据进行统筹规划，采用分类推进的理念逐步实施，用数据资产管理的理念充分挖掘建设项目档案大数据的信息，从而实现建设项目与建设项目档案协同治理的最终目标。

注释及参考文献

[1][2][3] 华为公司数据管理部 . 华为数据之道 [M]. 北京 : 机械工业出版社 ,2020:20-33.

基于大数据的石油企业档案管理工作探索

荆谷丰　　寇君芳

中国石油集团渤海钻探定向井技术服务分公司

摘要： 在全球经济快速发展的背景下，石油行业作为国民经济的重要支柱，其企业管理正面临着前所未有的复杂挑战。档案，作为企业的核心信息资源与珍贵的知识财富，其管理工作不仅是石油企业基础管理的核心要素，更是推动企业实现稳健发展的不竭动力。本研究深入探讨如何借助大数据技术，推动石油企业档案管理的现代化，详细分析了大数据档案管理的核心理念及在现代企业中运用的必要性，同时指出当前管理模式的不足和面临的安全风险。基于研究结果，提出推进管理模式现代化、强化数据安全与隐私保护、提升档案管理人员信息化能力的具体路径。有助于提高石油企业档案管理的效率和质量，为企业的数字化转型提供重要参考。

关键词： 大数据；档案管理；数据安全

1　大数据档案管理概念

在大数据时代，档案管理的概念发生了深刻的变革，大数据档案管理指的是利用大数据技术对档案信息进行收集、整理、存储、分析和利用，从而实现档案管理的现代化和智能化[1]。传统的档案管理主要依赖于纸质文档以及简单的电子文档，信息存储与检索效率低下，无法满足海量数据的管理需求，而大数据档案管理能够通过非常高效的数据处理技术，对海量、多样化的档案信息进行有效地管理，以此提高信息利用的效率和价值。

大数据档案管理不仅仅是档案信息的数字化存储，更重要的是对档案数据进行深度分析和挖掘，以支持企业的决策，涵盖数据挖掘、机器学习等技术，从档案数据中提取有价值的信息，发现潜在的规律与趋势，为企业提供科学的决策支持。此外，大数据技术还可以实现档案信息的实时更新以及动态管理，确保档案信息的及时性和准确性[2]。

2 大数据时代石油企业档案管理工作改革的必要性

2.1 满足国家档案信息化建设工作的各项要求

随着计算机技术和通信技术的成功融合与广泛应用，从根本上改变了信息产生、处理、传输、存储的方式，并以此推动了社会经济结构、生产生活方式及工作方式的彻底变革，"信息化"已成为全球共同的路径选择。特别是在 2020 年修订的《中华人民共和国档案法》中，新增第五章"档案信息化建设"章节，也标志着国家对档案信息化建设的重视程度日益增强。尤其是近两年，国家对档案信息化提出了更高标准，明确指出档案管理应向数字化、网络化与智能化方向发展，而传统的档案管理模式存在信息处理效率低、存储空间大、检索困难等诸多问题，已无法满足这些要求，为克服这些挑战，大数据技术被引入档案管理领域，它能够高效处理海量档案信息，实现数字化存储与智能化管理。通过改革石油企业档案管理工作，全面推进信息化建设，可以有效提升档案管理的现代化水平，确保企业档案管理与国家政策保持一致，满足国家档案信息化建设的各项要求，同时，有助于提高企业的管理效率和决策水平，大大增强石油企业的核心竞争力。

2.2 加强对信息资源的统筹化管理

大数据时代石油企业档案管理工作改革的另一个重要方面是加强对信息资源的统筹化管理。传统的档案管理模式往往是各自为政，缺乏统一的标准与规范，导致档案信息分散、不完整，通过引入大数据技术，实现对档案信息资源的统筹规划。大数据技术能整合来自不同部门、不同业务系统的档案信息，打破信息孤岛，实现档案信息的集中存储管理，提高档案信息的完整性与准确性，还能方便信息检索利用，提升档案管理的整体效率。通过对档案信息进行分类、整理和分析，挖掘信息之间的关联性，为石油企业经营决策提供有力支持。

2.3 满足企业档案现代化管理的需求

随着信息技术快速发展，企业对档案管理提出了更高的要求，不仅需要实现档案的数字化和电子化，还需要在管理模式、手段以及效率上实现全面升级。传统的纸质档案管理模式已经难以适应现代企业的快速发展需求，大数据技术的引入为石油企业档案管理的现代化提供了技术支撑。大数据技术可以实现档案信息的实时更新、动态管理和智能分析，大幅提高档案信息的利用率。此外，现代化档案管理还要求信息的安全性和可靠性，利用大数据技术，可以建立完善的数据安全保障机制，确保档案信息的安全存储传输，防止数据泄露丢失，满足企业档案现代化管理的需求，提升石油企业的管理水平和竞争力[3]。

3 大数据背景下石油企业开展档案管理面临的困境

3.1 档案管理模式落后，档案保存难以满足大数据提出的各项需求

大数据背景下石油企业开展档案管理面临的困境之一是档案管理模式相对落后，档案保存难以满足大数据提出的各项需求，传统的档案管理模式依赖纸质文档和电子文档管理系统，档案保存方式单一，信息查找利用效率低下。此外，传统档案管理模式缺乏对数据的动态管理以及实时更新能力，无法适应快速变化的业务需求和信息环境，而大数据技术要求档案管理具备高效的数据处理能力、灵活的存储方案以及强大的分析能力，传统模式显然难以满足这些要求。因此，石油企业在档案管理工作中亟须革新，借助先进的大数据技术，实现档案管理的现代化和智能化，真正发挥档案信息的价值。

3.2 安全保障机制不完善，数据隐私和安全风险增大

石油企业开展档案管理面临的另一大困境是安全保障机制不健全，数据隐私和安全风险增大。随着档案信息的数字化与网络化发展，数据存储、传输和处理过程中的安全威胁日益增加，传统的档案管理依赖物理安全措施，如门禁和防火防盗等"八防"措施，这些手段在面对数据泄露和非法访问等现代安全威胁时显得捉襟见肘，无法全面覆盖和保护档案数据，一旦档案数据被非法获取或篡改，不仅会对企业运营造成严重影响，甚至引发法律纠纷和经济损失。随着数据量的增加以及数据类型的多样化，数据管理保护的复杂性也在提升，对企业信息安全提出了更高的要求[4]。因此，有必要建立完善的数据安全保障机制，采用先进的加密技术、多层次的访问控制和实时监控系统，确保档案数据的安全性和完整性。

3.3 相关技术人员的信息化应用能力较差，难以对系统进行良好的构建

石油企业开展档案管理还面临着相关技术人员的信息化应用能力差，难以对系统进行良好构建的困境。档案管理的信息化和智能化需要技术人员具备高水平的专业知识和操作技能，然而，许多企业的技术人员在大数据技术的应用上存在明显不足，他们对大数据技术的理解不深，操作技能欠缺，难以有效地进行系统构建维护，此外，部分技术人员习惯于传统档案管理方式，对新技术的接受度较低，缺乏积极学习和应用新技术的动力，这种情况下，企业在推行档案管理信息化过程中往往会遇到系统设计不合理、运行效率低、数据处理能力不足等问题，影响档案管理工作的整体效果。技术人员的信息化应用能力不足，不仅制约了石油企业档案管理系统的建设优化，提升了系统运行维护的难度，进一步导致档案管理工作效率低下。

4 大数据背景下促进石油企业档案工作改革的重要路径

4.1 推进档案管理模式现代化

传统的档案管理模式已无法满足现代企业日益增长的需求，尤其是在面对海量数据和复杂信息环境时显得力不从心，石油企业急需引入先进的信息技术与管理理念，全面提升档案管理的现代化水平，实现档案信息的高效存储、快速检索和智能分析[5]。石油企业应利用已经推广应用的统一的档案管理2.0系统，整合各部门档案信息，打破信息孤岛，实现档案信息的集中管理以及共享利用，通过建立标准化、规范化的档案管理流程，确保档案信息的完整性和一致性。此外，石油企业还可以利用云计算和物联网技术，实现档案信息的实时更新和远程访问，提高档案管理尤其是档案利用的灵活性和便捷性，推进档案管理模式的现代化，提升档案管理的效率，为企业的决策提供有力支持，增强企业的竞争力和创新能力。

4.2 强化数据安全与隐私保护措施

随着档案信息的数字化和网络化，数据安全面临着前所未有的挑战。石油企业档案管理系统中的档案安全保护任务尤为关键，除防止泄密之外，更需要建立健全数据安全保障体系，借助先进的加密技术，对档案数据进行加

密处理，防止未经授权的访问和篡改，防止档案信息的丢失、失真和不可用。同时，面对四通八达的网络，在为档案管理系统的合法利用者提供方便时，更要防止非法利用者通过篡改、删除、泄密等手段进行非法活动。由此，建立严格的访问控制机制，根据用户权限实现档案信息的分级管理，确保只有授权人员才能访问相应的数据。石油企业需要配置完善的防火墙以及入侵检测系统，搭建信息安全保障体系，从硬件挑选、软件设计、制度建设、人员管理等方面全面维护档案数据资源安全，及时发现并防范潜在的安全威胁，防止数据泄露。石油企业还应定期开展安全风险评估，识别系统中的安全漏洞，及时进行修补优化，提升系统的整体安全性。

4.3 全面提升档案管理人员的素养和应用信息技术的能力

档案管理的现代化不仅依赖于先进的技术和系统，更需要高素质管理人员来操作维护，石油企业应注重培养档案管理人员的技术能力，以适应大数据时代的要求，定期组织档案管理人员参加专业培训，掌握最新的大数据技术、信息管理系统和安全防护措施。通过系统的培训，提升他们对新技术的理解应用能力，使其能够熟练操作维护现代化档案管理系统。石油企业还应鼓励档案管理人员积极参与技术交流，开阔视野，学习借鉴先进的管理经验，通过与业内专家的互动，提升专业水平。同时，石油企业可以提供一定的激励机制，激发员工的学习热情和工作积极性，推动他们不断提升自身素质和能力。

5 结语

本研究通过对石油企业档案管理现状的分析，探讨了大数据背景下档案管理工作的改革路径，研究发现，传统档案管理模式在面对大数据时代的挑战时，存在诸多不足，通过引入大数据技术，石油企业可以实现档案管理的现代化、提高数据分析和决策支持能力、强化数据安全与隐私保护，并全面提升档案管理人员的素养和应用信息技术的能力。

注释及参考文献

[1] 付晗 . 标准化视域下企业档案管理工作现状与对策探讨 [J]. 大众标准化 , 2024(10):99–100,103.

[2] 刘雪梅 . 企业档案管理数字化转型的探索与实践 [J]. 兰台内外 ,2024(13):37–39.

[3] 孙辉 .《企业档案管理规定》解读 [J]. 兰台内外 ,2024(12):19–21.

[4] 钟玉 . 国有企业档案管理重要性思考及优化加强途径 [J]. 山东国资 ,2024(4): 120–121.

[5] 曹倩 . 大数据背景下企业档案管理工作的创新路径探索 [J]. 兰台内外 ,2020(25):7–9.